# Diccionario Americano de DUDAS LENGUA ESPAÑOLA

# Diccionario Americano de DUDAS LENGUA ESPAÑOLA


*Dirigido por*

**Francisco Petrecca**

**Autores**

Francisco Petrecca

Liliana T. Díaz

Marina A. Durañona

Estela O. Hilaire

**Con la colaboración de**

Silvia Calero

Luis Ignacio de la Peña

*Mallorca 45*
*08029 Barcelona*

*Londres 247*
*México 06600, D. F.*

*Valentín Gómez 3530*
*1191 Buenos Aires*

*21 Rue du Montparnasse*
*75298 París Cedex 06*

***Equipo Editorial Larousse***

*Coordinación editorial*
**Verónica Rico**

*Formación y composición tipográfica*
**Ricardo Viesca**

*La edición de esta obra fue revisada por los autores.*

NI UNA FOTOCOPIA MÁS



ISBN 970-22-1299-5
978-970-22-1299-7

PRIMERA EDICIÓN — 3ª reimpresión



Impreso en México — Printed in Mexico

# Prólogo

## Su nombre

Desde el inicio, tan solo en la elección del título, el lector merece una explicación. No por llamarse *Diccionario de dudas*. Esta es ya la denominación de una categoría impuesta por la obra de D. Manuel Seco. Se trata de un tipo de diccionarios, como es sabido, que guarda relación con los manuales de estilo y diccionarios de frases, de preposiciones, de verbos, de español para extranjeros. En una palabra, con todas las obras de referencia que atienden al aspecto normativo del lenguaje. El que responde a la pregunta ¿es correcto decir así?

La segunda parte del título es ya más problemática. Diccionario *americano*. Mucho se ha discutido sobre el contenido de esta voz y de las afines (*hispanoamericano, latinoamericano, iberoamericano*). Ninguna de estas deja de presentar inconvenientes, formales o ideológicos. Nos hemos inclinado por el calificativo *americano* para recuperar el sentido primero y pleno de la palabra. Entre quienes hablamos el castellano de este lado del Atlántico no tenemos duda de que todos nosotros, de Sur a Norte, somos americanos.

Existe también una segunda razón: el recuerdo histórico. En 1910, T. Garzón llamó a su diccionario *argentino* (y no de *argentinismos*) "con la simple acepción de perteneciente a nuestro país o que tiene relación con él".

Igual valor tiene aquí el adjetivo *americano,* pues se inició con la propuesta en el Norte y se redactó en el Sur. Es pues un diccionario de dudas que se escribió en América, no un diccionario de las dudas que se le plantean a un hablante americano, aunque a éste, antes que al peninsular, va dirigido. Valga esto como justificación del nombre.

Otro problema es saber ¿hasta qué punto esta obra tiene derecho a arrogarse una representación aceptable de las dificultades con que tropieza el hablante americano? La respuesta es simple. Es un deseo, fundado en el conocimiento de una realidad lingüística, que tiene aquí el comienzo de realización y que irá cumpliéndose con el transcurso del tiempo, las críticas y aportaciones de los lectores y de los conocedores de la materia.

## El criterio de corrección

El español, o castellano, es por cierto una de las lenguas de mayor difusión en el mundo. No solo se lo habla en Europa, donde ha nacido, sino también en América, donde es el idioma de la gran mayoría de sus naciones, y en África, pues es el idioma de Guinea Ecuatorial. En tales condiciones es razonable comprender que exista una gran diversidad de normas regionales y nacionales. En este sentido, el español no es un bloque monolítico. Constituye un rico y complejo plurisistema comunicativo donde coexisten con igual valor y legitimidad sus distintas variedades.

Desde ya esto no significa que cualquier manera de hablar sea correcta, que no exista un criterio de corrección. No. Es a la vez más simple y más difícil. Más simple porque la corrección de la lengua en la que nos expresamos es la que es propia del país en el que aprendimos a conocerla. Más difícil porque por largo tiempo los americanos hemos creído que se debía hablar como suponemos que lo hacen los españoles y porque todavía hoy los libros de enseñanza y los correctores de estilo suelen dar prioridad a la norma peninsular tal como la hallan descrita. Lo que no siempre es atinado, incluso en España. Este idioma que compartimos es nuestro patrimonio común. No es tesoro enterrado. Es un talento, un valor en actividad que a todos por igual nos compete hacer fructificar.

Ciertamente el modelo español, como cuna de las variedades que se hablan en América, es el más conocido y ha servido de norma rectora para bien y para mal. Para mal, cuando con criterio estrecho americanos o españoles han pretendido que ese modo fuese el único aceptado. Una mala comprensión de esta situación unida a la innegable valía de la Real Academia Española ha hecho que su diccionario fuese mal interpretado. Muchos diccionarios de dudas americanos han aceptado el texto español como único criterio de valoración. Sin interpretarlo ni someterlo al conocimiento de la propia variedad de lengua. Con un criterio en exceso simplista se ha pretendido que gramáticas y diccionarios ajenos fuesen el patrón del habla americana.

Si en algún momento este pensamiento fue atendible en aras de la unidad de la lengua, hoy no se puede decir que lo sea. Es innegable que la diversidad es riqueza y no impedimento. Por parte de la Academia de Madrid, resulta claramente visible su intento de acercamiento y de comprensión a las más diversas variedades de español hablado en América. Pero esto naturalmente no basta. Escrito y pensado desde España, por más buena voluntad que haya no puede evitarse que el diccionario académico conserve un tono marcadamente peninsular. De allí la necesidad de más obras producidas en América y que con criterio americano sirvan para dar a conocer nuestra propia modalidad lingüística.

La autoridad del diccionario académico hace de él un punto de referencia obligado. Pero no para aceptarlo o rechazarlo ciegamente sino para confrontarlo con la propia experiencia (tarea en la que debe participar también el lector) para hallar la solución que mejor se adecue a nuestras necesidades expresivas.

Esa es en el fondo la voluntad que anima este diccionario. Servir mejor a la comprensión del español hablado en América, guiar al lector, en la medida de lo posible, a través de sus dudas y contribuir al buen decir de nuestro idioma, que es con el que se dan a entender casi 400 000 000 de hablantes.

No se nos escapa que esta obra también tendrá un sesgo regional, pero conociendo los riesgos de la tarea y los errores del pasado hemos procurado evitarlos. Para ello, el saber por propia historia que el castellano o español no es patrimonio exclusivo de ninguna nación ha sido el punto de partida. Por otra parte, gracias a la técnica actual, hemos podido acceder a fuentes documentales de diversas regiones americanas. Existe además un fenómeno que parece tornarse cada vez más visible: la existencia de una mayor unidad en el español americano. Un hecho que contraríe la norma peninsular en algún país americano muy razonablemente la contrariará de igual modo en uno o más del continente. Los numerosos ejemplos —y no citas— que ilustran los artículos de este diccionario son un testimonio de ello.

Al respecto se impone una aclaración: los ejemplos son en su gran mayoría reales. Han sido tomados de fuentes impresas, literatura y periodismo de América y España. Tan sólo por razones editoriales se ha preferido omitir la referencia bibliográfica y consecuentemente hemos debido alterar formalmente el texto, pero respetando siempre su estructura, nivel de uso, contorno estilístico; es decir, no se ha alterado lo concerniente a su función ilustrativa.

También importa destacar en la estructura de esta obra la atención dedicada a la gramática. Hemos procurado introducir, de la manera más sencilla y didáctica posible, los elementos más generales de gramática, los que hemos creído más convenientes para un diccionario de este tipo. Lo hemos hecho siempre con intención de que esta obra resulte de verdadera utilidad tanto para la consulta puntual como para el estudio de nuestro idioma, de hablantes nativos y extranjeros.

La incorporación del voseo en el paradigma verbal responde a una necesidad normativa, vale decir a proporcionar un criterio claro respecto de su utilización en la norma culta nacional, y no a un afán descriptivo, válido ciertamente para estudios lingüísticos, pero completamente ajeno a la finalidad de esta obra. De allí que en ella se mencione solo la variante rioplatense, por ser la que goza de aceptación formal en los países del área (aunque de hecho en la Argentina, por ejemplo, esta variante conviva con otras que el hablante culto nativo procura evitar en el lenguaje cuidado).

En cuanto a la selección de problemas, hemos intentado tratar aquellos que parecen más generales en el habla cotidiana y aquellos que nos llegan por el contacto con otras lenguas, en particular la inglesa. Igualmente pareció necesario tratar algunos aspectos concernientes al léxico informático, pero sólo aquellos con los que un lector no especializado puede encontrarse simplemente por estar sentado frente a la pantalla de su computadora. Le hemos concedido una menor importancia a los arcaísmos, dobletes griegos y latinos e hispanismos marcadamente regionales. En cambio hemos dado cabida a locuciones y giros, a veces poco conocidos, y no siempre bien usados, que contribuyen a la mejor expresión y elegancia del lenguaje.

Por último, hemos intentado siempre, acaso sea esto lo que más valoramos, apelar a la razón antes que a la autoridad, aconsejar antes que censurar y generar un sincero espacio de diálogo donde el lector, una vez formado su criterio, tenga la última palabra.

*F. Petrecca*

# Indicaciones para el uso del diccionario

Dadas las características de un diccionario de este tipo, y para facilitar la lectura, se ha optado por evitar las abreviaturas y desarrollar las palabras que usualmente aparecen abreviadas. Con ello se espera, además, hacer más clara la representación gramatical.

En cuanto a las preposiciones, cuyo empleo varía considerablemente según las regiones, se ha preferido indicarlas sin distingo. Todas las que figuran corresponden a un uso estándar comprobado, de allí que, en caso de duda, el lector puede inclinarse por la que le resulte más natural.

**acusar** [...].
~ **ante**: *Lo acusó ante el juez,* ~ **de**: *Lo acusó del crimen sin ninguna prueba.*

Cuando el cambio de preposición corresponda a un cambio de sentido se indica mediante el signo de repetición de la entrada (~) seguido por cada preposición y su sentido entre comillas simples (' ').

**acabar** [...].
~ **con**. 'Poner fin, destruir, exterminar, aniquilar'. *Los problemas acabaron con su vida. Tantas exigencias acabarán conmigo.*
~ **en**. 'Rematar, terminar, finalizar en determinada forma'. *No me gustan los zapatos que acaban en punta.*

## Transcripción empleada

/a/ Representa el sonido de la *a*.
/b/ Representa el sonido de las letras *b* y *v*.
/k/ Representa el sonido de la c delante de *a, o* y *u*; el del grupo *qu* y el de la *k*.
/d/ Representa el sonido de la *d*.
/f/ Representa el sonido de la *f*.
/g/ Representa el sonido de la g delante de *a, o, u,* y el del grupo *gu*.
/χ/ Representa el sonido de la *j* y el de la g delante de e, *i*.
/i/ Representa el sonido de la *i*.
/l/ Representa el sonido de la *l*.

/λ/ Representa el sonido de la *ll*.
/m/ Representa el sonido de la *m*.
/n/ Representa el sonido de la *n*.
/ñ/ Representa el sonido de la *ñ*.
/o/ Representa el sonido de la *o*.
/p/ Representa el sonido de la *p*.
/r/ Representa el sonido de la *r* en interior o final de palabra (*pero, caro, revólver)*.
/ř/ Representa el sonido de la *r* en posición inicial de palabra (*roto)*, y el de -rr- (*perro, carro)*.
/s/ Representa el sonido de la *s*, de la *z* (en la pronunciación americana) y de la *c* ante *e*, *i* (en la pronunciación americana).
/č/ Representa el sonido de la *ch*.
/š/ Representa el sonido de la *ll* en la pronunciación rioplatense; y el de la *y*. Corresponde al francés *chat* o al inglés *she*.
/ž/ Representa la variante sonora de la /š/. Corresponde al francés *je*.
/θ/ Representa el sonido de la *z* (en la pronunciación española).
/t/ Representa el sonido de la *t*.
/u/ Representa el sonido de la *u*.

El acento prosódico se indica con negrita en la sílaba sobre la que recae, llévelo o no la palabra: ama (/**a**-ma/); amó (/a-**mo**/).

## Signos empleados

♦ Indica una observación que debe tenerse en cuenta particularmente.
◊ Indica una observación general o una recomendación.
• Indica una separación temática o de acepciones.
→ Remite a una entrada.
◧ Indica una relación de antonimia total.
* Indica que la forma que sigue debe ser evitada.

**letra negrita**. Se emplea en el interior de un artículo para indicar una entrada relacionada con el tema.

*letra itálica.* Se emplea para indicar los ejemplos.

LETRA VERSALITA. Indica las combinaciones en que se usan las palabras.

‘ ’ Indican que el texto contenido entre comillas debe entenderse como el sentido de la voz así anotada.

< Indica que una palabra procede de otra.

➤ Cdo. 1. Remite a los cuadros que se encuentran al final del libro.

**Ordenamiento de los artículos.** Por razones de unificación, se ha seguido el orden internacional. La *ch* y la *ll* se incluyen como combinación de *c* y *h* y *l* más *l*. Sin embargo, como es costumbre, se las considera letras del abecedario español y según éste se las numera.

**Nota.** Las referencias al *DRAE* corresponden a su 21ª edición.

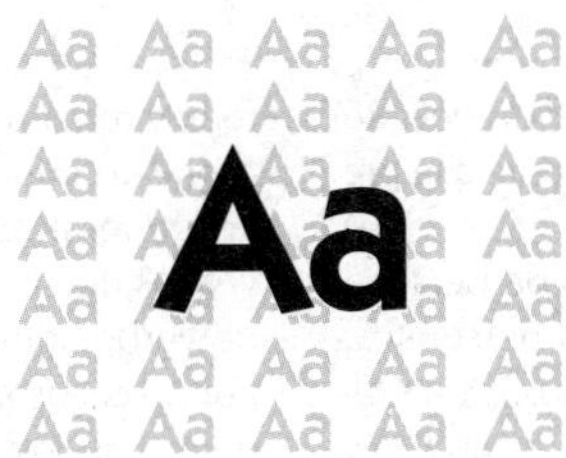

**A** (**a**). Nombre: *a*.

**Descripción**. Primera letra del abecedario español. Se pronuncia con los labios muy abiertos, y los dientes separados; la lengua se coloca con el dorso elevado hacia la zona de separación entre el paladar duro y el velo del paladar y roza con la punta los dientes inferiores, mientras los bordes siguen los molares inferiores.

**a**. Preposición.

**1**. Indica movimiento, particularmente en lo que concierne a su dirección y término. Por eso acompaña con suma frecuencia al verbo *ir* y a otros que expresan idea de desplazamiento espacial.

**2**. Señala dirección (sin término de llegada). *Se dirigió a la plaza. Doblan a la derecha.*

**3**. Indica término, es decir, el límite ante el cual el movimiento se detiene sin pasar más allá. *Llegó a la meta*. En este caso, es equivalente a la preposición → **hasta**.

**4**. Del sentido espacial de movimiento, derivan dos ideas: la de finalidad y la de destinatario, que en algunos casos son compartidas con la preposición → **para**. Para indicar la finalidad precede a:

**a)** Un sustantivo. *Hicieron una función a beneficio del Hospital de Niños.*

**b)** Un infinitivo que acompaña a verbos de movimiento o que expresan una tendencia. *Salieron a caminar.*

**5**. Indica lugar, particularmente la distancia y orientación respecto de un punto de referencia. Este puede estar expresado o no. *Vive a cuatro cuadras* (*de la escuela*).

**6**. Indica tiempo y señala:

**a)** La hora y el momento del día en que se realiza una acción. *Sale de su casa a las diez.*

**b)** El tiempo transcurrido a partir de un instante considerado inicial, que puede mencionarse o no. *A los pocos días del accidente* (= *pocos días después del accidente*).

**7**. Expresa distancia e intervalo temporal, en correlación con la preposición → **de**. *Fueron en auto de aquí a Santa Fe.*

**8**. Precede al infinitivo que forma frase verbal con el verbo *ir* conjugado en la construcción de la perífrasis de futuro. *Vas a salir más tarde.*

**9**. Indica el modo de realización de una acción determinada. *Viven a su manera*. De allí su inclusión en locuciones adverbiales, donde a la idea específicamente modal se suman otras: el significado temporal (*a veces, a diario, a menudo*, etc.) y el significado instrumental (*a mano, a golpes*, etcétera).

**10**. Indica el precio de las cosas. *Los autos se venden a diez mil dólares.*

**11**. Indica causa en expresiones de uso frecuente en la lengua formal administrativa.

*Se realizaron los trámites a pedido del interesado.* En este uso es equivalente a la preposición → **por**.

**12**. Precede al objeto directo de persona, así como al de animal o cosa personificada. *Ya nadie visita a los ancianos. Don Quijote cabalgaba a Rocinante, y Sancho Panza al Rucio.*

**a donde**. → **adonde**.

**a pesar de**. → **pesar**.

**a posteriori**. Locución adverbial latina que se emplea para expresar que un hecho ocurre o sucede luego de haberse producido otro. *A posteriori se supo que el acusado era inocente.*

***a prima facie**. Forma incorrecta por → **prima facie**.

**a priori**. Locución adverbial latina que significa literalmente 'por lo que precede'. Se emplea para expresar las ideas de 'antes de', 'con anterioridad a'. *No podemos juzgar a priori, sin antes conocer los hechos.*

**a resultas**. → **resulta**.

**Aachen**. → **Aquisgrán**.

**abajo**. Adverbio de lugar con el que se indica:

**1**. En sitio o parte inferior. *Lo encontró abajo, en el patio.*

**2**. En dirección hacia lo que está más bajo. *Comenzaron a rodar cuesta abajo.*

**3**. En un orden jerárquico, situación de inferioridad. *No me parece justo que siempre haya que buscar los responsables de los directivos abajo.*

**4**. En libros o escritos, más adelante, a continuación del lugar en donde se hace la referencia. *Los abajo firmantes, declaran no estar de acuerdo con las nuevas normas.*

◊ Obsérvese la diferencia entre *abajo* y *debajo*: *Abajo* denota 'hacia' el lugar inferior, mientras que *debajo*, 'en' el lugar o puesto inferior.

En general, *abajo* es complemento de verbos que indican movimiento y *debajo*, de verbos que significan situación. En algunos casos se usa indistintamente cualquiera de los dos adverbios. *El auto está abajo. El auto está debajo.*

En muchos países hispanoamericanos se emplea cualquiera de estos dos adverbios con el mismo valor. *El gato está abajo de la mesa. El gato está debajo de la mesa.*

**abdicar**. Verbo transitivo que significa 'renunciar a la soberanía de un pueblo, a otras dignidades o empleos o derechos, ventajas, etc.'. *No es apropiado que el Presidente de la Nación abdique su liderazgo natural que tiene con el partido como condición para consolidar una alianza con las fuerzas opositoras.*

Su empleo como intransitivo es de uso regular en América y en España, usualmente seguido por la preposición *a* o *de*. *El zar acaba de abdicar a la corona. El Estado no debe abdicar de sus obligaciones.*

**abdomen**. Sustantivo masculino que significa 'vientre', cavidad del cuerpo que contiene los órganos principales del aparato digestivo y del genitourinario.

♦ Es voz grave terminada en *-n*, por lo que no lleva acento ortográfico. Su plural, *abdómenes*, lleva tilde por ser palabra esdrújula.

**abigarrado**. Adjetivo que se aplica a lo que posee varios colores y mal combinados. También, referido en particular a nombres colectivos de persona, a aquello que es heterogéneo, diverso. *Representantes de todas las naciones, con sus vestimentas típicas, conformaban un público en extremo abigarrado.*

♦ Corresponde evitar el uso de este adjetivo con el significado de 'lleno' o 'denso': *El estadio se hallaba abigarrado de gente cuando comenzó el tumulto.*

**ablación – oblación**.

• ablación. Extirpación de una parte del cuerpo. *Los médicos le practicaron una ablación de córneas.*

• oblación. Ofrenda. *Hicieron una oblación a los dioses.*

**abocar**. Verbo intransitivo que se emplea predominantemente en su variante pronominal *abocarse* con el sentido de 'dirigirse hacia un fin, procurar la realización de algo'. *Ante la grave situación, ella se abocó a dar y a recabar ayuda.*

◊ Obsérvese que en todos los casos se construye con la preposición *a*.

**abolir**. Verbo defectivo que se conjuga solo en las formas cuya desinencia comienza con -*i*.

(➤ Cdo. 6.)

**aborigen**. Adjetivo y sustantivo que significa 'originario del suelo en que vive'. Se aplica a los primeros habitantes de un país, en contraposición con los que luego se instalaron. *Las tribus aborígenes fueron las primeras en trabajar la tierra con ese procedimiento.*

♦ El femenino **aborígena*, acaso influido en su formación por *indígena*, es de empleo muy ocasional, y conviene evitarlo.

◊ Es voz grave terminada en -*n*, por lo que no lleva acento ortográfico. Su plural, *aborígenes*, lleva tilde por ser palabra esdrújula.

**abrasar – abrazar**.

• abrasar. Quemar. *El fuego abrasó las casas más humildes.*

• abrazar. Ceñir con los brazos.

– **abrazarse a**. ~ **con**: *El náufrago se abrazaba al madero flotante. Se abrazaron con afecto.*

**abrazar**. → **abrasar**.

**abreviar**. → **cambiar**.

**abrigar**. ~ **con**, ~ **en**: *Lo abrigó con una manta. Se abrigaron con varias frazadas. Se abrigaba en el cuerpo de su madre.*

**abrir**. Participio irregular: *abierto*.

– **abrirse** (**de**). En algunos países de América, como la Argentina, Uruguay y Venezuela, 'apartarse, desviarse, hacerse a un lado de un lugar o de un asunto, cuestión, sociedad o relación'. *Se abrió del asunto para evitar mayores complicaciones.*

~ **con**: *Nunca se abría con desconocidos.*

**abrogar**. Verbo propio del lenguaje jurídico que significa: 'abolir', 'revocar'. *La convención abrogó diversas leyes del régimen anterior.*

◊ Obsérvese que este verbo no admite uso pronominal.

♦ Debe evitarse la confusión con *arrogarse*, cuyo significado es 'atribuirse', 'apropiarse'.

**absceso – acceso**.

• absceso. Acumulación de pus en los tejidos orgánicos. *El absceso le provocaba dolor.*

♦ Evítese la grafía errónea **abceso*.

• acceso. Entrada, ingreso. *No permitieron el acceso a la sala hasta las 21 horas.*

**ábside**. "Parte del templo, abovedada y comúnmente semicircular, que sobresale en la fachada posterior, y donde en lo antiguo estaban precisamente el altar y el presbiterio" (*DRAE*).

Es de género ambiguo: *los ábsides, las ábsides.*

En singular se emplea con artículo determinado e indeterminado en forma masculina, por ser palabra que comienza con *a* tónica: *el ábside*.

**absolver – absorber**.

• absolver. Participio irregular: *absuelto*.

Liberar de alguna obligación o cargo, perdonar.

~ **de**: *Los acusados fueron absueltos de los cargos*.

• absorber. Participio regular: *absorbido*. Participio irregular: *absorto*.

Retener un cuerpo las moléculas de otro, líquido o gaseoso. *La esponja absorbió con rapidez el agua derramada*.

**absorber**. → **absolver**.

**abstenerse** (se conjuga como **tener**).

~ **de**: *Se abstuvo de votar*.

**abstraer** (se conjuga como **traer**).

Participio regular: *abstraído*. Participio irregular: *abstracto*.

**abstracto, ta**. Adjetivo con el que se indica que una cualidad se percibe o concibe excluyendo el sujeto sobre la que recae. Se aplica comúnmente al arte en el que la estructura domina por sobre la imagen representativa.

– **en abstracto**. Locución adverbial con la que se expresa que un determinado juicio se realiza con independencia de toda o parte de las condiciones reales. *En abstracto, cualquier solución es posible*.

**aburrir**. ~ **con**: *Me aburre con su charla*.

– **aburrirse**. ~ **con**, ~ **de**: *Nos aburrimos con ese juego. Se aburrieron de escucharlo*.

**abusar**. ~ **de**: *No abuses de los que te ayudan*.

**acá**. Adverbio que indica de manera más o menos precisa el lugar en que se encuentra el hablante. *Podemos hablar acá, porque es más cómodo*. Este se convierte, pues, en el punto de referencia espacial de los verbos de movimiento. *Vengan acá* (= adonde estoy, a mi lado). *No se vayan de acá*. Igual que otros adverbios puede ir precedido de preposiciones que expresan movimiento o aproximación, a excepción de la preposición *a*: *hasta acá, de acá para acá, por acá, hacia acá. No te preocupes, que ya salieron para acá*.

**acabar**. ~ **con**: *Los problemas acabaron con su vida*. ~ **en**: *No me gustan los zapatos que acaban en punta*.

**acaecer**. Se conjuga sólo en 3ª persona. *Ello acaeció hace mucho tiempo. Nunca se imaginarían los sucesos que acaecerían luego de esa partida*.

(➤ Cdo. 7.)

**acápite**. Sustantivo masculino, de empleo generalizado en América, especialmente en textos legales, con el significado de 'párrafo, parte de un título'. *La Cámara de Diputados ejerce el derecho de acusar ante el Senado a los funcionarios públicos en los casos determinados por el Acápite 5 del Artículo 23*.

**acaso**.

– **por si acaso**. Expresión con la que se da a entender que la realización de la acción verbal se halla condicionada por un acontecimiento previsible. *Lleven paraguas por si acaso. Por si acaso lo discutan, tomemos precauciones*.

– **si acaso**. Locución condicional que une el valor hipotético al del azar expresado por **acaso**. *Si acaso viene por aquí le daré tu recado*.

**acceder**. ~ **a**: *Accedió a la petición porque la consideró justa*. ~ **a**: *Al anochecer, accedieron a la sala*.

• En informática este sentido se especializa en el de 'entrar a una unidad, por lo común a través de una red, para obtener algún documento, programa o información en general'. Parece preferible esta forma al anglicismo innecesario → ***accesar**, pese a que este haya sido reconocido por la Academia Mexicana: "*Manifiesto a usted que el término* accesar, *a pesar de que no existe en el diccionario académico, es ciertamente indispensable en el área de la computación, además de que su forma es correcta, por lo que sí puede usarse*" (*Excélsior*. México. 06.01. 2000).

***accesar**. Anglicismo innecesario por **acceder**, relativamente común en el lenguaje de las comunicaciones a través de Internet y ocasionalmente en otros campos. *El problema de nuestra Nación son aquellos quienes accesaron al poder y confundieron los fines y los medios.*

Su empleo como transitivo, es decir sin la preposición, contraría además la morfosintaxis del español. **Al menos el 25% de los estadounidenses y canadienses accesaron Internet cuando menos una vez en diciembre pasado.*

**accesible**. Adjetivo que significa: "Que tiene acceso. || fig. De fácil acceso o trato. || fig. De fácil comprensión, inteligible" (*DRAE*).

Tradicionalmente se ha criticado su empleo por *asequible*, esto es 'que puede conseguirse o alcanzarse'.

Sin embargo, este último vocablo parece hallarse en progresivo desuso y su valor semántico, tanto en América como en la Península, ha pasado al primero. *Sólo describiremos algunas formaciones naturales que por su localización resultan accesibles para realizar una visita.*

**acceso**. → **absceso**.

**accidente – incidente**.

• accidente. 'Suceso eventual'. *Cayó por accidente.*

• incidente. 'Disputa, riña'. *Hubo un grave incidente durante la manifestación.*

**acendrado, da**. Adjetivo definido en el *Diccionario* académico solamente como "Dicho de una cualidad, de una conducta, etc.: Puras y sin mancha ni defecto."

No registra el valor de 'intenso', 'profundo', 'arraigado', muy frecuente en la actualidad. *Todo ese complejo de factores determina el acendrado gusto por la música que manifiesta el pueblo.*

**acentuar** (se conjuga como **actuar**).

**1**. Pronunciar una palabra con acento prosódico o escribirla con tilde. *No te olvides de acentuar las mayúsculas.*

**2**. Destacar, poner de relieve algo. *El vestido acentuaba su hermosura. El disertante acentúa la importancia de la lectura en una formación integral.*

**acercar**. ~ **a**: *Acercó la silla a la mesa. No te acerques a la avenida, los autos pasan muy rápido.*

**acérrimo**. Adjetivo que, aplicado a personas o sentimientos, significa 'muy fuerte o vigoroso'.

Etimológicamente es un adjetivo superlativo de *acre*: 'áspero', 'desabrido'. Sin embargo, en la actualidad ha perdido buena parte de este valor superlativo.

**acertar** (se conjuga como **pensar**).

~ **con**: Jamás aciertan con el pronóstico.

~ **en**: Acertamos en la jugada.

**achicar**.

- **achicarse**. ~ **ante**: *Se achicaba ante cualquier dificultad.* ~ **con**: *Nunca me achiqué con los que querían enfrentarme.* ~ **en**: *Las mujeres tampoco se achicaban en la lucha.*

**acompañar**. ~ **a**: *Siempre acompaña a sus padres a donde le piden.* ~ **en**: *Los acompaño sinceramente en su dolor.* ~ **con**: *Lo acompañaba con el piano. Se acompaña muy bien con la guitarra.* ~ **de**: *Las personas que no hablen español deberán acompañarse de un traductor.*
◊ Pero: *Lo acompañaba al piano.*
**acontecer** (se conjuga como **acaecer**). Es verbo impersonal que se emplea solamente en tercera persona. *Fue entonces cuando acontecieron aquellos extraños sucesos.*
**acordar** (se conjuga como **contar**).
~ **con**: *Acordaron con el Ministro de Trabajo las nuevas regulaciones laborales.*
– **acordarse de**: *Cuando me acordé de que tenía que pasar por su casa, ya era muy tarde.*
◊ En la lengua coloquial, cuando a la preposición *de* le sigue una proposición sustantiva, es frecuente la omisión de la preposición y el empleo del verbo con objeto directo. *Me acuerdo que llegaron todos y yo todavía no había terminado de limpiar la casa.*
◊ En América, particularmente en el campo de la lengua jurídico administrativa, este verbo tiene también el sentido de 'conceder'. *Se les acordaron más privilegios a los empresarios que a los trabajadores.*
**acostar** (se conjuga como **contar**).
**acostumbrar**. ~ **a**: *Los acostumbraste demasiado al buen trato.*
Ocasionalmente se lo emplea como verbo transitivo. *Acostumbra lujos.*
**acrecer** (se conjuga como **agradecer**). Aumentar, hacer mayor. *El proceso de industrialización acreció el valor de las tierras.* Con el sentido de "Percibir un partícipe el aumento que le corresponde cuando otro partícipe pierde su cuota o renuncia a ella" (*DRAE*), se lo emplea como intransitivo.
**acribillar**. ~ **a**: *Los acribillaron a balazos.*
**acrimonia**. Sustantivo que significa: "Aspereza de las cosas, especialmente al gusto o al olfato" (*DRAE*).
♦ Es conveniente evitar el empleo de esta palabra con hiato: */a-kri-mo-**ni**-a/.
**actuar**. ~ **con**: *Actúa con naturalidad. Actúa con las estrellas más famosas.* ~ **en**: *No actuó bien en esa situación. Actuará en el viejo teatro el 10 de octubre.*
(➤ Cdo. 8.)
**acuerdo**.
– **de acuerdo a**. Locución prepositiva acuñada acaso sobre la forma inglesa *according to*. *Fueron atacados a tiros, de acuerdo a lo expresado ayer.*
Esta variante expresa el mismo sentido de conformidad con lo que se dice a continuación, que la forma tradicional **de acuerdo con**.
– **de acuerdo con**. Locución prepositiva que significa 'conforme a', 'según'. *De acuerdo con el criterio de la disposición, nunca podrían avanzar en el desarrollo del proyecto. Fue tratado de acuerdo con las convenciones sociales vigentes.*
Esta forma tradicional es la preferida, pese al innegable empleo de la anterior.
– **con acuerdo a**. Locución prepositiva neológica de similar sentido que las anteriores. *Sólo serán reconocidos los convenios que se celebren con acuerdo a las presentes normas.*
◊ Esta fórmula aparece generalmente en escritos administrativos tanto en España como en América, al menos en la Argentina, Chile, Paraguay, Perú y México. No obstante su empleo parece ser el más irregular y, por lo tanto, no es aconsejable.

**acusar**. ~ **ante**: *Lo acusó ante el juez.* ~ **de**: *Lo acusó del crimen sin ninguna prueba.*

**ad hoc**. Locución adverbial y adjetiva latina propia de la lengua culta que significa 'para esto', 'a tal fin'. Con función adverbial denota lo que se dice o hace solo para un fin determinado. *Debían dar a conocer su fallo y deliberaron ad hoc.* Como locución adjetiva indica lo apropiado y dispuesto especialmente con un objetivo determinado. *Consultaron bibliografía ad hoc.*

♦ Debe evitarse el error relativamente frecuente de aspirar la *h* *(/ad χok/).

**adaptar**. ~ **a**: *Adaptaron sus costumbres a las nuestras. No se adaptan a las condiciones de trabajo.*

**adecuar** (se conjuga como **averiguar**).

Usualmente, en los presentes de los modos indicativo, subjuntivo y en el imperativo, la *u* no se acentúa: *adecuo, adecue, adecua.*

Siguen esta misma regla otros verbos en los que la terminación en *-uar* es precedida por c o g, como *evacuar, averiguar, apaciguar,* etcétera.

Se exceptúan *licuar* y *promiscuar,* que admiten las dos acentuaciones: *licuo* y *licúo; promiscuo* y *promiscúo.*

◊ Conviene evitar, dentro de un estilo esmerado, pese a su frecuencia de empleo, las formas *adecúo, adecúan, adecúen.*

**adelantar**.

– **adelantarse a**: *Era tan rápido que se adelantaba fácilmente a todos.* ~ **en**: *No te adelantes en una curva.*

**adelante**. Adverbio de lugar que indica, en el espacio, cualquiera de los puntos que median entre el lugar desde donde se habla y el final de un movimiento, real o supuesto. Como otros adverbios, suele ir acompañado de preposiciones que indiquen movimiento. *Andá hacia adelante un poco más. Llévenlo para adelante.*

En el tiempo, este adverbio conlleva un valor de futuro cuando se le antepone alguna preposición o cuando sigue inmediatamente a otro adverbio. *Dejemos las obligaciones para más adelante. De hoy en adelante, no se aceptan reclamos.*

Si va pospuesto a un sustantivo indica: 'más allá'. *Formen fila adelante.*

♦ No deben confundirse los adverbios *adelante* y *delante. Adelante* implica una noción de movimiento: *Siguieron adelante con otro tema. Delante* indica situación estática en un lugar determinado: *No te pongas delante que no puedo ver nada.*

**adentro**. Adverbio que significa 'hacia el interior de algo'.

**1**. Con este valor suele ir acompañado de verbos de movimiento. *Vayamos adentro que vamos a estar más cómodos.*

**2**. Se emplea también con el sentido estático de 'en el interior de un lugar', que se halla expresado en la oración o se da por supuesto. *—¿Dónde está Luciana? —Está adentro.*

**3**. Este adverbio puede ir pospuesto a algunos sustantivos que indican grandes extensiones con el significado de 'en o hacia su parte interior', 'en o hacia lo más profundo'. *Son de tierra adentro* (que equivale a decir que son del interior del país). *Se internaron mar adentro. Selva adentro comienza la sensación de irrealidad.*

♦ Debe evitarse omitir la preposición *de* cuando este adverbio, empleado en lugar de *dentro,* precede a un sustantivo. *Estaban adentro de la casa* y no **Estaban adentro la casa.*

**adherencia – inherencia**.
• adherencia. Unión, pegadura física. *Con la humedad, la adherencia de las piezas se había debilitado.*
• inherencia. Unión y correspondencia de ciertos aspectos. *El reglamento señalaba la inherencia de esas obligaciones a su cargo.*
**adherir** (se conjuga como **sentir**).
~ **a**: *Adhirieron nuevos afiches a las paredes. No adherían al criterio de las nuevas reglas.*
**adicción**. → **adición**.
**adición – adicción**.
• adición. Agregado. *La operación de sumar se denomina adición.*
• adicción. Dependencia. *Tiene adicción a la cocaína.*
**adjuntar**. El sentido de 'enviar, juntamente con una carta u otro escrito' permite que este verbo se emplee, en el ámbito de las comunicaciones por Internet, para traducir el inglés *to attach*, o evitar el anglicismo totalmente innecesario *atachar*.
El sustantivo *attachment* puede traducirse por *archivo adjunto*.
**adjunto**. Adjetivo con el que se indica que algo va o está unido a otra cosa. *Le envío, adjunto a la presente, el folleto. Le envío, adjuntos a la presente, tres folletos.*
Su empleo como adverbio, *Adjunto envío el/los folleto(s)*, pese a las críticas puristas debe admitirse como correcto, puesto que la adverbialización del adjetivo no es infrecuente en español.
En su forma sustantivada, designa a la persona que asiste a otra en algún cargo o trabajo. *El profesor adjunto, la profesora adjunta, el adjunto, la adjunta.* → ***atachado**.
**adolecer** (se conjuga como **agradecer**). Verbo que significa 'tener o padecer algún defecto'. Se construye con la preposición *de*. *La continuidad del programa adolece de ciertas fallas que no se solucionarán en lo inmediato.*
♦ No corresponde su empleo con el sentido de simplemente 'carecer'. **Los ofidios adolecen de patas.* **La plaza adolece de árboles.*
**adónde**. Adverbio interrogativo equivalente a 'a qué lugar'. En tal función no admite variaciones gráficas y se escribe únicamente en una sola palabra y con tilde. *¿Adónde podemos ir a cenar?*
**adonde**. Adverbio relativo formado por la unión de *a* y *donde*. Con él se expresa el lugar hacia el cual se dirige un movimiento. Cuando el antecedente, es decir la palabra a la que se refiere, se halla expreso, se escribe en una sola palabra. *Bahía es la ciudad adonde iremos a pasar nuestras vacaciones. Aquel es el restaurante adonde fuimos el viernes pasado.*
En cambio, si este se omite, debe ser escrito separando sus componentes. *Llegaron a donde estaba parado el policía.*
Por su sentido, este adverbio es propio de verbos que expresan movimiento. Sin embargo, el uso de *adonde* con verbos de reposo se conserva algo en América aunque en la lengua general resulte anticuado. *Llegaron y se sentaron adonde habían estado antes.*
**adondequiera**. Adverbio indefinido que significa 'hacia cualquier parte'. Generalmente va seguido del relativo *que* y se construye con el verbo en modo subjuntivo. *Adondequiera que vayas yo te seguiré.*
**adormecer** (se conjuga como **agradecer**).
**adquirir**.
(➤ Cdo. 9.)
**adscribir**. Participio: *adscrito* o *adscripto*.
**aducir** (se conjuga como **conducir**).

**advenimiento – avenimiento**.
• advenimiento. Llegada. *El advenimiento del nuevo período electoral incrementó la actividad política.*
• avenimiento. Acuerdo. *No hubo avenimiento entre las partes.*
**adversión**. Sustantivo que significa 'antipatía, rechazo'. Aunque con criterio en exceso purista se ha recomendado evitar su empleo, puesto que el *DRAE* lo califica de anticuado frente a *aversión*, ni en América ni en España esta grafía es completamente desusada.
~ **a**, ~ **hacia**, ~ **por**: *Predicaba, con sus maneras lánguidas y finas, la supremacía del arte por sobre la vida, la adversión al dolor y el ansia por el placer. La adversión al riesgo empresarial constituye un obstáculo que debe superarse.*
***aereolito**. Forma incorrecta por *aerolito.*
***aereopuerto**. Forma incorrecta por *aeropuerto.*
**aero-**. Elemento compositivo de origen griego llegado a través del latín que, colocado a comienzo de palabra, entra en la formación de numerosos vocablos españoles con el significado de 'aire': *aerobio, aeróbico.*
Con el significado de 'avión' o 'aviación', forma parte de muchos neologismos relacionados con esa actividad: *aeródromo, aeromodelismo, aeronáutica, aeronave.*
**aeródromo**. Es voz esdrújula. Corresponde evitar la acentuación grave */a-e-ro-**dro**-mo/.
**afección – afición**.
• afección. Enfermedad. *Padecía una grave afección renal.*
◊ Este sustantivo suele aparecer seguido de la preposición *a*, cuyo empleo se entiende en razón de la idea de 'actividad sobre' que conlleva el verbo *afectar. Tiene una seria afección al hígado.*
• afición. Inclinación. *Su afición por el cine era bien conocida.*
**aferente – eferente**.
• aferente. Que lleva hacia el interior o hacia la parte central del organismo.
• eferente. Que lleva hacia el exterior o hacia la periferia del organismo.
**aféresis**. Sustantivo femenino con el que se designa la supresión de algún sonido al principio de un vocablo. Por ejemplo: [se]*ñor*, [do]*ña*.
**aferrar**.
– **aferrarse a**: *Se aferraba a sus ideas con vehemencia.* ~ **con**: *Me aferraba con convicción a mis argumentos.* ~ **de**: *Pudo aferrarse de una rama.*
**afición**. → **afección**.
**afligente**. Participio presente del verbo *afligir* de empleo corriente en varios países de América, como la Argentina, Cuba, Chile, Paraguay y Uruguay. *No se resolverán a corto plazo la afligente miseria, el atraso y la marginación que cubren gran parte del territorio del país.*
**afligir**. Participio regular: *afligido*. Participio irregular: *aflicto*.
**afocar**. Neologismo al parecer bastante arraigado en México con el sentido de *enfocar*, esto es 'ajustar la imagen producida en el foco de una lente', 'centrar el foco sobre un objeto', y por extensión 'dirigir el interés hacia un aspecto o punto particular'. *Miles de ojos que presencian un asesinato sin afocar jamás al verdadero culpable.*
No es usual fuera de ese país.
**afrutado**. Adjetivo con que se califica lo que tiene sabor o perfume que recuerda al de la fruta. *Vino, perfume afrutado.*
→ **frutado**.

**afuera**. Adverbio de lugar que se emplea con verbos de movimiento para indicar que la acción verbal se realiza 'desde el interior hacia el exterior': *Vayamos todos afuera;* o 'en el exterior': *Los muchachos están afuera, en el patio.*

Cuando se usa en el sentido estático, esto es cuando indica un lugar sin hacer referencia a movimiento, es preferible la forma *fuera*: *Dos pacientes están fuera del consultorio*; también cuando es precedido por las preposiciones *hacia* y *para*: *Saquemos hacia fuera las cosas que no usemos.*

**agencia**. Referido a organismos gubernamentales o internacionales es un anglicismo innecesario que puede ser reemplazado por *organismo* o *dependencia*. **Una agencia del gobierno está ofreciendo visitas privadas a la Casa Blanca.*

**agendar**. Verbo propio del lenguaje administrativo, que significa 'llevar nota de lo que se ha de hacer'.

No tiene registro académico y acaso sea más común en América que en España. *Así pues, es necesario agendar con el conjunto de los integrantes de la Comisión el programa de actividades que se llevarán a cabo durante las próximas sesiones.*

**agradecer**.
(➤ Cdo. 10.)

**agravante**. De *agravar*, 'empeorar'. En lenguaje jurídico se designan así los hechos o circunstancias que dan motivo legal para aumentar la pena que corresponde a un delito. Por extensión, 'cualquier circunstancia que realce la magnitud de la condena que merece un hecho reprobable'.

Es sustantivo de género ambiguo: *el agravante, la agravante.*

**agredir**. Es verbo de conjugación plena. *La ciudad agrede a sus habitantes con frías construcciones de cemento.*

**agudo**. El superlativo culto de este adjetivo es *acutísimo*. Sin embargo son más usuales las formas *agudísimo* o *muy agudo.*

**águila**. Sustantivo femenino. En singular se emplea con artículo determinado e indeterminado en forma masculina por ser palabra que comienza con a tónica: *el águila, un águila*. En plural: *las águilas, unas águilas.*

**ahí**. Adverbio demostrativo de lugar con el que se indica por un gesto, una referencia verbal o la situación de empleo, 'en sitio preciso', 'en un lugar determinado'. *Pongan los cuadernos ahí.*

Con algunos verbos de movimiento, tiene el sentido dinámico de 'a ese lugar'. *Ahí saldremos mañana de excursión.*

Puede estar precedido de preposiciones que indiquen movimiento o aproximación. *Dejen los abrigos por ahí. Desde ahí no se ve muy bien la película.*

Aparte de estos, sus usos más frecuentes son los siguientes:

**a)** En sentido figurado, designa una referencia ideal o lógica. *Ahí está la diferencia entre tu opinión y la mía.*

**b)** En el tiempo, expresa un punto determinado. *Ella coordinará el programa hasta mañana, de ahí en más se encargará la nueva directora.*

◊ Obsérvese la diferencia del uso de **ahí** y **allí**: **ahí** indica un lugar más o menos indeterminado próximo al sitio donde tiene lugar el diálogo o a cualquiera de las personas que en él intervienen. Por su significado equivale a *en* o *a ese lugar*. Mientras que **allí** denota lugar relativamente más alejado del que se emplea como punto de referencia. Equivale a *en* o *hacia aquel lugar*.

**ahitar** (se conjuga como **aislar**).
Participio regular: *ahitado*. Participio irregular: *ahíto*.

**ahogar**. ~ **de**: *Con tanta calefacción, nos ahogaban de calor. Se ahogaba de rabia.* ~ **en**: *Lo ahogaron en un arroyo. Se ahogó en el mar.*

**ahora**. Adverbio con el que se indica el momento presente. Por su sentido temporal amplio, puede equivaler a:
**1**. 'En este momento'. *Ahora terminamos el trabajo.*
**2**. 'Hace unos minutos'. *Acabamos de entrar ahora.*
**3**. 'Inmediatamente'. *Ahora te atiendo.* Como otros adverbios, suele ir precedido de preposiciones. *Desde ahora no hay más excusas. Hasta ahora no he recibido noticias suyas.*

**-ai**. En español todos los sustantivos que tienen esta terminación son masculinos, salvo *chai*, 'niñera': *aguaí, bahaí, bonsái, cai, carandaí, vacaraí, yataí.*

**aimara – aimará**. Pueblo indígena americano que habita en la alta meseta del lago Titicaca, en Perú y Bolivia, y lengua por ellos hablada.
La Academia española solo recoge esta grafía con *i*, preferible a *aymara*, de empleo relativamente frecuente. Aunque en la pronunciación suelen alternar las formas grave (/ai-**ma**-ra/) y aguda (/ai-ma-**ra**/), es aconsejable el empleo de la primera pues responde a la original.
Su plural es *aimaras* o *aimaraes*.

**airar – airear**.
• airar (se conjuga como **aislar**). Irritar, enojar. *Lo airaba la indiferencia del grupo.*
• airear. Ventilar. *Aireaba la habitación por las mañanas.*

**airear**. → **airar**.

**aislar**. ~ **de**: *Lo aislaron de todos sus amigos. Se aisló del mundo para reflexionar sobre su vida.*
(➤ Cdo. 11.)

**ají**. El plural de este sustantivo masculino es *ajís* o *ajíes*.
◊ La forma *ajises* es propia del habla rural, o poco cuidada.

**al**. Contracción. → **el**.

**alarmar**. ~ **con**, ~ **por**: *Los alarmaron con las novedades. Se alarman por todo.*

**albufera**. Sustantivo femenino que significa 'laguna de agua salobre separada del mar por un cordón de arena'. Es palabra grave /al-bu-**fe**-ra/.

**álbum**. Sustantivo masculino con el que se designa el libro o cuaderno en blanco, comúnmente apaisado, y encuadernado donde se guardan fotografías, acuarelas, grabados, etc. También se llama así el estuche o carpeta que contiene uno o más discos sonoros.
Su plural es *álbumes*.
♦ La escritura y pronunciación **álbun* es incorrecta, como lo es el empleo de las formas **albums* o **álbunes*.

**alegrar**. ~ **con**: *Alegra la reunión con chistes. Se alegró con la noticia.*
– **alegrarse de**: *Nos alegramos de saberlo.*
~ **por**: *Se alegraba por todo y por todos.*

**alejar**. ~ **de**: *No lo alejes de sus amigos.*

**alerta**. **1**. Adverbio que significa 'de manera vigilante y con atención'.
Es invariable, y se emplea por lo común con verbos como *estar, andar, vivir, poner,* etc. *Viven alerta.*
**2**. Adjetivo que significa 'atento', 'vigilante'. En la actualidad, su empleo más frecuente es sin variación de género y con variación de número. *Las madres alertas no*

*descuidaban a sus hijos. Con todos sus sentidos alertas espera la llegada del día.*
**3**. Interjección con la que se llama a la vigilancia. *¡Alerta! ¡No lo descuides!*
**4**. Sustantivo que significa 'estado de vigilancia y atención'. La Academia registra solo el género femenino, dominante en España.
◊ En la Argentina, México, Colombia, y en otros países de América, es voz masculina. *Los pescadores están preocupados por el alerta meteorológico.*

**-algia**. Elemento compositivo de origen griego que, colocado al final de palabra, entra en la formación de términos propios de la medicina con el significado de 'dolor': *dermalgia, mialgia, neuralgia.*

**álgido**. Adjetivo que significa 'muy frío'. Como el período de frío glacial en ciertas enfermedades es al mismo tiempo el período crítico para la vida del enfermo, se ha calificado de ese modo el "momento o período crítico o culminante de algunos procesos orgánicos, físicos, políticos, sociales, etc." (*DRAE*). *Las negociaciones llegaron a un momento álgido.*

**algo**. **1**. Pronombre indefinido neutro con el que se designa una cantidad indeterminada o pequeña, o una cosa que no se quiere o no se puede nombrar. *Podemos comer algo. Algo tiene que haber ocurrido.* No tiene variante de género ni de número y los adjetivos establecen su concordancia con él en masculino. *Algo no está claro.* Cumple exclusivamente la función de sustantivo. De allí que tenga sus mismos empleos como sujeto, predicativo y objeto: *Algo funcionó mal. Algo es algo. Vi algo*; o como término de complemento, precedido por preposición: *Podemos empezar por algo. Seguramente con algo se conforma.*
◊ Con frecuencia, este pronombre se ubica delante de complementos preposicionales. *Pidieron algo de comer.*
**2**. Adverbio equivalente a *un poco*. Es frecuente su empleo en la lengua coloquial delante de adjetivos para atenuar la intensidad del significado de aquellos. *La comida estaba algo fría. Lo encuentro algo cansado.*
♦ Nótese que en función adverbial no puede ser precedido por otro adverbio. *Un día algo más caluroso* (**Un día más algo caluroso*).

**alguien**. Pronombre indefinido que señala de manera indeterminada a una o varias personas. Es invariable en género y número y actúa siempre como sustantivo masculino, por lo que establece concordancia con el adjetivo en género masculino singular. *Si alguien está muy cansado no rinde bien en el trabajo. Alguien corrupto no puede desempeñar un cargo público.*
Cumple las funciones de sujeto, predicativo y complemento (directo e indirecto): *Alguien miente. Por fin siento que soy alguien. Vi a alguien detrás de los árboles. No lo tires, dáselo a alguien*, y término de complemento preposicional: *Vi a alguien de quien quiero hablarte. Si te esfuerzas por alguien, a la larga obtendrás beneficios.*

**alguno**. Pronombre indefinido de género masculino singular que señala personas en forma indeterminada, o hace referencia a una cantidad imprecisa o no excesiva de personas o cosas. Su plural es *algunos* y las formas femeninas son *alguna* y *algunas*. *Seguramente alguno no va a estar de acuerdo. Leímos algunas páginas de sus poesías.*
A diferencia de **alguien**, que solo actúa como sustantivo, puede desempeñar:

**1**. Función adjetiva, en cuyo caso concuerda en género y número con el sustantivo. *Algunos avisos publicitarios eran demasiado agresivos. Algunas cartas no llegaron a su destino.*
**2**. Función sustantiva. *Seguramente alguno de ustedes la vio salir. ¿Quedó alguno en la cocina?*
◊ *Alguno* se apocopa cuando precede a un sustantivo o adjetivo. *Seguramente tuvieron algún problema. Seguramente tuvieron algún inesperado problema.*
Por atracción fónica, suele apocoparse también cuando aparece antepuesto a un sustantivo femenino que comienza con *a* tónica. No obstante, en el habla cuidada debe evitarse este empleo.
**Cuando existe una ley federal que regula algún área del Derecho, se dice que ese campo está ocupado por una ley y por lo tanto los estados no pueden intervenir.*
♦ Nótese que no puede ser precedido por un adjetivo. *Algún inesperado problema, algún problema inesperado,* pero no **inesperado algún problema.*
La forma de negación de este pronombre es **ninguno**.
**aliar** (se conjuga como **ansiar**).
~ **a**, ~ **con**: *Aliaron sus fuerzas a las del ejército extranjero. Se aliaron con el país vecino.* ~ **contra**: *Los generales aliaron sus tropas contra las del invasor. Se aliaron contra el enemigo.* ~ **para**: *Aliaron sus fuerzas para ser más poderosos. Se aliaron para pelear contra un ejército mejor equipado.*
**alimentario – alimenticio**. Pese a que muchas veces se emplea *alimenticio* para calificar lo relativo a los alimentos, conviene evitar la confusión entre estos dos vocablos.
*Alimentario* significa 'Propio de la alimentación o referente a ella': *Nuevos productos ingresaron al mercado alimentario. La industria alimentaria se enfrenta a los riesgos de la manipulación transgénica;* mientras que *alimenticio* alude a aquello 'Que alimenta o tiene la propiedad de alimentar': *Es un postre muy alimenticio. El chocolate tiene gran poder alimenticio.*
**alimenticio**. → **alimentario**.
**alinear**. Su acentuación correcta es *alineo, alineas, alinea, alinean.*
Si bien es frecuente la pronunciación **alíneo, *alíneas, *alínea, *alínean,* etc., quizá por influencia del sustantivo *línea,* es conveniente evitar estas formas.
♦ En las zonas donde la *ñ* suele pronunciarse como /ni/, debe prestarse atención a la ortografía: **aliño* por *alíneo.*
**alistar**. ~ **en**: *Lo alistaron en las tropas de infantería. Se alistó en el ejército.*
**aliviar**. ~ **de**: *Los medicamentos lo aliviaron del dolor. Se alivió rápidamente de su angustia.*
**allá – aya – halla – haya**.
• allá. Adverbio. *Allá hacía menos frío.* → **allá**.
• aya. Niñera. *El aya viajaría con los niños.*
• halla. 3ª pers. sing. presente del indicativo de *hallar. No halla lo que busca.*
• haya. Árbol corpulento, de madera rojiza. *El bosque de hayas rodeaba al pueblo.*
◊ En singular, por comenzar con /a/ tónica, los sustantivos *aya* y *haya* deben usarse precedidos por las formas *el* y *un* del artículo determinado e indeterminado, respectivamente, pero conservan su género femenino. *El aya cuidadosa. El haya añosa.*
**allá**. Adverbio demostrativo que indica:
**1**. Lugar menos determinado, más alejado que el que se denota con → **allí**. Por esa

misma razón, admite ciertos grados de comparación que este rechaza: *más allá, muy allá*. Se emplea a veces precediendo a nombres que expresan lugar para denotar lejanía. *Allá en Europa, ahora es invierno.*

Como otros adverbios, puede ir acompañado de preposiciones: *de, desde, hacia, por*, que indican movimiento o aproximación. *Vine desde allá para verte. Si van a estar en Córdoba, traigan alfajores de allá.* Con verbos de movimiento y precedido a veces de las preposiciones *hacia* o *para*, indica alejamiento del punto en que se halla el hablante. *Andá para allá y no hables más. —¿Vamos para el centro? —Bueno, si van hacia allá los acompaño.*

**2**. Cuando antecede a nombres que refieren tiempo, cumple la función de adverbio temporal propio de un estilo narrativo con el que se indica un pasado remoto. *Por allá, en tiempos de la revolución.*

**allende**. Preposición con la que se indica:

**1**. 'Más allá de, de la parte de allá de'. *Allende los mares, los conquistadores preparaban sus naves.*

**2**. 'Además de, fuera de'. *Allende su inteligencia, contaba también con una gran habilidad diplomática.*

En la actualidad esta preposición casi no se usa y aparece solamente en la lengua escrita literaria de tono conservador o arcaizante.

**allí**. Adverbio demostrativo que:

**1**. En el espacio, indica un punto alejado de la persona que habla y de aquella a quien se habla. Según modifique a verbos de sentido estático, o a verbos que denotan idea de movimiento, significa:

**a)** 'En aquel lugar'. *Como siempre las llaves estaban allí, pero nadie las veía.*

**b)** 'A aquel lugar'. *Prontamente se dirigieron allí, donde los esperaban ansiosamente.* Cuando acompaña a verbos que indican movimiento o procedencia, puede ir precedido de las preposiciones: *de* (*De allí provenían siempre las peores noticias*); y *desde* (*Viniendo desde allí era imposible llegar temprano*).

♦ Es incorrecta la anteposición de la preposición *a*. *Fueron allí* (**Fueron a allí*).

**2**. Con valor distributivo, suele usarse en correlación con **aquí** para designar sitio indeterminado. *El museo estaba lleno de objetos valiosos; aquí las piezas de arte, allí las herramientas de trabajo.*

**alma máter**. Locución latina que en propiedad significa 'madre nutricia', y se aplica referida a instituciones de enseñanza (pues nutren con ella). No guarda relación con el sustantivo *alma*. De allí que, en rigor, no corresponda su empleo, por cierto extendido, para calificar de ese modo a quien dirige, sustenta, o mantiene en curso una empresa. *Uno de los epígonos del eclecticismo francés, llegado a nuestro país a mediados del siglo XIX, fue el "alma máter" de nuestra escuela secundaria.*

**alocución – elocución**.

• alocución. Discurso breve. *La alocución fue precisa y coherente.*

• elocución. Modo de expresión, articulación del discurso. *Dominaba por completo el arte de la elocución.*

**altavoz**. Sustantivo de género masculino: *el altavoz, los altavoces.*

**alternar**. ~ **con**, ~ **entre**: *Alterna la práctica de tenis con la de hockey. Alternan entre la paz y la guerra. En el estudio alternaba con muchos artistas de prestigio.*

**alternativo, va**.

**1**. Como sustantivo femenino significa:

**a)** Opción entre dos o más cosas. *Puesto ante la alternativa...*
**b)** Cada una de las opciones. *No le dejaron otra alternativa.*
**2**. Como adjetivo, junto a los valores tradicionales 'que sucede u ocurre con alternancia' y 'capaz de alternar con función igual o semejante', es frecuente su empleo neológico con el sentido de 'opuesto o complementario, respecto de las prácticas oficiales o habituales'. *La desconfianza en la medicina tradicional y la angustia del enfermo son razones que alientan la búsqueda de medicinas alternativas.*

**aludir**. ~ **a**: *Aludió al esfuerzo que hizo para conciliar las partes.*

**alumbre**. Es sustantivo de género masculino: *el alumbre, los alumbres.*

**amable**. ~ **con**, ~ **para con**: *Él es muy amable con sus empleados.* ~ **en**: *Es muy amable en el trato.*

**amagar**. Hacer ademán, por lo común amenazante. *Amagó un golpe a la mandíbula.*
Presentarse un hecho como inminente, pero sin que este llegue a realizarse plenamente. *Por momentos el sol amagaba salir, pero pronto volvía a cubrirse el cielo.*

**amainar**. → **bailar**.

**amanecer** (se conjuga como **agradecer**). Con el sentido de 'salir el sol' es verbo unipersonal y se conjuga solamente en 3ª persona. *El día amaneció nublado.*
Con el sentido de 'despertarse luego de haber dormido durante la noche', es verbo que se conjuga en todas las formas. *¿Cómo amaneció? Los chicos amanecieron con fiebre.*

**amar**. Verbo regular modelo de 1ª conjugación.
(➤ Cdo. 1.)

**amarillismo**. Referido al periodismo, este sustantivo masculino se emplea para aludir a la tendencia a informar de manera sensacionalista o escandalosa para lograr mayor venta.
Del mismo origen es la acepción según la cual se llama *amarillismo* a la tendencia sindical que defiende los intereses de la patronal. En América, al menos en los países del Cono Sur, esta segunda acepción es conocida, pero inusual en el lenguaje corriente.

**amateur** (/a-ma-**ter**/). Voz francesa de empleo sumamente extendido.
Significa 'no profesional', 'aficionado'. *Cuando se implanta el profesionalismo, nuestro equipo prefiere seguir siendo amateur, pues el interés económico nada tiene que ver con la esencia del deporte.* Se emplea en general en el ambiente deportivo, aunque también se documenta en otros campos, como el teatral o el cinematográfico: *cine amateur, teatro amateur.*
Su plural es *amateurs.*

**amateurismo**. Práctica de deportes y actividades no rentados, tendencia en su favor. Al igual que el primitivo **amateur**, carece de registro académico. *Sostuvo con su elegancia y personalidad una tradición de grandes zagueros que tuvo Racing desde la época del amateurismo.*

**Amazonia**. Denominación del territorio de América del Sur que abarca la cuenca central e inferior del río Amazonas en las Guayanas, Venezuela, Colombia, Ecuador, Perú, Bolivia y Brasil.
En la mayor parte del mundo de habla hispana este sustantivo femenino se acentúa en la penúltima sílaba (/a-ma-**so**-nia/). La forma *Amazonía,* con hiato final (/a-ma-so-**ni**-a/), que acaso se deba al influjo del fran-

cés, es la dominante en el español hablado en los países del área, salvo en Bolivia.
**ambages**. Sustantivo masculino que en una primera acepción, hoy desusada, significa 'caminos laberínticos'.
Por extensión, actualmente vale por 'forma indirecta de expresión', 'circunloquio'. Se emplea solamente en plural.
♦ Debe evitarse el uso de las formas **ambagues* y **ambajes*.
***ambagues**. → **ambages**.
***ambajes**. → **ambages**.
**ambidextro – ambidiestro**. Ambas palabras se emplean para referirse a la persona que usa la mano izquierda con la misma habilidad que la derecha.
Es más frecuente el uso de *ambidiestro*.
**ambiguo**. Adjetivo con el que se nombra a la situación, hecho o vocablo que puede admitir diferentes interpretaciones.
En gramática, se denomina *sustantivo ambiguo* al que se usa con el mismo significado indistintamente en masculino o femenino: *el tilde, la tilde*.
**ambos**. Adjetivo y pronombre que significa 'uno y otro'. Se emplea en plural y tiene variación de género: *ambos, ambas*.
♦ Evítese la expresión pleonástica *ambos dos*. **Esta visita servirá para intensificar las excelentes relaciones entre ambos dos países*.
**amén**. Voz que significa 'así sea' y se emplea en el final de las oraciones o para manifestar aquiescencia. Es palabra aguda. Su plural, *amenes*, es grave.
**amenazar**. ~ **con**: *Lo amenazó con un revólver. Lo amenazó con decírselo a su madre*.
**ameritar**. Merecer, conceder méritos a alguien o algo. *Su capacidad ameritaba el nombramiento*.
Es verbo corrientemente empleado en diferentes países de América, como la Argentina, donde era menos común unos años atrás, Chile, Colombia, Costa Rica, Nicaragua, Perú, México y Uruguay. *Esto tiene que ameritar un acuerdo entre todas las fuerzas que trabajan por la unidad. El atleta podrá, si su récord lo amerita, inscribirse para la competencia final*.
**amerizar**. Pese a que esta variante se halle reconocida con igual sentido que *amarizar*, esto es posarse sobre el mar una hidronave o una cápsula espacial, es preferible emplear la que guarda mejor la forma española (*amarizar*) o bien el genérico *acuatizar*.
**amiguismo**. Tendencia a favorecer a los amigos en perjuicio de otros, que poseen mejor derecho.
Es voz propia del lenguaje político. *Un pueblo cansado de mentiras y promesas incumplidas, de la corrupción y el amiguismo venal, del raquitismo ideológico*.
Su correlativo *amiguista*, 'que practica o es propio del amiguismo', no posee registro académico. *El gobierno saliente se caracterizó por ser un gobierno familiar y amiguista*.
**amiguista**. → **amiguismo**.
***amiótico**. Forma incorrecta por *amniótico*, 'relativo al → **amnios**'.
**amnios**. "Saco cerrado que envuelve y protege el embrión de los reptiles, aves y mamíferos, y que se forma como membrana extraembrionaria, llena de un líquido acuoso" (*DRAE*). El plural de este sustantivo masculino es invariable: *el amnios, los amnios*.
**amoblar** (se conjuga como **contar**).
**amoral**. Dicho de personas o hechos, 'carente de sentido moral'. En sentido estric-

to, no es sinónimo de *inmoral,* ya que este último se refiere a lo opuesto a la moral o a las buenas costumbres.

Nótese el efecto estilístico logrado con esta diferenciación. *El objetivo que perseguimos durante la campaña era que se dejase de creer que la política es cosa sucia y de que para entrar a la política hay que ser, si no amoral, totalmente inmoral.*

**ampersand** (&). De la expresión *and per se and,* literalmente *y por sí mismo y,* ya que con la conjunción *and* (*y*) finalizaba la enunciación del alfabeto inglés.

En español, este signo (&) fue empleado para representar la conjunción *y.* Con ese significado es completamente desusado hoy.

**amueblar – amoblar**. Ambas variantes verbales son de empleo regular, aunque en América pareciera predominar la forma con diptongo (*amueblar*). *Le ofrecemos el servicio completo de asesoría para amoblar su oficina, hotel o centro de convenciones. En unos pocos días repararon, decoraron y amueblaron la casa.*

**Anáhuac** (/A-**na**-uak/). Nombre de la meseta localizada en el extremo sur de la altiplanicie mexicana. *El Anáhuac.*

♦ Evítese la acentuación aguda /A-na-**uak**/.

**anales**. Con los significados de 'relación de hechos ocurridos en un año' y de 'publicación periódica que informa sobre un campo concreto de la cultura, la ciencia o la técnica', este sustantivo masculino se usa solamente en plural: *los anales.*

**análogo**. ~ **a**: *Este episodio fue análogo al anterior.*

**ananá** o **ananás**. Planta y fruto. En la actual edición del *Diccionario* académico, figura *ananá* como sustantivo de género femenino, en tanto *ananás* –la variante preferida–, como de género masculino. Esta caracterización parece contraria al uso americano según el cual la denominación corriente es de género masculino y variación de número: *el ananá, los ananás.*

**anarco-**. Elemento compositivo de origen griego que, colocado al comienzo de palabra, entra en la formación de algunas voces españolas propias de la política con el significado de 'falta de gobierno', 'desorden': *anarquía, anárquico, anarquismo, anarquizar.*

**ancestro**. Sustantivo masculino sinónimo de *antepasado.* Se emplea con más frecuencia en América que en España y preferentemente en plural: *los ancestros.*

**andamiaje**. Soporte de una estructura abstracta. Sobre el sustantivo *andamio* —armazón de tablones o vigas puestos horizontalmente y sostenidos en pie sobre la cual se trabaja en la construcción— se han formado los colectivos *andamiada* y *andamiaje.* Este último, a través de un desplazamiento metafórico, ha pasado a designar también el 'sostén visible de una estructura'.

El cambio constituye un desplazamiento semántico modernamente difundido en lenguas romances, ya que el francés *échafaudage* y el italiano *impalcatura* comparten el mismo uso propio y figurado que posee el español *andamiaje. Es un jugador muy importante en el andamiaje del equipo, pues corta y distribuye con igual eficiencia.*

**andar**. ~ **en**: *Siempre anda en asuntos complicados.* ~ **tras**: *Anda tras ese puesto. La policía anduvo dos días tras los delincuentes.* (➤ Cdo. 12.)

**Andes**. Cadena montañosa sudamericana que se extiende casi paralela a la costa del

Pacífico, desde el cabo de Hornos hasta las proximidades de Panamá.
Debe escribirse *los Andes* (sobreentendiendo *cordillera de*) y no *Los Andes*.
El artículo se escribe con mayúscula cuando se refiere a un topónimo, como por ejemplo *Los Andes*, provincia chilena situada en la región de Valparaíso.
**anexar – anexionar**. El *DRAE* registra estos dos verbos como sinónimos con el significado de "Unir o agregar una cosa a otra con dependencia de ella". También observa que *anexionar* se emplea principalmente "hablando de la incorporación de un territorio a otro".
**anexionamiento**. Si bien es regular por su formación, parece conveniente evitar el uso de este sustantivo en favor de *anexión* 'acción de anexar'.
**anexionar**. → **anexar**.
**anfi-**. Elemento compositivo de origen griego que, colocado al comienzo de palabra, entra en la formación de algunos cultismos españoles con el significado de 'alrededor': *anfiteatro*; 'a uno y otro lado': *anfipróstilo*; 'doble': *anfibio*.
**angio-**. Elemento compositivo de origen griego que, colocado al comienzo de palabra, entra en la formación de numerosos términos médicos españoles con el significado de 'de los vasos sanguíneos o linfáticos': *angiografía, angiología, angioma*.
**anglófono**. → **anglohablante**.
**anglohablante – angloparlante – anglófono**. Estas tres denominaciones refieren a la comunidad o persona que tienen el inglés como lengua materna. La menos adecuada, *angloparlante*, parece ser la de uso más extendido en América. *Proyecto de UNESCO "Reservas de la Biosfera para la Conservación de la Biodiversidad y el Desarrollo Sustentable en África Angloparlante".*
*Anglohablante* es la que se ajusta mejor a la morfología y semántica del español, pues se llama *hablante*, y no *parlante*, a la persona que posee un determinado idioma como propio. *La culminación de la gira del gobernante por tres países del Caribe anglohablante desató una controversia en torno a los frutos o fracasos recogidos.*
Si, por razones de eufonía, quiere evitarse esta última, se puede optar por *anglófono*, voz proveniente del francés bastante extendida y que figura en el *DRAE*. *Los militares británicos con sus helicópteros y sus barcos de guerra se retiraron el sábado a sus bases en el Caribe anglófono.*
**angloparlante**. → **anglohablante**.
**angustiar**. ~ **con**, ~ **por**: *No lo angusties con detalles. Se angustia por el dolor de los demás.*
**anhídrido**. Se designan de esta manera los cuerpos formados por un no metal combinado con oxígeno y que, al reaccionar con el agua, produce un ácido. Es palabra esdrújula. No corresponde la acentuación grave */an-i-**dri**-do/.
**anorexia**. Sustantivo femenino con el que se designa la falta anormal de ganas de comer.
**ansiar**.
(➤ Cdo. 13.)
**ansiolítico**. Adjetivo con el que se denomina el medicamento que disminuye o calma la ansiedad. También se emplea como sustantivo masculino. *Sería conveniente que tomase un ansiolítico.*
**antagonizar**. Oponerse o rivalizar, especialmente en materia de principios y opiniones. De empleo en América y en España, este verbo no ha sido aún registra-

do en el léxico académico. *Afirmó que se oponía a la mediación y la diplomacia americana en razón de que no tenía interés de antagonizar con dicho país.*
En el ámbito de la medicina se emplea para referirse a la acción antagónica de algunas drogas. *No administrar a pacientes en tratamiento, ya que por su contenido de vitamina B6 puede antagonizar los efectos de dicho medicamento.*
**antártico**. Relativo o perteneciente al Polo Sur y al continente en que se halla: *los vientos antárticos; la geografía antártica.*
Se emplea solo como adjetivo, ya que el sustantivo mayoritariamente empleado es → **Antártida**.
◧ **ártico**.
**Antártida**. Continente situado casi en su totalidad al sur de los 66° 30′ latitud Sur, que marca el círculo polar antártico.
La decisión de adoptar una denominación para este continente data de 1898 y el resultado no ha sido uniforme. Así, por ejemplo, frente al italiano *Antàrtide* o el español general *Antártida*, se dan formas como el alemán *Antarktis*, el francés *Antarctique* o el inglés *Antarctic*.
♦ Sin embargo, debe tenerse en cuenta que *Antártica* es denominación totalmente oficial y regular en Chile (*XII Región de Magallanes y la Antártica Chilena*) y que es la forma que corresponde utilizar cuando convenga atenerse a esta norma nacional.
**ante merídiem**. Locución latina que significa 'antes del mediodía'. Por lo común se emplea la forma abreviada: a. m. *El vuelo llega a las 8:00 a. m.*
◊ En la práctica, el empleo de esta expresión se limita a la indicación, oficial o administrativa de horarios. En cartas o invitaciones formales suele emplearse el número de 0 a 24 sin indicación de hora. *El acto se realizará a las 20.*
**ante-**. Elemento compositivo de origen latino que, colocado al comienzo de palabra, entra en la formación de numerosas voces españolas para expresar anterioridad en el tiempo o en el espacio: *anteayer, antebrazo, antecapilla, antediluviano*. Toma la forma *ant-* en *antaño*.
**ante**. Preposición.
**1**. En sentido espacial indica:
**a)** Presencia enfrente y a corta distancia de alguien o de algo. *Habló ante sus superiores con total desenfado. Nunca pasaba ante las puertas del templo.*
**b)** Por derivación de este sentido, expresa relación comparativa con significado de preferencia: *Ante todo, era un buen abogado. Defendía la libertad y la justicia ante todos los derechos*; y también relación 'respecto de': *Prefería no abrir juicio ante tales circunstancias.*
**2**. Puede combinar el sentido espacial con el temporal indicando la situación delante de algún suceso, acción o proceso, con el significado de 'inmediatamente antes de'. *Ante la duda abstente.*
**3**. Expresa valor causal. *Ante la negativa de sus padres, decidió abandonar el puesto de lucha.*
**antediluviano**. Adjetivo que significa 'anterior al diluvio', y en sentido figurado, 'muy antiguo'.
♦ Evítese, pese a lo extendido de su empleo, la forma **antidiluviano*, pues debe expresarse 'anterioridad' y no 'oposición'.
**anteponer** (se conjuga como **poner**). Participio irregular: *antepuesto*.
~ **a**: *Antepuso el deber a su seguridad.*
**anterior**. Que está antes en el tiempo o en el espacio.

El complemento de este adjetivo va encabezado por la preposición *a*. *Nuestra decisión fue anterior a la renuncia.*

◊ Puede ir acompañado por los adverbios *muy, bastante, poco,* pero no por *más* ni *mucho.*

**antes**. Adverbio que señala precedencia en el tiempo o en el espacio. Por esa razón frecuentemente sigue a un sustantivo que designa de manera convencional u ocasional una división cualquiera de ambos continuos. *Lo resolvieron dos días antes. Lo encontró en el camino, antes del mío.*

Puede ir precedido de modificadores cuantitativos, como *mucho, bastante, algo, poco. Llegaron mucho antes, bastante antes, algo antes, poco antes.* No admite, sin embargo, la anteposición de *más,* porque el valor de este adverbio está ya incluido en el significado de *antes*: 'más temprano', 'más pronto'.

- **antes de**. Locución prepositiva que expresa anterioridad en el tiempo y en el espacio. *Salieron antes de las ocho. El mercado está antes de la estación.*

Se ha destacado el sentido dinámico temporal de este uso con el que se indica que se llega antes, opuesto al sentido estático y puramente espacial de la construcción **delante de**.

Es usual que la construcción *antes de* se emplee con frecuencia antepuesta a un infinitivo. *Antes de salir cierren la puerta con llave.*

- **antes** (**de**) **que**. Locución conjuntiva que expresa anterioridad. *Antes que* (o *antes de que*) *se vayan, tenemos que entregarles los nuevos horarios.*

◊ Obsérvese el uso optativo de la preposición *de.*

- **antes que**. Locución conjuntiva que indica preferencia. *Antes que volver a verlo, prefiero irme de la ciudad.*

♦ Obsérvese que no debe construirse con la preposición *de. *Antes de que salir, prefiero quedarme a leer un rato.*

**anticipar**.

- **anticiparse a**: *No te anticipes a los hechos.*

**anticlímax**. Sustantivo masculino con el que se designa, por lo común, el momento en que desciende o se relaja la tensión después del clímax.

◊ Es invariable en número: *el anticlímax, los anticlímax.*

**anticultura**. Con este sustantivo femenino se designa el conjunto de actitudes o comportamientos deliberadamente contrarios a una determinada concepción de la cultura.

***antidiluviano**. Forma incorrecta por → **antediluviano**.

**antiguo**. Dicho de cosas o acontecimientos, 'que existe desde mucho tiempo atrás', 'que ocurrió en tiempos lejanos', o 'que es anticuado'. También se dice de la persona 'que lleva mucho tiempo en un trabajo, actividad, etcétera'.

♦ No corresponde su uso con el valor de ex, para referirse a quien ya no ocupa o conserva un cargo, empleo, hábito, etc. **El antiguo ministro de Guerra resolvió que también él renunciaría.*

**antihistamínico**. Sustantivo y adjetivo con el que se nombra la droga que reduce o previene la acción de la → **histamina**. Se la emplea en algunos tratamientos contra la alergia. *El primer antihistamínico que se usó en terapéutica fue el Antergan, introducido en Francia en 1942.*

**antihumano**. Adjetivo con el que se designa aquello que es contrario u opuesto a lo humano. *En el transcurso de la historia se han sucedido por igual los cultores de la malevolencia con su accionar antihumano y la espiritualidad perenne, constructiva, humanística y fraterna de los insurrectos quijotes.*

Las nociones de 'crueldad' y 'carente de humanidad' se hallan ya presentes en el adjetivo *inhumano*. Parece pues innecesario, y quizá algo excesivo, el uso de *antihumano*, de empleo relativamente infrecuente.

**Antioquía – Antioquia**.

• Antioquía. Ciudad de Turquía. Se pronuncia con hiato final, /an-tio-**ki**-a/.

• Antioquia. Ciudad de Colombia. Se pronuncia sin hiato, /an-**tio**-kia/.

**antípoda**. Adjetivo que califica a una persona que vive en un lugar de la Tierra diametralmente opuesto a otro. También se emplea como sustantivo con el significado de 'lugar de la Tierra diametralmente opuesto a otro' o, en sentido figurado, 'que se contrapone a otra persona o cosa'. En nuestros días, prácticamente solo se emplea con este último sentido.

El *DRAE* indica que tanto en sentido recto como figurado se emplea como sustantivo masculino plural, que es la caracterización tradicional, o como femenino, que es forma muy frecuente en América.

Forma parte de la locución adverbial **en los, las antípodas de** o **en** [mis, tus, sus] **antípodas**, que significa 'en lugar o posición radicalmente opuesta'. *En sus antípodas, el iraní desarrolla en su obra una reflexión del cine dentro del cine, la correspondencia entre la ficción y los personajes que la interpretan.*

**antonomasia**. Figura retórica que consiste en poner el nombre apelativo por el propio, o el propio por el apelativo. *El dueño del café literario fue un mecenas del arte popular.* Este sustantivo femenino forma parte de la locución adverbial **por antonomasia**, que se emplea para indicar que una persona o cosa es la más característica de su especie. *El ratón es el roedor por antonomasia.*

**ántrax**. Sustantivo masculino con el que se designa la inflamación con pus de varios folículos pilosos. Es invariable en plural: *el ántrax, los ántrax*.

**apacentar** (se conjuga como **pensar**).

**apaciguar** (se conjuga como **averiguar**).

**aparecer** (se conjuga como **agradecer**).

**aparente**. Este adjetivo en español significa "que parece pero que no es" (*DRAE*). *Su malestar es aparente* (significa que, en realidad, tal malestar no existe).

♦ Su empleo con el sentido de 'evidente', 'notorio' es un anglicismo que conviene evitar. **Los países del este viven un cambio menos aparente pero igualmente importante.*

**apartar**. ~ **de**: *No apartes a los niños de su grupo. Se apartaron de nosotros porque no querían participar del negocio.*

**aparte**. **1**. Adverbio de lugar que significa:

**a)** 'Separadamente, en otro lugar'. *Se sentaron aparte.*

**b)** 'A distancia'. *Colocaron el mueble antiguo aparte de los otros.*

**2**. Como sustantivo masculino, indica:

**a)** La conversación sostenida por dos o más personas al margen del resto. *Tomaron la decisión en el aparte que hicieron mientras tomaban café.*

**b)** Lo que en una representación escénica dice cualquiera de los personajes de la obra representada, como hablando para sí o con aquel o aquellos a los que se dirige y suponiendo que no lo oyen los demás. *La moraleja de la obra se desprendía claramente de las palabras que expresaba el personaje en el aparte final.*

**3**. Como adjetivo significa 'diferente', 'distinto', 'singular'. *Era un caso aparte, por eso merecía estudio especial.*

**4**. Como preposición que significa 'con omisión de', interviene en la construcción **aparte de**, que significa:

**a)** 'Prescindiendo de aquello que se expresa'. *Aparte de algunas manchas, esta ropa todavía puede usarse.*

**b)** 'Además de'. *Aparte de inteligencia, tiene excelentes condiciones para entablar relaciones sociales.*

◊ Como modificador de un sustantivo antepuesto forma una construcción adverbial de valor equivalente, ya que significa 'dejando de lado lo designado por el sustantivo'. *Modestia aparte, creo que nuestro trabajo era el mejor. Impuestos aparte, cuesta cincuenta pesos.*

- **aparte de que**. Locución conjuntiva equivalente a 'además de que'. *Aparte de que ellos quieren venir, no es justo dejarlos afuera del grupo.*

**apartheid** (/a-par-χ**eid**/). Voz de origen afrikaans que se emplea en español como sustantivo masculino para referirse a la segregación racial, especialmente la establecida en la República de Sudáfrica por la minoría blanca.

◊ Es de género masculino: *el apartheid.*

**apasionar**.

- **apasionarse por**: *Se apasiona por la lectura.* ~ **con**: *Se apasiona con su trabajo.* ~ **en**: *Se apasiona en los debates.*

**apelar**. ~ **a**: *Apeló a la generosidad de sus vecinos.* ~ **ante**: *Apeló la sentencia ante la Suprema Corte.*

**apenas**. Adverbio con el que:

**1**. Se niega casi en su totalidad, pero no completamente la realización de un hecho. *Apenas llueve.*

**2**. Se expresa que una cantidad es insuficiente o exigua. *Apenas probé tres bocados.*

**3**. Se indica el corto tiempo que media entre dos hechos. *Apenas me di vuelta ya lo tenía encima.*

Con similar sentido se emplea en correlación con *cuando. Apenas lo supo cuando ya estaba llamando para decírselo.*

- **apenas si**. Construcción adverbial que refuerza el sentido de negación o de cantidad. Su empleo en la lengua corriente parece ser más generalizado en América que en España. *Apenas si tenía tiempo para cambiarse de ropa.*

**apercibir**. *Lo apercibió severamente.*

~ **apercibirse de**: *Se apercibió tarde de su error.*

**apetecer** (se conjuga como **agradecer**).

**aplicación** (Programa de aplicación). En informática, cualquier programa que permite realizar una tarea que no se vincule ni con el mantenimiento de la computadora, ni con su funcionamiento. *Un procesador de textos, una base de datos, una planilla u hoja de cálculo son aplicaciones.*

• Con el sentido de 'solicitud, documento en que se solicita algo', calco del inglés (de *application*), este sustantivo femenino se documenta en diversos países americanos, entre ellos: Colombia, Costa Rica, Ecuador y Venezuela. *Las aplicaciones deben llenarse en letra de imprenta.*

◊ Esta acepción sin registro académico es inusual en el Río de la Plata y en España.

**aplicar**. En español este verbo significa 'poner una cosa sobre otra o en contacto

de otra'. *Aplíquese el pegamento sobre una superficie limpia.*
Figuradamente vale por 'atribuir o imputar a una persona o situación algún hecho o dicho'. *Ahora puede aplicarse aquello de que lo barato sale caro.* También por poner diligencia en la ejecución de alguna cosa, especialmente en estudiar, esmerarse. *Desde temprano se aplicó a la lectura de los clásicos.*
♦ Evítese el anglicismo innecesario de traducir *to apply* en el sentido de 'solicitar' a través del español *aplicar.* → **aplicación**.

**apócope**. Supresión de uno o más sonidos al final de palabra: *San*(to) *Antonio, San*(to) *Pedro,* pero *Santo Domingo.*
Es voz de género femenino: *la apócope.* El *DRAE* registra también la forma inusual *apócopa.*
◧ **aféresis**.

**apoderar**.
- **apoderarse de**: *Se apoderaron de todas las obras de valor que encontraron.*

**apología**. El significado de este sustantivo en español es: "Discurso de palabra o por escrito, en defensa o alabanza de personas o cosas" (*DRAE*). Con el significado de 'disculpa' constituye un anglicismo ajeno por completo a nuestra lengua (< ingl. *apology*). **Mis apologías si le causé inconvenientes.*

**apostar** (se conjuga como **contar**).
~ **a**: *Apostaba al 7 cada vez que jugaba.*

**apóstrofe – apóstrofo**.
• apóstrofe. Dicterio, invectiva. *Lanzó salvajes apóstrofes a sus adversarios.*
• apóstrofo ('). Signo de puntuación auxiliar que, en la actualidad, prácticamente no tiene vigencia en español.

**apóstrofo**. → **apóstrofe**.

**apotegma**. → **apotema**.

**apotema – apotegma**.
• apotema. Distancia entre el centro de un polígono regular y uno cualquiera de sus lados.
Es sustantivo femenino. *Los alumnos midieron la apotema del rombo.*
• apotegma. Máxima, aforismo.
Es sustantivo masculino. *Benito Juárez expresó su apotegma: "El respeto al derecho ajeno es la paz".*

**apoteósico – apoteótico**. Aunque ambas formas sean igualmente correctas para calificar aquello que resulta 'deslumbrante', 'brillante' o 'espectacular', acaso la primera resulte más frecuente.

**apoteosis**. Sustantivo femenino que significa 'exaltación', 'alabanza', *la apoteosis.*
♦ Debe evitarse su empleo como masculino: **el apoteosis.*

**apoteótico**. → **apoteósico**.

**apoyar**. ~ **en**, ~ **sobre**: *Lo apoyó en la mesa.* ~ **contra**: *Lo apoyó contra la pared.* ~ **en**: *Apoya su punto de vista en investigaciones previas.* ~ **con**: *Apoya su argumentación con numerosas citas textuales.*

**apoyo**. Sustantivo masculino con el que se designa aquello que, en sentido recto y figurado, sirve para sostener una cosa. Forma la locución **en apoyo de**, que significa 'para afirmar', 'en sostén de'. *No podía aducir ningún argumento en apoyo de sus pretensiones.*

**apreciable**. Este adjetivo en español tradicionalmente significa 'digno de aprecio o estima'. *Su comportamiento representaba para mí una apreciable muestra de amistad.*
Con el sentido de 'considerable', 'importante' u 'observable' ha sido juzgado con criterio en extremo purista como un anglicismo innecesario. *La infección ha al-*

*canzado una apreciable parte del organismo.*
Sin embargo, su empleo en la actualidad es totalmente habitual y reconocido por autorizados diccionarios de nuestra lengua.
**apreciar**. Verbo que en español significa 'reconocer, estimar' y también 'sentir afecto'. Ocasionalmente se emplea con el significado de 'agradecer'.
Este sentido proviene del que tiene *to appreciate*, su cognado inglés. *El tribunal apreciaría que el demandado se abstuviera de hacer valoraciones que puedan conducir a equívocos.*
**aprehender – aprender**.
• aprehender. Asir, agarrar, prender. *Aprehendieron a los delincuentes.*
• aprender. Adquirir conocimientos. *En la escuela no aprendieron mucho.*
~ **de**: *Aprende de sus maestros.*
**aprehensión – aprensión**.
• aprehensión. Acción y efecto de asir, agarrar o prender. *La aprehensión de los fugitivos fue dificultosa.*
• aprensión. Escrúpulo o recelo. *Sentía enorme aprensión por los insectos.*
**apremiar**. → **cambiar**.
**aprender**. → **aprehender**.
**aprensión**. → **aprehensión**.
**apresurar**.
**apresurarse**. ~ **a**, ~ **en**, ~ **por**: *Nos apresuramos a salir de la habitación. Se apresuraron por ganar un lugar.*
**apretar** (se conjuga como **pensar**).
~ **con**: *No es necesario que aprietes con la mano.* ~ **contra**: *La gente se apretaba contra la puerta.*
**aprobar** (se conjuga como **contar**).
**aprovechar**.
– **aprovecharse de**: *Se aprovecha de su fuerza.*
**aproximar**. ~ **a**: *A medida que nos aproximábamos al campo, el aire parecía más fresco.*
**apurar**.
**apurarse**. ~ **con**: *Se apuraron con los deberes.*
– *APURARSE A, POR* + INFINITIVO. *Se apuraron a/por aclarar que nada los vincula con los sospechosos.*
– *APURARSE EN* + INFINITIVO. Realizar antes de tiempo. *Ni nos apuramos en culpar.*
**aquejar**. Padecer males una persona o un grupo social. *No podemos culpar a los medios de todos los males que aquejan a la clase política.*
◊ Nótese que el sujeto de *aquejar* normalmente no es una persona sino su accionar, por lo que deben evitarse expresiones como: **Los delincuentes que aquejan esta ciudad.* Para expresar este concepto es preferible: *La delincuencia que aqueja esta ciudad.*
**aquel**. Adjetivo y pronombre.
Tiene variante de género y número, por lo que existen cuatro formas: *aquel, aquella, aquellos, aquellas,* que pueden emplearse como pronombre y adjetivo demostrativos. Hay también una forma neutra, *aquello*, que solo funciona como pronombre. *Aquello no resultó como hubiésemos querido.*
• Pronombre demostrativo singular, masculino, que designa personas o cosas que no se encuentran cerca de la persona que habla ni de la que escucha. *Aquel cuadro me gusta muchísimo.*
Tiene las siguientes características y sentidos:
**1**. En cuanto a su ortografía, las formas masculinas y femeninas pueden llevar tilde, pero solamente cuando se busque evitar

la ambigüedad. *Aquél es mi favorito. Aquéllos son más antiguos.*
**2**. La forma neutra *aquello* nunca se escribe con tilde. *En aquello no estamos de acuerdo.*
**3**. *Aquel,* en lenguaje vulgar o muy poco cuidado, designa a una persona presente en el campo visual de las personas que mantienen el diálogo. *Aquél no hace más que mirarme.*
**4**. *Aquella* y *aquellas* funcionan como sustantivos en construcciones donde tienen significado impreciso de 'ocasión', 'vez', 'situación', 'jugada', o equivalen a un sustantivo no explícito. *De aquellas no se salva nadie.*
– **aquel que**. No corresponde acentuar este pronombre cuando precede a un relativo pues la tilde es innecesaria a los fines de diferenciación gramatical. *Aquel que tenga que decir algo que hable.*
Tampoco corresponde cuando no antecede inmediatamente al sustantivo. *Aquel del que hablan es mi amigo.*
• Como adjetivo, tiene las siguientes características y sentidos:
**1**. Se coloca delante del sustantivo: *aquel libro, aquella canción, aquellos hombres, aquellas personas*; pero puede utilizarse pospuesto al nombre si delante de él se incluye artículo: *el libro aquel, la canción aquella, los hombres aquellos, las personas aquellas.*
◊ Generalmente esta construcción connota enfado o desprecio hacia la cosa o persona nombrada.
**2**. Indica lejanía en el tiempo. *Aquella noche nos habíamos acostado temprano. Aquel día no pudimos ir al cine.*
♦ Es incorrecto el uso del demostrativo *aquel* delante de sustantivos femeninos que comienzan con a tónica (**aquel aula,* **aquel agua*) por *aquella aula, aquella agua,* que es la forma insustituible. El equívoco proviene de la confusión con el uso del artículo **el**.

**aquí**. Voz que desempeña diferentes funciones en las que expresa idea de lugar en el espacio o en el tiempo.
**1**. Como adverbio demostrativo, señala el punto que ocupa la persona que habla. Según modifique a verbos con sentido estático, o a verbos que denotan idea de movimiento, significa:
'En este lugar': *Aquí estoy, ¿no me ves?*; o 'a este lugar': *Nunca antes vinieron aquí.*
Cuando acompaña a verbos que indican movimiento o procedencia, puede ir precedido de las preposiciones: *de* (*De aquí surgió el error*); *desde* (*Podemos llevarlo desde aquí*); *hacia* (*Sabíamos que se dirigía hacia aquí*); *hasta* (*Las noticias nunca llegaban hasta aquí*); *por* (*Nunca pasaban por aquí*).
♦ Es incorrecta, en cambio, la anteposición de la preposición *a*. *Vinieron aquí* (**Vinieron a aquí*).
**2**. Como adverbio de tiempo expresa un presente relativamente extendido. Equivale por su sentido a *ahora* o a *entonces*. *Aquí es el momento de decir basta.*
◊ Obsérvese que en razón de su extensión referencial, cuando señala un momento presente puntual, solamente puede utilizarse precedido por preposición. *Hasta aquí no hay más novedades.*
**3**. La localización puede ser también ideal o lógica. *Aquí está la clave.*
**4**. Con valor distributivo, suele usarse en correlación con **allí** para designar sitio indeterminado. *El museo estaba lleno de objetos valiosos; aquí las piezas de arte, allí las herramientas de trabajo.*

◊ Sobre la correspondencia de *aquí* con **ahí** y **allí**, obsérvese que los tres adverbios forman una serie equivalente a la de los pronombres demostrativos **este**, **ese**, **aquel**. Ambas series se establecen a partir de la situación en relación con las personas del coloquio: **yo**, **tú/vos**. **Aquí** y **este** corresponden al sitio donde estoy **yo**; **ahí** y **ese** corresponden al sitio donde estás **tú/vos**, y **allí** y **aquel** corresponden al sitio que está lejos de ambos.

◊ Sobre la relación de **aquí** con **acá**, obsérvese que:

**a)** Semánticamente, *aquí* designa el lugar con más precisión. Señala el mismo punto en el que se encuentra el hablante. *Puedes sentarte aquí, a mi lado. Acá* denota una extensión más amplia, un sector o parte. *Nunca estuvieron acá.*

Temporalmente, *aquí* marca el punto de partida de una acción futura. *De aquí en adelante ya no podrán contar con mi ayuda.* En cambio *acá* marca el término de una acción iniciada en el pasado. *Lo que dije sigue en pie hasta acá, luego veremos.*

**b)** Sintácticamente, y a diferencia de *acá*, *aquí* no suele utilizarse en construcciones comparativas. *Creyó que estaban más acá* (**Creyó que estaban más aquí*).

**Aquisgrán**. Nombre que en español recibe la ciudad de Aachen, situada en Renania del Norte-Westfalia, Alemania.

**arbitrar**. Este verbo se emplea con los sentidos de 'desempeñarse como árbitro en un litigio': *Arbitró en el conflicto entre ambas naciones*; o de 'dirigir un juego, competencia': *Se le impidió arbitrar el domingo pasado.*

Más reciente es su uso con el valor de 'conseguir, procurar los medios o recursos para proveer a un fin determinado'. Este último es propio del lenguaje administrativo. *Ha estudiado la forma en que se realizan estos delitos para arbitrar los medios de impedirlos.*

**árbitro**. Sustantivo con que se designa la persona que actúa como juez en un juego, competencia deportiva o un litigio. Si bien inusual aún, no es palabra invariable. Su femenino es *árbitra*. *Es la primera mujer que actúa como árbitra en el fútbol profesional.*

◊ Por tratarse de un sustantivo femenino que comienza con *a* tónica, en singular deben anteponerse las formas masculinas de los artículos: *el árbitra, un árbitra.*

El empleo del masculino, no obstante, puede traer cierta ambigüedad no exenta de cacofonía que, sumado a la novedad del caso, explican en parte usos como: *La profesora les pidió a los capitanes que dialoguen con la árbitra principal.*

**arborizar**. Con el sentido de 'poblar de árboles un terreno', este verbo parece tender al desuso a favor de *forestar*. Si conserva algún empleo es como 'plantar árboles en determinado paraje con fines ornamentales'.

**arcaísmo**. Sustantivo que designa a aquellas palabras o expresiones cuyo significado o formas son anticuados o desusados. Es voz de género masculino: *un arcaísmo.*

**arcaizante**. → **arcaizar**.

**arcaizar** (se conjuga como **aislar**).

Emplear arcaísmos o dar a una obra tono arcaico empleando tales voces.

Es prácticamente inusual y solo se emplea en su forma de participio presente **arcaizante**. *El estilo arcaizante de su pintura confundió a los críticos.*

**archi-**. Elemento compositivo de origen griego que, colocado al comienzo de pa-

labra, entra en la formación de algunos sustantivos españoles con el significado de 'preeminencia' o 'superioridad': *archiduque, archidiácono.*
Con adjetivos se emplea en lenguaje familiar y significa 'muy': *archinotable.* Toma también las formas **arce-**: *arcediano*; **arci-**: *arcipreste*; **arqui-**: *arquitecto, arquisinagogo*; **arz-**: *arzobispo.*
**archivo**. En informática, espacio reservado en la memoria de una computadora para almacenar una cantidad de información de igual estructura y que puede manejarse mediante una instrucción única.
También, la información almacenada de esa manera. Esta segunda acepción es la de empleo más frecuente en el lenguaje general. *Un documento escrito en una computadora constituye un archivo de texto.*
**arco iris**. El *DRAE* registra solamente la grafía *arco iris*, sin embargo la forma soldada *arcoiris* no es infrecuente. *Va quedando claro que este es un arcoiris bien amplio de temas planteados.*
**ardiente**. El superlativo frecuente de este adjetivo es *muy ardiente*, en lugar de *ardentísimo*, que perdura solamente como superlativo literario.
**área**. Sustantivo femenino, al que por comenzar con *a* tónica se le anteponen en singular los artículos masculinos *el, un.*
♦ Evítese la anteposición del pronombre demostrativo en forma masculina: **este área.*
**aréola** o **areola – aureola**.
• aréola o areola. Círculo rojizo que limita ciertas pústulas, como en las viruelas y la vacuna.
• aureola. Nimbo, halo, fama. *Llegaba precedido por una aureola de éxitos.*
***areolito**. Forma incorrecta por *aerolito.*
***areopuerto**. Forma incorrecta por *aeropuerto.*
**argot** (/ar-**go**/ o /ar-**got**/). Vocablo de origen francés con que se designa el lenguaje propio de personas que comparten un mismo oficio o actividad, y también, aunque en progresivo desuso, el lenguaje de los maleantes.
Es voz masculina que forma su plural con *-s*: *los argots.*
**argüir** (se conjuga como **huir**).
**aria**. Sustantivo femenino que, por comenzar con *a* tónica, en singular va acompañado de la forma masculina de los artículos *el, un*: *el aria.*
En plural: *las arias.*
**arma**. Sustantivo femenino, al que por comenzar con a tónica se le anteponen en singular los artículos *el* y *un.*
♦ Evítese la anteposición del pronombre demostrativo en forma masculina: **este arma.*
**armada**. Sustantivo que en español designa el conjunto de las fuerzas navales de un Estado.
♦ Debe evitarse su empleo con el sentido de 'ejército', proveniente de la confusión con el inglés *army*. **Una caravana de la armada rusa compuesta por 52 vehículos se moviliza en la ruta mientras las tropas de la armada yugoslava y sus vehículos continúan con su retiro.*
**armamentista**. Adjetivo que se aplica al equipamiento de un país con armas de guerra. *Para preservar la paz, es necesario frenar la carrera armamentista.*
**armazón**. Sustantivo de género ambiguo: *el armazón, la armazón.*
**armonizar**. ~ **con**. *Ese pañuelo no armoniza con tu vestido. Es bueno que armonices la diversión con el estudio.*

**Arquímedes** (/ar-**ki**-me-des/). Nombre del físico griego (s. III a. C.). Menos usual es la acentuación grave, al modo latino (/ar-ki-**me**-des/).

**arraigar**. → **bailar**.

~ **en**: *Finalmente se arraigó en aquellas tierras lejanas.* ~ **entre**: *Arraigó entre los chicos la creencia en los fantasmas.*

**arrear – arriar**.

• arrear. Estimular a las bestias para que echen a andar, o para que aviven el paso. *Arreaba muchas cabezas de ganado por día.*

• arriar (se conjuga como **ansiar**).
Bajar las velas o las banderas que están izadas. *Arriaron la bandera nacional a la hora del crepúsculo.*

**arrebatar**. ~ **de**, ~ **de entre**: *Me lo arrebató de las manos.*

**arremeter**. ~ **con**: *Arremetió con furia.* ~ **con**, ~ **contra**: *Arremetía contra todo lo que se le cruzaba en el camino.*

**arrendar** (se conjuga como **pensar**).

**arrepentirse** (se conjuga como **sentir**).
~ **de**: *Se arrepintió de haberles mentido.*

**arriado**. Participio del verbo *arriar*, que significa 'bajar la bandera o las velas'. Se emplea también como sustantivo femenino para designar la acción verbal. *Procedieron a la arriada de la bandera.*

**arriar**. → **arrear**.

**arriba**. Adverbio de lugar que indica sitio o puesto superior. Se usa preferentemente con verbos de movimiento, a diferencia de **encima** que denota la situación en lugar o puesto superior.

En el uso peninsular más común, la alternancia entre ambos adverbios es relativamente usual en expresiones como *se halla arriba, se halla encima*. En la primera, el adverbio tiene el sentido absoluto de 'en la parte alta', y en la segunda, el adverbio tiene el sentido relativo de 'en lugar superior a alguien o a algo'. Esta diferencia de significado es la causa por la que es frecuente agregarle al último un complemento especificativo: *encima* DE SU CASA. En Hispanoamérica, **encima** es relativamente menos frecuente y es sustituido por *arriba*, que expresa los valores de ambos adverbios.

Sintácticamente se emplea:

**a)** Precedido de las preposiciones que denotan movimiento, aproximación o procedencia: **de** (*El ruido venía de arriba*); **desde** (*Lo tiraron desde arriba*); **hacia** (*Miraban despreocupadamente hacia arriba*); **hasta** (*No pudieron llegar hasta arriba*); **por** (*Como les molestaba recoger la ropa caída, se limitaron a pasar por arriba*).

♦ Es incorrecta, en cambio, la anteposición de la preposición *a*. *Llegaron a arriba.*

**b)** Pospuesto a un nombre, indica el movimiento en dirección a la parte más alta de lo que se nombra. *No tenía sentido huir escaleras arriba.*

– **arriba de**. Expresa de manera aproximada una cantidad superior a la que sirve de término. *No había arriba de diez personas.*

– **de arriba abajo**. Locución prepositiva que significa del principio al fin, de un extremo a otro, completamente. *Repitió el texto de arriba abajo. Revisaron al paciente de arriba abajo.*

♦ *De arriba a abajo*. Si bien actualmente pareciera notarse una tendencia a incluir la preposición, y este uso no es enteramente censurable, parece más simple, elegante y recomendable omitirla.

**arribar**. ~ **a**: *El vuelo arribaría a la ciudad a las 17 horas.*

**arriesgar**. ~ **a**: *Los arriesgamos al fracaso.* ~ **en**: *Se arriesgaron en la inversión.*

**arrimar**. ~ **a**, ~ **contra**: *Arrimen la mesa a la pared.*
– **arrimarse a**: *No se arrimen a quienes no conocen.*
**arroba** (@). Del árabe *ar-rub* 'la cuarta parte' (de un quintal). Medida de peso relativamente poco usada en la actualidad.
En una dirección de correo electrónico, es el símbolo utilizado para separar el nombre del usuario del nombre de dominio de la computadora. En inglés este signo se denomina *at*, que corresponde al español *en*. Con ello se logra en ese idioma claridad en la dirección, pues es como si *jperez@larousse.com.mx* se leyese en español *J. Pérez en Larousse, empresa comercial de México.*
**arrogarse**. Significa 'atribuirse', 'adjudicarse' y se refiere solamente a cosas inmateriales. *Se arrogó el derecho de intervenir.*
♦ No corresponde su empleo con complemento que designe cosas materiales. **Se arrogó tres kilos más de los que le correspondían.*
**arte**. Sustantivo de género ambiguo. En singular se lo emplea frecuentemente como masculino: *el arte románico*, y en plural se prefiere la forma femenina: *las artes contemporáneas.*
**arteriola** (/ar-te-**rio**-la/). Vocablo que significa 'vena pequeña'. Es palabra grave.
♦ Evítese el hiato */ar-te-**ri**-o-la/.
**arterioesclerosis**. → **aterosclerosis**.
**ártico**. Como adjetivo, 'relativo o perteneciente al Polo Norte': *el verano ártico, la llanura ártica.*
Como sustantivo masculino se emplea para referirse, de manera genérica, a esta región. En tanto nombre propio, debe escribirse con mayúscula. *El helado Ártico.*
◧ **antártico**.

**asada – azada**.
• asada. Cocida. *La carne fue asada a las brasas.*
• azada. Instrumento para cavar la tierra. *El viejo campesino manejaba la azada con destreza.*
**ascender** (se conjuga como **tender**).
~ **de**: *Lo ascendieron de categoría.* ~ **de... a**: *Ascendió del tercero al cuarto piso. Ascendió de empleado a Jefe de Sección.* ~ **por**: *Ascendió al edificio por la rampa.* ~ **en**: *Ascendimos al cerro en aerosilla.*
**ascensión – asunción**.
• ascensión. Acción de ascender. *La ascensión hasta la cumbre demoró más de lo previsto.*
• asunción. Acción de asumir. *La asunción del cargo por el nuevo presidente marca el comienzo de un nuevo período.*
**asegurar**. Con el sentido de 'afirmar', rige una proposición subordinada sustantiva en función de objeto directo, encabezada por la conjunción *que*, y no por la construcción *de que*. *Aseguró que no había participado en la decisión.* (**Asegura de que lo vio salir de la casa*).
~ **contra**: *Aseguró su auto contra terceros.*
– **asegurarse de**: *Se aseguró muy bien de que no iban a volver antes de las once.*
**asentar** (se conjuga como **pensar**).
**aserrar** (se conjuga como **pensar**).
**asesino serial**. → **serial**.
**así**. **1**. Adverbio de modo que significa 'de esa manera'. Suele preceder a la preposición *de*. *Estaba así de alto.*
♦ No debe usarse *así* como antecedente de *como* cuando esta conjunción introduce una comparación de cantidad. *En un pueblo tan castigado como el que ahora vemos* (**En un pueblo así castigado como*

*el que ahora vemos), no pueden depositarse más humillaciones.*
**2**. Conjunción consecutiva que significa 'en consecuencia', 'por lo cual'. Se emplea preferentemente precedida por la conjunción copulativa *y*. *Trabajó muy duramente y así pudo cumplir con los plazos establecidos.*
**3**. Conjunción concesiva, de empleo más frecuente en América que en España, que significa 'aunque', 'por más que'. Se emplea siempre con el verbo en modo subjuntivo. *Así trabajen día y noche, nunca lograrán reunir el dinero que necesitan.*
**4**. Adjetivo invariable que significa 'tal', 'semejante', 'de tales características'. *Con amigos así, podía estar seguro de que jamás se sentiría solo.*
– **así como**. Locución con la que se expresa:
**a)** Adición. *Sus abogados, así como sus amigos, creyeron sinceramente en su inocencia.*
**b)** Semejanza. *Tenía entre sus manos un objeto rectangular, era así como una cigarrera plateada.*
**c)** Comparación. Equivale a *como*, o a *de igual manera que*. *Esa clase de escrúpulos, así como ponían en evidencia su nobleza, dejaban entrever su temperamento amante de las utopías.*
– **así mismo**. Significa:
**a)** 'Del mismo modo'. *Los jefes eran exigentes; así mismo los empleados eran muy responsables.*
**b)** 'También'. *Las víctimas de la inundación abandonaron sus viviendas; así mismo los demás habitantes preparaban la evacuación.*
– **así como también**. Es conveniente no abusar de esta construcción pleonástica y emplear las que le dieron origen: *así como*, o *como también*.

**asimismo**. → **así mismo**.
**asir**.
(➤ Cdo. 14.)
**asistente**. Ayuda interactiva que guía al usuario a través de una operación de varios pasos, ofreciéndole información útil y explicándole, durante el proceso, el sentido de las diferentes opciones que debe tomar. Es una adaptación acuñada como respuesta al inglés *wizard*, 'mago', que posee sentido y ha sido bien aceptada por los fabricantes y el público general. *Para la instalación del programa siga los pasos que el asistente le indica.*
**asistir**. ~ **a**: *Asistieron a la reunión los principales representantes.* ~ **de**, ~ **como**: *Asistió de testigo al juicio. Asistió de pie. Asistieron como oyentes a todas las clases.* ~ **a**: *En la sala asistían a los heridos.*
**asma**. Vocablo con el que se designa una enfermedad crónica en los bronquios.
Es sustantivo femenino y por comenzar con a tónica, en singular va acompañado de la forma masculina de los artículos: *el*, *un*.
◊ El adjetivo que lo acompaña debe concordar en femenino: *el asma crónica*.
**asociar**. ~ **a**: *Lo asociamos a ese club, porque ahí se podía practicar natación.*
– **asociarse a**. ~ **con**: *Se asoció con otros dos empresarios para poder participar en la licitación.*
**asolar**. Tradicionalmente se considera que es verbo irregular (como **contar**) cuando significa 'destruir', 'arrasar', ya que se relaciona con *suelo*. *El fuego que asuela el estado norteño de Roraima.*
En cambio es regular con el sentido de 'secar los campos el sol'. *La sequía asola las principales zonas productoras de café.*

**asomar**. ~ **a**, ~ **por**: *Asomaban la cabeza por la ventanilla. No te asomes al balcón si sufres de vértigo.*

**asombrar**. ~ **con**: *Lo asombró con su astucia.*

- **asombrarse con**. ~ **de**, ~ **por**: *Dijo que a esta altura de su vida, ya no se asombraba por nada.*

**aspa**. Sustantivo femenino con el que se designa la figura que forman 'dos maderos, hierros u otros objetos alargados que se cruzan a modo de X'.

Por comenzar con *a* tónica, en singular va acompañado de la forma masculina de los artículos: *el* y *un*.

◊ El adjetivo que lo acompaña debe concordar en femenino: *un aspa rota.*

**áspero**. El superlativo es *aspérrimo*. Su uso ha quedado restringido al ámbito literario y se emplea frecuentemente en su lugar *muy áspero.*

**áspid** (/**as**-pid/). Serpiente venenosa. Es sustantivo masculino: *el áspid, los áspides.*

♦ Evítese la acentuación aguda */as-**pid**/.

**aspirante**. Como tantos participios presentes sustantivados, tiende a la diferenciación de género: *el aspirante, la aspiranta.*

**aspirar**. ~ **a**: *Aspira a ocupar un cargo directivo. Aspira a la presidencia del club.*

**asta – hasta**.

• asta. Palo a cuyo extremo se ata una bandera. *El asta de la bandera mostraba rastros de la lucha.*

◊ Recuérdese que, como en todos estos casos, el adjetivo que lo acompaña debe concordar en femenino: *el asta quebrada.*

• hasta. Preposición. *Nunca llegaba hasta el final del relato.*

**astil** (/as-**til**/). "Mango, ordinariamente de madera, que tienen las hachas, azadas, picos y otros instrumentos semejantes" (*DRAE*). Es sustantivo masculino: *el astil.*

♦ Evítese la pronunciación grave */**as**-til/.

**astral – austral**.

• astral. Perteneciente o relativo a los astros. *Su carta astral anticipaba el accidente.*

• austral. Perteneciente al sur. *La Antártida está ubicada en el hemisferio austral.*

**asumir**. En español, este verbo significa:

**a)** 'Hacerse alguien cargo de una situación, responsabilizarse por ella'. *Asumir sus responsabilidades.*

**b)** 'Tomar conciencia de algo y aceptarlo'. *Supo asumir bien la separación.*

**c)** 'Adquirir algo una forma o tamaño'. *La protesta se generalizó y asumió la forma de huelga.*

♦ Su empleo con el sentido de 'suponer' es un anglicismo (inglés *to assume*) que conviene evitar. **Se asumió que la invasión inspiraría a la población a alzarse.*

**asunción**. → **ascensión**.

**asustar**. ~ **con**: *Asusta a todos con sus gritos.*

- **asustarse con**. ~ **de**, ~ **por**: *Se asustaba mucho por los ruidos.*

***atachado**. Anglicismo innecesario por **adjunto**, de uso en el lenguaje de las comunicaciones a través de Internet. **La extensión del documento no podrá ser superior a las quince páginas a doble espacio y deberá ser enviado por correo electrónico, atachado en formato Word.*

***atachar**. Anglicismo innecesario por *adjuntar.*

**atañer**. Se conjuga solo en 3ª persona. *Eso no te atañe a ti. Debía saber que esos asuntos no le atañían.*

◊ Nótese que los sujetos de estas oraciones son *eso* y *asuntos.*

(➤ Cdo. 15.)

**atardecer** (se conjuga como **agradecer**).
Es verbo unipersonal y se conjuga solamente en 3ª persona. *En invierno atardece más temprano.*
**ataviar** (se conjuga como **ansiar**).
**atelier**. Voz de origen francés que significa 'taller' o 'estudio de un artista'. También se emplea referido a un taller de alta costura.
Su pronunciación corriente es /a-te-**lie**/. Forma el plural en *-s*. *Los míticos ateliers del París de antaño.*
**atemorizar**. ~ **con**: *Atemoriza a los niños con sus cuentos.*
– **atemorizarse con**. ~ **de**, ~ **por**: *Se atemoriza por los ruidos que escucha.*
**atenacear – atenazar**. Son sinónimos con el sentido figurado de 'afligir cruelmente'. *Lo atenazaba la duda.*
*Atenazar* es empleado comúnmente para referirse a la acción de sujetar algo con una tenaza o de apretar los dientes fuertemente.
**atender** (se conjuga como **tender**).
Participio regular: *atendido*. Participio irregular: *atento*.
**atener** (se conjuga como **tener**).
– **atenerse a**: *Tendrá que atenerse a las consecuencias.*
**atentar**. Con el poco frecuente significado de 'tentar', 'ir con tiento', este verbo es de conjugación irregular (como **pensar**). Cuando significa 'cometer un atentado', es de conjugación regular (como **amar**).
◊ Con este último valor es acompañado siempre por la preposición *contra*. *Atentaron contra las autoridades.*
**atenuante**. Según el *Diccionario* oficial, este adjetivo verbal, cuando se emplea como sustantivo, es de género femenino. Una representación más acorde con el uso, especialmente en América, indicaría la conveniencia de registrarlo también como masculino. *Con el atenuante de que la comida sólo es calidad, pero no cantidad.*
**atenuar** (se conjuga como **actuar**).
**aterir** (se conjuga como **abolir**).
Este verbo se emplea mayormente en formas no conjugadas. *Se encontraban ateridos y cansados.*
**aterosclerosis – arterioesclerosis**. Sustantivo femenino con el que se designa el proceso patológico caracterizado por el endurecimiento de los vasos sanguíneos. Ambas grafías son regulares.
**aterrar**. Con el poco frecuente significado de 'echar por tierra', este verbo es de conjugación irregular (como **pensar**). Cuando se lo emplea con el sentido de 'infundir terror', es regular (como **amar**). *Los aterraba la posibilidad de su regreso.*
**aterrizar**. ~ **en**: *Aterrizó en el aeropuerto antes de lo esperado.* ~ **sobre**: *El avión aterrizó sobre la pista más moderna.* ~ **de**: *Aterrizó de punta.*
**atestar**. Con el desusado significado de 'atestiguar', es verbo de conjugación irregular (como **pensar**).
Cuando significa 'colmar', 'llenar', es de conjugación regular (como **amar**). *La sala estaba atestada de gente que deseaba oír sus palabras.*
**atestiguar** (se conjuga como **averiguar**).
**atinente – atingente**. Ambas formas adjetivas significan 'perteneciente', 'correspondiente a'.
Si bien las dos pertenecen a un registro de habla cuidada, la primera parece ser más usual.
En México, y como propio de un tono en exceso cuidado, se registra el empleo de

*atingente* con el sentido de 'alerta', 'vigilante'. *Juegan en el agua bajo la atingente mirada de los instructores.*
**atingir**. Concernir, incumbir. Es voz propia del lenguaje legal y se emplea solo en tercera persona.
Es más frecuente en sus formas no conjugadas.
**atmósfera – atmosfera**. Capa de aire que rodea la Tierra. Si bien la Academia española incorpora en su *Diccionario* ambas formas, la pronunciación usual tanto en América como en España es la esdrújula (/at-**mos**-fe-ra/).
**atónito**. ~ **ante**, ~ **con**, ~ **por**: *Todos quedaron atónitos por la noticia.*
**atrás**. **1**. Adverbio de lugar con el que se indica la parte posterior de algo o de alguien. *No lo pude ver porque el golpe vino de atrás.* Con valor locativo, significa también:
**a)** 'En la parte posterior al lugar de referencia u opuesta a la fachada principal'. *La calle de atrás de la escuela no es muy transitada.*
**b)** 'En las últimas filas de un grupo de personas', 'en el fondo'. *Los que se sentaron muy atrás no veían bien.*
**2**. Adverbio de tiempo que significa 'antes'. *Sus preocupaciones vienen de atrás.*
**Atrás** no suele ir acompañado por un complemento especificativo, mientras que **detrás** sí lo lleva. Esta diferencia suele neutralizarse en muchos países americanos donde predomina el uso de **atrás**. *Atrás de la casa.*
♦ Pese a que la construcción de ADVERBIO + PRONOMBRE POSESIVO (**Atrás mío)* es de uso frecuente en el lenguaje coloquial, y que no faltan testimonios en la literatura, parece conveniente evitar su empleo en las situaciones de comunicación cuidada y atenerse a la fórmula tradicional *Atrás de mí.*
**atravesar** (se conjuga como **pensar**).
**atreverse**. ~ **a**: *No se atrevió a decir la verdad delante de sus amigos.* ~ **con**: *Se atrevió con el más fuerte.*
**atribuir** (se conjuga como **huir**).
**atributo** (Del inglés *atribute*). En el lenguaje de computación se suele llamar así a:
**1**. En distintos procesadores de texto y programas de gráficos, a las particularidades gráficas de los caracteres (negrita o itálica, tipo y tamaño de la letra, etc.). Para esta acepción es más apropiado emplear *estilo*, cuyo significado se adecua mejor al sentido que se quiere expresar.
**2**. En Microsoft Windows®, a las características que informan sobre la condición de un archivo (solo lectura, oculto, de sistema, modificado, etcétera).
***atricción**. → **atrición**.
**atrición**. Dolor por haber ofendido a Dios.
♦ Evítese la forma incorrecta **atricción*.
**Atrida** (/a-**tri**-da/). Nombre que recibieron los descendientes de Atreo, rey de Micenas. Es voz grave.
♦ Evítese la pronunciación esdrújula */**a**-tri-da/.
**atronar** (se conjuga como **contar**).
Es verbo unipersonal y se conjuga solamente en 3ª persona. *Los rugidos de la fiera atruenan en el desfiladero.*
**audio-**. Elemento compositivo de origen latino que, colocado al comienzo de palabra, entra en la formación de algunos vocablos españoles con el significado de 'sonido' o 'audición': *audífono, audiometría, audiovisual.*
**auditar**. "Examinar la gestión económica de una entidad a fin de comprobar si se

ajusta a lo establecido por ley o costumbre" (*DRAE*).

♦ Evítese el empleo de las formas **auditorar*, **auditorizar*.

* **auditorar**. → **auditar**.

**auditórium**. Lugar destinado a conciertos, recitales, conferencias, etc. Es sustantivo masculino y su plural, como en muchos latinos, invariable: *el auditórium, los auditórium*.

En la actualidad, la forma española *auditorio* parece ser más frecuente. Su plural es regular: *auditorios*.

**augurio**. Este sustantivo masculino equivale a 'presagio, anuncio de algo futuro'. Por extensión, y acaso también debido a la influencia del italiano, se lo emplea con el sentido de 'buenos deseos'. *Le trasmitimos los mejores augurios*.

* **aujerear**, **aujeriar**. Evítese estas formas vulgares por *agujerear*.

* **aujero**. Forma incorrecta por *agujero*.

**aula**. Sala de enseñanza. Sustantivo femenino que por comenzar con *a* tónica, en singular se le anteponen las formas masculinas de los artículos *el, un*: *un aula*.

◊ Recuérdese que, como en todos estos casos, el adjetivo que lo acompaña debe concordar en femenino: *el aula vacía*.

**aullar** (se conjuga como **aunar**).

**aumentar**. ~ **de**: *Había aumentado mucho de peso*.

**aun**. **1**. Adverbio temporal con el que se indica la continuidad de una acción iniciada en un tiempo anterior. Equivale a *todavía*. *Aún no llegaron todos los invitados*.

**2**. Adverbio modal que significa 'hasta', 'también', 'inclusive'. *Aun los más ingenuos se dában cuenta del engaño*.

Sobre este sentido se ha formado la locución concesiva **aun cuando**, que significa 'aunque' y que se emplea para introducir proposiciones adverbiales del mismo valor. *No lo diría aun cuando lo supiera*.

◊ Obsérvese que se escribe con acento gráfico cuando puede sustituirse por *todavía* sin que el sentido de la expresión cambie (*Aún no llegó* = *Todavía no llegó*), y sin tilde cuando del mismo modo puede sustituirse por *hasta, también* o *inclusive*, y cuando forma parte de la locución concesiva.

**aunar**.

(➤ Cdo. 16.)

**aunque**. **1**. Conjunción concesiva con la que se expresa una objeción o dificultad para el cumplimiento del hecho enunciado en la proposición principal. *Aunque no están todos los invitados, vamos a empezar la reunión*.

Si el obstáculo es percibido por el hablante como real, corresponde emplear el verbo en modo indicativo. *Aunque hace mal tiempo saldremos igual*.

En cambio, si este es considerado simplemente una objeción o un hecho posible, se emplea el modo subjuntivo. *Aunque estén molestos, deben ayudarlo. Aunque llueva torrencialmente no puedo postergar el viaje*.

**2**. Conjunción adversativa, equivalente a **pero**. *Le presentó su renuncia, aunque antes debió explicarle los motivos*.

**aura**. Irradiación luminosa que, según la parapsicología, manifiesta la energía de los seres vivientes. Por tratarse de un sustantivo femenino que comienza con *a* tónica, en singular se anteponen las formas masculinas de los artículos *el, un*: *el aura*.

◊ Recuérdese que, como en todos estos casos, el adjetivo que lo acompaña debe concordar en femenino: *el aura dorada*.

**aureola**. → **aréola**.
**ausentarse**. ~ **de**: *Se ausentaron de la reunión antes de que terminara.*
**ausentismo**. Sustantivo masculino corriente en América. *Con un notorio ausentismo de estudiantes, se reiniciaron las actividades.*
En España, donde se emplea más regularmente *absentismo,* este uso no es desconocido.
**auspiciador**. Sustantivo o adjetivo con el que se alude a la persona o institución que patrocina o auspicia una actividad.
Es de empleo geográficamente más amplio que **auspiciante**. *Para los auspiciadores era importante ver que el auto tenía que andar bien.*
**auspiciante**. Esta variante léxica, sin registro académico, es de uso frecuente en algunos países americanos como la Argentina, Ecuador, Paraguay y Uruguay. *Aunque no pagaron para ser auspiciantes piensan sacarle provecho a la competencia.*
**auspiciar**. En la actualidad este verbo se emplea casi exclusivamente con el sentido de 'patrocinar, favorecer', y no en el históricamente primero de 'adivinar, predecir'.
**austral**. → **astral**.
**autenticar**. Legalizar, acreditar. *Deben autenticar la partida de nacimiento.*
**autentificar**. Este verbo es sinónimo de **autenticar** en la acepción de 'legalizar'. *Es necesario autentificar el acta de matrimonio.*
**auto-**. Elemento compositivo de origen griego que, colocado al comienzo de palabra, entra en la formación de numerosos vocablos españoles con el significado de 'propio' o 'por uno mismo': *autobiografía, autocracia, autocrítica, automóvil, automotor, autosugestión.*
Con el significado de 'automóvil' interviene en la formación de muchos compuestos relacionados con él: *autobús, autódromo, autopista, autotransporte.*
**autóctono**. Adjetivo con el que se hace referencia a las personas o cosas que se han originado en el mismo país o región en donde viven. *La flora y la fauna autóctonas.*
**autodestruir** (se conjuga como **huir**).
**autódromo** (/au-**to**-dro-mo/). Sustantivo masculino que designa el circuito donde se corren carreras de autos.
♦ No corresponde la acentuación grave */au-to-**dro**-mo/.
**autografiar** (se conjuga como **ansiar**).
**autorradio**. Sustantivo femenino (ocasionalmente masculino) con el que se designa el aparato de radio instalado en un automotor.
Es voz sin registro académico. Como compuesto español corresponde su escritura con *erre*: *autorradio. Una moderna autorradio.*
**avenimiento**. → **advenimiento**.
**avenir** (se conjuga como **venir**).
- **avenirse a**: *Finalmente el gobierno debió avenirse a la Constitución Nacional.*
**aventajar**. ~ **en**, ~ **por**: *Finalmente solo lo aventajó en tres votos. Tras el recuento final lo aventajó por tres votos.* ~ **en**: *Es indudable que lo aventaja en experiencia.*
**aventar** (se conjuga como **pensar**).
**avergonzar** (se conjuga como **contar**).
- **avergonzarse de**: *Se avergonzaba de su vida pasada.*
**averiar** (se conjuga como **ansiar**).
**averiguar**.
(➤ Cdo. 17.)
**aversión**. Sustantivo femenino con el que se designa el rechazo y repulsión que se siente frente a alguien o algo.

En la actualidad esta es la grafía corriente. La forma **adversión** es, quizás, menos frecuente.

~ **a**, ~ **hacia**, ~ **por**: *Tiene aversión a las palomas. Experimenta una fuerte aversión hacia sus padres. No hay duda de que tiene aversión por el trabajo.*

**avezado**. Adjetivo que la Academia española incorporó en la última edición de su *Diccionario* con la siguiente definición: "Ducho, experimentado en algo".

En general rige la preposición **en**. *Avezado en los negocios.*

**-ay**. En español, todos los sustantivos que tienen esta terminación son masculinos: *achachay, amancay, balay, barangay, caranday, carapachay, cay, chuflay, curupay, espay, fray, guirigay, lay, noray, ñandubay, paipay, palay, quillay, urunday.*

**aya**. → **allá**.

**ayllo**. Voz quechua que significa 'linaje', 'clan'.

Como sustantivo masculino se emplea en Bolivia y Perú para designar cada una de las parcialidades en que se subdivide una comunidad indígena.

**ayllu**. Variante de → **ayllo**.

**aymará - aymara**. → **aimara**.

**ayudar**. ~ **en**: *Si puedo ayudarte en algo, no tienes más que pedírmelo.* ~ **con**: *¿Te puedo ayudar con la tarea?*

**azada**. → **asada**.

**azúcar**. Sustantivo ambiguo: *el azúcar, la azúcar*. En general se emplea como palabra masculina cuando va precedida por el artículo. *Compre el azúcar que le pedí.*

El plural es masculino: *los azúcares.*

**B** (**b**). Nombre: *be*.

**Descripción**. La *be* es la segunda letra del alfabeto; por su punto de articulación es una consonante labial; por su modo de articulación es oclusiva (por lo general, en posición de principio de palabra y detrás de *m* o *n*) y también fricativa (en posición intervocálica); además es sonora.

**babel**. Sustantivo común que significa 'desorden, confusión', en recuerdo de aquel que reinó luego de la caída de la bíblica torre y se confundieron las lenguas. Es voz de género ambiguo: *la babel, el babel.*

Referido al lugar bíblico, o en alusión a él, se escribe con mayúscula inicial por tratarse de un nombre propio. *Tapachula pasó de ser una aldea de comerciantes ladinos rodeados de indios a un Babel tropical.*

**baby sitter**. Anglicismo, frecuente en América, con el que se designa a la persona contratada para cuidar niños por hora mientras dura la ausencia de los padres. *Pero cuando estaba en la ciudad, la baby sitter que la cuidaba era portuguesa.*

La grafía *baby sister*, bastante extendida, se debe al equívoco (etimología popular) entre *sitter* 'velador, cuidador' y *sister* 'hermana', en razón de la tarea que cumple. **Nuestro hotel ofrece para su comodidad: Cafetería - Baby Sister - Lavandería y Tintorería.*

**bacilar - basilar - vacilar**.

• bacilar. Perteneciente o relativo a los bacilos. *La disentería bacilar es una infección.*

• basilar. Perteneciente o relativo a la base. *Su problema está en la arteria basilar.*

• vacilar. Dudar. *Juró no vacilar al comunicarle la decisión.*

**background** (/bak-graund/). Anglicismo de empleo frecuente en el lenguaje de las ciencias sociales con el que se designa el 'conjunto de conocimientos y experiencias que posee una persona y constituyen su bagaje intelectual'. *Son la materia prima fundamental de la explotación que niega las potencialidades creativas de su background intelectual.*

**bafle**. Españolización del sustantivo inglés *baffle*, 'altavoz de un equipo sonoro'. El *DRAE* solo registra esta grafía. No obstante, es muy frecuente su empleo con la escritura original. *Colocaron el baffle a una distancia adecuada.*

**bagaje**. Equipaje, y figuradamente: 'conjunto de conocimientos que posee una persona'. Es frecuente su empleo con este último sentido, en general acompañado por los adjetivos *cultural, intelectual, artístico. Durante esos años adquirió el importante bagaje intelectual que lo caracterizaría.*

**bahía**. Este sustantivo femenino que designa la entrada sobre la tierra que realiza una considerable extensión de mar se escribe con inicial mayúscula cuando forma parte de un nombre propio: *Bahía de San Salvador, Bahía Blanca.*

**bailar**. Recuérdese que en todas sus formas verbales el grupo *-ai-* se articula en una sola sílaba: *bailo, bailaron, bailemos*, etc., (/**bai**-lo/, /bai-**la**-ron/, /bai-**le**-mos/). Otros verbos con el mismo diptongo en la base, como *amainar, envainar* o *arraigar*, comparten esta particularidad.

**bajamar**. Este sustantivo, que designa el final del reflujo del mar, y el tiempo que dura, es de género femenino: *la bajamar*. El *DRAE* no recoge la grafía *baja mar*, que puede documentarse al menos en la Argentina, Chile, Costa Rica, Honduras, España y México. *Caminamos por el sector de playa, que la baja mar había dejado al descubierto.*

**bajar**. ~ **a**: *No bajes al sótano de noche.* ~ **de**: *Bajan de la montaña cansados, pero satisfechos.* ~ **por**: *Prefiere bajar por la escalera.* ~ **hacia**: *Bajó hacia el valle.* ~ **de, desde... a, hacia, hasta**: *Bajan de la cima a la base sin detenerse.*

**bajo**. Preposición.

**1**. Señala, en el espacio, localización inferior respecto de lo aludido por el sustantivo que la sigue. *Se refugiaron bajo el techo de una casa cercana.* En este sentido es equivalente al giro preposicional **debajo de**.

**2**. En sentido figurado, procedente de la relación espacial anterior, indica:

**a)** Sometimiento a personas, normas y condiciones. *Quedó libre bajo palabra.*

**b)** Situación de encierro o limitación. *El tesoro quedó guardado bajo llave.*

**3**. Expresa relación causal. *Lo hicieron bajo presión de las autoridades.* En este caso se la sustituye con frecuencia por la preposición → **por**.

**4**. El empleo de *bajo* con el sentido equivalente a *según* o *conforme a*, que parecería ser habitual en América, no es el más aconsejable en situaciones formales de comunicación.

**balbucir**. Verbo defectivo.

◊ Nótese que todas las formas en que este verbo no se emplea, se suplen con *balbucear*, de igual significado y de empleo más corriente.

(➤ Cdo. 18.)

**balización**. Sustantivo sin registro en el *DRAE*. No es infrecuente su empleo con el sentido de *balizamiento* o *abalizamiento*: 'acción y efecto de abalizar, señalar con balizas algún paraje en aguas navegables, las pistas de los aeropuertos y aeródromos, o las desviaciones en las carreteras'. *El tramo fue anulado por una incorrecta balización del recorrido.*

Con criterio purista se ha sugerido la sustitución de este sustantivo por *abalizamiento*, poco usual en América pero no en España, o *balizamiento*, el más frecuente de este grupo y común a ambos lados del Atlántico.

**ballottage**. Voz francesa castellanizada como **balotaje**.

**balotaje**. (Del francés *ballottage*). Sustantivo masculino con el que se designa la segunda ronda electoral, cuando en la primera ninguno de los candidatos a un cargo electivo único, por lo común presidente de la nación, ha logrado obtener el porcentaje establecido. En ella intervienen solo los dos más votados. *Hasta ahora todas las encuestas públicas indican que no habría balotaje.*

**banal**. Adjetivo que significa 'trivial'. *Comentarios sin importancia, opiniones banales.*

♦ Evítese la grafía **vanal*, error que puede provenir por la relación con la palabra *vano*, 'inútil', 'sin sentido'.

**bañar**. ~ **con**, ~ **de**, ~ **en**: *Bañó en lágrimas el sobre de la carta.*

– **bañarse con**. ~ **en**: *Se bañó con agua fría.*

**bañera – bañadera**. Por influjo de la norma peninsular, y de su aceptación por parte de correctores de estilo y traductores, *bañera*, 'tina para bañarse', se documenta en toda América junto con las variantes regionales: *bañadera*, de empleo regular en la Argentina, Cuba y Uruguay, y *tina* o *tina de baño*, de uso más extendido: Chile, Colombia, Ecuador, Nicaragua, México y Perú.

**barajar**. Considerar varias posibilidades para resolver algo. *Barajaron las posibles maneras de abordar el problema.*

El *Diccionario* académico incluye la siguiente acepción, de empleo en la Argentina, Paraguay y Uruguay: "Tomar en el aire un objeto que se arroja".

**barisfera** (/ba-ris-**fe**-ra/). Sustantivo femenino con el que se designa al núcleo central del globo terrestre. Es palabra grave.

♦ La acentuación esdrújula *(/ba-**ris**-fe-ra/) según el modelo generalizado de *atmósfera*, resulta totalmente inusual.

**basar**. ~ **en**, ~ **sobre**: *Basa sus teorías en meras suposiciones. Basan su investigación sobre tres pistas.*

**bascular – vascular**.

• bascular. Balancearse sobre un eje horizontal o vertical. *Las mercancías basculaban de un lado al otro.*

• vascular. Relativo a los vasos del cuerpo. *La circulación vascular era discontinua.*

**base**. Sustantivo femenino con el que se designa el fundamento, origen o apoyo principal sobre el que descansa una cosa, así como el elemento principal en la composición o en el funcionamiento de algo. Sobre estos sentidos se forman las siguientes locuciones prepositivas:

– **a base de**. Significa 'tomando como fundamento o componente principal'. *La suya era una afirmación hecha a base de recuerdos. El plato principal fue preparado a base de pescado.*

– **en base a** o **sobre la base de**. Ambas significan 'fundamentándose en'. *Sobre la base de las circunstancias, su pedido fue desestimado. Lo resolvieron sobre la base de las leyes vigentes. En base a las circunstancias, su pedido fue desestimado. Lo resolvieron en base a las leyes vigentes.*

**BASIC** o **Basic** (Acrónimo de ***B****eginner's* ***A****ll-purpose* ***S****ymbolic* ***I****nstruction* ***C****ode, Código de instrucciones generales para principiantes*). Lenguaje sencillo de programación desarrollado a mediados de los años sesenta con propósitos de capacitación y convertido luego en el lenguaje común para la programación de computadoras personales.

**basilar**. → **bacilar**.

**Basilea**. Nombre que en español recibe la ciudad suiza de *Basel*.

**basquet** o **básquet**. Truncamiento de **basquetbol** de empleo general en América, donde alterna con la forma plena. *Reinauguran campo de basquet en el Deportivo Cuauhtémoc. Católica, campeón de básquet.*

**basquetbol**. Forma españolizada del inglés *basketball* de empleo generalizado en América, donde la denominación *baloncesto* es menos frecuente.

El *DRAE* registra solamente la grafía aguda, sin embargo, la acentuación que predomina, al menos en la Argentina, Chile, Paraguay y Uruguay, es la esdrújula (/**bas**-ket-bol/). *Se disputa la ronda por el título del Torneo Federal de Básquetbol de Primera División del Uruguay.*

**basta – vasta**.

• basta. Indica el término de una acción. *Nada basta para calmar su ira.*

• vasta. Dilatada, extendida. *La extensión de terreno era menos vasta de lo que se suponía.*

**bastar**. ~ **para**: *Sus esfuerzos no bastan para generar un cambio.* ~ **con**: *Basta con tu palabra.*

**basto – vasto**.

• basto. Grosero, tosco. *El recién llegado era enigmático y basto.*

• vasto. Dilatado, extendido. *Caminaron por un vasto terreno.*

**batallar**. ~ **con**: *Batalla con valor. Batalla con sus aliados en defensa de sus intereses.* ~ **con**, ~ **contra**: *Batallaron duramente contra sus adversarios políticos.*

**beber**. ~ **a**, ~ **por**: *Beben por la salud de los presentes.* ~ **de**, ~ **en**: *Beben agua del río.*

**bechamel**. → **besamel**.

**beige** (/beš/, /beiš/ o /beiše/). 'Color castaño claro'. Es voz de origen francés, que ha sido incorporada al *Diccionario* de la Academia como palabra extranjera.

**Beijing**. → **Pequín**.

**bendecir**. Participio regular: *bendecido*. Participio irregular: *bendito*.

Este verbo pertenece al grupo de los compuestos de *decir*.

◊ Sin embargo, presenta formas particulares en su conjugación.

**1**. El imperativo correspondiente a la forma *tú* de la segunda persona del singular es *bendice* –o *bendecí*, en las zonas voseantes–, y no **bendí*.

**2**. El futuro y el condicional son regulares: *bendeciré, bendeciría*.

(➤ Cdo. 19.)

**benéfico**. Que hace bien. El superlativo *beneficentísimo* es muy poco usado. Se emplea en su lugar la expresión *muy benéfico*.

**besamel – besamela – bechamel**. Sustantivo femenino con el que se designa una salsa blanca que se elabora con leche, manteca o mantequilla y harina. Es palabra de origen francés *béchamel*. De las tres grafías que registra el *Diccionario* académico, acaso la más usual sea *bechamel*.

**besar**. ~ **en**: *Siempre la besaba en la mejilla.*

**bi-**. Elemento compositivo de origen latino que, colocado al comienzo de palabra, entra en la formación de numerosos vocablos españoles con el significado de 'dos': *bifocal*; o 'dos veces': *bimensual*.

También toma las formas **bis-** o **biz**: *bisnieto, bizcocho*.

**biblio-**. Elemento compositivo de origen griego que, colocado al comienzo de palabra, entra en la formación de numerosos cultismos españoles con el significado de 'libro': *bibliografía, bibliófilo, biblioteca*.

**bien**. **1**. Adverbio de modo que significa:

**a)** 'Con corrección', 'según es debido', 'acertadamente'. *Es imprescindible que hagamos las cosas bien.*

**b)** 'Con buena salud'. *Sufrió una enfermedad grave, pero afortunadamente ahora está bien.*

**c)** 'Sin inconveniente'. *Después de todo lo que lo ayudaron, bien podría intentar salir adelante.*

El comparativo de superioridad es **mejor**: *Ahora escribe mejor*; el superlativo relati-

vo es **lo mejor**: *Trabajaron lo mejor que pudieron*, y el superlativo absoluto es **muy bien** y **óptimamente**: *Nunca se expresa muy bien (óptimamente) cuando habla en público.*
La forma **óptimamente** no es frecuente en un nivel estándar de lengua.
◊ Como se trata de un adverbio, todas sus formas son invariables. *Es el trabajo mejor pagado en esta ciudad. Son los trabajos mejor pagados en esta ciudad.* (No es correcto: *Son los trabajos mejores pagados).
◊ Importa no confundir esta forma con *mejor*, adjetivo en grado comparativo y superlativo relativo de *bueno*. Este sí varía en número. *Es el mejor trabajo que me ha mostrado. Son los mejores trabajos que me ha mostrado.*
**2**. Adverbio de cantidad. Significa 'mucho' y se emplea con valor enfático. *Estaban bien satisfechos con el premio.*
**3**. Conjunción distributiva con valor disyuntivo. Funciona de este modo cuando se repite delante de dos sintagmas paralelos o delante de proposiciones coordinadas. *Bien en su casa, bien en la oficina, debe dedicar dos horas más por día a la investigación que requiere el proyecto.*
Por tratarse de una coordinación disyuntiva, es frecuente la inclusión de la conjunción **o** delante de **bien**. *O bien en su casa, o bien en la oficina, debe dedicar dos horas más por día a la investigación que requiere el proyecto.*
Forma parte de las locuciones:
– **si bien**. Locución conjuntiva con la que se expresa una contraposición de conceptos. *Si bien es cierto que no estamos en condiciones de exigir nada, podemos hacer un intento.*
– **bien que mal**. Expresión con la que se da a entender que el juicio expresado no implica una valoración sobre el modo en que se ha realizado algo, o 'pese a las dificultades'. *Bien que mal terminaron el trabajo.* Alterna con la forma *mal que bien*. En diversos países americanos, como la Argentina, Chile, Perú y México se documenta con igual sentido la variante, acaso más usual, *mal que mal*. *Mal que mal terminamos a tiempo.*

**bienquerer** (se conjuga como **querer**). Participio regular: *bienquerido*. Participio irregular: *bienquisto*.

**billón**. Vocablo que en español significa 'un millón de millones'.
♦ Evítese su empleo con el sentido de 'mil millones' que tiene su cognado inglés *billion*. Para evitar esta frecuente confusión, la Real Academia Española incorporó en la última edición de su *Diccionario* el neologismo *millardo*, con el significado de 'mil millones'. *La ayuda a los países de América Central devastados en octubre y noviembre pasados por el ciclón Mitch alcanza casi un millardo de francos (unos 170 millones de dólares).*

**bimensual – bimestral**.
• bimensual. Que ocurre o se repite dos veces al mes. *El pago en la fábrica era bimensual, se pagaba por quincena.*
• bimestral. Que ocurre o se repite cada dos meses. *La entrega de calificaciones tiene una frecuencia bimestral.*

**bimestral**. → **bimensual**

**bio-** o **-bio**. Elemento compositivo de origen griego que, colocado al inicio o final de palabra, entra en la formación de numerosos cultismos españoles con el significado de 'vida': *biografía, biológico, bioquímica, anaerobio, microbio.*

**biografiar** (se conjuga como **ansiar**).

**biónica**. Por influjo del inglés *bionics* se suele denominar así a la disciplina científica que estudia los seres vivos con el fin de obtener patrones de sistemas de comportamiento y funcionamiento que luego se intentarán aplicar a la elaboración de máquinas o mecanismos.

Como adjetivo alude a lo concerniente o relativo a esta disciplina y a lo por ella formado. *El hombre biónico de la televisión va camino a ser parte de la realidad.*

**BIOS**. Conjunto de programas codificados en la memoria de sólo lectura en computadoras compatibles con la PC de IBM$^{MR}$. Están destinados a controlar las operaciones iniciales, como las de encendido y el funcionamiento de algunos componentes del hardware como unidades de disco, teclado y monitor.

Es sustantivo masculino, usado mayormente en singular: *el Bios*.

**biosfera** (/bios-**fe**-ra/). La Academia registra como variante preferida la pronunciación grave, y como propia de América, la esdrújula *biósfera*.

**bisnieto – biznieto**. Ambas grafías son correctas, aunque quizá la primera sea de uso más frecuente.

**bitmap**. En informática, representación de una imagen digitalizada y almacenada en la memoria de la computadora como un conjunto ordenado de bits.

Estos son interpretados luego sobre el monitor por un conjunto de pixeles cuyos colores y posición conforman la imagen.

Es voz inglesa que se emplea en español como sustantivo masculino y, ocasionalmente, se la traduce como **mapa de bits**.

**blancuzco**. Que no llega a ser totalmente blanco.

♦ Evítese la forma incorrecta *_blancusco_.

**blandir**. Pese a que usualmente se considera que este verbo es defectivo, no faltan en América y España testimonios de su conjugación plena. *El escritor blande la palabra como su héroe la espada.*

**blasfemar**. ~ **contra**, ~ **en contra de**: *Decir eso es blasfemar contra la fe. Blasfema en contra de la Iglesia.*

**blocar**. "(Del fr. *bloquer.*) tr. En diversos deportes, sujetar el balón con ambas manos protegiéndolo con el cuerpo", *DRAE*.

♦ Evítese la confusión con *bloquear*: 'impedir', 'interrumpir', 'interponer un obstáculo'.

**boa**. Con el sentido de "Serpiente americana de hasta 10 metros de largo, con la piel pintada de vistosos dibujos; no es venenosa, sino que mata a sus presas comprimiéndolas con los anillos de su cuerpo" el *DRAE* registra esta voz como de género femenino.

En cambio, la considera masculina cuando significa: "Prenda femenina de piel o pluma y en forma de serpiente, para abrigo o adorno del cuello".

Sin embargo, pareciera que, en el uso actual, se emplea preferentemente el femenino para ambas acepciones.

**bocacalle**. Sustantivo femenino con el que se designa la entrada de una calle.

Su plural es *bocacalles*.

**bóer**. Con este sustantivo masculino, proveniente del neerlandés *boer*, 'colono', se designa a la persona de origen holandés que vive en África austral.

El plural corriente es *bóers*.

**bona fide**. Locución latina que significa 'de buena fe'. *Lo hizo bona fide.*

♦ Evítese la forma *_de bona fide_.

**bonsái**. Sustantivo masculino de origen japonés con que se denomina la técnica de cultivo que permite limitar el crecimiento de una planta, y también el árbol reducido de ese modo.
El plural es *bonsáis*.
**boomerang**. → **bumerán**.
**Bordeaux**. Ciudad francesa → **Burdeos**.
**borrar**. ~ **de**: *Lo borré de la lista de invitados.*
**bostezar**. ~ **de**, ~ **por**: *Siempre que explica, sus alumnos bostezan de aburrimiento.*
**bracero – brasero**.
• bracero. Jornalero.
• brasero. Recipiente donde se enciende leña o carbón.
**bractéola** (/brac-**te**-o-la/). Sustantivo femenino con que se designa una bráctea pequeña.
♦ Evítese la pronunciación errónea */brac-te-**o**-la/.
**bramar**. ~ **de**: *La fiera bramaba de dolor.*
**Brandeburgo**. Nombre que en español recibe la ciudad alemana de Brandenburg.
* **Brandemburgo – Brandenburgo**. Formas incorrectas por → **Brandeburgo**.
**brasero**. → **bracero**.
**Brasil**. El gentilicio y adjetivo relacional correspondiente a este país sudamericano es *brasileño* o *brasilero*.
**brecha**. Sustantivo femenino con el que se designa la rotura o abertura en una pared.
En sentido figurado, el español peninsular solo parece emplear la voz como 'grieta o falla en una defensa' y no como 'distancia o tamaño de la abertura'. Precisamente este último sentido es el que permite su empleo como equivalente del anglicismo → **gap**: 'distancia entre dos términos que se contrastan'. *Además de la brecha generacional los separaba la distancia. Apenas un 4% de los usuarios ofrece bienes y servicios en Internet: ahí está la brecha entre oferta y demanda.*
**bregar**. ~ **con**: *Se pasa todo el día bregando con los hijos.* ~ **en**: *Nunca bregamos tanto en este trabajo.* ~ **por**: *No se cansó de bregar por sus ideales.*
**brindar**. ~ **a**, ~ **por**: *Brindan a la salud de sus amigos.* ~ **con**: *Brindan con champán.*
**brocal – broquel**.
• brocal. Boca de un pozo. *Descansaba sentado sobre el brocal del viejo pozo.*
• broquel. Escudo. *Un broquel medieval decoraba la pared.*
**bronconeumonía** (/bron-co-neu-mo-**ni**-a/). Inflamación de bronquios y pulmones.
♦ Evítese la pronunciación sin hiato */bron-co-neu-**mo**-nia/.
**bronquiolo** o **bronquíolo**. Sustantivo masculino con el que se nombran los conductos en los que se dividen los bronquios dentro de los pulmones.
Ambas formas de acentuación son correctas.
**broquel**. → **brocal**.
**brutalizar**. Tratar brutalmente y negarle humanidad a una persona o cosa. *Estamos en la fase final de un siglo que se caracterizó por brutalizar la guerra y la política.*
Como pronominal con el sentido de 'proceder como animal, embrutecerse' es, en la actualidad, verbo poco usado.
**bueno**. Adjetivo que denota lo que posee bondad, así como lo útil y conveniente. Su forma masculina se apocopa cuando precede a un sustantivo. *Es un buen ciudadano.*
♦ Debe evitarse la apócope si entre *bueno* y el sustantivo hay otra palabra. **Nuestro buen y comprensivo padre.*

El comparativo es *mejor* o *más bueno* (Este último un tanto vulgar).
◊ Obsérvese que el superlativo *bonísimo* prácticamente ya no se emplea y *óptimo* pertenece a la lengua culta. El de uso más frecuente es *buenísimo*.
**búfer**. Españolización del inglés *buffer*. Con este sustantivo masculino se designa, en informática, la memoria intermedia destinada a conservar temporalmente información para permitir la interacción de dos dispositivos que operan a distintas velocidades.
La pronunciación es /**ba**-fer/.
**bug** (Del inglés *bug*, 'insecto'). Error de programación que produce resultados erróneos en un programa, ocasiona un trabajo inestable, o la caída de un sistema de computación.
El término adquirió este sentido cuando se descubrió que el causante de la falla en un circuito de la ENIAC, la primera computadora digital electrónica, había sido un insecto.
La voz es empleada en la jerga informática del español como sustantivo masculino.
**bulevar** (/bu-le-**bar** ). Voz proveniente del francés *boulevard*: 'calle ancha, bordeada de árboles y con un andén central'.
◊ Su plural regular es *bulevares*.
**bullir** (se conjuga como **mullir**).
**bumerán**. Españolización de la palabra inglesa *boomerang*. Con esta se designa el arma arrojadiza de madera en forma de V abierta, característica de los indígenas australianos que, una vez lanzada, puede volver al lugar desde donde partió.
En el uso general, es más frecuente que se la emplee figuradamente como 'acción que se vuelve en contra de quien la realizó'. *Su obstinación termina con el tiempo convertida en un bumerán.*
◊ Aunque en el *Diccionario* académico figura con acentuación aguda (/bu-me-**ran**/) y sin g final, en América, al menos en la Argentina, Chile, Costa Rica, Ecuador, Paraguay, Uruguay y Venezuela, está extendida la forma esdrújula (/**bu**-me-ran/) y también la escritura *búmerang*. *Elevar indiscriminadamente los costos no les beneficia, pues actúa como búmerang capaz de volverse contra sí mismos.*
En cuanto al plural, domina la forma en *-s*. *Retrospectiva de palabras, palabras como búmerangs.*
**bungaló – búngalo**. Sustantivo masculino proveniente del francés *bungalow*, y este del angloindio *bangla*. Con él se designa la vivienda por lo general de reducidas dimensiones y situada en lugares de veraneo.
En España es palabra aguda. En América parece más frecuente la acentuación esdrújula. *La inversión que realizarán los actores, la que consiste en la construcción de 20 búngalos en la isla.*
**búnker**. Voz proveniente del inglés *bunker*, a través del alemán *Bunker* con que se designa el refugio subterráneo contra bombardeos y también, particularmente en España, a un grupo político o económico conservador.
Del primer sentido se desprende el uso figurado de recinto donde se reúne un grupo para poder tomar decisiones, o desarrollar proyectos, al resguardo de extraños. *En el búnker de Minardi, Gastón Mazzacane le cuenta a este diario su primera experiencia con un fórmula 1.*
**Burdeos**. Nombre que en español recibe la ciudad de Bordeaux, situada en el sudoeste de Francia.

**burlar**. ~ **a**: *El delincuente burló a la policía una vez más.*

– **burlarse de**: *Se burla de los que cometen errores.*

**buscapersonas**. Sustantivo masculino con el que se designa un pequeño dispositivo de comunicación portátil, que permite la recepción de mensajes escritos.

Con este neologismo se pretende, con relativo éxito, sustituir el anglicismo *beeper.* Es voz invariable en número: *los buscapersonas.*

**byte**. Voz inglesa con la que se designa el conjunto de ocho *bits* contiguos que conforman un carácter. Es también una unidad de medida de almacenamiento en la memoria de una computadora.

Para expresar este significado, la Academia española ha optado por **bit** y **octeto**, mucho menos frecuente este último en el habla general.

La pronunciación corriente es (/**bait**/), y el plural *bytes.*

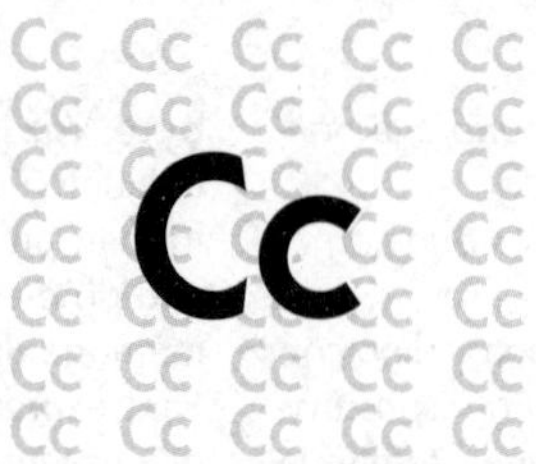

**C** (**c**). Nombre: *ce*.

**Descripción**. La letra *ce*, tercera del alfabeto, puede representar dos fonemas:

**a)** El fonema oclusivo (por el modo de articulación), velar (por el punto de articulación) y sordo. Para que represente este fonema la *c* aparece seguida de las vocales *a*, *o* y *u* (*casa, coro, oculto*); ante las consonantes líquidas *l* y *r* seguidas por cualquiera de las vocales (*clase, croata, incluir, crimen, cruel, crédito*) y en posición final de sílaba y de palabra (*actor, vivac*). El sonido velar oclusivo y sordo representado por la *c* en algunas palabras puede también representarse con la letra *k* o con el dígrafo *qu* ante las vocales *e*, *i* (*karateca, kilómetro, Kremlin, anorak; querer, esquivar*).

**b)** El fonema fricativo (por el modo de articulación), interdental (por el punto de articulación) y sordo. Con estos rasgos de pronunciación la letra *c* aparece seguida de las vocales *e*, *i*, en la pronunciación dominante en España (salvo en algunas regiones del sur), pero no en América, donde no se establece ninguna distinción entre la pronunciación de *ce*, *ci* y la de *se*, *si*, ya que la *c* pierde su carácter interdental y asimila su punto de articulación a alguna de las distintas variedades articulatorias (alveolar o dental) de *s*. Esta situación de divorcio entre la pronunciación y la grafía trae aparejada una mayor dificultad en el uso correcto de la escritura.

Algunas excepciones al uso de *c* ante las vocales *e*, *i*: *enzima, nazi, nazismo, razia, zéjel, zen, zepelín, zigzag, zigzaguear, zipizape*.

**cabalgar**. ~ **a**: *Cabalgando a la jineta.* ~ **en**: *Cabalgar en burro.*

**cabe**. Es una preposición anticuada, cuyo significado de 'cerca de', 'junto a', proviene de *cabo*, 'orilla', 'borde'. *En una iglesia pequeña, de una aldea cabe la mar.*

Apenas sobrevive en textos literarios de tono arcaizante.

**caber**. ~ **en**: *La jarra no cabe en el aparador.*

– *CABER* + INFINITIVO. Frase verbal que significa 'ser posible o natural', 'merece' o 'corresponde'. *Después de tantas horas de debate, cabe esperar que lleguen a un acuerdo. Cabe mencionar que su intervención en el debate de ayer fue en extremo medida.*

(➤ Cdo. 20.)

**cabo – cavo**.

• cabo. Extremidad, punta; lengua de tierra que penetra en el mar. *Había vivido siempre en ese cabo desconocido y no quería abandonarlo.*

– **al cabo**. Locución adverbial que significa 'finalmente'. *No valió la pena haber ido porque, al cabo, el banco ya había cerrado.*

◊ Este valor se enfatiza en la construcción *al fin y al cabo.*

- **al cabo de**. Locución adverbial que significa 'pasado el tiempo que se expresa'. *Al cabo de un año volvimos a vernos.*

• cavo. 1ª pers. sing. presente del indicativo de *cavar*. *Nunca cavo la tierra más de lo que es necesario.*

**cacahuate**. Nombre de una planta y su semilla comestible. Si bien la RAE consigna en su diccionario *cacahuete* como la forma preferente, la escritura **cacahuate**, usual en México, se acerca más a la etimología, del náhuatl *tlalcacahuatl* (*tlalli*, tierra, y *cacahuatl*, cacao: cacao de tierra). *Cacahuete* se restringe al uso peninsular y en América predomina la forma *maní*.

**cacahuete**. → **cacahuate**.

**caché** (/ka-**če**/ o /ka-**še**/). En informática, nombre que recibe el área de almacenamiento, entre la memoria principal y el microprocesador, donde se conservan una serie de instrucciones que facilitan el acceso rápido a la información frecuentemente solicitada para que el equipo no tenga que recuperarla como si fuese la primera vez.

**cacicazgo – cacicato**. Dignidad de cacique, territorio en el que ejerce influencia el cacique. Ambas voces se encuentran registradas en el *Diccionario*, pero la segunda es totalmente inusual.

**cacto – cactus**. Ambas formas se hallan registradas en el *Diccionario* oficial. La Academia española se inclina por el uso de la primera, más acorde con la etimología. Sin embargo, acaso la segunda sea más frecuente en América.

Su plural es invariable: *el cactus, los cactus.*

**cada**. Pronombre invariable en género y número, con función adjetiva y sentido distributivo que se emplea:

**1**. Antepuesto al nombre singular. En esta situación, expresa los siguientes valores:

**a**) Se refiere a todas las cosas o personas de un grupo consideradas de una en una. *Cada investigador decidirá si acepta o rechaza la nueva teoría.*

**b**) Indica progresión. *Cada día me molestan más sus impertinencias.*

**c**) Señala correlación y correspondencia entre los miembros de una serie y los de otra. *Debe asumir cada responsabilidad en la etapa que corresponde.*

**d**) Marca énfasis o ponderación en construcciones propias de la lengua coloquial. *¡Dice cada cosa!*

**2**. Antepuesto a la construcción nominal formada por ADJETIVO NUMERAL CARDINAL O QUE INDICA CANTIDAD + SUSTANTIVO PLURAL, se refiere a grupos o series de miembros iguales. *Lo veo cada quince días. Cada tantos meses pasa a saludar a sus viejos amigos.*

**3**. Antepuesto a *uno* forma la construcción pronominal **cada uno**, variable en género pero no en número, que se emplea para designar separadamente a una cosa o a una persona en relación con las otras de su grupo. *Cada uno puede tomar el camino que quiera.*

**4**. Antepuesto a *cual* forma la construcción pronominal, invariable en género y número, **cada cual**, que se emplea para designar separadamente a una persona en relación con las otras de su grupo. *Cada cual sabe lo que hace.*

**caddie** (/**ka**-di/). Voz inglesa con la que se designa al muchacho encargado de transportar los palos de golf.

Su plural, *caddies*, es prácticamente la única forma empleada. *Más allá de la frontera norte es difícil, si no imposible, encontrar caddies.*

**cadi** (Del inglés *caddie*). Su plural es *cadis*.
**cadí**. Nombre que recibe el juez en los países islámicos. Su plural es *cadíes*.
**caer**. ~ **a**: *Las hojas caen al césped. Se cayó al piso.* ~ **de**: *Siempre se cae de la silla.* ~ **desde**: *Cayó desde un noveno piso. Se cayeron desde la terraza.* ~ **en**: *El avión cayó en el océano. Se cayó en un charco.* ~ **sobre**: *Cayeron súbitamente sobre las tropas del enemigo. Me caí sobre la mesa.* ~ **de, desde... a, hacia**: *Cayó de la terraza al piso. Se cayeron del primer piso a la planta baja.* (➤ Cdo. 21.)
**calavera – carabela**.
• calavera. Conjunto de los huesos de la cabeza. *Durante la excursión descubrieron varias calaveras de animales.*
• carabela. Embarcación antigua. *Los viajes en carabela eran lentos y poco seguros.*
**calcado**. ~ **a**, ~ **de**: *Era un personaje calcado a él. Un sistema calcado del europeo.*
**calefaccionar**. Proveer de calor un ambiente por medio de un aparato o sistema. En el *Diccionario* de la Academia, figura como de uso en la Argentina y Uruguay, sin embargo su empleo abarca todo el Cono Sur, y no resulta totalmente desconocida en el resto de América, ni en España. *Les quedaba ya muy poco alimento y combustible, que debían utilizar para calefaccionar las camionetas.*
**caleidoscopio – calidoscopio**. Sustantivo masculino con el que se designa un juguete en forma de tubo con espejos inclinados, en el que se ven imágenes simétricas de las formas irregulares que hay en uno de sus extremos y que varían al hacerlo girar.
Ambas formas se hallan incluidas en el *Diccionario* oficial que indica, en la última de sus ediciones –y contrariamente al criterio anterior– su preferencia por la primera grafía, que es la que corresponde al uso más generalizado.
**calentar** (se conjuga como **pensar**).
~ **a**: *Calentaron la comida al sol. Los lagartos se calentaban al sol.* ~ **con**, ~ **en**: *Calentamos la carne en el horno.*
**Cali**. Ciudad de Colombia. Es palabra grave.
♦ Evítese la pronunciación aguda */ka-**li**/.
**calidad – cualidad**.
• calidad. Sustantivo femenino que designa el conjunto de propiedades características de una persona o de un objeto. *La calidad del café brasileño conquistó el mercado.*
– **en calidad de**. Locución prepositiva que significa 'con el carácter o la investidura de'. *Asistieron en calidad de representantes del Gobierno.*
• cualidad. Cada una de las circunstancias o caracteres que distinguen a las personas o cosas. *Su principal cualidad era la templanza.*
**calidoscopio**. → **caleidoscopio**.
**caliente**. Adjetivo que designa la propiedad de aquello que tiene o produce calor.
– **en caliente**. En sentido figurado, se emplea para indicar que una acción se toma inmediatamente luego de un hecho o antes de que este pierda interés. También que se actúa bajo la presión inmediata de las circunstancias. *Si lo hubiese resuelto en caliente, seguramente habría cometido un error.* El superlativo de este adjetivo es *calentísimo*. *El café estaba calentísimo.*
♦ Evítese la forma *calientísimo*.
**calificar**. ~ **con**: *Calificaron el trabajo con un cuatro.* ~ **de**: *Me molesta que lo califiquen de sabio porque no lo es.*
**caligrafiar** (se conjuga como **ansiar**).

**calle**. En la denominación de calles se emplea con frecuencia la forma yuxtapuesta: *Camina por la calle Juncal,* que tiende a desplazar, incluso en España, la forma tradicionalmente hispánica, es decir aquella que se construye con la preposición *de*: *La calle de Felipe IV*.

**calor**. Sustantivo masculino: *el calor*. El uso de esta palabra en género femenino (**la calor)* es considerado en la actualidad arcaico o rural.

***Camberra**. Grafía incorrecta por *Canberra,* capital federal de Australia.

**cambiar**. Recuérdese que en todas sus formas verbales la *-i* final de la base se une a la vocal de la desinencia en una misma sílaba: *cambio, cambiaron, cambiemos,* etc. (/**kam**-bio/, /kam-**bia**-ron/, /kam-**bie**-mos/). Otros verbos terminados en *-iar*, como *abreviar, apremiar* o *desperdiciar*, comparten esta particularidad.

~ **de**: *Siempre cambian de idea. Se cambió de vestido varias veces.* ~ **en**: *Cambió la sorpresa en disgusto cuando lo vio llegar.* ~ **por**: *Cambió un auto antiguo por uno moderno.*

**cambio**. ~ **en**, ~ **de**: *Un notable cambio en su manera de comportarse. Se ha producido un cambio de horario.*

- **a cambio de**. Locución prepositiva que significa 'en lugar de', 'cambiando una cosa por otra'. *A cambio de su esfuerzo solo recibió palabras de aliento.*

- **en cambio**. Locución que se emplea para expresar una oposición o contraste. *Luis era muy desprolijo; en cambio su hermana era ordenada y cuidadosa.* Es equivalente a *por el contrario.*

**camino**. Sustantivo masculino con el que se designa el sitio por el que hay que pasar para ir de un lugar a otro.

- **camino a**. ~ **de**: Locución prepositiva que significa 'hacia'. *Van camino a su casa.*

- **de camino**. Locución adverbial que significa 'de paso'. *De camino, cómprame una golosina.*

- **en camino de**. Locución prepositiva que significa 'marchando hacia cierto resultado'. *Está en camino de cometer un gran error.*

**camping** (/**kan**-pin/). Voz inglesa, frecuentemente usada en español como sustantivo masculino con los significados de *campamento,* esto es lugar al aire libre, pago, con comodidades para albergar viajeros (*lo bueno de ese camping es que tiene duchas calientes*) y de actividad que consiste en ir de campamento a este tipo de lugares o de acampar en terreno libre. *Estamos preparando las mochilas para salir de camping el sábado.*

Forma su plural con *-s*. *Todos los campings se hallaban repletos.*

**canon**. Sustantivo masculino que significa 'regla, precepto' y 'gravamen, tributo'.

♦ Es voz grave terminada en *-n,* por lo que no lleva acento ortográfico. Su plural, *cánones,* lleva tilde por ser palabra esdrújula.

**canónico – canónigo**.

• canónico. Que se ajusta a un canon. *Derecho canónico.*

• canónigo. Eclesiástico que tiene un cargo en la catedral.

**cansar**. ~ **con**: *Me cansa con su insistencia.*

- **cansarse de**: *No se cansa de esperarla.*

**Cápac** (/**ka**-pak/). Voz quechua que significa 'grande' y que interviene en el nombre de diversos incas. Es palabra grave.

♦ Evítese la pronunciación aguda */ka-**pak**/.

**capaz**. Adjetivo con que se califica a alguien como apto para desempeñar una tarea. Sobre este sentido se ha formado la locución (**es**) **capaz que**, de empleo frecuente en algunos países de América con el significado de 'es posible', 'quizá'. *Es capaz que no haya hecho nada. Capaz que llega tarde y pretende modificar nuestro plan.*

**caquéctico**. Adjetivo con el que se califica a la persona que padece un estado de desnutrición aguda provocado por una enfermedad en su fase terminal.

***caquéxico**. Forma incorrecta por → **caquéctico.**

**cara**. Preposición.

Es una preposición ya desusada, que significa 'hacia'. Subsiste, no obstante, en la locución prepositiva **cara a**, que posee el sentido de orientación espacial derivado 'mirando en dirección a' (*se sentaron cara al paisaje de la montaña*) y el sentido figurado de 'ante', 'con vistas a' (*trabaja cara a las dificultades que aparecen*). En la actualidad, este giro proveniente de España es muy frecuente dentro del lenguaje del periodismo deportivo y de la administración, junto con la construcción **de cara a**, de igual sentido.

♦ En beneficio de un lenguaje más llano, conviene evitarlo.

**carabela**. → **calavera**.

**carácter**. Sustantivo que en español significa 'señal, signo' y también 'temperamento'.

♦ Debe evitarse su empleo con el sentido de 'personaje', proveniente de la confusión con el inglés *character*. **Es una actriz muy dúctil capaz de interpretar cualquier carácter.*

El plural es prosódicamente grave (/ka-rak-**te**-res/) y se escribe sin tilde.

**caracterizar**. ~ **de**, ~ **como**: *Las autoridades caracterizaron de preocupante la actual situación. Fue caracterizado como un individuo sin conciencia de los valores morales.*

**caracú**. Voz de origen guaraní, empleada en Argentina, Bolivia, Chile, Paraguay y Uruguay con que se designa el tuétano de los animales, en particular vacunos.

El plural regular es *caracús*.

♦ La forma plural *caracuses* es propia del lenguaje vulgar o rural.

**carambola**. Sustantivo femenino que designa el lance del juego de billar, consistente en hacer que la bola con que se juega toque a las otras dos. Sobre este sentido se ha formado la locución adverbial **por carambola** que se emplea con sentido figurado en España y en América.

En España parece predominar el significado de 'indirectamente', 'por rodeos'. *Lo decía por carambola.*

En diversos países americanos, como la Argentina, Bolivia, Colombia y Uruguay, significa 'por casualidad'. *Tan a menudo juegan con la muerte, que a veces por carambola ganan y les sale la vida.*

**carbón**. Sustantivo con el que se designa la hulla, el coque y también las brasas o tizones.

♦ Evítese su confusión con el inglés *carbon*, equivalente al español *carbono*, que es el que corresponde emplear para referirse a la sustancia química propia de compuestos orgánicos. **La válvula estaba fabricada de acero al carbón* (Debió haberse dicho *acero al carbono*).

**cardumen** (/kar-**du**-men/). Sustantivo masculino con el que se designa el banco de peces.

No lleva acento ortográfico por ser voz grave terminada en *-n*. Su plural, *cardúmenes*, es palabra esdrújula y por lo tanto lleva tilde.

**carear**. Poner a una o varias personas frente a otra para indagar la verdad de un hecho. *Los acusados serán careados mañana por el juez.*
♦ Evítese el uso erróneo de este verbo por confusión con *cariar*, 'producir caries'. **No comas tantos dulces porque se te van a carear los dientes.*
**carecer** (se conjuga como **agradecer**).
~ **de**: *Carece de los medios suficientes para llevar adelante el proyecto.*
**cargar**. ~ **con**, ~ **de**: *Cargó la pistola con balas de salva. Cargó el camión de trigo. Se cargó de energía.* ~ **en**, ~ **sobre**: *Carga sobre sus hombros el mayor peso.*
**caries**. Sustantivo femenino con el que se designa la destrucción localizada de tejidos duros.
Es voz invariable en plural: *la caries, las caries.*
♦ Evítese el supuesto singular **carie*. **Le encontraron otra carie.*
**carótida – parótida**.
• carótida. Arteria que lleva la sangre a la cabeza. *La carótida izquierda nace en la aorta.*
• parótida. Glándula que vierte en la boca la saliva que segrega. *Tenía inflamada la parótida derecha.*
**carpeta**. Junto a sus sentidos tradicionales de 'cartera', 'utensilio de escritorio', 'relación de valores', es frecuente también el calco semántico de carpeta por 'alfombra, moqueta' en distintos países de América. La existencia en nuestra lengua del sustantivo *carpeta*, próximo en forma, y menos en sentido, al inglés *carpet*, contribuye a que esta voz tienda a desplazar, por su empleo abusivo en el lenguaje publicitario, al tradicional *alfombra*. *Lavadora de carpetas, trabaja con espuma seca ecológica, no moja la base evitando la formación de microorganismos.*
**carpeta** (Del inglés *folder*). En informática, en entorno de ventana, se denomina así el ícono en forma de carpeta y que equivale a un directorio, es decir un conjunto ordenado de archivos. En las carpetas pueden alojarse archivos y otras carpetas.
**carretear**. Desplazarse el avión sobre la pista durante el despegue y el aterrizaje. Es verbo de uso corriente en el lenguaje aeronáutico de prácticamente toda América (se lo documenta en la Argentina, Bolivia, Chile, Colombia, Honduras, México, Perú, Venezuela y Uruguay), pero infrecuente en España. *Cuando llegaron, la avioneta ya estaba carreteando sobre la pista.*
**carreteo**. Sustantivo masculino con el que se designa la acción de carretear. *Durante el carreteo se deben observar estrictas medidas de seguridad.*
**cárter**. Sustantivo masculino con el que se designa la carcasa que, en automotores y otras máquinas, protege determinados mecanismos y, por lo común, sirve como depósito de lubricante.
Pese al frecuente empleo de *cárters*, es preferible emplear el plural regular *cárteres*.
**cartografiar** (se conjuga como **ansiar**).
**casa – caza**.
• casa. Edificio para habitar. *Vivía en una casa cómoda.*
• caza. Acción de cazar. *La caza indiscriminada ha extinguido numerosas especies.*
**casete** (/ka-**se**(**t**)/). Con este sustantivo se designa el dispositivo de almacenamiento de información en una cinta magnética contenida en una cajita de material plástico.
La Academia española registra también el significado de "pequeño magnetófono que

utiliza casetes", que al parecer se limita a la Península.
Es voz de género ambiguo.
♦ Evítense las grafías *cassete o *casette.
***casette**. → **casete**.
**cash** (/kaš/). Voz inglesa que significa 'pago inmediato total o parcial por bienes y servicios'.
En español suele usarse como adverbio con el sentido de 'en dinero efectivo'. *Los productos con descuento hay que pagarlos cash.*
**caso – cazo**.
• caso. Suceso, acontecimiento, asunto. *El caso requirió más de una consulta legal.*
Sobre este sentido se ha formado un número considerable de expresiones y locuciones:
– **en caso de** o **en el caso de**. Locución de valor condicional que introduce la prótasis o supuesto del cual depende la conclusión. *En caso de enfermedad deben presentar un certificado médico.*
◊ Obsérvese que puede emplearse delante de sustantivo y también delante de infinitivo. *En caso de estar enfermos deben presentar un certificado médico.*
◊ Cuando estas locuciones encabezan proposiciones van acompañadas por el pronombre relativo **que** y el verbo debe emplearse en modo subjuntivo. *En caso de que estén enfermos deben presentar un certificado médico.*
No es aconsejable la omisión de la preposición *de* pese a que la Academia española registre la locución adverbial *caso que* equivalente a *en caso de que*.
– **dado el caso de que**. Expresión de sentido similar a *en el caso de*. *Dado el caso de que eso sucediera le buscaríamos una solución.*
– **en tal caso**. Expresión con la que se indica que la realización de un hecho se halla condicionada por un acontecimiento en particular. *Es probable que el vuelo se demore, en tal caso no llegaremos a tiempo para la inauguración de la muestra.*
◊ Evítese la confusión con *en todo caso*.
– **en todo caso**. Expresión con la que se indica que una acción se lleva a cabo con independencia de múltiples y posibles condicionamientos.
• cazo. Vasija. *Calentaba la sopa en el cazo.*
***cassete**. → **casete**.
**castaño**. Este adjetivo, que caracteriza al color que se asemeja al de la cáscara de la castaña, ha sido desplazado casi totalmente por *marrón*.
No obstante pervive como forma de calificar el color de los ojos y del cabello. *Tiene unos hermosos ojos castaños.*
**casting** (/**kas**-tin/). Voz inglesa con la que se designa la selección de intérpretes para una película o representación teatral.
Por extensión es frecuente que esta voz se emplee aplicada a la selección y presentación de modelos en el mundo de la moda. *Un casting normal puede convocar a más de trescientas personas.*
♦ El empleo del anglicismo resulta excesivo cuando se lo usa con el sentido de *elenco*, esto es, conjunto de los actores que intervienen en una representación. *Un interesante casting con James Mason y Harry Belafonte en una historia que se desarrolla en la India.*
**casual – causal**.
• casual. Fortuito, accidental, que sucede por casualidad. *Se produjo un encuentro casual.*
♦ Es conveniente evitar su empleo con el sentido de 'informal, sencillo', muy exten-

dido en el mundo de la moda, y proveniente de la confusión con el inglés *casual*. **Desde entonces fuimos consolidando nuestra presencia en el mercado mexicano, orientando nuestros productos en ropa deportiva y casual para jóvenes.*

• causal. **1**. Razón de alguna cosa. *Nadie entendía las causales de aquel acto.*

**2**. Relativo a la causa. *No proponía ningún argumento causal.*

**casualmente**. Adverbio equivalente a *por casualidad* en su sentido de inesperada o impensadamente.

**casus belli**. Expresión latina que significa 'motivo de guerra'. *El cruzamiento de la línea roja trazada se entenderá, más que nunca, como casus belli.*

**cátering** (/**ka**-te-rin/). Voz inglesa que se emplea en español como sustantivo masculino con el que se designa el servicio de suministro de comidas y bebidas a aviones, trenes, colegios, etc. *La concesión del servicio de cátering no está contemplada en el pliego de oferta.*

**catéter**. Sustantivo masculino con el que, en medicina, se designa el tubo que se introduce en las cavidades del cuerpo para su inspección o para eliminar secreciones. El plural es *catéteres*.

**Cáucaso** (/**kau**-ka-so/). Denominación del sistema montañoso que se extiende de SE a NO entre el mar Caspio y el mar Negro, atravesando Georgia, Armenia, Azerbaiyán y el SO de Rusia. Tradicionalmente se considera el límite natural entre Europa y Asia.

♦ Es voz esdrújula, por lo que no corresponde omitir la tilde. **Llegaron a la desembocadura del Volga en la cabecera del Caucaso.*

El adjetivo relacional correspondiente experimenta desplazamiento acentual. *Paisajes caucásicos.*

**causal**. → **casual**.

**causar**. Recuérdese que en todas sus formas verbales el grupo *-au-* se articula en una sola sílaba: *causo, causaron, causemos*, etc., (/**kau**-so/, /kau-**sa**-ron/, /kau-**se**-mos/). Otros verbos con el mismo diptongo en la base, como *defraudar, enjaular* o *pausar*, comparten esta particularidad.

**cavo**. → **cabo**.

**cayo**. Voz de origen antillano con la que se denominan los pequeños islotes bajos, llanos y anegadizos formados por arenas y fragmentos de coral en los que predominan los manglares. Es una formación propia del Mar de las Antillas y del Golfo de México.

**Cayo Hueso**. Nombre español del puerto que se encuentra en la península del estado de La Florida (EE.UU.). La adaptación inglesa de este nombre es *Key West*, denominación que puede deberse tanto a la ubicación occidental del cayo (*West*: oeste), como a la semejanza fonética con la palabra *hueso*.

**caza**. → **casa**.

**cazo**. → **caso**.

**cebo – sebo**.

• cebo. Comida que se da a los animales. *Pusieron el cebo al alcance de la presa.*

• sebo. Grasa sólida. *Con el sebo fabricaban velas y jabón.*

**cecear – sesear**.

• cecear. Pronunciar la *s* como *c* por vicio o defecto orgánico. *Ceceaba tanto que a veces resultaba difícil entender lo que decía.*

• sesear. Pronunciar la *c* como *s*. *Los hablantes de países hispanoamericanos sesean.*

**ceceo**. Pronunciación de la *s* igual o semejante a la de la *c* (/θ/) ante e, *i*, o a la de la *z* (/θ/), en la dicción general española. ◧ seseo.

**ceder – sedar**.

• ceder. Traspasar a otro; disminuir. *Cedió sus tierras al estado. El viento cedería al caer el sol.*

• sedar. Apaciguar, calmar. *Fue necesario sedarlo con una gran dosis de calmantes.*

**ceder**. ~ **a**, ~ **ante**, ~ **frente**: *Cede fácilmente ante cualquier pedido.* ~ **en**: *Cede siempre en el punto más difícil.*

**-cefalia**. Elemento compositivo de origen griego que, colocado al final de palabra, entra en la formación de términos médicos españoles con el significado de 'estado o cualidad de la cabeza': *dolicocefalia, hidrocefalia, mesocefalia.*

◊ Se pronuncia tónica la primera a del sufijo, por lo que debe decirse /i-dro-se-**fa**-lia/ y no */i-dro-se-fa-**li**-a/. La única excepción a esta regla es la palabra *acefalía.*

**cegar – segar**.

• cegar (se conjuga como **pensar**).

Quitar la vista. *El sol lo cegaba y no podía conducir.*

• segar (se conjuga como **pensar**).

Cortar mieses o hierba. *Segaron las hierbas del jardín porque habían crecido demasiado.*

**célebre**. El superlativo de este adjetivo es *celebérrimo.*

Sin embargo, en el lenguaje general, es más frecuente la forma perifrástica *muy célebre.*

**cenestesia**. → **sinestesia**.

**cenotafio**. Sustantivo masculino de origen griego con el que se designa el monumento funerario en el cual no está el cuerpo de la persona a quien se le rinden honores.

♦ Evítese el empleo de esta palabra como sinónimo de *panteón* (monumento funerario destinado al entierro de varias personas, o cementerio) o de *sepulcro* (lugar de enterramiento de una persona).

**centi-**. Elemento compositivo de origen latino que, colocado al comienzo de palabra, entra en la formación de vocablos propios del sistema métrico decimal con el significado de 'centésima parte': *centilitro, centímetro*; o de 'cien': *centígrado, centimano.*

◊ Se pronuncia tónica la *i* en *centímetro* y *centígrado*, pero es átona en *centigramo* y *centilitro.*

**centígrado** (/sen-**ti**-gra-do/). Sustantivo masculino con el que se designan cada una de las divisiones en la escala Celsius.

♦ Es palabra esdrújula, por lo que corresponde evitar la acentuación grave */sen-ti-**gra**-do/.

**centigramo** (/sen-ti-**gra**-mo/). Sustantivo masculino con el que se designa la centésima parte de un gramo.

♦ Es palabra grave, por lo que corresponde evitar la acentuación esdrújula */sen-**ti**-gra-mo/.

**centilitro** (/sen-ti-**li**-tro/). Sustantivo masculino con el que se designa la centésima parte de un litro.

♦ Es palabra grave, por lo que corresponde evitar la acentuación esdrújula */sen-**ti**-li-tro/.

**centímetro** (/sen-**ti**-me-tro/). Sustantivo masculino con el que se designa la centésima parte del metro.

♦ Es palabra esdrújula, por lo que corresponde evitar la acentuación grave */sen-ti-**me**-tro/.

**ceñir** (se conjuga como **pedir**).

~ **a**: *El vestido se ciñe al cuerpo.* ~ **con**: *Lo ciñeron con fuertes cuerdas.*

- **ceñirse a**. Limitarse. *No se ciñen a las convenciones establecidas.*

**cerca**. Adverbio de lugar que denota proximidad.

- **cerca de**. Locución que significa:

**a)** 'A corta distancia de'. *La escuela quedaba cerca de la biblioteca. Estaba cerca de mí.*

♦ El pronombre que sigue a la preposición debe hallarse bajo la forma de complemento (*mí, ti, sí*).

**b)** 'Alrededor de', 'aproximadamente'. Con este sentido se emplea delante de complementos de cantidad. *Eran cerca de cincuenta invitados. Llegaron cerca de las tres de la mañana.*

- **de cerca**. Locución adverbial que significa 'a corta distancia'. *La policía los seguía de cerca.*

**cercado**. ~ **de**, ~ **por**: *Atraviesa un patio cercado de rosales. Se veía cercado por todas partes.*

**cerciorarse**. ~ **de**: *Antes de actuar, se cercioraron de que decía la verdad.*

**cerner** (se conjuga como **tender**).

Este verbo, en sus sentidos más comunes, expresa la acción de 'separar, con la criba, las partes de un todo pulverizado' (*cernieron cuidadosamente el contenido de la primera carretilla en busca de restos arqueológicos)*, y de 'sobrevolar, amenazar un peligro' (*el fantasma de la peste se cernía sobre la ciudad*).

◊ No se lo confunda en la conjugación con la de su sinónimo **cernir**.

**cernir** (se conjuga como **discernir**).

◊ No se confunda la conjugación de este verbo con la de su sinónimo **cerner**.

♦ Evítense, pese a la frecuencia de su empleo, formas como **cirnió*, **cirnieron*, **cirniere*, **cirniendo*, pues de ese modo se altera indebidamente la base verbal (*cern-*), acaso por simple analogía con los verbos que se conjugan como *pedir*.

**cerrar** (se conjuga como **pensar**).

**certamen**. Sustantivo masculino que significa concurso, competencia.

Es voz grave terminada en *-n*, por lo que no lleva acento ortográfico. Su plural, *certámenes*, es palabra esdrújula, por lo que lleva tilde.

**cesantear**. Declarar cesante en su empleo a un trabajador. Es verbo de uso frecuente en el lenguaje, particularmente administrativo, de algunos países americanos como la Argentina, Honduras, Nicaragua, Puerto Rico o Venezuela. *El proyecto prevé que se cesanteen unos doscientos empleados.*

No parece ser de empleo regular en España.

**cesar**. Verbo intransitivo que significa:

**1**. Suspenderse o acabarse una cosa. *Por fin cesaron las lluvias.*

**2**. Dejar de desempeñar algún empleo o cargo. *Cesó en su cargo de rector.*

◊ El empleo de este verbo como transitivo, con el sentido de 'despedir' (*Cesaron a otro empleado*) es propio de un nivel de habla coloquial en España y en algunos países americanos como México y Perú. En otros, como la Argentina y Uruguay, resulta completamente anómalo.

Conviene tener presente esta característica para atenerse a la norma del país.

**cesión**. → **sección**.

**Ch** (**ch**). Nombre: *che, ce hache.*

**1. Descripción**.

Tradicionalmente, la cuarta letra del alfabeto español. En la actualidad, se la considera un dígrafo compuesto por *c* + *h* y es precisamente en esta secuencia como se ordena alfabéticamente en diccionarios y obras de referencia.

Corresponde a una pronunciación palatal (por el punto de articulación), generalmente africada (por el modo de articulación) y sorda.
◊ En el archisistema del español alterna la articulación africada [č] de la mayor parte de España y América con la fricativa [š], corriente en Andalucía y algunos países americanos como Panamá o Chile.
2. **Historia de su representación escrita**. Este sonido sufrió una serie de cambios en su transcripción: antiguamente fue representado por formas como *g, gg, ci,* etc., hasta que, por influencia francesa, quedó fijado en *ch*.
**Champagne**. → **Champaña**.
**champán**. → **Champaña**.
**Champaña**. Nombre que recibe en español la región francesa de *Champagne*.
También se llama así al vino espumante propio de esa región. Para designarlo, la Academia española admite esta grafía o *champán*, ambas como masculino.
Sin embargo, pareciera que en el uso de la forma *champaña* predomina el femenino, mientras que el masculino corresponde a *champán*.
**champú** (/čan-**pu**/ o /šan-**pu**/). Castellanización de la palabra inglesa *shampoo* con la que se designa el producto de limpieza para el cabello.
En el plural alternan las formas *champús* y *champúes*.
**chance**. Censurada desde hace tiempo como barbarismo, y sin registro académico, esta voz inglesa se emplea corrientemente en América con el sentido de 'oportunidad', 'posibilidad'. *Va a perder toda chance.*
Tiene variante de género conforme su distribución geográfica. Así, se emplea como sustantivo femenino, por ejemplo en el Cono Sur, y como masculino, en México. Forma parte de la locución adverbial **chance y** cuyo empleo se documenta en México con el sentido de 'quizá', 'es probable que'. *Se enfermó, chance y ya no se recupere. Chance y se saque la lotería.*
**chárter** (/**čar**-ter/). Sustantivo y adjetivo proveniente del inglés *charter* con el que se designan el avión y el vuelo que una empresa realiza fuera de los viajes regulares programados por la línea aérea.
También se emplea para designar un servicio de ómnibus fuera de las líneas regulares. Aunque es corriente el empleo de *chárters*, es preferible el plural regular *chárteres*.
**checar**. → **chequear**.
**chequear**. Es un americanismo de procedencia norteamericana (*to check*) ya admitido por la Academia española con el sentido de 'examinar', 'verificar', 'controlar'. *Debes chequear esas noticias.*
La variante *checar*, sin registro oficial, es corriente en México. *Checar la información que se tiene por separado.*
También es usual, tanto en América como en la Península, el derivado *chequeo* (del inglés *check up*) con el significado de 'reconocimiento médico', 'control', 'verificación'. *Las empresas aéreas harán chequeo migratorio a los viajeros.*
**chequeo**. → **chequear**.
**chingar**. En las Canarias y en algunos países americanos como la Argentina, Colombia, Chile y Perú significa 'no acertar, fracasar o fallar en un intento'.
Es voz propia de un nivel de lengua coloquial. *La chingaste al elegir ese lugar.*
♦ En México y en España significa 'practicar el coito' y es voz malsonante que conviene evitar.

**chip** (Del inglés). Sustantivo masculino con el que se designa el diminuto circuito integrado alojado en pequeña pastilla, generalmente de silicio, y la pastilla misma. Su plural es *chips*.
**chirriar** (se conjuga como **ansiar**).
**chispear**. Es verbo unipersonal y se conjuga solamente en 3ª persona.
**chocar**. ~ **con**, ~ **contra**: *El autobús chocó con un camión. La avioneta chocó contra la montaña.*
**chutar** (Del verbo inglés *to shoot*). El lenguaje deportivo del fútbol lo ha adoptado con el sentido de 'patear la pelota'. De ahí el derivado *chutazo* como 'tiro potente'.
Propio de la jerga de la drogadicción es el sentido de 'inyectarse droga'.
En su significado deportivo, el verbo parece ser de empleo más frecuente en España, aunque no es desconocido en algunos países americanos, como México y Paraguay. *Chutar el córner, meter gol de cabeza, correr para abrazar, agradecer a la hinchada y colocar la pelota en el medio del campo.*
Más frecuente y extendido es, en cambio, el sustantivo derivado **chutazo**. *Doblegó la valla con un fuerte chutazo cruzado al arco.*
**ciberespacio** (Del inglés *cyberspace*, 'espacio cibernético'). Espacio virtual generado por la intercomunicación de los sistemas de computación dentro del cual se intercambia información de muy variada complejidad, desde el correo electrónico a la realidad virtual. *Entre los viajes que pueden hacerse por el ciberespacio se encuentra una serie de sitios que van desde la visita a famosos museos hasta la posibilidad de asistir a conciertos en vivo.*
**cicerone**. Palabra de origen italiano que designa a la persona que acompaña a un grupo de visitantes o turistas para brindarles información sobre la ciudad: museos, edificios, monumentos, etcétera.
◊ Es invariable en cuanto al género: *el cicerone, la cicerone*. El plural es *cicerones*.
**-cida**. Elemento compositivo de origen latino que, colocado al final de palabra, entra en la formación de numerosos vocablos españoles con el significado de 'matador' o 'exterminador': *callicida, herbicida, homicida, insecticida.*
**cien – sien**.
• cien. Apócope de *ciento* que se usa delante de sustantivo. *La abuela le regaló cien pesos para su cumpleaños.*
• sien. Parte lateral de la cabeza. *Entonces sintió un fuerte dolor en la sien.*
***cientifismo**. Forma incorrecta por *cientificismo*.
**ciento**. Adjetivo numeral que denota la cantidad 'diez veces diez'. *El arreglo del automóvil le costó ciento cincuenta pesos.*
◊ Este numeral se apocopa cuando precede a un sustantivo masculino o femenino. *Cien personas fueron al acto. Había cien hombres en la fábrica.*
También se apocopa cuando antecede a una cantidad numérica que lo multiplica: *Ganaron cien mil pesos*; pero no si es suma: *ciento veinte, ciento cuarenta.*
En los porcentajes se dice *diez por ciento, cincuenta por ciento.*
Forma las locuciones adverbiales **cien por cien**, **ciento por ciento**, que equivalen a 'totalmente', 'en su totalidad', y también **cien por ciento**, particularmente en América.
**cierne**. Sustantivo masculino que designa la acción de cerner, estar fecundándose la

flor de la vid y otras plantas. Sobre este sentido se forma la locución adverbial **estar en cierne**, o **en ciernes una cosa**, que en sentido figurado indica que algo está muy a sus principios, que le falta mucho para su perfección. *La investigación policial estaba aún en ciernes.*

**cierra – sierra**.

• cierra. Formas del verbo *cerrar*. *Antes de irse de la oficina, él cierra la puerta con llave. Por favor cierra la puerta cuando salgas.*

• sierra. Herramienta; cordillera de montes. *Trajo la sierra para cortar el árbol. Desde la ventana del hotel se ve la sierra.*

**cierre patronal**. → **lock out**.

**ciervo – siervo**.

• ciervo. Mamífero. *El ciervo percibió el peligro y corrió.*

• siervo. Esclavo. *Lo trata como si fuera su siervo.*

**cimentar** (se conjuga como **pensar**).

En sentido figurado vale por 'afirmar, consolidar o asentar los principios'. *El apoyo de la gente cimentó su gobierno cuando comenzó la crisis.*

– **cimentarse en**. ~ **sobre**: *Un estudio que se cimienta en un deseo verdadero. La leyenda se cimienta sobre el terror.*

**cinematografiar** (se conjuga como **ansiar**).

**circuncidar**. Participio regular: *circuncidado*. Participio irregular: *circunciso*.

**circunscribir**. Participio irregular: *circunscrito* o *circunscripto*.

~ **a**: *Circunscribieron su estudio al campo de la Física.*

**circunvolar** (se conjuga como **contar**).

**cirio – sirio**.

• cirio. Vela. *Encendieron el cirio pascual.*

• sirio. Natural de Siria. *Su marido era sirio.*

**citadino**. Adjetivo de uso corriente en casi toda América, no así en la Argentina, Uruguay y Paraguay, con el significado de 'urbano', 'propio de la ciudad'.

Carece de registro académico y, con criterio purista en exceso, ha sido considerado galicismo innecesario. *Ocasionalmente son pandillas minoritarias las que se atribuyen el derecho de subvertir el orden citadino.*

**ciudad**. Sustantivo femenino con el que se designan los centros de relativa importancia por el número de habitantes.

Se escribe con minúscula: *ciudad de Montevideo*. Si forma parte de un nombre propio se escribe con mayúscula inicial. *Viajaron en el Ciudad de Ushuaia.*

**clamar**. ~ **a**: *Clamaban a Dios.* ~ **por**: *Clamaban por agua y comida.*

**clasificar**. ~ **en**, ~ **por**: *Los clasificaron en categorías diferentes.*

◊ Con el sentido de 'obtener un puesto en una competencia' es verbo pronominal. *La Argentina se clasificó para la ronda final.* El empleo no pronominal corresponde a un uso neológico, acaso por influjo del inglés, que conviene evitar. **Concluida la jornada el piloto brasileño clasificó en segundo lugar.*

♦ No confundir con *calificar*, 'evaluar con una nota o concepto la idoneidad de una persona sobre un tema', 'considerar', 'juzgar'. *No pudieron calificar a todos los alumnos. Siempre lo califican de soberbio.*

**claudicar**. ~ **ante**, ~ **frente**: *Claudicó ante el temporal. Debió claudicar frente al mayor número de enemigos.*

**clavar**. ~ **a**, ~ **en**, ~ **contra**: *Clavaron un estante en la pared.*

**clímax**. Sustantivo masculino con el que se designa el punto más alto o culminante al que ha llegado un proceso. *La tensión*

*alcanzó su clímax con el enfrentamiento físico de dos espectadores.*
◊ Es invariable en número: *el clímax, los clímax.*
**clip art**. Anglicismo equivalente a *imágenes prediseñadas.* Con él se designa la colección de imágenes digitales almacenadas en disco y disponibles para ilustrar desarrollos gráficos posteriores.
**cliquear**. Presionar y soltar con rapidez un botón del ratón, o mouse, para ejecutar una acción con la computadora. Este neologismo onomatopéyico, e influido por el inglés, es usual en la Argentina. En otros países de habla hispana se prefieren, con el mismo significado, las voces *picar, pinchar* (que alternan en España y seguramente también en otras partes) o formas perifrásticas como *hacer clic.*
**clon**. En el campo de la biología, este sustantivo alude al "conjunto de células u organismos genéticamente idénticos, originado por reproducción asexual a partir de una única célula u organismo o por división artificial de estados embrionarios iniciales" (*DRAE).*
En el campo de la informática se llama así a la copia funcional de un dispositivo de *hardware,* como una *computadora personal* que utiliza el *software* y todos los periféricos concebidos para la PC de IBM[MR].
Su plural es *clones.*
Estos productos suelen denominarse *PC-compatibles.*
**COBOL** (Acrónimo del inglés ***C**ommon **B**usiness **O**riented **L**anguage, 'Lenguaje Común Orientado a Negocios'*). Lenguaje de programación de uso casi exclusivamente empresarial en razón de que está diseñado para almacenar, recuperar y procesar información de contabilidad de corporaciones y para automatizar funciones.
**cocer – coser**.
• cocer. Cocinar. *Dejó cocer la carne muy lentamente.*
~ **a**: *Cocieron la carne al horno. Se cuece a fuego lento.*
(➤ Cdo. 22.)
• coser. Unir con hilo y una aguja dos trozos de tela, cuero, etc. *Debe coser el dobladillo de ese pantalón.*
**código**. Para la teoría de la comunicación, este sustantivo masculino designa el sistema de signos y de reglas que permite formular y comprender un mensaje. Aplicado a un mensaje previo sirve también para asignarle una nueva forma.
**código de barras**. Impreso de barras verticales de diferente ancho que se utiliza para representar claves numéricas en una forma legible para las máquinas. Equipadas con unidades lectoras y programas apropiados, las computadoras pueden interpretar los códigos de barras y realizar las operaciones previstas. Los supermercados, por ejemplo, utilizan códigos de barras para identificar productos y marcar precios, controlar las existencias, etcétera.
Es expresión registrada en la última edición del *Léxico* oficial.
**coequiper**. → **coequipero**.
**coequipero**. Neologismo relativamente usual en algunos países americanos (Colombia, Cuba, México, Venezuela) para designar al compañero de un equipo de competición deportiva. En la Argentina se emplea *coequiper* (/koe-**ki**-per/) y, en menor medida, *coequipier* (que también se emplea en España). *Antes de apoderarse del primer puesto, estuvo a punto de impactarse con su coequipero. Su coequipier*

*en la comuna tiene un privilegio poco común. Por primera vez en el año, el coequiper largará delante primero: relegó a Giancarlo Fisichella (Benetton) y a Mika Hakkinen.*

coequipier. → **coequipero**.

coexistir. ~ **con**, ~ **junto**, ~ **entre**: *Los nobles coexisten con los villanos.*

cofrade (/ko-**fra**-de/). Persona que pertenece a una cofradía. Es palabra grave.

♦ Evítese la acentuación esdrújula */**ko**-fra-de/.

coger. En la Argentina, Uruguay, Paraguay y también en México, este verbo se emplea, vulgar y dominantemente, con el sentido de 'practicar el coito', por lo cual se lo evita en la conversación.

cohibido. ~ **ante**, ~ **frente**: *Se lo veía cohibido ante un público hostil. Estaba cohibido ante tantas amabilidades.*

cohibir (se conjuga como **prohibir**).

cojear. ~ **de**: *Cojea de la pierna derecha.*

-cola. Elemento compositivo de origen latino que, colocado al final de palabra, entra en la formación de algunos cultismos españoles con el significado de 'que cultiva o cría' y 'que habita en': *arborícola, avícola, cavernícola, frutícola, terrícola.*

colar (se conjuga como **contar**).

colegir (se conjuga como **pedir**).

~ **de**, ~ **por**: *Se colige de lo dicho que debe ampliarse la causa.*

colera. → **cólera**.

cólera. Es palabra femenina cuando significa 'enojo', 'ira'. *La cólera se reflejaba en su enrojecido rostro.*

Como nombre de la enfermedad es masculino. *El cólera no fue erradicado totalmente.*

colgar (se conjuga como **contar**).

~ **de**: *Colgaban de la rama algunas ropas puestas a secar.* ~ **en**: *Si no quieres que se te arrugue, cuélgalo en la percha.*

coliflor. La Academia española registra este sustantivo como de género femenino, tal como es el uso generalizado.

Su empleo, menos frecuente, como masculino, es desaconsejable incluso por razones etimológicas. *Inflorescencias como en el coliflor. El repollo, el coliflor, el colinabo y el nabo.*

colmar. ~ **de**: *Lo colmaron de regalos.*

colocar. ~ **con**: *Colóquenlos con cuidado.* ~ **en**: *Debemos colocarlos en cajas. Se colocaron en el sector posterior.* ~ **entre**: *Los coloqué entre los libros.* ~ **por**: *Coloquémoslos por tamaño.* ~ **sobre**: *Colóquenlo sobre el piso.*

color. En el habla general, este sustantivo solo se emplea actualmente como masculino. Su uso como femenino es anticuado o rústico.

coma. Este sustantivo es de género femenino cuando designa el signo gráfico (,) o matemático (35, 4). *En esta oración está mal colocada la coma.*

En cambio con el sentido de 'estado de sopor que precede a la muerte' se emplea como masculino. *El enfermo entró en un coma profundo.*

combinar – convenir.

• combinar. Unir cosas diversas de modo que formen un conjunto o agregado. *Sabe combinar muy bien los colores.*

~ **con**: *Tus zapatos no combinan con la cartera. Combinaron astucia con inteligencia.*

• convenir. Acordar. *¿Convinieron la realización de un encuentro la semana entrante?*

~ **con**, ~ **en**: *¿Conviniste con Marcelo en verse mañana?*

comedirse (se conjuga como **pedir**).

Es verbo de relativo uso en América con el sentido de 'ofrecerse para realizar alguna cosa'.

**comenzar** (se conjuga como **pensar**).
~ **por**: *Siempre comienza por la parte más difícil.*
**cómic**. Sustantivo masculino tomado del inglés con el que se designa la historieta o relato por medio de dibujos, con texto o sin él, y también al libro, revista o tira que la contiene.
Su plural es *cómics*.
**comienzo**. Sustantivo masculino que significa 'principio'. Sobre este sentido se han formado las siguientes locuciones:
- **al comienzo**. Locución adverbial con la que se da a entender el inicio de un proceso. *Al comienzo no se dieron cuenta.*
- **dar comienzo**. Frase con la que se indica la acción de dar comienzo a algo. *Las deliberaciones dieron comienzo a las diez. Dieron comienzo a una intensa jornada de trabajo.*
***comisería**. Forma incorrecta por *comisaría*.
**comisión**. Sustantivo femenino que designa la suma abonada en remuneración por una actividad realizada por encargo, convenio o contrato. Sobre este sentido se ha formado la locución adverbial **a comisión** que se aplica a la actividad remunerada según porcentajes establecidos al emprenderla. *Todos sus empleados trabajaban a comisión.*
**cómo**. Adverbio interrogativo que se escribe con tilde para establecer la diferencia con el adverbio modal y comparativo **como**.
Expresa los siguientes valores:
**a)** Causa. *¿Cómo no me lo dijeron antes?*
**b)** Encarecimiento: *¡Cómo trabajan!*; o extrañeza. *¡Cómo! ¿Era mentira?*
Como adverbio interviene también en interrogaciones indirectas. *Preguntó cómo estaban los demás.*
Puede sustantivarse y entonces significa 'modo'. *Nadie les explicaba ni el cómo ni el porqué.*
**como**. Adverbio, conjunción y preposición con valores modales y comparativos que se escribe sin tilde. Expresa los siguientes sentidos:
**1**. Como adverbio relativo de modo o conjunción comparativa significa 'del modo', o 'la manera que'. *Procede como se lo indican.*
**2**. Con valor comparativo, *como* denota idea de equivalencia, semejanza o igualdad, y puede encabezar una proposición o simplemente una construcción comparativa.
**3**. Como adverbio de modo o cantidad, indica semejanza o aproximación. *Eran como veinte personas.*
**4**. Como preposición significa:
**a)** 'En calidad de'. *Van al juicio como testigos.*
**b)** 'Aproximadamente'. *Bajaron como diez extranjeros del avión.*
**5**. Como conjunción causal introduce proposiciones que expresan el motivo o razón de la oración principal. *Como no lo aceptaban, prefirió abandonar su puesto.*
**6**. En función de conjunción condicional seguida de subjuntivo, introduce proposiciones condicionales con valor de advertencia o amenaza. *Como no cumplas con lo que dices, no vuelves a verme.*
- **como ser**. Locución comparativa corriente en algunos países de América, Argentina y Chile por ejemplo, que se emplea como fórmula introductoria de enunciados enumerativos. *Traigan todo lo necesario para trabajar, como ser: pinceles, pinturas, papel y lápices.*
- **como si**. Locución conjuntiva que introduce proposiciones comparativas condi-

cionales en las que el término de comparación se halla elidido. *Actúa como* (actuaría) *si fuese inocente.*

◊ Nótese que por tratarse de una condición que se considera falsa o irreal, el verbo que sigue a *si* se halla en imperfecto de subjuntivo.

**comodín**. En informática, carácter (por ejemplo, asterisco o signo de interrogación) que representa otros caracteres que podrían aparecer en el mismo lugar de una secuencia de escritura.

Se emplea, por lo común, en operaciones de búsqueda. Así, *p?so* representa por igual *paso, peso, piso, poso, puso*; *vende** puede representar, *vendes, venderá, venderán*, etcétera.

**compadecer** (se conjuga como **agradecer**).
~ **a**: *No compadezcas a los otros.*
– **compadecerse de**: *No se compadecía de nadie.* ~ **con**: *Tus palabras no se compadecen con tus gestos.*

**comparar**. ~ **con**: *Lo comparó con el suyo y le pareció mejor. No te compares con nadie.*

**comparecer** (se conjuga como **agradecer**).
~ **ante**, ~ **frente**: *Los acusados comparecieron ante el tribunal.*

**compartir**. ~ **con**: *Compartía su fortuna con toda la familia.* ~ **entre**: *Compartieron la comida entre todos.*

**compeler**. Participio regular: *compelido*. Participio irregular: *compulso*.

**compensar** (se conjuga como **pensar**).
~ **con**: *Compensó la pérdida del negocio con un viaje de placer.*

**competencia**. Sustantivo femenino que, con el significado de 'competición deportiva', se halla extendido en gran parte de América, al menos en la Argentina, México, Colombia, Paraguay, Perú y Venezuela. *La competencia de atletismo se postergó por el mal tiempo.*

**competer – competir**.
• competer. Incumbir. *Dice que a él no le compete ese tema.*
• competir (se conjuga como **pedir**). Rivalizar, pugnar.
~ **con**: *Compite con todos sus colegas.*
~ **en**, ~ **por**: *Compite en natación. Los laboratorios compiten por imponer sus productos.*

**competir**. → **competer**.

**competitivo**. Adjetivo con el que se alude a lo concerniente a la competencia.

En el campo de la economía este se refiere particularmente a la condición de hacerlo 'en condiciones favorables'. *Para poder exportar, los precios deben ser competitivos.*

**complacer** (se conjuga como **agradecer**).
~ **a**: *Si quieres complacer al jefe, no te vayas antes de tiempo.*
– **complacerse en**: *Se complace en crear tensiones entre los compañeros.*

**complicar**. ~ **con**: *Se complicó con la respuesta.* ~ **para**: *Las cosas se complicaron para el país cuando aumentó el precio del crudo.*

**componente**. Participio presente del verbo *componer*.

Como sustantivo con el valor de 'parte', 'elemento de un conjunto' es de género masculino. *Todos estos dulces contienen tres componentes básicos.* Con el valor de 'fuerza concurrente' es femenino. *En la trayectoria hay que tomar en cuenta los valores de la componente horizontal y de la vertical.*

**componer** (se conjuga como **poner**). Participio irregular: *compuesto*.

**comprensible – compresible**.
• comprensible. Que se puede comprender. *Lo que hizo es comprensible porque había sufrido mucho.*
• compresible. Comprimible. *Utiliza un material compresible.*
**comprensión – compresión**.
• comprensión. Capacidad para entender las cosas. *Es notable la comprensión que tiene frente a los problemas.*
• compresión. Acción y efecto de comprimir. *Experimenta con cuerpos elásticos de fácil compresión.*
**compresible**. → **comprensible**.
**comprimir**. Participio regular: *comprimido*. Participio irregular: *compreso*.
**comprobar** (se conjuga como **contar**).
**comprometer**. ~ **a**: *Los comprometió a todos.* ~ **con**: *Los comprometió con sus mentiras.* ~ **en**: *Los comprometió en una situación confusa.*
- **comprometerse con**: *Se compromete con todos y no cumple con ninguno.*
**compromiso**.
- **de compromiso**. Locución adjetiva con que se califica la respuesta que se da o la actitud que se toma solo por obligación y para cumplir con las formas. *La suya fue una felicitación de compromiso.*
- **estar**, o **poner en un compromiso**. Expresión con la que se da a entender que alguien se halla, o pone a otro, en una situación forzada. *Su insistencia me pone en un compromiso al que no puedo negarme.*
◊ No confundir con **poner en compromiso**, forma perifrástica que equivale a *comprometer*, 'poner en riesgo'. *Sus declaraciones pusieron en compromiso el acuerdo logrado.*
- **sin compromiso**. Locución adverbial con la que se indica que la acción puede llevarse a cabo sin generar una obligación posterior. *Llévelo a su casa unos días, sin compromiso, y si no le sirve, nosotros mismos pasamos a retirarlo.*
**computadorizar**. → **computarizar**.
**computarizar – computadorizar**. Ambas variantes verbales han sido reconocidas por la Real Academia española en su *Diccionario* con el significado de "someter datos al tratamiento de una computadora".
♦ Evítese por innecesaria la forma *computerizar*, apegada al origen inglés de la voz.
**computerizar**. Forma innecesaria por → **computarizar** o **computadorizar**.
**comulgar**. ~ **con**: *No comulgaba con esa corriente de opinión.*
**común**.
- **en común**. Locución adverbial que significa 'en comunidad', 'conjuntamente'. *No dividirían los bienes que poseían en común.*
- **por lo común**. Locución adverbial que significa 'de manera habitual'. *Por lo común se quedaba en el aula unos minutos después de la clase.* Es equivalente a *por lo general*.
**comunicar**. ~ **a**: *Comunícaselo a tus conocidos.* ~ **por**: *Nos comunicábamos por señas.*
- **comunicarse con**: *Se comunicó con todos.* ~ **entre**: *No se comunican entre ellos.*
**con**. Preposición.
**1**. Indica compañía y concurrencia. Toma entonces el significado de 'juntamente con' o 'en compañía de'. *Venía a la oficina con sus compañeros de clase.*
**2**. Expresa la relación 'a favor' o 'en contra de'. *Los asaltantes se enfrentaron con la policía.*
**3**. Con sentido próximo al de 'compañía entre personas o seres animados' expresa

también la agregación o adición entre cosas. *El agua nunca se mezcla con el aceite.*
**4**. Encabeza complementos que indican el destinatario (persona o cosa) de intereses, emociones o sentimientos. *Tiene una actitud muy despectiva con sus hermanos.*
**5**. Expresa el modo de realización de una acción. *Estudian con esfuerzo.*
**6**. Indica el medio o instrumento de una acción. *Camina con bastón.*
**7**. Indica contenido. *Dejaron en la cocina un recipiente con aceitunas.*
**8**. Interviene en las relaciones comparativas. *Su última obra no tiene comparación con las anteriores.*
**9**. Indica concesión. *Con toda la ayuda que recibieron, dicen que no pueden.*
– **con que**. Esta construcción, compuesta por la preposición **con** y el relativo **que** equivale a: *con el cual, con la cual, con los cuales, con las cuales. Diez bancos y un pizarrón son los medios con que contamos para comenzar el curso.*
◊ No confundir esta construcción con **con que**, de valor concesivo equivalente a *aunque* (*Con que sea la mitad de bueno, basta*), ni con **conque**, conjunción.

**concebir** (se conjuga como **pedir**).

**concejo – consejo**.
• concejo. Corporación municipal. *El intendente convocó al concejo.*
• consejo. Parecer, recomendación, sugerencia. *Mi consejo es que no discutas las normas.*

**concentrar**. ~ **en**: *Nos concentramos en la plaza.*
– **concentrarse en**: *Se concentraron en la preparación de la tarea.*
• En el sentido de 'reunirse los jugadores de un equipo, tiempo antes de un encuentro, para estar en mejores condiciones', este verbo es pronominal. *El zaguero central que se concentró con la Selección Nacional.*
♦ Debe evitarse el empleo como intransitivo. **Anoche concentró con sus nuevos compañeros.*

**conceptuar** (se conjuga como **actuar**).
~ **como**: *Para la desgravación impositiva se nos conceptuaba como grandes empresas.*

**concernir**. Se emplea solo en las terceras personas de cada tiempo. En general en los presentes de indicativo y subjuntivo: *concierne/concierna*; en los pretéritos imperfectos de indicativo y subjuntivo: *concernía, concerniera*, y con menor frecuencia en el condicional: *concerniría. Eso no te concierne a ti. Debía saber que esos asuntos no le concernían.*
◊ Nótese que los sujetos son impersonales: *eso* y *asuntos*.
(➤ Cdo. 23.)

**concertar** (se conjuga como **pensar**).
~ **con**: *Antes de firmar tienen que concertar con todas las partes.* ~ **en**: *El sujeto concierta en persona y número con el verbo.*

**concesionar**. Dar en concesión la administración de un servicio, por lo común público. Es verbo transitivo de uso corriente en el lenguaje administrativo de casi la totalidad de los países americanos. Se lo documenta en la Argentina, Costa Rica, Ecuador, Honduras, México, Paraguay y Uruguay. No parece ser usual en España. *El argumento de privatizar activos y concesionar servicios tiene una base frágil en la actual situación financiera.*

**conciencia**. Sustantivo femenino que designa el conocimiento exacto y reflexivo de las cosas.
Sobre este sentido se forma la locución adverbial **a conciencia** que indica el modo

de actuar con empeño y rigor, sin regatear esfuerzo. *Trabajaron a conciencia, por eso obtuvieron buenos resultados.*

◊ Aunque el *Léxico* oficial registre también la forma *consciencia*, más apegada a la etimología, se indica la preferencia por la grafía simplificada.

En cambio estima preferible *subconsciencia* a *subconciencia.*

Las grafías con *-sc-* son las únicas reconocidas para: *consciente, inconsciencia, inconsciente, inconscientemente* y *subconsciente*. Estas opciones reflejan el uso culto generalizado.

**cónclave - conclave**. 'Junta', 'congreso'. Si bien ambas formas se hallan registradas en el *Diccionario*, la acentuación esdrújula es la de empleo más frecuente.

**concluir** (se conjuga como **huir**).

Participio regular: *concluido*. Participio irregular: *concluso*.

~ **con**: *Concluyó con una carcajada.* ~ **en**: *Siempre concluimos en lo mismo.*

**concordar** (se conjuga como **contar**).

En su empleo más generalizado, el intransitivo, se construye con las preposiciones *con* y *en*.

Si bien el uso con la preposición *con* es el más frecuente, no es totalmente inusual el de la preposición *en* que, en el lenguaje de la gramática, es excluyente. *Se concuerda en que el gobierno debe respetar estrictamente las resoluciones de las Naciones Unidas. El adjetivo concuerda en género y número con el sustantivo.*

**conculcar**. Verbo propio de un estilo de habla elevado con el que se designa el quebrantar una ley, obligación o principio.

**concurrencia**. En español este sustantivo femenino designa la asistencia a un acto o la participación en él. *La concurrencia aplaudió de pie cuando el orador terminó su discurso.*

♦ Conviene evitar emplearlo como sinónimo de *competencia*.

**concurrente**. Este sustantivo designa la persona que asiste a un acto. *Es un asiduo concurrente.*

♦ Evítese el galicismo innecesario de emplearlo con el sentido de *competidor*.

**condecir** (se conjuga como **decir**).

Su sentido es 'acordar, corresponderse una cosa con otra', por ello solo se conjuga en tercera persona.

En cuanto a las particularidades propias de este grupo, el futuro y el condicional son regulares: *condecirá, condeciría.*

~ **con**: *Hasta ahora, el trato que nos brinda no condice con sus promesas.*

◧ **desdecir**.

**condescender** (se conjuga como **tender**).

~ **con**, ~ **en**: *Para condescender con el tema biográfico, baste decir que el poeta entregó su cuerpo al dominio de la muerte. Condescender en la realización de la consulta en busca de la autonomía de la provincia.*

**condición**.

- **condición sine qua non**. Locución latinizante equivalente a 'condición absolutamente necesaria'. *Para ingresar a la sala es condición sine qua non tener dieciocho años.*

- **a condición de** o **a condición de que**. Locuciones que introducen los requisitos necesarios para la realización de un hecho. *Lo harán a condición de que les den tiempo suficiente.*

◊ Son equivalentes a **con la condición de que**.

**condolerse** (se conjuga como **mover**).

~ **de**: *Se condolieron de la desgracia ajena.*

**conducir**. ~ **a**, ~ **hacia**, ~ **hasta**: *Lo condujo a un camino desconocido.* ~ **por**: *No nos conduzcan por ese camino.*
- **conducirse con**: *No se condujeron con cordura.*
(➤ Cdo. 24.)

**confección – confesión**.
• confección. Hechura de prendas de vestir. *El traje es de buena confección.*
• confesión. Declaración. *Su confesión ante el juez impresionó a todos.*

**conferir** (se conjuga como **sentir**).

**confesar** (se conjuga como **pensar**).

**confesión**. → **confección.**

**confiar** (se conjuga como **ansiar**).
~ **a**: *Confía a la suerte lo que no es capaz de resolver por sus propios medios.* ~ **en**: *No confía en tu palabra.*
- **confiarse de**: *Se confía siempre de lo que le dicen.*

**confinar**. ~ **a**: *Lo confinaron a Siberia.* ~ **con**: *Paraguay confina con Bolivia.* ~ **en**: *Lo confinaron en su cuarto.*

**confluir** (se conjuga como **huir**).
~ **con**, ~ **en**: *Debe rebajar la tasa de interés y confluir con la europea. Los dos ríos confluyen en el mismo estuario.*

**confluente**. → **confluyente.**

**confluyente**. Participio presente de *confluir*, 'concurrir en un punto, juntarse'.
Es voz correctamente formada, y su empleo como adjetivo es corriente tanto en América como en España, pero por no figurar explícitamente en ediciones anteriores del *Diccionario* académico ha sido censurado sin razón alguna a favor de *confluente*, registrado desde hace tiempo.

**conformar**.
**conformarse**. ~ **con**: *No se conforma con lo que tiene.*

**conforme**. **1**. Adjetivo que expresa el hecho de hallarse acorde con otro en un mismo dictamen, o de estar unido con él para alguna acción o empresa. *Nunca estaban conformes.*
**2**. Adverbio de modo o conjunción modal propio de un estilo cuidado que expresa relaciones de correspondencia o modo. *Se procedió conforme lo exigían las normas de la empresa.* Equivale a *como* o *según.* Sobre estos sentidos se ha formado la siguiente expresión:
- **conforme a**. Locución prepositiva cuyo significado es:
**a**) 'Con arreglo a'. *Se les pagará conforme a lo establecido en el contrato.*
**b**) 'En proporción o correspondencia a'. *Serán remunerados conforme al número de horas que trabajen.*
♦ Es una incorrección bastante frecuente omitir la preposición *a*.

**conformidad**.
- **de conformidad con** o **en conformidad con**. Expresan que una acción se realiza según lo previamente estipulado o convenido. *Procedieron de conformidad con lo pactado.*

**confraternizar**. ~ **con**: *Hizo lo posible por confraternizar con aquellas personas tan extrañas.*

**confrontar**. ~ **con**: *Confrontó su trabajo con el de los demás, y advirtió el error.*

**confundir**. Participio regular: *confundido.* Participio irregular: *confuso.*
~ **con**: *No confundas una cosa con otra.*
- **confundirse con**. ~ **de**: *Confundo tu letra con la de tu hermano. Se confundió de puerta.*

**congeniar**. ~ **con**: *No congenia con nadie porque tiene mal carácter.*

**congraciarse**. ~ **con**: *Se congració con todos por su simpatía.*

**congratular**. Significa 'manifestar complacencia a una persona por haberle ocurrido un hecho feliz'.
~ **con**: *Se congratuló con sus hijos.* ~ **de**: *Nos congratulamos de sus éxitos.*
◊ Su empleo como verbo transitivo es ocasional, y puede resultar anómalo. *Yo lo congratulo porque fue el único que adoptó una postura negociadora.* Solamente parece ser regular en la construcción de INFINITIVO + PRONOMBRE ENCLÍTICO. *Permítame congratularlo por los éxitos obtenidos.*
♦ Debe evitarse su empleo con el significado de 'congraciarse'. **Se congratuló con el jefe para lograr el aumento.*

**connacional**. Adjetivo con el que se califica una persona como perteneciente a la misma nación que otra. *Desde allí dirigió un discurso destinado a sus connacionales.*

**conocer** (se conjuga como **agradecer**).
~ **de**, ~ **sobre**, ~ **acerca de**: *Conoce mucho de leyes.*
- **dar a conocer**. Frase verbal propia del lenguaje administrativo y periodístico con la que se indica que una determinada información es transmitida de modo tal que sea de dominio público. *Por la tarde se dio a conocer el nuevo régimen arancelario.*

**conocimiento**. Sustantivo masculino que designa lo que se sabe acerca de algo y también la capacidad de saber y entender. Forma parte de las siguientes expresiones y locuciones:
- **a conocimiento de**. Construcción preposicional que, acompañada con verbos de movimiento como *llegar, poner, pasar, venir*, forma frases verbales con las que se indica que una determinada información es transmitida a alguien. *Los documentos fueron puestos a conocimiento de personas no autorizadas.*
- **en conocimiento de**. Construcción preposicional que acompañada con verbos de movimiento, como *entrar* o *poner*, o de estado, como *hallarse* o *estar*, forma frases verbales de sentido similar a la anterior. *Por eso le pedí que usted lo pusiera en conocimiento de todos los organismos asociados. Seguramente el Ejecutivo tiene que estar en conocimiento de que existe una sanción de Diputados.*
- **con conocimiento de causa**. Locución adverbial que significa 'conociendo debidamente los motivos o antecedentes que justifican una determinación o acción'. *Cuando lo despidieron, no actuaron con conocimiento de causa.*
- **en** (**pleno**) **conocimiento**. Locución adverbial con la que se indica que alguien se halla al corriente de una determinada situación y que su accionar no puede atribuirse a ignorancia. *Estaba en pleno conocimiento de la gravedad de los hechos.*
- **tener conocimiento**. Expresión que se refiere a la circunstancia de estar enterado de algo. *No tenía conocimiento del estado de salud de su padre.*

**conque**. Conjunción que une dos conceptos de los cuales el segundo es consecuencia o se deriva del primero. *Hoy tu compañero no ha venido, conque vas a tener que arreglártelas solo.*
También introduce una oración interrogativa con la que se enfrenta al interlocutor. *¿Conque no has traído el dinero?*
♦ Se escribe siempre en una sola palabra y no debe confundirse con las construcciones: **con que**, de valor concesivo equivalente a *aunque* (*Con que sea la mitad de bueno, basta*) o **con que**, conjunción equivalente a: *con el cual, con la cual* (*Diez*

*bancos y un pizarrón son los medios con que contamos para comenzar el curso*).

**consagrar**. ~ **a**: *Consagraron su vida a Dios.*

**consanguineidad**. Esta forma alterna en el uso con *consanguinidad*, única registrada, hasta ahora, en el *Diccionario* de la Academia.

Se ha observado que, en rigor, ambas deben considerarse válidas, ya que *consanguineidad* sigue la norma de las derivaciones: *espontáneo-espontaneidad, contemporáneo-contemporaneidad*, y *consanguinidad* refleja la etimología latina, *consanguinitas*.

**consecuencia**. Sustantivo femenino que designa el hecho o acontecimiento que se sigue o resulta de otro. Sobre este sentido se han formado las siguientes locuciones:

- **a consecuencia**. Locución conjuntiva que significa 'por efecto', 'como resultado de'. *A consecuencia de los últimos sucesos, se impuso el estado de sitio.*
- **en consecuencia**. Locución conjuntiva que se usa para denotar que algo que se hace responde a lo dicho, mandado o acordado anteriormente. *Nunca lo aclaró, en consecuencia no puede pretender que los demás lo entiendan.* Es equivalente a *por consiguiente*.

♦ Es incorrecto el empleo de la preposición *de* en esta construcción (**de consecuencia*).

**conseguir** (se conjuga como **pedir**).

**consejo**. → **concejo**.

**consentir** (se conjuga como **sentir**).
~ (**con**): *Consiente (con) todas sus pretensiones.* ~ **en**: *No la consientas en todo.*

**consideración**. Sustantivo femenino que designa el acto de pensar sobre una cosa con atención y cuidado. Sobre este sentido se han formado las siguientes locuciones:

- **en consideración**. Locución que significa 'en atención', 'teniendo en cuenta'. *Aceptó las condiciones en consideración a su vieja amistad.*
- **de consideración**. Locución adjetiva que significa 'considerable', 'importante'. *Presentaba heridas de consideración en todo el cuerpo.*
- **por consideración a**. Locución causal. *Lo ayudaron solamente por consideración a su madre.*

**considerar**. ~ **desde**: *Considérenlo desde esta perspectiva.* ~ **en**: *Lo consideró en todos sus aspectos.*

**consistir**. ~ **en**: *El premio consiste en un pasaje a Europa.*

**consolar** (se conjuga como **contar**).
~ **con**: Se consolaba con sus cantos.

**conspirar**. ~ **con**: *Conspira con los demás miembros del gabinete para derrocar al Presidente.* ~ **contra**: *Conspiraron contra el Presidente.*

**constar**. ~ **de**: *El triángulo consta de tres lados y tres ángulos internos.* ~ **en**: *Lo que hablemos, debe constar en actas.* ~ **por**: *Consta por escrito su declaración.*

**constipado, da**. Participio pasado de *constipar*.

Como adjetivo se emplea en el español general con el sentido de 'resfriado'. Sin embargo, en algunos países de América, como en la Argentina, tiene el valor de 'estreñido de vientre'. *El bebé está constipado.* Con ambos sentidos la voz parece tender al desuso.

**constituir** (se conjuga como **huir**).

- **constituirse en**: *Los delegados se constituyeron en asamblea. La comisión se constituyó en el lugar del hecho.*

**constreñido**. ~ **a**: *Los compradores están constreñidos a seguir las reglas impuestas por los productores.* ~ **en**: *Se encontraban constreñidos en algunos rubros por ausencia de mercado.*

**constreñir** (se conjuga como **pedir**).

**construido**. ~ **con**: *La habían construido con unas ramas que encontraron.* ~ **en**: *Se hallaba enteramente construida en ladrillos.* ~ **de**: *Un mundo construido de ensueños.*

**construir** (se conjuga como **huir**).

**consultar**. ~ **a**: *Consulten a los que realmente saben del tema.* ~ **con**: *Lo consultó con su abogado.*

**consumar – consumir**.

• consumar. Llevar a cabo totalmente una cosa. *No quiso consumar un crimen.*

• consumir. Participio regular: *consumido.* Participio irregular: *consunto.*

– **consumirse de**: *Se consumía de fiebre.* ~ **en**: *Se consume en cavilaciones sobre su futuro.*

**contado**. Sustantivo que designa el dinero efectivo. Solo se usa dentro de las locuciones adverbiales **al contado** y **de contado** que indican el pago efectivo. *Compró un departamento y pagó al contado. Hicieron un pago de contado.*

**container** (/kon-**tei**-ner/). Palabra inglesa que designa un embalaje metálico de gran capacidad para transportar mercadería. Su empleo, relativamente frecuente y quizá con tendencia al desuso, resulta innecesario ya que con idéntico sentido el *Diccionario* académico registra el sustantivo *contenedor,* con el cual también se designa por extensión cualquier recipiente amplio para depositar residuos diversos.

**contaminar**. ~ **con**: *Contaminan la atmósfera con emanaciones tóxicas.*

**contar**.

– **a contar de** o **desde**: *Quedan diez cuadras a contar de la plaza principal. Faltan cuatro días a contar del sábado.*

◊ Obsérvese que la locución es equivalente al gerundio *contando.*

– **contar con** (**para**): *La escuela no cuenta con un número de docentes suficiente para encarar el proyecto.*

(➤ Cdo. 25.)

**contemporizar**. ~ **con**: *Deberán contemporizar con sus adversarios.*

**contender** (se conjuga como **tender**).

~ **con**, ~ **contra**: *No tardaría en contender con el mítico dragón.*

**contenedor**. → **container**.

**contener** (se conjuga como **tener**).

**contentar**.

– **contentarse con**: *No se contenta con nada.*

**continuar** (se conjuga como **actuar**).

~ **con**: *Continuaba con su trabajo.* ~ **en**: *Continúan en su puesto.* ~ **por**: *Continuarán por el mismo rumbo.*

**contra-**. Elemento compositivo de origen latino que, colocado al comienzo de palabra, entra en la formación de numerosas voces españolas con el significado de 'oposición' o 'contrariedad': *contraponer, contraindicación;* 'refuerzo': *contraventana;* 'segundo lugar': *contralmirante.*

**contra**. Preposición que indica:

**1**. Oposición, contrariedad. *Luchaba contra el más temible de sus enemigos.*

**2**. Intercambio. *Le pagaron contra recibo.*

**3**. Lugar junto a. *Pongan la mesa contra la pared.*

**4**. Término de un movimiento o una acción. *La bala pegó contra un auto estacionado en la calle.*

– **en contra**. Locución adverbial y prepositiva que significa 'en oposición'. *No pudo hacer nada, todos estaban en contra.*

◊ Evítese siempre la falsa concordancia con *contra*, entendida como femenino. **A Marcelo todo se le volvió en contra suya.*

***contradecido**. Forma incorrecta por *contradicho*.

**contradecir** (se conjuga como **decir**). Participio irregular: *contradicho*. Este verbo pertenece al grupo de los compuestos de **decir**.

◊ Sin embargo, presenta formas particulares en su conjugación:

**1**. El imperativo correspondiente a la forma *tú* de la segunda persona del singular es *contradice* –o *contradecí*, en zonas voseantes–, y no **contradí*.

**2**. El futuro y el condicional son, por lo común, regulares: *contradeciré, contradeciría*. Es menos usual la forma apegada al primitivo: *contradiré, contradiría*.

**contraer** (se conjuga como **traer**). Participio regular: *contraído*. Participio irregular: *contracto*.

**contraindicado**. ~ **en**: *Este tipo de implante se halla contraindicado en pacientes con varices*. ~ **para**: *El consumo de alcohol está contraindicado para este tratamiento*.

**contraorden**. Sustantivo femenino con el que se designa la orden que revoca otra anterior.

♦ Se escribe en una sola palabra y es incorrecto separar sus componentes de base, pues *contra* funciona como prefijo. **Tras la intervención del Presidente se dio una contra orden apoyando el anteproyecto abortista.*

Este caso debe diferenciarse de la correcta construcción CONTRA (PREPOSICIÓN) + (LA) + ORDEN que es corriente en encabezados periodísticos. *Turistas de EU interponen amparo contra orden de abandonar el país*.

♦ Es voz grave terminada en *-n*, por lo que no lleva acento ortográfico. Su plural, *contraórdenes*, lleva tilde por ser palabra esdrújula.

**contraparte**. Sustantivo femenino con el que se designa, en un trato o negocio, una de las partes intervinientes respecto de la otra. *Los temas serán analizados por el representante argentino y su contraparte brasileña*.

Es de empleo generalizado en América (se lo documenta al menos en la Argentina, Chile, Honduras, México, Nicaragua, Paraguay, Perú y Uruguay).

Por extensión suele designar también la parte contraria o complementaria de una cosa, situación o persona. *Cuando se descubre esta contraparte femenina y masculina lo que se está haciendo es reconocer que originariamente el ser humano era indisoluble*.

**como contraparte** o **en contraparte**. Locución adverbial propia del lenguaje administrativo con la que se indica que un hecho se produce por oposición a otro. *En la zona imperan las contradicciones, por un lado los condominios de elevado valor, y como contraparte comunidades que además de la baja calidad de vida enfrentan problemas de contaminación*.

**contraponer** (se conjuga como **poner**). Participio irregular: *contrapuesto*.

~ **a**, ~ **con**: *La medida se contrapone a la decisión tomada anteriormente. La decisión del árbitro se contrapone con el artículo 9º del Reglamento*.

**contrapropuesta**. Sustantivo femenino que significa 'propuesta que se ofrece como respuesta a otra anterior'. *Como su oferta no me convencía le hice la contrapropuesta de pagarlo en más cuotas*.

**contrariar** (se conjuga como **ansiar**).
**contrario**.
- **al contrario**. Locución adverbial que significa 'de modo opuesto'. *No es cierto que podamos hacerlo con tanta facilidad; al contrario, pienso que es difícil para todos.*
- **de lo contrario**. Locución que significa 'en caso contrario'. *Lleva los documentos; de lo contrario no te permitirán entrar.*
- **por el contrario** o **por lo contrario**. Locución adverbial que significa 'de modo opuesto'. *Nunca pensó de manera coherente; por el contrario sus opiniones parecían siempre infantiles y torpes.*
Por su sentido es parcialmente similar a *en cambio,* cuyo sentido de oposición es menos marcado.
◊ *Por el contrario* y *sin embargo,* con la que a veces se la confunde, expresan una oposición. No obstante, la última expresa una contrariedad que no llega a impedir la realización de lo afirmado, en tanto que la primera establece una contraposición total entre las afirmaciones que enlaza. *Nunca pensó de manera coherente; sin embargo sus opiniones no eran tan torpes como las que manifiesta ahora.*
**contravenir** (se conjuga como **venir**).
**contribuir** (se conjuga como **huir**).
~ **a**, ~ **para**: *Contribuyen a lograr mejores resultados.* ~ **con**: *Contribuyen con su esfuerzo.*
***contricción**. Forma incorrecta por *contrición*, 'arrepentimiento'.
**controversial**. Este anglicismo ha sido incorporado en el *DRAE* a partir de 1970 con los significados de 'perteneciente o relativo a la controversia', 'polémico, que busca la controversia' y 'que es o puede ser objeto de controversia'. Con este último sentido la RAE solo registra el anticuado participio irregular *controverso.*
Es conveniente recordar que los participios regulares, como *controvertido* (de **controvertir**), se hallan implícitamente reconocidos, de modo que no hay razón para no emplearlos y evitar así el uso de esta innecesaria forma anglicada. *La Comisión de Disciplina falla a favor del Victoria en controversial puntaje.*
**controvertir** (se conjuga como **sentir**).
**convalecer** (se conjuga como **agradecer**).
~ **de**: *Convalecía de sarampión cuando empezó la escuela.*
***convalescencia**, **convalesciente**. Formas incorrectas por *convalecencia* y *convaleciente.*
**convencer**. Participio regular: *convencido.* Participio irregular: *convicto.*
~ **con**: *No nos convence con sus excusas.*
~ **de**: *Querían convencerlo de salir el sábado.*
◊ El sustantivo *convicto* con el sentido de 'presidiario' es conocido en América desde hace ya largo tiempo, pero figura como voz general, en el *Diccionario* académico, tan solo a partir de la última edición.
**convenir** (se conjuga como **venir**).
~ **a**: *No le conviene a nadie.* ~ **en**: *Convinieron en salir más temprano. Convinieron las condiciones de pago.*
**converger**. ~ **con**: *Demostró su incapacidad para converger con los otros países.*
~ **en**, ~ **hacia**, ~ **sobre**: *La marcha debía converger sobre la capital.*
**convergir**. Es forma menos frecuente que la anterior.
**conversar**. ~ **con**: *Conversa con todos sus amigos.* ~ **de**, ~ **sobre**, ~ **acerca de**: *Conversa sobre temas interesantes.*

**convertir** (se conjuga como **sentir**). Participio regular: *convertido*. Participio irregular: *converso*.
~ **en**: *El fuego convirtió las casas en ceniza. Rápidamente las risas se convirtieron en llanto.*
- **convertirse a**: *Se convirtió al islamismo.*
**convidar**. ~ **a**: *Lo convidaron a compartir la cena.* ~ **con**: *Me convidó con un cognac.* ◊ En América suele emplearse sin preposición. *Nos convidó un poco de vino.*
**convocar**. ~ **a**: *Convocaron a asamblea extraordinaria este jueves.*
**cónyuge** (/**kon**-šu-χe/). Marido respecto de la mujer, y viceversa. (Evítese la pronunciación /**kon**-šu-ge/).
***cónyugue**. Forma incorrecta por **cónyuge**.
**cookie** (/**ku**-ki/). Voz inglesa con la que se designa, en Internet, un pequeño archivo de texto que el servidor escribe en el disco duro del computador sin el conocimiento ni autorización del usuario.
La utilidad de tales archivos puede ir en contra de la privacidad que el usuario quiera mantener sobre el empleo que hace de Internet.
**coreografiar** (se conjuga como **ansiar**).
**Cornualles**. Nombre que en español recibe Cornwall, península y condado de Gran Bretaña.
**Cornwall**. → Cornualles.
**coronar**. ~ **con**, ~ **de**: *Lo coronaron de flores.*
**corporizar**. ~ **en**: *Aquel viejo sueño se corporizaría en el viaje que hoy iniciaba.*
**corpus**. Con este sustantivo masculino se designa el conjunto extenso y ordenado de datos o textos científicos, literarios, etc., que pueden servir de base a una investigación.
El plural alterna entre la forma invariable (*los corpus*) y la latinizante (*los córpora*).
**corregir** (se conjuga como **pedir**). Participio regular: *corregido*. Participio irregular: *correcto*.
**correlacionar**. Este verbo, sin registro académico, es empleado regularmente con el sentido de establecer *correlación*, esto es "Correspondencia o relación recíproca entre dos o más cosas o series de cosas" (*DRAE*).
~ **con**, ~ **entre**: *La dificultad estriba en correlacionar este principio con las teorías generalmente aceptadas. Intentamos correlacionar entre serología y hallazgo de quistes.*
**correo electrónico** (Calco del inglés *e-mail*). En sentido estricto se denomina así cualquier servicio de mensajería que se realice a través de una red. En la práctica se refiere al servicio universal de comunicaciones electrónicas por medio de *Internet*.
**corresponder**. ~ **a**: *El premio le correspondía a otro.* ~ **con**: *El acuerdo no se corresponde con lo esperado.*
**corriente**. **1**. Adjetivo invariable en género que se aplica a aquello que no tiene nada de particular.
**2**. Sustantivo femenino que designa la energía y también el movimiento de aire o de líquido en una dirección.
- **al corriente**. Se emplea con los verbos *estar* y *ponerse* y significa:
**a)** 'Al día'. *Estoy al corriente con el pago de mis cuotas.*
**b)** 'Enterado'. *Nos pusimos al corriente de la situación.*
- **ir contra la corriente**. Expresión con la que se da a entender la voluntad de hacer o querer hacer las cosas de manera contraria a la usual o admitida por la mayoría.

*Si quieres ir contra la corriente, tendrás que estar muy seguro de lo que haces.*

**corroer** (se conjuga como **roer**).

**corromper**. Participio regular: *corrompido*. Participio irregular: *corrupto*.

**corte**. En su acepción de 'tribunal de justicia', la Academia registra este sustantivo femenino con marca de americanismo. *No se detendrá hasta que sus reclamos sean escuchados por la corte.*

**coruscar**. Verbo intransitivo propio de cierto estilo poético que significa 'brillar'.
Se emplea más en las formas no conjugadas. *Es propio de las almas infantiles entusiasmarse ante lo coruscante.*

**cosa**. Sustantivo femenino que designa genéricamente todo lo que tiene entidad, especialmente los objetos inanimados.
Sobre este sentido se han formado las siguientes locuciones:
- **cosa de**. Locución adverbial y prepositiva de uso coloquial en España y América que significa:
**a)** 'Alrededor de', 'aproximadamente'. Precede a especificaciones de cantidad. *Tardaremos cosa de dos horas.*
**b)** 'Para', 'con el motivo de', de empleo frecuente en América. *Me voy a acostar temprano, cosa de madrugar sin inconvenientes mañana.*
◊ Obsérvese que con este valor precede siempre a un verbo en infinitivo.
- **cosa que**. Locución conjuntiva usada en América con el sentido de 'para que'. *Acuéstate temprano, cosa que mañana madrugues sin inconvenientes.*
◊ Obsérvese que con este valor precede siempre a un verbo conjugado.

**coser**. → **cocer**.

**cosmovisión**. Sustantivo femenino incorporado al *Diccionario* oficial en su edición de 1992 con el significado de "Conocimiento intuitivo o concepción general del mundo y de la vida". Es traducción de la voz alemana *Weltanschauung*.

**costa**.
- **a costa de**.
**a)** Locución prepositiva que denota el trabajo, el esfuerzo o el gasto causado por alguna cosa. *Cumplió su objetivo a costa de enormes privaciones.* Es equivalente a *a expensas de*.
**b)** Se la emplea también para indicar la actitud de aprovecharse de lo que otro paga. *Vive a costa de sus padres.*
- **a toda costa**. Locución adverbial con la que se indica que la acción se realiza sin reparar en gastos o trabajos, por estimarla de suma importancia. *Decidieron cumplir con los plazos a toda costa.*

**cotejar**. ~ **con**: *Debemos cotejar nuestros resultados con los de los demás.*

**cotidianeidad**. Sustantivo femenino que significa 'calidad o condición de cotidiano'.
En la última edición de su *Diccionario*, la Academia española incluye este vocablo, hasta hace algún tiempo censurado, y remite a *cotidianidad*. Ambas formas, *cotidianeidad* y *cotidianidad*, son hoy académicamente correctas.
Esta aceptación, que se basa en el uso frecuente, establece una excepción al principio según el cual los sustantivos abstractos terminados en *-eidad* solo proceden de adjetivos terminados en *-eo*: *contemporáneo-contemporaneidad*; *momentáneo-momentaneidad*.

**cotizar**. ~ **a**, ~ **en**: *Lo cotizó a un precio muy bajo. El representante cotizó la transferencia en medio millón de pesos.* ~ **en**: *Esas acciones ya no cotizan en bolsa.*

**CPU** (Del inglés ***C****entral* ***P****rocessing* ***U****nit*, '*unidad central de procesamiento*'). Con esta sigla, leída como /se-pe-**ú**/, se nombra el conjunto de los circuitos de control, procesamiento y almacenamiento de la computadora, que incluye la *unidad de aritmética y lógica*, la *de control*, la *memoria de lectura* únicamente (ROM) y la *de acceso aleatorio* (RAM).
Su plural es, por lo común, invariable: *las cpu*.

**-cracia**. Elemento compositivo de origen griego que, colocado al final de palabra, entra en la formación de numerosos cultismos españoles con el significado de 'dominio' o 'poder': *aristocracia, democracia, fisiocracia, teocracia*.

**crecer** (se conjuga como **agradecer**).
~ **en**: *Día tras día crecía en conocimientos de ese mundo nuevo.*

**criar** (se conjuga como **ansiar**).

**cristal líquido**. Compuesto que posee la particularidad de tener la viscosidad reducida de los líquidos y, por otra parte, características de los sólidos cristalinos.
Por sus propiedades de polarización se lo emplea en la fabricación de visualizadores, o pantallas, de bajo consumo y buena definición.

**cristalizar**. Formar cristales una sustancia que se encuentra en otro estado físico (líquido, gas, disolución).
En sentido figurado, vale por tomar forma material los deseos o aspiraciones. *Con la obtención de la medalla de oro, vio cristalizados todos sus esfuerzos.*

**cromo-** o **-cromo, ma**. Elemento compositivo de origen griego que, colocado al comienzo o final de palabra, entra en la formación de algunos cultismos españoles con el significado de 'color': *monocromo, policromo*. A veces toma las formas **cromato-** y **cromat-**: *cromatismo, cromatografía*.

**cronograma**. Este sustantivo masculino con el que se designa una programación de actividades es completamente usual en América y no es totalmente desconocido en España. *Se establecerá un nuevo cronograma electoral.*

**crudo**. Adjetivo con el que se califica al alimento sin cocer o no completamente cocido. *Esta carne está cruda.*
Referido a proyectos, empresas o acciones que requieren tiempo para su concreción, 'que falta terminar'. *La reformulación del presupuesto para el año entrante todavía está cruda.*
En lingüística se emplea para indicar que una voz extranjera no ha sido morfológica y gráficamente adaptada a la lengua que la recibe. *"Bouquet" es un galicismo crudo.*
♦ Referido a personas, el sentido de "Cruel, áspero, despiadado" que registra el *DRAE* es inusual y de tono arcaizante.
Aunque por su origen el inglés *crude* conserve ese significado, conviene evitar traducirlo así.

**cruel**. El superlativo de este adjetivo es *crudelísimo* o *cruelísimo*. La primera forma se conserva en el lenguaje literario, la segunda es la de empleo más frecuente.

**cruzar**. ~ **entre**, ~ **por**, ~ **sobre**: *Crucé la frontera por el camino nuevo.* ~ **con**: *Hoy me crucé con tu amigo. Cruzaron la vaca con cebú.*

**cuadri-**. Elemento compositivo de origen latino que, colocado al comienzo de palabra, entra en la formación de numerosos cultismos españoles con el significado de 'cuatro': *cuadrifolio, cuadrilátero*. Toma también las formas **cuatri-**: *cuatrimotor,*

*cuatrillizo;* y **cuadru-**: *cuadrúpedo, cuadruplicar.*
**cuadro de diálogo** (Del inglés *dialog box*). En computación, pequeña ventana que aparece en pantalla con un mensaje que el programa transmite al usuario para brindar o solicitar información necesaria para seguir operando.
**cual**. Pronombre relativo cuyo plural es *cuales*. Se emplea precedido de los artículos *el, la, lo, los, las,* que fijan el género y con los que se forman: *el cual, la cual, lo cual, los cuales, las cuales,* referido tanto a personas como a cosas. Estas construcciones equivalen a los pronombres *que, el que,* y a veces a *quien,* aunque debe tenerse en cuenta que este último es exclusivo de persona. *Tu padre, al cual* (*al que, a quien*) *recuerdo con admiración, siempre encontraba la palabra justa*. Cumple las funciones de:
**a)** Sujeto. *Frecuenté las clases de ese profesor, el cual me enseñó muchas cosas.*
**b)** Objeto directo. *Dale, por favor, mis saludos a tu hermano, al cual no veo hace tiempo.*
**c)** Complemento. *¿Con cuál prefieres trabajar?*
**cuál**. Pronombre interrogativo que debe escribirse siempre con tilde. No varía de género, pero sí de número. Su plural es **cuáles**. Como todos los pronombres de esta clase, aparece tanto en preguntas directas como en preguntas indirectas, y en frases de duda o aclaratorias. *¿Cuál te gusta? Le pregunté cuál le gustaba.*
• Adjetivo interrogativo. *¿De cuáles títulos me hablan?*
**cualidad**. → **calidad**.
**cualquiera**. Pronombre indefinido que se aplica a cosa o persona indeterminada sin variación de género. El plural es *cualesquiera*.
**1**. Puede aparecer antepuesto al sustantivo, en cuyo caso se apocopa. *Cualquier libro es necesario para la escuela;* o pospuesto: *Compren un regalo cualquiera.*
**2**. A veces, denota algo sin valor, sin importancia o no especial. *Dame un plato cualquiera.*
**3**. Adquiere un matiz generalizador cuando va acompañado del pronombre relativo **que**. *Cualquiera que entre debe pagar. Cualquiera que quiera venir puede hacerlo.*
◊ La forma plural *cualesquiera* es poco usada. *Cualesquiera sean las causas no puede reaccionar de esa manera.* En general se reemplaza por el singular. *Cualquiera que sean las causas no puede reaccionar de esa manera.*
**cuándo**. Adverbio interrogativo y exclamativo que significa 'en qué momento'. *¿Cuándo terminaron? ¡Cuándo entenderás que tiene razón!* Se escribe con tilde para establecer la diferencia con el adverbio relativo o conjunción → **cuando**.
También se escribe con tilde si aparece en interrogaciones indirectas. *No sé cuándo terminaron.*
Como sustantivo significa 'momento' o 'tiempo'. *Preguntó por el cómo y el cuándo del viaje.*
**cuando**. Adverbio relativo, conjunción y preposición con valor temporal que se escribe sin tilde para evitar la confusión con el interrogativo → **cuándo**. Desempeña las siguientes funciones:
**1**. Como adverbio relativo o conjunción significa 'en el tiempo que', 'en el punto que', 'en el momento que', y sirve para in-

troducir proposiciones subordinadas adverbiales temporales. *Se decidió a empezar cuando todos hicieron silencio.*
Si el antecedente es un sustantivo, la proposición desempeña una función adjetiva. *Aún recuerda los tiempos cuando vivir era una ilusión.*
**2**. Como conjunción concesiva equivale a *aunque, aun cuando*, nexos estos que normalmente sustituyen a *cuando. Cuando no encontrara otra forma de evadirse, de todos modos no daría la cara.*
– **cuando menos**. Locución adverbial que significa 'por lo menos'. *Ya que es aburrido, cuando menos esperemos que sea útil.*
◊ Evítese el error frecuente de confundirla con *cuanto menos.*
– **cuando mucho**. Locución adverbial equivalente a *cuando más. Cuando mucho, pienso demorar dos horas en hacer ese trámite.*
**cuanto**. Adjetivo, adverbio y pronombre relativo de cantidad. Expresa los siguientes sentidos:
**1**. Adverbio relativo de cantidad: 'todo lo que', 'en la mayor medida posible'. *Se esfuerza cuanto puede.*
◊ Se apocopa en la forma *cuan* si le sigue inmediatamente un adjetivo o un adverbio. *Lo explicó cuan claramente pudo.*
◊ No se apocopa delante de *más, menos, mayor, menor, mejor, peor.*
◊ Nótese que en estas funciones no lleva tilde.
**2**. Adjetivo relativo: 'todo lo que', 'en la mayor medida posible'. En este caso admite variaciones de género y número: *cuanto, cuanta, cuantos, cuantas. Visitó cuantos museos pudo.*
– **en cuanto**. Modismo que funciona:
**a)** Como locución conjuntiva, con el significado de 'tan pronto como'. *En cuanto lo supo, corrió a contárselo a su marido.*
**b)** Como locución prepositiva, con el significado de 'en calidad de'. *En cuanto jefe del servicio, debía hacerse responsable.*
– **en cuanto a**. Locución prepositiva que significa 'por lo que se refiere a'. *En cuanto a sus aspiraciones, deberá dejarlas de lado.*
**cuánto**. Adjetivo y pronombre interrogativo con el que se expresa cantidad. Puede usarse exclamativamente; admite variaciones de género y número; y se escribe con tilde para establecer la diferencia con el relativo → **cuanto**. *¡Cuántas dificultades! ¿Cuántos quiere?*
◊ Como adverbio es invariable. *¿Cuánto leyó?*
– **a cuánto**. Modo interrogativo equivalente a '¿a qué precio?' *¿A cuánto están las manzanas?*
**cuanto**. Forma hispanizada del latín científico *quantum* con la que se designa, en el campo de la Física, la cantidad discreta de energía que la materia emite o absorbe. Su plural es *cuantos.*
**cuásar**. → **quásar**.
**cuasi**. Adverbio que antepuesto a adjetivos y sustantivos interviene con el significado de 'casi', 'semejante', 'que lo llega a ser [lo designado por el nombre]'. *La administración de justicia es cuasi inexistente. El suyo era un amor cuasi platónico.*
**cubrir**. Participio irregular: *cubierto.*
~ **con**, ~ **de**: *Lo cubrió de besos.*
**cuenta**.
– **a cuenta de**. Locución prepositiva que significa 'en compensación, anticipo o a cambio de'. *Se quedó con el auto a cuenta de lo que le debía.*

– **dar cuenta de**. Locución que significa: **a)** 'Acabar con una cosa'. *Rápidamente dieron cuenta de los pocos alimentos que quedaban.*
**b)** 'Comunicar'. *Las noticias daban cuenta del accidente.*
– **darse cuenta de**. Frase que significa 'comprender, percibir o interpretar algo'. *Cuando lo tuvo cerca, se dio cuenta de que era su amigo.*
◊ Es frecuente que coloquialmente se suprima la preposición. *Me di cuenta que era inútil.*
– **hacer** o **hacerse cuenta de que**. Locución que significa 'pretender, suponer o fingir que cierta situación sucede o es real'. *Hagan cuenta de que no están enterados.*
♦ No corresponde la construcción *de que*, ni tampoco que se omita la preposición ante el sustantivo: **Hagan de cuenta de que no están enterados*, o **Hagan cuenta que no están enterados* por *Hagan de cuenta que no están enterados.*
– **por cuenta de**. Locución prepositiva con la que se indica que una acción se realiza en nombre de otra persona o que esta es responsable por ella. *Los gastos de la atención médica corrieron por cuenta de sus hijos.*
**cuestión**.
– **en cuestión de**. Locución que significa: **a)** 'En materia de'. *En cuestión de ciencia nadie sabía más que él.*
**b)** 'Aproximadamente en el tiempo que se expresa'. *Podría resolverlo en cuestión de dos meses.*
**cuidado**. Sustantivo masculino que denota:
**1**. La atención que se pone para hacer bien una cosa.
**2**. La responsabilidad que se tiene sobre algo.
**3**. El miedo de que algo pueda salir mal o de que alguien pueda hacerse daño.
– **al cuidado de**. Locución prepositiva que se emplea para indicar la persona a cuyo cargo se encuentra una determinada responsabilidad: *La institutriz está al cuidado de los niños*; o bien las cosas o personas que son objeto de la responsabilidad de alguien: *Los libros están al cuidado del bibliotecario.* Se usa preferentemente con verbos como *estar, dejar, poner*, etcétera.
– **de cuidado**. Locución adjetiva que se aplica a una persona o cosa frente a la que hay que tomar precauciones. *Todos sabían que era una persona de cuidado. Tenía una herida de cuidado en la pierna.*
**cuidadoso**. ~ **con**: *Es muy cuidadoso con los documentos.* ~ **de**: *Es cuidadosa de los detalles.*
**cuidar**. ~ **de**: *No cuidan de sus cosas como debieran.*
– **cuidarse de**: *Cuidémonos de quienes intentan perjudicarnos.*
**culpabilizar**. Como transitivo y pronominal, este verbo se emplea regularmente con el sentido de 'considerar o considerarse culpable'. *No te puedes culpabilizar por no haber estado cuando ocurrió el accidente.*
**cum laude** (/kum **lau**-de/). Expresión latina que significa 'con honores'. Suele emplearse la para calificar tesis de doctorado que merecen una mención especial.
**cumplimentación**. Sustantivo femenino con el que se designa la acción y efecto de → **cumplimentar**.
◊ Igual que en el caso de este último, es aconsejable evitar su empleo en un nivel general de habla.

**cumplimentar**. Dentro del lenguaje administrativo, es corriente el empleo de este verbo con el sentido de 'dar cumplimiento, por lo común a uno o más trámites formales'. *Antes de inscribirse deberá cumplimentar una serie de estudios médicos.*

◊ Por razones de estilo parece aconsejable evitar el empleo de este verbo en el lenguaje corriente, ya que, conceptualmente, en nada difiere de *cumplir*.

**cumplir**. ~ **con**: *No cumple con sus promesas.*

**curar**. ~ **de**: *Se curó de la gripe sin tomar medicamentos.*

**currícula**. → **currículo** y **currículum**.

**currículo**. Sustantivo masculino que vale por → **currículum**.

También designa el conjunto de materias y prácticas que conforman un plan de estudio.

Por atracción de la forma neutra plural latina, en diversos países americanos se ha extendido el uso de *currícula* (femenino singular) con idéntico sentido.

**currículum**. Sustantivo masculino tomado del latín con el que se designa el conjunto de informaciones sobre el desempeño profesional de una persona. *En primer lugar tiene que presentar su currículum.*

Con igual sentido se emplea la expresión latina *currículum vitae*.

En cuanto al plural, vacilante, por lo común se mantiene invariable o se adopta el plural latino, *currícula*.

◊ Nótese que en este último caso, la voz conserva el género masculino con el que debe concertar el artículo y el pronombre. *Los currícula presentados.*

**curso**. Sustantivo masculino con el que se designa el movimiento natural de las cosas y el sentido que llevan o deben llevar.

- **dar curso a**. Su sentido es dejar partir o hacer partir algo para que prosiga su marcha. Se aplica preferentemente a comunicaciones o documentos o a la expresión de estados de ánimo. *No dieron curso a su apelación. No le des curso a tu imaginación descontrolada.*

- **en curso**. Locución adjetiva con la que se califica a extensiones de tiempo y cuyo significado es 'durante el corriente lapso'. *Lo resolverán durante el año en curso.*

- **en curso de**. Locución prepositiva con la que se da a entender que algo se lleva a cabo siguiendo los trámites o procedimientos correspondientes. *El expediente está en curso de solución.* Es equivalente a *en vías de*.

**cursor** (Por influjo del inglés *cursor*). Carácter parpadeante que indica en pantalla la localización del siguiente punto de escritura.

Por extensión, también se suele llamar así al → **puntero**.

**cuyo**. **1**. Adjetivo relativo posesivo. Equivale a *del cual*. Tiene variante de género y número, por lo que existen cuatro formas: *cuyo, cuya, cuyos, cuyas*, que tienen siempre función de adjetivo y se anteponen al sustantivo. Se emplea referido a personas y cosas. *Investigué por años con aquel hombre, cuyos conocimientos admiraba. Compré unos libros cuyo precio me pareció razonable.*

♦ Acaso por el progresivo desuso de este pronombre, propio de un habla cuidada,

es frecuente, en el lenguaje popular, el error de reemplazarlo por la construcción *que su*.
Debe evitarse este empleo vulgar y carente de sentido gramatical. Así, es correcto *El hombre, cuya madre es modista, trabaja aquí,* pero no lo es **El hombre, que su madre es modista, trabaja aquí.*
**2**. Pronombre interrogativo totalmente en desuso que equivale a la forma ¿*de quién*? ¿*Cuyo es ese caballo*?
**Cuzco**. → **Qosqo**.

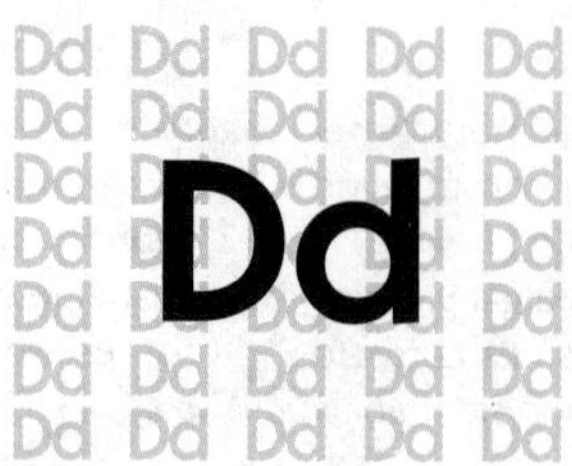

**D** (**d**). Nombre: *de*.

**Descripción**. Quinta letra del abecedario español. Representa un sonido dental, fricativo u oclusivo (según la posición que tenga en la palabra, como intervocálica o como principio de sílaba o palabra) y sonoro. El sonido de la *d* en final de palabra se debilita o ensordece en mayor o menor grado.

**dactilo-**. Elemento compositivo de origen griego que, colocado al comienzo de palabra, entra en la formación de algunos vocablos españoles con el significado de 'dedo': *dactilografía, dactilopintura*.

**dandi**. Sustantivo masculino procedente del inglés *dandy*. Con él se designa al hombre que se destaca por su elegancia o que se viste de acuerdo con la moda. Al igual que su derivado *dandismo*, esta voz parece tender al desuso.

Su plural es *dandis*.

**Danzig**. Nombre, que del alemán ha tomado el español, para referirse a la ciudad portuaria polaca de *Gdansk*.

Conviene notar que la tradicional denominación *Danzig* se encuentra muy ligada a la II Guerra Mundial (*El corredor de Danzig*), mientras que la forma polaca se ha difundido más recientemente en el español a raíz de la aparición del sindicato polaco *Solidaridad* (*Solidarnošc*) en 1980. *Walesa acepta y se forma un comité interempresarial de huelga que abarca las plantas de Gdansk, Sopot y Gdynia y se lanza de inmediato una huelga general.*

**dar**. ~ **a**: *La puerta da al pasillo. La ventana principal da a la calle.* ~ **con**: *La policía dio con los asaltantes.*

– **dar en** o **con**: *Practicaba mucho, pero nunca lograba dar en el blanco. Dio en la clave de la cuestión. Dio con la dirección que buscaba.*

– **dar por**. Construcción que suele emplearse:

**a)** Seguida de un participio, para expresar que una suposición (cierta o no) es la razón de que se obre de ese modo, generalmente de que se detenga una acción. *Después de muchos días de búsqueda lo dieron por muerto* (= *dejaron de buscarlo*).

**b)** Seguida de un infinitivo, para indicar que se ha tomado la costumbre o la manía de hacer lo que el verbo expresa, o bien que ha ocurrido sorpresivamente. *Ahora le dio por caminar despacio.*

– **dar que**. Locución que, seguida de un infinitivo, significa brindar motivo para que se realice aquello que el verbo expresa. *Si no quiere dar que hablar, no debería actuar con tanto descuido. Da que pensar que nunca llegue temprano.*

◊ Se emplea con los verbos *decir, hablar, pensar* o semejantes.

– **dar a entender**. Locución que se emplea para insinuar o apuntar algo sin decirlo con absoluta claridad. *Les dio a entender con la mirada que no estaba de acuerdo con lo que proponían.*

– **dar en qué pensar** o **dar qué pensar**. Frase que significa 'despertar sospechas'. *Ese desfile tan infrecuente nos da en qué pensar, porque hay otros espantapájaros que también son falsos, espantan y engañan. Pudieron haber hecho esto mismo apenas se retiraron del poder, pero no lo hicieron y eso da qué pensar.*

(➤ Cdo. 26.)

**de – dé**.

• de. Preposición. *Ese libro es de su hermano.*

• dé. 1ª y 3ª pers. sing. presente del subjuntivo del verbo *dar*; 2ª pers. sing. del imperativo del mismo verbo. *Es necesario que le dé toda la información. Dé al inspector los documentos que le pide.*

**de**. Preposición.

**1**. Indica posesión y pertenencia. *No era de ellos.*

**2**. Expresa la noción de parte que conforma un todo. *Vino la mitad de la gente que se esperaba.*

**3**. De este uso procede su aplicación para introducir los términos de las relaciones superlativas y comparativas. *Era el más hábil de los jugadores.*

**4**. Forma parte de construcciones que expresan 'cualidad'. *Es una persona de inteligencia admirable. Tenía mucho de optimista y poco de responsable.*

**5**. Se la usa para señalar el punto de procedencia. *Llegó hoy de Madrid.*

La procedencia puede también ser genealógica, esto es, indicar 'cuna', 'linaje'. *Viene de buena familia.*

**6**. Indica también la causa. *Estaba enferma de soledad.*

**7**. Desde la misma perspectiva, indica la materia de la que se obtiene o de la que está hecho algo. *Siempre usaba ropa de algodón.* También alude a la materia entendida como tema o asunto. *Sabe mucho de Física.*

**8**. En sentido temporal indica la finalización de un proceso. *Dejaron de entrenarse a los quince días.*

**9**. Aparece en correlación con la preposición **a** para expresar el punto de procedencia en expresiones que indican sentido de distancia e intervalo temporal (*tendieron banderas de calle a calle*), comparación, contraposición (*del dicho al hecho hay un gran trecho*) o punto de partida en la transformación de seres o cosas (*de delincuente pasó a ser un brillante abogado*).

**10**. Con significación temporal, señala: período, duración (*siempre estudia de* noche) o momento (*fue en octubre del año anterior*).

**11**. Expresa la condición o supuesto del que depende la realización de un hecho. *De ser cierto, no estarían aquí.*

**12**. Indica el modo de realización de una acción. *Se sienta de espaldas.* En América es frecuente el giro **de a** con sentido modal. *Lo hacen de a poco.*

♦ Uso indebido de la preposición.

El objeto directo en forma de proposición sustantiva que sigue a verbos que indican pensamiento o expresión, como *aclarar, afirmar, creer, decir, estimar, imaginar, pensar, suponer* y otros, se halla encabezado por la conjunción → **que** y no por la construcción *de que*. En consecuencia debe decirse: *Creo que viene mañana.*

En cambio, otros verbos o frases verbales, como *acordarse, alegrarse, convencerse, estar seguro, darse cuenta,* requieren necesariamente la construcción preposicional *de que. Estaba convencido de que era cierto. Nunca se acuerdan de que cambió el horario de trenes.*

**de facto**. Literalmente: 'de hecho'. Esta locución latina es empleada para calificar todo aquello que se realiza en contra de una normativa legal previa. *Por decreto del gobierno de facto, los 1300 distribuidores serán menos que un empleado.*

En tal sentido, se opone a → **de iure**, que es 'conforme a derecho'.

**de iure**. Locución latina que significa 'por virtud del derecho o de la ley'. Se opone a → **de facto**. *La Confederación le ha proporcionado un considerable reconocimiento* DE FACTO, *aunque no* DE IURE. Esto es, ha mantenido trato con ese Estado, aunque sin reconocer oficialmente su condición.

**de jure**. → **de iure**.

***de motu propio**. → **motu proprio**.

***de motu proprio**. → **motu proprio**.

**debelar – desvelar – develar**.

• debelar. "Rendir a fuerza de armas al enemigo" (*DRAE*).

• desvelar. **1**. Quitar el sueño. *El café lo puede desvelar.*

**2**. Dar a conocer algo. En este sentido parece ser más común en España.

• develar. Dar a conocer algo, descubrir. *Develaron el secreto.*

**deber**. Como transitivo, este verbo alude a la obligación que se tiene hacia algo o alguien. *Le debo mi educación a la escuela. A usted le deben mil pesos.* Por lo común en su variante pronominal refiere a la circunstancia de ser consecuencia o resultado de otra cosa. *El color amarillento de la tierra se debe a la presencia de azufre.* Como intransitivo se emplea seguido por la preposición *de* para indicar que un hecho o acontecimiento acaso ya haya ocurrido o probablemente ocurrirá. *Debe de llegar mañana,* equivale a afirmar que posiblemente mañana llegue. *Debe llegar mañana,* expresa que está obligado a llegar mañana.

♦ Por esta razón, y pese a la creciente confusión, no es correcto construir la perífrasis de probabilidad sin preposición **Debe hacer frío.*

**debitar**. Cargar en el debe de una cuenta. Este verbo, prácticamente desconocido en España, es de empleo general en América. *El Banco Central está facultado a debitar o instruir el débito de las cuentas del Tesoro Nacional.*

**deca-**. Elemento compositivo de origen griego que, colocado al comienzo de palabra, entra en la formación de algunos cultismos españoles, sistemáticamente en la nomenclatura del sistema métrico decimal, con el significado de 'diez': *decaedro, decagramo, decalitro, decámetro, decálogo.*

◊ Se pronuncia tónica la *a* en *decámetro,* pero es átona en *decagramo* y *decalitro.*

**década**. Sustantivo femenino con el que usualmente se designa el período de diez días, o de diez años referido a las decenas del siglo. *Durante la segunda década del siglo* XX.

Por extensión, se denomina así también al período de diez años sin restricción alguna, es decir al decenio. *Se tardó más de tres décadas en terminarla.*

**decaer** (se conjuga como **caer**).

**decalage**. Voz francesa que significa 'diferencia', 'desfase'.

♦ Evítese el uso de este galicismo innecesario, al igual que el de su castellanización → **decalaje**.

**decalaje**. Sustantivo masculino con el que se ha españolizado el francés *décalage*, 'diferencia', 'desfase'.

♦ Evítese el uso de este galicismo innecesario, aunque ocasionalmente se deslice en medios que lo censuran. *Con 7 días de información disponibles en tiempo real con un decalaje de 30 minutos después de producirse la noticia.*

**decatlón** (/de-ka-**tlon**/). Sustantivo masculino con el que se designa la competición de atletismo que comprende diez pruebas diferentes.

Es voz aguda.

**deci-**. Elemento compositivo de origen latino que, colocado al comienzo de palabra, entra en la formación de vocablos propios del sistema métrico decimal con el significado de 'décima parte': *decigramo, decilitro, decímetro.*

◊ Se pronuncia tónica la *i* en *decímetro,* pero es átona en *decigramo* y *decilitro.*

**decididamente**. Adverbio de modo: 'con decisión, resueltamente'. *Decididamente, este es el mejor camino para llegar a tiempo.*

**decidir – disidir**.

• decidir. Tomar una determinación. *Es necesario decidir la cuestión antes de irse.*

~ **en favor de**: *No se decide ni en favor de uno ni en favor de otro. El juez decidió en favor del joven.*

- **decidirse a**: *Aún no se decidió a partir.*

~ **por**: *Se decidió por lo mejor.*

• disidir. "Separarse de la común doctrina, creencia o conducta" (*DRAE*). *Consideró necesario disidir y retirarse de la reunión.*

**decir**. Participio irregular: *dicho.*

Denota el acto de manifestar algo verbalmente o por escrito. Sobre este sentido se han formado las siguientes expresiones:

- **al decir de**. Significa 'según dice alguien'. *Al decir de sus amigos, está muy dispuesta a colaborar.*

- **es decir**. Conector que introduce la reformulación o explicación de lo que se acaba de decir. *Los que tenían menos de veinte años, es decir, los más jóvenes, empezaron a bailar en cuanto escucharon la música.*

(➤ Cdo. 27.)

**decodificación**. → **descodificación**.

**decolaje**. Galicismo, relativamente frecuente en Sudamérica, por *despegue*. Carece de registro académico y pareciera tender al desuso. *Unos pocos minutos después del decolaje del avión que llevaba al Presidente se desató un verdadero diluvio.*

**decolar**. Despegar una aeronave. Este galicismo, propio de la primera terminología aeronáutica, parece hallarse en progresivo desuso. *Por la mañana llegó la orden de dejarla decolar.*

**decolorante**. Participio presente de → **decolorar**, 'que quita el color'. Se emplea como adjetivo y como sustantivo masculino.

**decolorar**. → **descolorar**.

**decrecer** (se conjuga como **agradecer**).

**dedicar**. ~ **a**: *Dedica poco tiempo al trabajo y mucho a las salidas.*

**deducir** (se conjuga como **conducir**).

~ **de**, ~ **por**: *De allí se deduce que lo que dijo no era verdad.*

**defeccionar**. Verbo derivado de *defección*, esto es la acción de separarse, por lo común con deslealtad de la causa o parciali-

dad a que se pertenecía. En el *Diccionario* oficial figura como de empleo en México, aunque, por cierto, su empleo es más generalizado en América.
Se lo documenta también en la Argentina, Colombia, Paraguay, Perú y Uruguay. *Poco después de defeccionar de las fuerzas villistas, desilusionados y cansados, huyeron con rumbo a la frontera de EE.UU., acompañados de sus esposas.*
♦ No es sinónimo de *fallar* o *ceder*, por lo que deben evitarse empleos como el siguiente: **El seleccionado guaraní, que defeccionó en su debut igualando ante Bolivia, afrontará hoy su segundo compromiso en la Copa América.*
**defecto**.
- **en defecto de**. Locución prepositiva que significa a falta de algo o de alguien, especialmente de un requisito. *La medida solo se aplicará en defecto de una norma expresa anterior.*
- **en su defecto**. Locución adverbial que significa 'a falta de la persona o cosa', especialmente requisito, de que se habla. *Deben considerar seriamente la posibilidad de realizar cambios o, en su defecto, deberán abandonar el servicio.*
- **por defecto**. Expresión que, refiriéndose a una diferencia o inexactitud, se emplea para indicar que algo no ha llegado al límite que debiera. *Los importes deberán redondearse por exceso o por defecto a la unidad fraccionaria más próxima.*
♦ Evítese, en informática, el empleo de esta expresión (influjo del inglés *default*) con el sentido de 'configurado automáticamente', 'previamente configurado'. **Se pueden hallar las dos formas de enrutamiento: directa e indirecta, o conocer las rutas por defecto.* **Una vez apagado el equipo, este volverá por defecto a la configuración inicial.*
Es aconsejable en estos casos el empleo de *predeterminado*.
**defender** (se conjuga como **tender**).
~ **de**: *Esas ropas seguramente no los defenderán del frío.*
**defensa**. ~ **de**, ~ **contra**, ~ **para**: *Constituye una defensa natural contra el sol. Te sirve de defensa para la gripe.*
**defenestrar**. Verbo que recuerda el hecho político ocurrido en Praga el año 1618 cuando los condes Martinitz y Slavata fueron arrojados por la ventana del palacio (*La defenestración de Praga*).
Si bien en el *DRAE* figura como "Arrojar a alguien por una ventana", este uso parece sumamente infrecuente.
Enteramente común es, en cambio, la segunda acepción: "Destituir o expulsar a alguien de un puesto, cargo, situación, etc.". *En cada crisis de gobierno, esgrimió la palabra "traición" para defenestrar a quien se le atravesaba en el camino.*
**deferir - diferir**.
• deferir (se conjuga como **sentir**).
Transmitir, conceder. *La tutela es un cargo que defiere la ley.*
• diferir (se conjuga como **sentir**).
Posponer.
~ **para**, ~ **hasta**: *Difirieron la transmisión para el día siguiente.*
**diferenciar**. ~ **de**: *¿En qué difiere este modelo del otro?* ~ **en**: *Difieren en sus criterios profesionales.* ~ **entre**: *Los argumentos difieren entre sí.*
**defraudar**. → **causar**.
~ **en**: *Los defraudó en cerca de mil pesos.*
~ **por**: *Defraudó por su bajo rendimiento.*
**degollar** (se conjuga como **contar**).
**degradé**. Galicismo (< *dégradé*) sin registro académico con el que se designa la

disminución o modificación progresiva de un color o de una iluminación.
En cuanto al número, este sustantivo aparece tanto como invariable, como con la variación regular en español, *los degradés*.
**dejante**. Preposición.
Se emplea en Colombia, Chile y Guatemala con el sentido de 'aparte de', 'además de'. Su uso es preferentemente coloquial y campesino. Suele regir *que* y adoptar un matiz propio de conjunción adversativa. *Dejante que yo ando siempre pensando en la familia y usted todavía enojada conmigo.*
**dél**. Contracción de la preposición → **de** y el pronombre → **él**. 'De él'. Es una formación arcaica, sin uso ya en la lengua. La contracción se hace con el pronombre en todos los géneros y números. *Y vide muchos árboles muy disformes de los nuestros, y dellos muchos que tenían los ramos de muchas maneras.*
**delante**. Adverbio de lugar con el que se indica la situación de precedencia en el espacio, el hallarse en la parte anterior.
Se usa siempre acompañado por la preposición *de*. *Los niños se sentaron delante de los mayores.*
◊ Esta construcción significa también:
**a)** 'Enfrente de'. *El escenario fue instalado delante del público.*
**b)** 'Ante', 'en presencia de'. *Se inhibía delante de los que sabían más que él.*
◊ Pese a que el uso de este adverbio seguido por un adjetivo posesivo (**delante mío*) es sumamente frecuente, debe preferirse la construcción DELANTE DE + PRONOMBRE EN CASO TERMINAL. *Delante de mí.*
**delegar**. ~ **en**: *Delegó responsabilidades en sus subalternos.*
**deleitar**. ~ **con**: *Los deleitaba con su charla. Se deleita con el buen vino.*
**delta**. Este sustantivo es de género femenino cuando se emplea para designar la letra griega, y de género masculino cuando se refiere a una amplia región natural donde desemboca un río. *La delta es la cuarta letra del alfabeto griego. Recorrieron el delta en barco.*
**demás – de más**.
• demás. Precedido por los artículos *lo, los, las* equivale a: 'lo otro', 'los otros'. *Nosotros viajamos hoy, los demás lo harán mañana.*
• de más. Es una expresión que significa 'de sobra' o 'en demasía'. *Le dieron dinero de más. En la reunión, sintió que estaba de más.*
**demoler** (se conjuga como **mover**).
**demostrar** (se conjuga como **contar**).
**denegar** (se conjuga como **pensar**).
***dentrífico**. Forma incorrecta por *dentífrico*.
**dentro**. Adverbio de lugar que significa 'en la parte interior'.
– **dentro de**. Locución prepositiva con la que se indica:
**a)** El término de un espacio de tiempo visto desde la perspectiva del presente. *Dentro de poco se va de viaje.*
**b)** La situación de alguien o algo en el interior. *Guardó las llaves dentro del cajón. Te llevo dentro del alma.*
**denunciar**. ~ **ante**: *Denunció el crimen ante el juez.*
**depender**. ~ **de**: *Dependen de países más poderosos.*
**deposición**. Este anglicismo ha sido incorporado en el *DRAE* con el significado de "Exposición o declaración que se hace de una cosa" y en Derecho, "Declaración hecha verbalmente ante un juez o tribunal". *El presidente en su deposición ante la justicia*

*negó insistentemente que hubiesen existido relaciones con otros países.*

**depositar**. ~ **en**: *Depositó el dinero en su cuenta. Depositamos demasiada confianza en una sola persona.*

**dequeísmo**. Se llama así al empleo indebido de la preposición *de* delante de la conjunción *que* cuando la preposición no es exigida por el enunciado.

**Casos frecuentes**:

**1**. Cuando la preposición *de* precede a una proposición subordinada sustantiva en función sujeto, ya que el sujeto de una oración nunca va precedido de preposición. **Me alegra* DE *que estén aquí* (por *Me alegra que estén aquí*). **Es posible* DE *que lleguen mañana* (por *Es posible que lleguen mañana*).

**2**. Los verbos que indican 'percepción', 'pensamiento' o 'expresión' (como *ver, sentir, pensar, creer, decir, afirmar* y otros) nunca llevan objeto directo precedido por *de*. Por lo tanto son incorrectas las formas **veo* DE *que...; *sentimos* DE *que...; *piensa* DE *que...; *cree* DE *que...; *dijo* DE *que...; *afirmaron* DE *que...*

**3**. Cuando se incluye la preposición *de* en locuciones que no la llevan (*dado que, de forma que, siempre que*, etc.) o cuando se emplea la preposición *de* en lugar de la preposición que corresponde al verbo: *insistir* EN; *imbricarse* CON/EN; *corresponderse* CON/A.

◊ Algunos verbos como *dudar, informar, advertir, avisar* y otros presentan doble diferente régimen, con y sin *de*, que suele diferir en América y en España. En esos casos, el uso de la preposición no puede considerarse obligatorio.

**derecho a réplica** o **de réplica**. Es el que la ley reconoce a una persona aludida expresamente en una publicación para responder desde el mismo espacio periodístico.

El *DRAE* solo registra la forma *derecho de réplica*, pese a que la construcción con *a* resulte totalmente regular en España y de empleo más frecuente en América. *Si alguien no está de acuerdo con alguna nota que se haya publicado, debe pedir el derecho a réplica, pero nunca utilizar la violencia.*

**derivar**. ~ **de**: *La nafta deriva del petróleo.* ~ **a**, ~ **hacia**, ~ **en**: *La conversación derivó luego hacia temas menos interesantes.*

**derribar**. ~ **a**, ~ **en**, ~ **por**, ~ **sobre**: *Se derribó a tierra de un golpe. Lo derribaron sobre el desierto.*

**desabastecer** (se conjuga como **agradecer**).

~ **de**: *Realizaban maniobras para desabastecer de azúcar el mercado.*

**desacompasado**. Adjetivo neológico, incluido en la última edición del *Diccionario* oficial, con la siguiente definición: "Que ha perdido el ritmo o el compás". *Su forma de bailar es muy desacompasada.*

**desacralizar**. Verbo transitivo que figura en el *Diccionario* académico como: "Quitar el carácter sagrado" y como pronominal: "Perder el carácter sagrado".

En la actualidad, el uso más generalizado no concierne a aquello que guarda relación con la divinidad, sino al sentido que *sagrado* tiene por extensión: 'merecedor de respeto', 'sumamente importante'.

**desaduanamiento**. Sustantivo masculino con el que se designa la acción y efecto de **desaduanar**. *Las partes tienen que intercambiar diversos documentos necesarios para el desaduanamiento y para acreditar la entrega de mercancía.*

**desaduanar**. Verbo con el que se designa el retirar un producto de la aduana.
Es propio del lenguaje administrativo de diversos países americanos (se lo documenta en la Argentina, Ecuador, Nicaragua, Panamá, Perú y México). *Somos una empresa que se ocupa de comercializar y desaduanar mercadería en el país, con oficinas en Estados Unidos como embarcadores y filiales en Europa.*

**desafiar** (se conjuga como **ansiar**).

**desaforar**. Con este verbo se designa el privar a alguien del fuero o inmunidad que goza, por haber cometido algún delito.
En cuanto a su conjugación, existe cierta ambivalencia. Suele conjugarse como **contar**. *La Cámara se aprestaba a desafuerar dos diputados.* Este modelo concuerda con el sustantivo *desafuero.*
También se registra un uso, al parecer algo más corriente en algunos países de América, como Nicaragua y México, que admite la conjugación regular (como **amar**). *El jefe de la bancada oficial advirtió ayer que la crisis institucional puede agravarse si se desafora al funcionario en cuestión.*

**desaguar** (se conjuga como **averiguar**).
~ **en**, ~ **sobre**: *Construyeron canales para que desaguase en el mar.*

**desairar** (se conjuga como **aislar**).

**desalentar** (se conjuga como **pensar**).

**desalojar**. ~ **de**: *Lo desalojaron de la vieja casa que habitaba.*

**desamoblar** (se conjuga como **contar**).

**desaparecer** (se conjuga como **agradecer**).
~ **de**: *A los dieciocho años desapareció del pueblo.*

**desapercibido**. Durante mucho tiempo, el empleo de este participio como sinónimo de 'inadvertido' ha sido rechazado por algunos puristas que lo consideran un galicismo. Sin embargo, se trata de un uso incorporado desde tiempo atrás que fue reconocido por la RAE en su edición de 1992, al registrarlo como "No apercibido". *En la tramitación del Estatuto de Baleares este tema pasó desapercibido y hoy, trece años después, es un tema pendiente.*

**desaprobar** (se conjuga como **contar**).

**desasir – deshacer**.
• desasir. Soltar, desprender. *Lograron desasirse de las ligaduras.*
• deshacer (se conjuga como **hacer**).
Participio irregular: *deshecho.*
Es verbo derivado de *hacer*, por lo que lo acompaña en sus particularidades: *haré/ desharé; haría/desharía; hice/deshice.*
♦ Evítese el error, relativamente común en el futuro y el condicional, de conjugarlo como regular: **Hasta el corazón duro como roca se deshacería en polvo.*
- **deshacerse en**: *Se deshizo en atenciones con las visitas.*
~ **de**: *Se deshizo rápidamente de los muebles viejos.*

**desatender** (se conjuga como **tender**).

**desbastar – devastar**.
• desbastar. Gastar, disminuir. *Desbastó el mango hasta que pudo hacerlo entrar en la cabeza del martillo.*
• devastar. Arrasar, destruir. *El tornado devastó la casi totalidad del campo.*

**desbordar**. ~ **de**: *Desbordaba de alegría.*

**descafeinar** (se conjuga como **aislar**).

**descansar**. ~ **de**: *Solo escuchando música descansa de sus preocupaciones.* ~ **en**: *Descansa en su secretaria y se siente liberado de muchas presiones.*

**descargar**. ~ **con**, ~ **en**, ~ **sobre**: *Descarga sobre su familia el peso de las frustraciones.*

– **descargarse con**: *Se descarga con los más débiles.*
**descarriar** (se conjuga como **ansiar**).
**descartable**. Dicho de opiniones o creencia sobre acontecimientos, 'que se puede descartar, dejar de lado'. *Es descartable que se vuelva a imponer alguno de los modelos económicos del pasado.*
Referido a objetos, el adjetivo indica que deben utilizarse una sola vez. *Es recomendable la utilización de toallas de papel descartables.*
Este último sentido se documenta en diversos países americanos, como la Argentina, Colombia y Uruguay. → **desechable**.
**descender** (se conjuga como **tender**).
~ **a**: *Descienden a tierra después de varios meses.* ~ **de**: *Desciende de nobles.* ~ **de**... **a**: *Descienden de la cima a la base de la montaña.* ~ **en**: *Desciende la repercusión del caso en la opinión pública.*
**descodificación – decodificación**. La RAE incluye en la última edición de su *Diccionario* las dos formas, pero recomienda el empleo de la primera, que responde más adecuadamente a la morfología tradicional **des-**.
**descollar** (se conjuga como **contar**).
~ **en**, ~ **entre**: *Desde temprano descollaba en esa rama de las ciencias. Descuella entre el grupo de notables artistas.*
**descolorar – decolorar – descolorir**. La Academia española incluye en su *Diccionario* estas tres variantes verbales que significan 'quitar o atenuar el color', pero se inclina por la primera, que responde más adecuadamente a la morfología tradicional **des-**.
En cuanto al verbo defectivo *descolorir*, señala que es de uso poco frecuente.
**descolorir**. → **descolorar**.
**descomponer** (se conjuga como **poner**).
Participio irregular: *descompuesto.*
En diversos países americanos, como la Argentina, México y Uruguay, significa también 'arruinarse', 'dejar de funcionar correctamente un mecanismo'.
**desconcertar** (se conjuga como **pensar**).
**desconfiar** (se conjuga como **ansiar**).
~ **de**: *Desconfía de todos sus vecinos.*
**desconocer** (se conjuga como **agradecer**).
**descontar** (se conjuga como **contar**).
~ **de**: *Le descontaron diez pesos de su salario.*
**descreer** (se conjuga como **leer**).
~ **de**: *Comenzó a descreer de los beneficios de una larga vida.*
**describir**. Participio: *descrito* o *descripto.*
**descubierto**. Adjetivo que significa 'despejado', 'espacioso', y también 'expuesto' y 'sin protección'.
– **a la descubierta** o **al descubierto**. Locución adverbial que indica que la acción verbal se realiza al raso, o librada a la inclemencia del tiempo, sin albergue ni resguardo. *La noche los sorprendió en medio del campo y tuvieron que dormir al descubierto.*
– **al descubierto**. Expresión propia del comercio con la que se indica la operación en la cual los contratantes no tienen disponible lo que es objeto de la misma. *Nadie entendía por qué los empresarios insistían en firmar ese contrato cuando estaban al descubierto.*
– **en descubierto**. Locución adverbial que en los ajustes de cuentas indica que no se puede dar salida a algunas partidas del cargo, o que falta alguna cantidad para satisfacerlo. *Tuvieron más gastos de lo previsto y su cuenta quedó en descubierto.*
En sentido figurado señala la situación de quedar en evidencia, sin poder dar salida

a un cargo o reconvención. *Quedaron en descubierto con las pruebas presentadas.*

**descubrir**. Participio irregular: *descubierto.*

**descuidar**.

- **descuidarse en**: *No te descuides en el estudio.*

**desde**. Preposición con la que se indica el punto de partida de un movimiento que genera una distancia concebida en el tiempo o en el espacio.

Sus principales usos son:

**1**. En el tiempo, señala el punto en que empieza o se inicia un hecho. *Desde mañana comenzarán las vacaciones. Estoy en casa desde las 9 hasta las 11.*

**2**. En el espacio, indica el punto en el que tiene origen una distancia. *Desde mi casa a la tuya, hay solamente tres cuadras. La llanura se extiende desde el río Salado hasta el mar.*

Puede utilizarse también en sentido figurado. *En casa, nadie está de acuerdo conmigo, desde mi padre hasta el gato.*

**desdecir** (se conjuga como **decir**).

Participio irregular: *desdicho.*

◊ Este verbo pertenece al grupo de los compuestos de **decir**, sin embargo, presenta formas particulares en su conjugación:

**1**. El imperativo correspondiente a la forma *tú* de la segunda persona del singular es *desdice* —o *desdecí*, en zonas voseantes—, y no **desdí*.

**2**. El futuro y el condicional son, por lo común, regulares: *desdeciré, desdeciría*. Es menos usual la forma apegada al primitivo: *desdiré, desdiría.*

Se emplea como intransitivo en el sentido de 'no acordar, no corresponder una cosa con otra', y solo se conjuga en tercera persona. *Su mirada desdecía los gestos amables con que lo invitaba.*

También con **de**. *La entrada no desdecía del camino que nos había llevado hasta allí.*

Como pronominal, vale por 'retractarse de lo dicho'.

~ **de**: *¿No pensarás que voy a desdecirme de mi promesa?*

◧ **condecir**.

**desecar – disecar**.

• desecar. Secar, quitar la humedad. *En su tiempo libre se dedica a desecar flores.*

• disecar. Dividir en partes un vegetal o el cadáver de un animal para examinarlos. *En la clase de biología se disecó una flor para poder estudiar sus partes.*

**desechable**. Para aludir a ciertos objetos como envases, pañales, agujas, vendas, etc., el *DRAE* recoge este adjetivo con el sentido de 'destinados a ser usados solo una vez'. *Las presentaciones que se adquirieron son las del envase en lata, botella no retornable y la de 2 litros desechable.*

La voz es corriente en España, y en América alterna con **descartable**.

**desembarazarse**. ~ **de**: *Se desembarazó de cualquier obstáculo que le impidiera seguir adelante.*

**desembarcar**. ~ **de**: *Desembarcaron del avión.* ~ **en**: *Desembarcó en la plataforma de la izquierda.*

**desembocar**. ~ **en**: *Los ríos desembocan en el mar.*

**desempedrar** (se conjuga como **pensar**).

**desencaminado**. Equivocado, mal orientado. Este adjetivo verbal (< *desencaminar*) carece de registro en el *Diccionario* académico, que solo incluye *descaminado* (< *descaminar*).

Sin embargo, ambos se emplean regularmente, aunque en América acaso sea más frecuente *desencaminado. Como yo lo veo y dentro de unos pocos días se comprobará que no estoy desencaminado.*

**desendeudamiento**. Sustantivo masculino con el que se designa la acción de liberar o liberarse, por lo común, un país del pago de su deuda.

Corresponde al inusual verbo *desendeudar*.

◊ Pese a su condición neológica, el sustantivo corriente en México, y usado también en Honduras, Nicaragua, Paraguay y Perú, parece imponerse en el lenguaje administrativo y periodístico por su empleo en documentos oficiales en lengua española. *Decisión de la Comisión, de 25 de noviembre de 1999, relativa al régimen de ayudas aplicado por Portugal para el desendeudamiento de las empresas del sector de la ganadería intensiva.*

**desentenderse** (se conjuga como **tender**). ~ **de**: *Al mudarse, se desentendió de sus hijos.*

**desenterrar** (se conjuga como **pensar**). ~ **de**, ~ **de entre**: *Desenterraron el tesoro del fondo del mar.*

**desesperar**. ~ **de**: *No desesperan de encontrarla con vida.*

- **desesperarse con**. ~ **por**: *No te desesperes por la situación.*

**desfalcar**. Este verbo significa 'apropiarse de un bien que se tiene bajo custodia o administración'.

◊ No corresponde su empleo si quien se apropia no es al tiempo el custodio o administrador del bien.

**desfallecer** (se conjuga como **agradecer**). ~ **de**: *Desfallecía de hambre.*

**desfase**. Sustantivo con el que se designa la acción y efecto de desfasarse.

◊ Es aconsejable emplear esta voz en lugar del innecesario, y relativamente extendido, galicismo *desfasaje*.

**desfavorecer** (se conjuga como **agradecer**).

***desfenestración**. Equívoco por **defenestración**. → **defenestrar**.

***desfenestrar**. Equívoco por → **defenestrar**.

***deshacerá**. Forma incorrecta por *deshará*.

***deshacería**. Forma incorrecta por *desharía*.

**deshabituar** (se conjuga como **actuar**).

**deshora**. Sustantivo femenino con el que se designa el tiempo inoportuno, inadecuado o inconveniente. Sobre este sentido se ha formado la locución adverbial **a deshora** o, menos frecuente, **a deshoras**, que significa 'fuera de sazón o de tiempo'. *De sopetón, verdaderamente a deshora, el caballero desenvainó la espada. Como en casi todos los años de mi ciudad, el verano ha irrumpido a deshora y de repente.*

**desiderata**. Este sustantivo, tomado del latín, ha sido incorporado por la RAE en la edición de 1992 de su *Diccionario* con los significados de:

**1**. "Conjunto de lo que se echa de menos, ya sea material o inmaterial". Esta voz, femenina en español, corresponde al plural del masculino singular → **desiderátum**. Plurales: *los desiderata* y *las desideratas*.

**2**. "Relación de objetos que se echan de menos". En este sentido, sólo es voz femenina. *Presente sus desideratas bibliográficas.*

**desiderátum**. Este sustantivo masculino significa 'lo mejor que se puede desear', 'deseo que no se ha cumplido'. *Tal insistencia ha de ser siempre más un desiderátum, una meta hacia la que se tiende, que una realidad concreta que se logra de una vez para siempre.*

En su forma latina, el plural es *desiderata*, pero como voz castellana, es preferible que se mantenga invariable y que se indique el número a través del artículo masculino: *los desiderátum.*

**desilusionar**. ~ **con**, ~ **por**: *Los desilusionó con sus actitudes.*

- **desilusionarse de**. ~ **por**: *Nos desilusionamos de su conducta.*

**desinteligencia**. Este sustantivo es de empleo frecuente en diversos países americanos, entre ellos la Argentina, Chile, Costa Rica, Perú y Uruguay, con el sentido de 'desavenencia', 'desacuerdo' o 'falta de entendimiento entre dos o más personas'. *El equipo perdió precisión y los pelotazos en busca de los delanteros sacaron a relucir desinteligencias entre sus zagueros.*

**desistir**. ~ **de**: *Desistiré de cualquier otro intento.*

**desleal**. ~ **a**: *Nadie pensaba que sería tan desleal a la causa.* ~ **con**: *Actuaron de manera desleal con sus amigos.*

**desleír** (se conjuga como **reír**).

~ **en**: *El preparado debe desleírse en una taza de agua tibia.*

**desliar** (se conjuga como **ansiar**).

**desligar**.

- **desligarse de**: *Nos desligamos de la institución.*

**deslizar**.

- **deslizarse por**: *No te deslices por la barranca, es peligroso.* ~ **sobre**: *Se desliza sobre la nieve.*

**desmarcarse**.

~ **de**: *Durante todo el primer tiempo no halló la forma de desmarcarse de su rival.*

**desmembrar**. En el uso actual, la conjugación de este verbo —que significa 'dividir, separar los miembros de un cuerpo animal o social'—, alterna entre la regular (como **amar**) y la irregular (como **pensar**). Ambas son, pues, igualmente admisibles.

**desmentido** o **desmentida**. Este sustantivo, que significa 'comunicado en que se desmiente algo públicamente', admite tanto la forma femenina como la masculina. *El periódico publicó el desmentido. El periódico publicó la desmentida.*

Es voz de empleo dominantemente americano.

**desmentir** (se conjuga como **sentir**).

**desmerecer** (se conjuga como **agradecer**).

~ **de**: *El resultado no desmerecía del que habían logrado otros con más años de práctica.*

**desobedecer** (se conjuga como **agradecer**).

**desobstruir** (se conjuga como **huir**).

**desolar**. Por lo común este verbo sigue la conjugación regular (como **amar**). La conjugación irregular (como **contar**), de la que no faltan testimonios históricos, es actualmente desusada.

En la práctica, ya sea como transitivo con el sentido de 'asolar, destruir', o como pronominal con el significado de 'afligirse, condolerse' —el más común—, *desolar* se emplea casi exclusivamente en la forma de participo pasado. *Los castillos destruidos y las tierras desoladas por la guerra. Estoy verdaderamente desolado por la triste noticia.*

**desoldar** (se conjuga como **contar**).

**desollar** (se conjuga como **contar**).

**desorden**. Sustantivo masculino que significa 'confusión'.

♦ Evítese emplearlo con el sentido de 'trastorno', 'enfermedad' que tiene el inglés *disorder.* **Es víctima de lo que los psiquiatras denominan "un desorden de la personalidad de tipo histriónico narcisista".*

♦ Es voz grave terminada en *-n*, por lo que no lleva acento ortográfico. Su plural, *de-*

*sórdenes*, lleva tilde por ser palabra esdrújula.

**desosar**. Verbo irregular que se conjuga como **contar**, colocando una *h* frente al diptongo *-ue* (*deshuesa, deshuesamos*).

**despacio**. El *DRAE* registra este adverbio solo en su valor temporal de "Poco a poco, lentamente. || Por tiempo dilatado".

Con el sentido modal de 'silenciosamente', 'en voz baja', 'con cuidado' es de empleo corriente en América, y no desconocido en España. *Hablen despacio para no despertar a los niños. Cierre la puerta despacio.*

**despavorir**. Aunque diversas gramáticas consideran que el verbo es defectivo y que como **abolir** se conjuga en las formas cuya desinencia comienza con *i*, en la práctica solo parece emplearse el participio en función adjetiva. *Huyó despavorido.*

**despedazado**. ~ **en**: *Había despedazado el cuerpo en catorce trozos.* ~ **entre**: *Su nación fue despedazada entre los países triunfantes.*

**despedir** (se conjuga como **pedir**).

- **despedirse de**: *Se emocionó al despedirse de su esposa.*

**despedrar** (se conjuga como **pensar**).

**despegar**. ~ **de**: *Despegó la foto del álbum. Despégate de tus amigos de la infancia.*

**desperdiciar**. → **cambiar**.

**despertar** (se conjuga como **pensar**).

Participio regular: *despertado*. Participio irregular: *despierto*.

~ **de**: *Despertó de una pesadilla sumamente sobresaltado.* ~ **a**: *Despertó a la realidad demasiado tarde.*

**desplacer** (se conjuga como **agradecer**). Verbo transitivo de empleo poco frecuente que significa 'disgustar, desagradar'.

**desplazar**. ~ **a**, ~ **de**, ~ **hacia**, ~ **hasta**: *Tan solo en la última vuelta pudo desplazarlo de la primera posición. Lo desplazaron al último lugar. Las tropas se desplazaron hacia la frontera.*

**despoblar** (se conjuga como **contar**).

~ **de**: *Despoblaron la comarca de aves de rapiña. La ciudad se despobló de jóvenes.*

**despojar**. ~ **de**: *Lo despojaron de sus bienes. Se despojaron de las joyas.*

**desposeer** (se conjuga como **leer**).

**despotricar**. ~ **contra**, ~ **en contra**, ~ **de**: *Despotrica contra todos los que tienen autoridad. Despotricaba de cuanta institución le parecía absurda.*

**desprecio**. ~ **a**: *El desprecio a sus colegas lo alejó del club.* ~ **de**: *Soportaba pacientemente el desprecio de la multitud.* ~ **por**: *Manifestaba desprecio por tales gentes.* ~ **hacia**: *No podía ocultar su desprecio hacia quienes lo habían traicionado.*

**desprenderse**. ~ **de**: *No quiere desprenderse de la casa paterna.*

**desproveer** (se conjuga como **leer**).

Participio regular: *desproveído*. Participio irregular: *desprovisto*.

Es de empleo más común en las formas no conjugadas.

~ **de**: *El jardín no se hallaba desprovisto de cierta belleza extraña.*

**después**. Adverbio con el que se señala, en el tiempo, el lugar o en un ordenamiento, la posterioridad de un hecho o situación respecto de otro que puede hallarse explícito o se desprende del contexto de la enunciación. *Dijo que lo resolverían después.*

- **después de**. Locución prepositiva que indica:

**a)** Tiempo. *Nos reunimos después de la cena.*

**b)** Orden, jerarquía o preferencia. *Para él, después del Botafogo no existe ningún otro club de fútbol.*

**después que** o **después de que**. Locución conjuntiva. *Después (de) que limpien podemos acomodar el escritorio que compraste.*
♦ Se halla extendido, particularmente en el periodismo, el empleo de la construcción *DESPUÉS DE QUE* + SUBJUNTIVO. *Después de que los delincuentes abandonaran el lugar, fueron perseguidos por la policía.*
Este calco del inglés bien puede ser sustituido por las formas españolas *DESPUÉS DE* + INFINITIVO o *CUANDO* + INDICATIVO. *Después de abandonar el lugar, los delincuentes fueron perseguidos por la policía. Cuando abandonaron el lugar, los delincuentes fueron perseguidos por la policía.*
◊ El único uso adjetivo de **después** se observa cuando es precedido por un sustantivo que designa unidad de tiempo. *Ocurrió un día después.*

**destacarse de**. ~ **entre**: *Procura siempre destacarse de sus otros compañeros.* ~ **en**: *Suele destacarse en esgrima.* ~ **por**: *Se destaca por su altura.*

**destajo**. Sustantivo masculino con el que se designa la obra u ocupación cuyo pago se conviene en razón de una determinada producción, a diferencia de la que se hace a jornal.
– **a destajo**: *Los nuevos obreros trabajaban a destajo.* En sentido figurado:
**a)** Señala el modo de actuar y preferentemente de trabajar, con empeño, sin descanso y aprisa para concluir pronto. *Trabajamos* **a destajo** *para poder cumplir con los plazos previstos.*
**b)** Cuando acompaña al verbo *hablar* forma la locución **hablar a destajo**, que en lengua coloquial significa 'hablar con exceso'. *Cada vez que se encontraba con las amigas, hablaban a destajo de sus vidas personales.*

**destemplar**. La conjugación de este verbo es predominantemente regular (como **amar**). Ocasionalmente, en América se conjuga según el modelo de **pensar**, conservando la diptongación que tuvo en España hasta la Edad Media.

**desteñir** (se conjuga como pedir).

**desternillar(se) – destornillar**.
• desternillarse. Reírse mucho. *Se desternilló de risa cuando le conté el cuento.*
• destornillar. Desatornillar. *Destornilló las patas de la mesa.*
– **desternillarse de risa**. El significado de esta expresión es, en su sentido figurado, 'reírse a más no poder', como si se fuesen a romper las *ternillas*, o cartílagos.
Sin embargo, por ser *ternilla* una voz desusada, la etimología popular alentó la expresión *destornillarse de risa* que, a pesar de la explicación y de su relativo empleo, conviene evitar.

**desterrar** (se conjuga como **pensar**).
~ **a**: *Lo desterraron a un país lejano.* ~ **de**: *Lo desterraron de su ciudad natal.*

**destinar**. ~ **a**: *Me destinaron a un lugar pintoresco.* ~ **para**: *Destinaba ese dinero para gastos más importantes.*

**destituir** (se conjuga como **huir**).
~ **de**: *Lo destituirán de su cargo por irresponsable.*

**destorcer** (se conjuga como **cocer**).

***destornillarse de risa**. Evítese el empleo de esta expresión en lugar de → **desternillarse de risa**.

**destrozar**. ~ **a**: *Lo destrozó a martillazos.* ~ **en**: *Reía mientras lo destrozaba en mil pedazos.*

**destruir** (se conjuga como **huir**).

**desvalorizar**.
**desvalorizarse ante**. ~ **frente**: *Él sabía que su comportamiento lo había desvalorizado*

*ante los ojos de la tropa. La moneda local sigue desvalorizándose frente a la extranjera.*

**desvanecer** (se conjuga como **agradecer**).

**desvariar** (se conjuga como **ansiar**).

**desvelar.** → **debelar**.

**desvestir** (se conjuga como **pedir**).

**desviar** (se conjuga como **ansiar**).

~ **de**: *Desviaron el río de su antiguo curso. ¿Por qué te desviaste de la ruta principal?*

**desvivirse.** ~ **por**: *Se desvivía por sus hijos.*

**detalle.** Sustantivo masculino con el que se designan los pormenores, partes o fragmentos mínimos de una cosa o asunto. Sobre este sentido se ha formado la locución adverbial **al detalle**, que significa:

**a)** 'Con meticulosidad'. *Cuando corregía los trabajos era sumamente meticulosa, leía cada línea al detalle.*

**b)** 'Al por menor'. *Vendían gran cantidad de artículos al detalle.*

***detectación.** Evítese esta construcción que erróneamente suele emplearse por *detección*, 'acción y efecto de descubrir'. **La detectación a tiempo asegura un mejor tratamiento de la enfermedad.*

**detener** (se conjuga como **tener**).

~ **en**: *Se detuvo un rato en el museo.*

**detentar.** Este verbo significa: "Retener alguien lo que manifiestamente no le pertenece. || Retener y ejercer ilegítimamente algún poder o cargo público" (*DRAE*).

♦ Pese a que se trate de un uso bastante común, conviene evitar este verbo cuando la posesión no es ilícita. **Sus estrategias populistas al final resultan ser las mismas de los sectores que buscan avanzar y detentar el poder.*

**determinar.**

- **determinarse a.** ~ **en favor de**: *Los jueces se determinaron a favor del menor.*

**detrás.** Adverbio de lugar con el que se indica "En la parte posterior, o con posterioridad de lugar, o en sitio delante del cual está alguien o algo" (*DRAE*).

En sentido figurado puede referirse a un lugar en el tiempo. *Detrás de las lluvias, llega inmediatamente la seca.*

- **detrás de.** Locución prepositiva que expresa las mismas relaciones que el adverbio. *Se escondió detrás de la puerta. No lo veía porque estaba detrás de él.*

♦ **detrás mío.** Pese a que esta construcción de ADVERBIO + PRONOMBRE POSESIVO es de uso frecuente en el lenguaje coloquial, y que no faltan testimonios inclusive literarios, parece conveniente evitar su empleo en las situaciones de comunicación cuidada. *En vez de ir delante corría prácticamente detrás mío, ladrándome excitado. Si tú no vas a ir yo tampoco voy –se oía decir detrás de mí a Marcelo.*

Con igual sentido se emplea la construcción **detrás de** (alguien). *Dice una cosa y detrás de sus compañeros hace otra.*

**deuda externa.** La RAE incluye en su *Diccionario* solamente la expresión *deuda exterior* para designar la deuda pública que se debe pagar en el extranjero. Sin embargo, en diversos países de América, como la Argentina, Bolivia, Chile, Honduras, Nicaragua, México, Uruguay y Venezuela, parece predominar la forma *deuda externa*. *El peso de la deuda externa golpea sobre todo a los pobres de nuestro país, por ello la Conferencia Episcopal redoblará sus esfuerzos para impulsar la campaña que tiene como fin su reducción.*

**deut-.** Elemento compositivo de origen griego que, colocado al comienzo de palabra, entra en la formación de unos pocos cultismos españoles, mayormente vo-

ces científicas, con el significado de 'segundo': *deutóxido*. Toma también las formas **deutero-** y **deuter-**: *deuteragonista, deuteronomio*.
**devaluar** (se conjuga como **actuar**).
**devastar**. → **desbastar**.
**develar**. → **debelar**.
**devenir** (se conjuga como **venir**).
**devolver** (se conjuga como **mover**).
Participio irregular: *devuelto*.
**di-**. Elemento compositivo de origen griego que, en posición inicial, interviene en la formación de numerosos cultismos españoles con el significado de 'dos': *dicotiledón, dimorfo, díptero, disílabo*.
***diabete**. → **diabetes**.
**diabetes**. Este sustantivo, con el que se designa la enfermedad causada generalmente por exceso de azúcar en la sangre, es de género femenino: *la diabetes*. No son correctos los vocablos *diabete* y *diabetis*.
***diabetis**. → **diabetes**.
**dialogar**. ~ **con**: *A decir verdad, me gusta dialogar con usted.*
**diario**.
- **a diario**. Locución adverbial con la que se indica que la acción verbal se realiza cotidianamente o con suma frecuencia. *Iba a casa de sus padres a diario.*
En el habla popular de Bolivia, Colombia, Perú, América Central, México, Puerto Rico y otros países se usa **diario** con idéntico valor. *Diario pasa por ese camino.*
- **de diario**. Locución adjetiva con la que se califica a la vestimenta que se usa ordinariamente, por oposición a la de gala. *Guardaba la ropa de diario en el primer cajón de su ropero.*
**diástole**. Movimiento de dilatación del corazón. Este sustantivo es de género femenino: *la diástole*.
**dictamen**. Sustantivo masculino con el que se designa el juicio u opinión que se emite sobre alguna cuestión.
Es voz grave terminada en *-n*, por lo que no lleva acento ortográfico. Su plural, *dictámenes*, es palabra esdrújula y por lo tanto lleva tilde.
**diestro**. Entre sus sentidos, este adjetivo posee el de 'derecho, lo que se halla sobre la derecha'.
Con él se ha formado la locución adverbial **a diestra y siniestra** o **a diestro y siniestro** que, en sentido recto, vale por 'hacia derecha e izquierda', pero que usualmente se emplea más con el sentido figurado de 'indiscriminadamente', 'por todas partes', y acompañada principalmente con verbos que indican una acción de cierta violencia. *Seguramente no lo resolverá apuntándole a los países vecinos y disparando a diestra y siniestra.*
El *DRAE* registra solamente la expresión *a diestro y siniestro* que es de uso predominantemente español. Sin embargo *a diestra y siniestra*, variante no desconocida en España, se emplea con frecuencia en Chile, México, Costa Rica, Colombia, República Dominicana, la Argentina y Uruguay.
• **diestro**. Hábil.
~ **con**, ~ **en**: *Era muy diestro con el cuchillo. Es diestro en el manejo de las formas y de los colores.* El superlativo de este adjetivo es *destrísimo* y así lo registra el *DRAE*, por ser irregular. Sin embargo en el lenguaje coloquial es común la forma *diestrísimo*.
**diferenciar**. ~ **de**: *Los diferencian de otros con facilidad. No se diferencian demasiado de los anteriores.*
**diferendo**. Sustantivo masculino de empleo en casi toda América con el significa-

do de discrepancia o desacuerdo entre instituciones o Estados. *El canciller manifestó ayer que desconoce una propuesta alternativa al acuerdo de 1991 para resolver el diferendo limítrofe por los hielos continentales.*

**diferente**. Distinto. La construcción tradicional de este adjetivo es con la preposición *de*. Sin embargo, en América resulta igualmente usual su empleo con la preposición *a*. *Fue diferente de lo que imaginábamos* o *a lo que imaginábamos*.

**diferir**. → **deferir**.

**difluir** (se conjuga como **huir**).

Este verbo tiene empleo en Geografía con el sentido de 'dividirse un río en varias ramas para desembocar en el mar'.

**difundir**. Participio regular: *difundido*. Participio irregular: *difuso*.

~ **en**, ~ **por**: *Difundieron la noticia en todo el territorio*. ~ **entre**: *Difundieron la novedad entre los investigadores.*

**digerir** (se conjuga como **sentir**).

**digitalizar**. En informática (por influjo del inglés *digitize*), es transformar datos analógicos a forma digital. *Un escáner digitaliza imágenes de tono continuo al convertirlas en gráficos de mapa de bits.*

**dignarse**. En el español normativo, este verbo es transitivo y su complemento lo constituye un infinitivo o una construcción con infinitivo. *No se dignó saludar. No se dignó saludar al público.*

Sin embargo, la construcción con la preposición *a* es un arcaísmo que mantiene vigencia y no constituye un vulgarismo, al menos en buena parte de América. *Ni siquiera se dignaron a dar noticias.*

**dígrafo**. De *di-*, que significa 'dos', y *-grafo*, que significa 'escritura'. Es el signo ortográfico compuesto de dos letras que representa un único fonema. En español la *ch* y la *ll* son dígrafos.

**diluviar**. Es verbo unipersonal y se conjuga solamente en 3ª persona del singular.

**dínamo – dinamo**. Sustantivo femenino con el que se designa la máquina dinamoeléctrica que transforma la energía mecánica en energía eléctrica, o viceversa. Las dos formas de acentuación son correctas (/**di**-na-mo/, /di-**na**-mo/).

Como sustantivo de género masculino es común en diversos países de América, por ejemplo en la Argentina, Chile, Cuba y Uruguay.

**dintel**. Sustantivo masculino con el que se designa la parte superior de las puertas, ventanas u otras aberturas que soporta la carga del muro.

♦ Por su posición, se contrapone al *umbral*.

**dioptría** (/diop-**tri**-a/). Este sustantivo, que designa la unidad de medida usada en óptica, es palabra grave.

**directorio**. En el campo informático, este sustantivo neológico vale por: "Lista de los archivos, ficheros o programas almacenados en la memoria de un ordenador", que es la definición que figura en la última edición del *Diccionario* académico.

El sistema de directorios permite una organización jerárquica que desde el directorio de base o raíz desciende en **subdirectorios** sucesivos para alojar un archivo en el lugar conveniente.

*Directorio* es una denominación que en entorno de ventanas corresponde a → **carpeta**.

• Con el significado de *guía telefónica*, este anglicismo es de empleo generalizado en algunos países de América, como Colombia y México, pero no es desconocido en el resto de ellos, ni en España.

◊ Fuera de los países en los que se halla completamente consolidado conviene evitar este uso.

**dirigir**. ~ **a**, ~ **hacia**: *Dirijan sus disparos hacia otro sector*. ~ **en**: *Lo dirige en el proyecto*.

**discar**. 'Marcar un número telefónico'. Es verbo corriente en algunos países americanos como la Argentina, Chile, Perú, Venezuela y Uruguay.

**discernir**. ~ **de**, ~ **entre**: *Debes discernir lo principal de lo accesorio. Discernir entre lo bueno y lo malo*.
(➤ Cdo. 28.)

**disco**. En informática, denominación genérica del medio físico de forma circular y recubierto por una capa magnética, protegida por otra plástica, que contiene información digital. Más específicamente pueden reconocerse:
~ **duro**. El de gran capacidad en el que se almacenan programas y se procesa información.
~ **flexible**. Más conocido como *disquete*. Disco fácilmente removible en el cual se almacenan y transportan datos.
~ **rígido**. → ~ **duro**.
~ **compacto** (Del inglés ***C****ompact* ***D****isc*, marca comercial registrada). Su abreviatura, y a la vez forma más frecuente de escritura, es CD.
~ **óptico**. Disco fácilmente removible y transportable, en el cual la capa magnética se halla protegida por otra plástica y la información se graba y se lee mediante rayos láser.

**discrepar**. Este verbo, que equivale a 'disentir', 'estar en desacuerdo', según indica la normativa tradicional, que se basa en la etimología del vocablo, debe construirse con las preposiciones *de* y *en*. *Discrepar de alguien en un punto*. No obstante, en América, el empleo de la preposición *con* se encuentra ampliamente extendido. *El ministro, que discrepa con el presidente en torno a su política social*.

**disculpar**. ~ **ante**, ~ **con**: *Disculpó a su hijo ante el profesor. Se disculpó con la anciana*.
- **disculparse por**: *Nos disculpamos por nuestra falta*.

**disecar**. → **desecar**.

**disección – disensión**.
• disección. Acción de disecar. *El profesor procedió a la disección del cadáver*.
• disensión. Oposición entre ideas o propósitos. *La disensión en las opiniones provocó una gran polémica*.

**disensión**. → **disección**.

**disentir** (se conjuga como **sentir**).
~ **con**, ~ **de**: *Disentimos con lo demás*. ~ **en**: *Disentimos en cuestiones de negocios*.
Este verbo, que equivale a 'discrepar', 'no estar de acuerdo', se construye, según la normativa tradicional, con las preposiciones *de* y *en*. *Disiento de usted en este punto*. Sin embargo, el empleo de la preposición *con* resulta totalmente habitual en América, y no desconocido en España. *Disiente con los otros consejeros y los líderes de la fuerza de tareas*.

**disfrazar**. ~ **con**: *La disfrazaron con la ropa de la abuela*. ~ **de**: *Los disfrazaron de payasos*.

**disfrutar**. ~ **de**: *Debes disfrutar de la adolescencia*.

***disgresión**. Forma incorrecta por *digresión*: 'acción de apartarse del relato principal'.

**disgustar**.
- **disgustarse con**: *Nos disgustamos con los representantes del otro grupo*. ~ **por**:

*Me disgusté por una cuestión sin importancia.*

**disidir.** → **decidir.**

**disminuir** (se conjuga como **huir**).
~ **de**, ~ **en**: *A los pocos días el tumor comenzó a disminuir de tamaño. Se estima que el mercado va a disminuir en un 20% su capacidad de absorción.*

**disolver** (se conjuga como **mover**).
Participio irregular: *disuelto.*
~ **con**, ~ **en**: *Disolví el azúcar en agua. No se disuelve con agua.*

***dispépsico.** Forma incorrecta por *dispéptico*, vocablo con el que se designa a la persona que padece de dispepsia.

**displacer** (se conjuga como **agradecer**).

**disponer** (se conjuga como **poner**).
Participio irregular: *dispuesto.*
~ **de**: *Disponemos de algunas cosas para vender. Dispongan de nosotros para lo que necesiten.* ~ **en**: *Los dispusieron en fila.* ~ **por**: *Debemos disponerlos por tamaño.*

**disposición.** Sustantivo femenino que indica 'modalidad, actitud'.
- **a** (su) **disposición**. Con verbos como *hallarse*, *quedar* o *poner*, forma frases con las que se indica el sometimiento de alguien frente a otro (*quedo a su disposición para resolver este asunto de la mejor manera posible*), o la libertad que alguien tiene para poder hacer uso de algo (*tenía toda la biblioteca a su disposición*).
- **a disposición de.**
- Locución prepositiva variante de la anterior. *Puso toda la biblioteca a disposición de su invitado.*
- Locución prepositiva con la que se alude a quien se halla subordinado legalmente a otro. *El reo se hallaba a disposición del juez.*
- **en disposición de**. Locución prepositiva con la que se indica que alguien está en condiciones de realizar una tarea. *Estamos en disposición de ofrecerle desde un Banner publicitario hasta la creación de su Sitio Web.*

**disputar.** ~ **con**: *Disputa con su adversario.* ~ **acerca**: *Disputaron seriamente acerca de una propiedad.* ~ **por**: *Disputaron seriamente por la herencia.* ~ **sobre**: *La carrera se disputó sobre un recorrido de 1500 m.*

**distar.** ~ **de**: *Su afirmación dista mucho de ser verdadera.*

**distensión – distinción.**
• distensión. Acción y efecto de distender. *La llegada de Juan provocó la distensión del ambiente.*
• distinción. Honor, privilegio; elegancia. *Le dieron una importante distinción. Usa la ropa con distinción.*

**distinción.** → **distensión.**

**distinguir.** ~ **de**: *No distingue lo malo de lo bueno.*
- **distinguirse en**. ~ **entre**. Sobresalir. *Se distingue entre todos sus compañeros de trabajo. Se distingue en el trabajo.*

**distinto.** Este adjetivo se construye con las preposiciones *de* y *a*. *Resultó distinto a lo esperado. Era distinto de la imagen que me había hecho.*

**distraer** (se conjuga como **traer**).
~ **con**: *Lo distraje con mi charla. Se distrae con la música.* ~ **de**: *La distraje de sus obligaciones.*

**distribuir** (se conjuga como **huir**).
~ **en**: *Lo distribuyó en fragmentos iguales. Se distribuyeron en grupos.* ~ **entre**: *Distribuyan el pan entre todos. La revista se distribuye entre los interesados.* ~ **por**: *Los distribuyeron por tamaño. Se distribuyeron por edad.*

**disuadir**. ~ **de**: *Lo disuadieron de encarar un pleito judicial.*

**disyuntiva**. El *DRAE* define este sustantivo como "Alternativa entre dos cosas por una de las cuales hay que optar".
Suele ser pleonástico, y por ello debe evitarse el empleo de expresiones como *entre dos disyuntivas* o *ante dos disyuntivas*. Corresponde decir *ante una disyuntiva* o *ante la disyuntiva*.

**divergir**. ~ **de**, ~ **en**: *Impuso su opinión pese a divergir de la línea oficial del partido. No me cabe duda de que podremos divergir en lo accidental, pero en lo sustancial estaremos de acuerdo.*

**divertir** (se conjuga como **sentir**).
~ **con**: *La divierte con diferentes juegos. Nos divertimos con el resto del grupo.*
– **divertirse en**: *Se divierten en hacer maldades.*

**dividir**. Participio regular: *dividido*. Participio irregular: *diviso*.
~ **en**, ~ **por**: *Dividimos el dinero en partes iguales. Se dividieron por grupos.* ~ **entre**: *Lo dividieron entre todos.*

**divulgar**. ~ **entre**: *Divulgaron la noticia entre todos los vecinos.* ~ **por**: *Lo divulgaron por toda la zona.*

**dizque**. En diversas regiones americanas (no es usual en el Río de la Plata), este adverbio de tono coloquial conserva vigencia con el sentido de 'supuestamente', 'presuntamente', acompañado por un dejo de duda o de ironía. *Cuando voy a un restaurante dizque español, se me plantean siempre varias dudas. Estaban haciendo cédulas falsas, ahora dizque se les ha acabado el material y quieren más dinero.*

**doblar**. ~ **a**, ~ **hacia**: *En la esquina debe doblar a la derecha.* ~ **en**: *Lo dobla en años.*

**doblegar**.
**doblegarse ante**. ~ **frente**: *No se doblegó ante el poder.*

**doler** (se conjuga como **mover**).
Verbo defectivo que se conjuga solamente en tercera persona del singular y del plural. *Me duele la cabeza. Me duelen sus palabras.*

**dónde**. Adverbio interrogativo de lugar que se escribe con tilde para establecer la diferencia con el adverbio relativo o conjunción **donde**.
Puede utilizarse con preposición o sin ella cuando acompaña a verbos de reposo o de movimiento, aunque es más frecuente el empleo de preposición con los verbos del segundo grupo. *¿Dónde estaban los demás?* o *¿En dónde estaban los demás? ¿Dónde van?* o *¿Adónde van?*
◊ El adverbio también se escribe con tilde si aparece en interrogaciones indirectas. *No sé por dónde pasaron. Preguntó dónde estaban los demás.*

**donde**. Adverbio y preposición con valor locativo que se escribe sin tilde.
**1**. Como adverbio relativo o conjunción sirve para introducir proposiciones subordinadas adverbiales de lugar. *Los lentes estaban donde suponíamos.*
**a)** En correlación con **a**, **hacia**, **para**, **hasta** indica el movimiento hacia un punto. *Fue a donde le indicaron. No mires hacia donde quieras, sino hacia donde te lo piden. No mires para donde quieras, sino para donde te lo piden. Llegó hasta donde pudo.*
El destino o punto final de un movimiento suele indicarse sin preposición. *Fue donde le indicaron.*
**b)** En correlación con **de**, **desde**, indica origen y procedencia. *Viene de donde todos imaginan.*

**c)** Tránsito: **por**. *Siempre avanzan por donde no deben.*
**2**. Como preposición se emplea en buena parte de América (Chile, Bolivia, Perú, Ecuador, América Central, Antillas y México) con el sentido 'en casa' o 'a casa de', 'en el sitio' o 'al sitio de'. *Fueron donde la abuela.*

**dondequiera**. Adverbio locativo que significa 'en cualquier lugar' y es antecedente del relativo **que**. *Dondequiera que vaya, recordará los días que pasó en esta ciudad.*
◊ Se construye con el verbo en modo subjuntivo.

**dormir**.
(➤ Cdo. 29.)

**dramático**. Este adjetivo en español expresa la relación con el drama.
◊ Evítese el uso incorrecto con el significado de 'destacado', 'notable' proveniente del inglés *dramatic*.
Este equívoco puede, incluso, dar lugar a expresiones contradictorias como: *Este mes se comprobó un dramático descenso de la delincuencia.*

**Dresde**. Nombre que recibe en español la ciudad alemana de *Dresden*.

**drogadependencia - drogadependiente**. → **drogodependencia - drogodependiente**.

**drogadicción** (Del inglés *drug addiction*). Sustantivo femenino con el que se designa el hábito compulsivo por el consumo de drogas.

**drogodependencia - drogodependiente**. Estas grafías, que recoge el *DRAE*, son las más extendidas para referirse a la adicción al consumo indebido de drogas y a la persona que la sufre.
Sin embargo, en algunos países de América, como la Argentina, Panamá, Paraguay, Chile y Uruguay, son más usuales las formas *drogadependencia* y *drogadependiente*. *Se debe buscar el control de la oferta; eliminación del tráfico ilícito; tratamiento y rehabilitación del drogadependiente. Y que quede claro que se puede ser drogadependiente y jugar en la primera de Boca.*

**-dromo**. Elemento compositivo de origen griego que, colocado a final de palabra, entra en la formación de algunos vocablos españoles con el sentido de 'carrera': *hipódromo, velódromo, autódromo.*
◊ Obsérvese que las palabras formadas con este elemento son siempre esdrújulas.

**duda**. Sustantivo femenino que expresa indeterminación o vacilación.
◊ Su empleo es muy frecuente delante de proposiciones, en cuyo caso debe agregarse 'que' a la locución. *No cabía duda de que ellos tenían razón.* No obstante en formas coloquiales se observa una marcada tendencia a suprimir la preposición. *No cabía duda que ellos tenían razón.*

**dudar**. ~ **de**: *Duda de todos los que lo rodean.* ~ **en**: *Dudamos en volver a presentarnos.* ~ **entre**: *Dudaste entre decir que sí y decir que no.*

**durante**. Preposición que expresa la duración del tiempo en que transcurre un hecho. *Estuvo hablando durante toda la clase. Durante las vacaciones trabajamos juntos.*

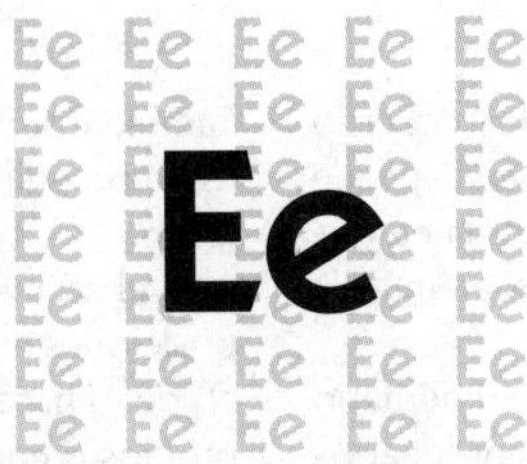

**E** (**e**). Nombre: e.
**Descripción**. Sexta letra del abecedario español. Representa un sonido vocálico medio y palatal.

**echar**. Verbo que significa 'hacer que una cosa vaya a parar a alguna parte' y 'alejar una persona o cosa de sí'.

- **echar de menos**. Expresión que significa 'notar la ausencia de una cosa o persona a la que se necesita'. *Durante su ausencia, la echaron de menos.*
- **echar(se) a perder**. Locución con la que se expresa que:

**a)** Una cosa se pone en mal estado o una situación se malogra. *Hacía tanto calor que la leche se echó a perder. Delia echó a perder la reunión.*

**b)** Una persona abandona sus buenas costumbres. *A Julián lo echaron a perder sus amigos.*

**echo - hecho**.

• echo. 1ª persona singular presente del indicativo de *echar*. *Le advierto que si no cumple, lo echo.*

• hecho. Suceso, asunto; participio pasado irregular del verbo *hacer*. *El hecho fue muy comentado. Le dijo que había hecho todo lo pedido.*

**eco-**. **1**. Elemento compositivo de origen griego, llegado a través del latín, que, colocado al comienzo de palabra, entra en la formación de algunas voces científicas o técnicas con el significado de 'sonido u onda reflejado': *ecografía, ecolocación, ecolalia.*

**2**. Elemento compositivo de origen griego que, colocado al comienzo de palabra, entra en la formación de diversos vocablos españoles con el significado de 'casa', 'morada' o 'ámbito vital': *ecología, ecosistema.*

**editorial**. Este sustantivo es masculino cuando se refiere al artículo de fondo en el que se expresa la opinión de un diario o periódico: *El editorial de hoy es muy crítico;* y femenino cuando alude a la empresa editora: *La editorial publicó una nueva edición de la obra.*

**efecto**. Sustantivo masculino que designa lo que sigue por virtud de una causa y también la finalidad de una acción.

- **a efectos de**. Locución conjuntiva que significa 'con la finalidad de conseguir o aclarar alguna cosa'. *A efectos de obtener una explicación, dirigieron una nota a sus superiores.* Es equivalente a → **para**.
- **en efecto**. Locución adverbial con la que se expresa asentimiento respecto de una afirmación. *En efecto, se trataba de un error.*
- **tener efecto**. Expresión con la que se indica que se realiza o lleva a cabo algún hecho. *Ayer tuvo efecto la ceremonia inaugural.*

**efectuar** (se conjuga como **actuar**).

**efeméride - efemérides**. Sin tener en cuenta la doble entrada que registra el *Dic-*

*cionario* oficial, en el sentido de 'recuerdo de un hecho notable', el español posee variantes de una misma palabra: la *efemérides* (invariable en plural) y la *efeméride* (cuyo plural es *efemérides*).
Con el significado de 'libro o comentario en que se refieren tales hechos ordenados por día', este sustantivo femenino se emplea solamente en plural. *Estas efemérides se refieren, principalmente, a los sucesos que él mismo ha relatado y no lo que dice la historia oficial.*
**eferente**. → **aferente**.
**ejercer**. ~ **con**, ~ **en**, ~ **sobre**: *Ejerce su influencia sobre los que lo escuchan.* ~ **como**, ~ **de**: *Ejerce como abogado aun antes de recibirse.*
**ejercicio**.
– **en ejercicio**. Locución que se aplica para caracterizar la situación de aquel que ejerce su profesión o cargo. *Era una docente en ejercicio. Todavía estaba en ejercicio cuando le llegó la notificación del despido.*
**ejercitarse**. ~ **con**, ~ **en**: *Se ejercitan en el manejo de las armas.*
**ejido** (/e-**χi**-do/). Con este sustantivo se alude en México a una forma de posesión colectiva de la tierra que el Estado otorga, bajo su supervisión, a un grupo de personas asociadas. También designa el terreno mismo. Es palabra grave.
♦ Evítese, pese a su difusión, acentuar esta palabra como esdrújula *(/**e**-χi-do/).
**el – él**.
• el. Artículo. *El auto no se lo presta a nadie.*
• él. Pronombre personal. *Él lo advirtió.*
**el**. Artículo definido. La forma plural es *los* y las formas femeninas: *la*; plural *las*. No lleva tilde, y se coloca delante del sustantivo o construcciones en función sustantiva. *El niño. El que corre es mi hermano.*
También puede anteponerse a un sustantivo precedido de un adjetivo. *El feliz regreso.*
**1**. Si el artículo *el* va precedido de las preposiciones *a* y *de* se produce contracción: *al, del*. En cambio si precede a nombres propios compuestos por el artículo, no es habitual la contracción. *Vamos juntos a El Santiagueño.*
Normalmente no precede a nombres propios, aunque es usual en hablas regionales. *No inviten a la Carmen.*
◊ Aunque los apellidos de mujeres escritoras, artistas, etc., suelen con frecuencia ir acompañados del artículo, por ejemplo *la Callas*, esta costumbre parece hallarse en relativo desuso.
También se admite el artículo si un nombre o apellido se emplea en sentido genérico: *Vengan todos los Juanes que andan por ahí*; o si acompaña a un adjetivo calificativo: *El Maradona brasileño*; o nombres geográficos: *La Colombia de los años 30.*
**2**. Nombres geográficos:
**a)** Se usan sin artículo los nombres de los continentes: *América, Asia.*
**b)** Cuando los nombres son compuestos o tienen forma plural van acompañados de artículo: *los Estados Unidos, los Países Bajos.* Excepciones: *el Líbano, el Perú, El Cairo, la Argentina, La Haya, La Habana.*
◊ Nótese que se escriben con mayúscula inicial cuando integran el nombre propio.
**c)** Los nombres de ríos, que llevan implícito el nombre genérico, se usan con artículo masculino: *el Plata, el Paraná, el Amazonas.*
**3**. Ante un sustantivo femenino singular que comienza con *a* tónica, por razones de eufonía el artículo toma la forma *el*: *el agua, el águila.*

◊ Nótese que esto no ocurre en plural: *las aguas, las águilas,* y cuando entre el artículo y el sustantivo hay otra palabra: *la majestuosa águila, la cristalina agua.*

**él**. Pronombre personal masculino de tercera persona. La forma femenina es *ella* y sus correspondientes plurales son *ellos* y *ellas* (→ **ellos**). Estas cuatro formas representan a la persona o cosa de que se habla.

Cumple la función de sujeto: *Ella no es la persona que estás buscando*; predicativo: *El culpable no es él sino quienes le permiten actuar así*; objeto directo: *La llaman a ella*, e indirecto: *Dale el libro a él*; y término de complemento preposicional: *Salieron con él, pero volvieron solos.*

**El Havre**. Nombre que recibe, en español, el puerto francés de *Le Havre*.

**electro-**. Elemento compositivo de origen griego llegado a través del latín que, colocado al comienzo de palabra, entra en la formación de numerosas voces españolas con el significado de 'electricidad' o 'eléctrico': *electrodinámica, electrodoméstico, electroforesis, electromecánico.*

**electrolito** o **electrólito**. Ambas grafías son correctas para designar el cuerpo que se somete a disgregación por efecto de la electricidad.

**elegir** (se conjuga como **pedir**).

Participio regular: *elegido*. Participio irregular: *electo.*

**elidir – eludir**.

• elidir. En gramática, omitir. *A veces se elide el sujeto.*

• eludir. Rehuir, esquivar. *Con mucha habilidad eludió la respuesta que podía comprometerlo.*

**elipse – elipsis**.

• elipse. Curva cerrada simétrica. *Dibujó una elipse perfecta.*

• elipsis. Omisión de palabras. *No es necesario que me hable con elipsis.*

**elipsis**. → **elipse**.

**élite** (/**e**-li-te/) o **elite** (/e-**li**-te/). Sustantivo femenino de origen francés incorporado por la Academia española en la edición de 1984 de su *Diccionario* con la grafía *elite* y definido como "Minoría selecta o rectora".

En la actualidad, se reconocen como correctas ambas formas.

**ello**. Pronombre personal neutro de tercera persona. Equivale a 'eso' porque nunca se refiere a personas o cosas determinadas, sino a conjuntos de cosas o hechos. *Si no puedes hacerlo, no te preocupes por ello.*

**1**. Cumple la función de sujeto o de predicativo y término de complemento preposicional.

**2**. Para las funciones de objeto directo e indirecto se emplean las formas **lo** y **le**. *Lo que no anotaba, lo olvidaba rápidamente. A todo lo que aprendiste antes, no le prestes atención.*

**3**. La forma **lo** cumple también la función de predicativo. *Todos dicen que es cierto, así que si no lo es, no será responsabilidad nuestra.*

**ellos**. Pronombre personal masculino de tercera persona del plural. La forma femenina es *ellas* y las formas singulares son *él* y *ella*. Estas cuatro formas representan a las personas o cosas de quienes se habla.

**1**. Cumplen la función de sujeto: *Ellos no llegaron a la hora en que debían*; o de predicativo: *Ellas son las alumnas que rendirán el examen. Los mejores actores eran ellos.* Cuando estos pronombres son precedidos por una preposición forman parte

de un complemento. *Vino con ellos, porque quisieron acompañarlo.*
**2**. En función de objeto directo se emplean las formas átonas *los/las. Los llamaron por teléfono. Las llevaron esta mañana.*
**3**. En función de objeto indirecto corresponde la forma *les. Les pidieron que no hablaran tan alto.*
**4**. Cuando es signo de cuasi reflejo, corresponde la forma *se. Se peinan con rapidez.*
**elocución**. → **alocución**.
**eludir**. → **elidir**.
**embajador**. El femenino de este sustantivo con el que se designa al diplomático que representa al Estado, al jefe del Estado y al gobierno ante otro Estado es *embajadora.*
**embarcar**. ~ **en**: *Nos embarcamos en una nave moderna. Se embarcó en un velero.* ~ **para**, ~ **hacia**: *Embarcaron las mercaderías para Italia. Se embarcaron hacia Europa.* ~ **en**: *Lo embarcó en un negocio complicado. Se embarcaron en una discusión sin fin.*
- **embarcarse como**. ~ **de**: *Se embarcó como oficial.*
**embargar** (se conjuga como **pagar**).
**embeber**. ~ **en**: *Embebieron un algodón en alcohol.*
- **embeberse de**: *Se embebieron de las teorías que explican el origen del universo.*
**embelesar**. ~ **con**: *Los embelesaba con su charla. Nos embelesamos con esa música.*
**embellecer** (se conjuga como **agradecer**).
**embestir – envestir – investir**.
• embestir. Acometer (se conjuga como **pedir**).
~ **con**: *Embiste con furia.* ~ **con**, ~ **contra**: *La fiera embiste contra los árboles.*
• envestir o investir (se conjuga como **pedir**). Revestir, conceder una dignidad. *Fue investido rey con gran pompa.*
**embobar**. ~ **con**: *Lo embobaba con falsas promesas.*
- **embobarse en**: *Se emboba en la contemplación de una obra de arte.*
**embocar**. ~ **en**: *Con un remate perfecto la embocó en la red.*
**emborrachar**. ~ **con**: *La emborrachó con vino.*
- **emborracharse con**: *Se emborracharon con cerveza.* ~ **de**: *Emborrachados de odio, de sangre.*
**emboscar**. Este verbo figura en el *Diccionario* oficial como "Poner encubierta una partida de gente para una operación militar".
De allí que con criterio en extremo purista se criticase su empleo con el sentido 'hacer caer a alguien en una emboscada'. La crítica no parece tener razón pues este tipo de traslado semántico no es ajeno al español. *Los policías fueron emboscados en tres ocasiones por hombres armados con fusiles automáticos y el miércoles fueron atacados desde las montañas vecinas.*
**embrague – embriague**.
• embrague. Dispositivo de acople. *No debe apretar el embrague antes de frenar.*
• embriague. 1ª y 3ª pers. sing. presente del subjuntivo de *embriagar. Siempre que sale le pide que no se embriague.*
**embravecer** (se conjuga como **agradecer**).
**embriagar**. ~ **con**: *La embriagó con su perfume.*
- **embriagarse con**. ~ **de**: *Se embriagaron con vino. Se embriagaron de placer.*
**embriague**. → **embrague**.
**embrutecer** (se conjuga como **agradecer**).

**emerger**. Este verbo significa "Brotar, salir a la superficie del agua u otro líquido" (*DRAE*). *El submarino emergió súbitamente.* También se emplea en sentido figurado. *El Aconcagua emerge majestuoso entre las nubes.*

♦ Evítese la forma **emergir*, más frecuente en España que en América, acaso por influjo del catalán.

***emergir**. Incorrección por → **emerger**.

**emigrar**. ~ **a**, ~ **de**, ~ **desde**... **a**: *Emigraron de España a Francia.*

**eminente – inmanente – inminente**.

• eminente. Alto, prominente, ilustre. *Su padre era una persona eminente.*

• inmanente. "Dícese de lo que es inherente a algún ser o va unido de un modo inseparable a su esencia, aunque racionalmente pueda distinguirse de ella" (*DRAE*). *Para el cristianismo, Dios es inmanente y trascendente al hombre.*

• inminente. Inmediato, próximo. *La llegada del avión es inminente.*

**emocionar**. ~ **con**: *La emocionó con sus palabras.*

– **emocionarse ante**. ~ **con**, ~ **por**: *Se emocionaron con la escena final.*

**empapar**. ~ **con**, ~ **de**, ~ **en**: *Empaparon el paño en desinfectante. Se empaparon con la lluvia.*

– **empaparse de**: *Ni siquiera estudiando las 24 horas podría empaparme de toda esa teoría.*

**emparentar**. Verbo intransitivo que significa 'contraer parentesco por casamiento' y 'hallar relación de afinidad una cosa con otra'.

En la actualidad y generalizadamente, se conjuga como **amar**. Sin embargo, la forma con diptongo (como **pensar**), correspondiente al uso más antiguo, conserva aún cierta vigencia en América. *La noción psicológica de esquema corporal se emparienta con todo lo que acabamos de decir. Entonces, aparecen juegos que se emparientan directamente con el surrealismo.*

**empedrar** (se conjuga como **pensar**).

~ **con**, ~ **de**: *Empedraron la calle con adoquines.*

**empeñar**.

– **empeñarse en**. ~ **para**, ~ **por**: *Se empeña en conseguir lo que necesita.*

**empeñosamente**. Adverbio modal con el que se indica que una acción se lleva a cabo con tenacidad. *Tiene que afrontar las consecuencias por ese intento de obtener una reelección tan empeñosamente perseguida.*

Es de empleo corriente en casi toda América (se documenta, al menos, en la Argentina, Chile, Colombia, México, Perú y Uruguay), pero inusual en España.

**empequeñecer** (se conjuga como **agradecer**).

**emperador**. El femenino de este sustantivo es *emperatriz*. La forma *emperadora* es un arcaísmo.

**empezar** (se conjuga como **pensar**).

~ **con**: *La escena empieza con un primer plano de la flor.* ~ **en**: *La segunda varilla empieza en punta.* ~ **por**: *Siempre empieza por la parte más complicada.*

**emplazar**. ~ **en**, ~ **contra**, ~ **frente**, ~ **sobre**: *Finalmente emplazaron la artillería frente a las murallas.*

**empobrecer** (se conjuga como **agradecer**).

**emporcar** (se conjuga como **contar**).

**empotrar**. ~ **en**: *Empotraron el mueble en la pared.*

**empujar**. ~ **a**, ~ **hacia**, ~ **hasta**: *Lo empujaron al precipicio.* ~ **contra**: *Lo empuja-*

*ron contra la pared. En los trenes llenos, la gente se empuja contra la puerta.*

**emputecer** (se conjuga como **agradecer**).

**en**. Preposición.

En el tiempo o en el espacio, esta preposición indica un punto de referencia estático, es decir sin que acompañe la noción de movimiento. Se diferencia claramente de la preposición → **a**, que denota una relación dinámica.

**1**. Indica el lugar puntual en donde algo ocurre o se encuentra. *Los libros están en la biblioteca. El accidente ocurrió en la estación de tren.*

**a)** Señala la situación de un objeto dentro de un espacio que lo contiene. *Guarda su dinero en el banco. El martillo está en la caja de herramientas.*

También puede usarse en sentido figurado. *Tengo una herida en el alma. Guardan esos recuerdos en el corazón.*

**b)** Cuando indica el punto de contacto entre dos elementos sin especificar su relación, puede ser reemplazada por → **sobre** (que indica contacto superficial): *Las cartas están en la mesa/Las cartas están sobre la mesa. En la pared hay una mancha/Sobre la pared hay una mancha*; o por → **dentro** (que indica interioridad): *Los documentos están en el cajón del escritorio/Los documentos están dentro del cajón del escritorio.*

El uso de la preposición **en**, en lugar de → **dentro de** está más extendido en América que en España.

**c)** Forma locuciones. *En sí, la situación no es irreversible, pero va a ser complicado modificarla. Después del desmayo, tardó en volver en sí.*

**2**. En su significación temporal, esta preposición expresa el tiempo durante el cual se realiza la acción. *Borges murió en 1989. La ciudad en otoño adquiere una luminosidad muy especial. En esa época no se usaban las faldas cortas.*

Expresiones temporales como: 'en la tarde', 'en la noche', que alternan con las formas 'por la tarde', 'por la noche', parecen ser más frecuentes en América que en España.

**3**. Señala el comienzo de una acción, después de una expresión temporal que marca su punto de inicio. *Desde mañana en adelante no vamos a aceptar más reclamos.*

**4**. Denota duración, más o menos definida en el tiempo. *En todo su discurso no hizo más que elogiarse a sí mismo. No pudieron escribir en todo el día.*

**5**. Expresa el término final de una duración. *Terminaron el trabajo en dos semanas. En una hora estaremos listos para salir.*

**6**. En correlación con la preposición → **de**, expresa un sentido de distribución. *Cuando su madre estaba enferma, la visitaba de tarde en tarde.*

**7**. Con algunos verbos que denotan movimiento, señala el punto final de este, indicando el lugar a donde se llega o entra. *Entró en el cine. Cayó en tierra.*

**8**. Expresa limitación, parte, aspecto. *Él es superior en inteligencia. América es un continente rico en recursos naturales.*

**9**. También señala tema o argumento. *No puede opinar en cuestiones económicas. ¿Pueden asesorarme en este tema?*

**10**. Con sentido de término aparece en algunas construcciones. *Fue en su ayuda rápidamente. Después de que su padre murió, la familia cayó en desgracia. Andan de mal en peor. El pobre chico pasó su infancia yendo de colegio en colegio.*

**11**. Puede denotar el modo con que algo se realiza. *El trabajo se realizó en grupo.*

*Estaba hablando en serio. Esta vez quisimos salir en pareja.*

**12**. Forma complemento con un sustantivo que denota cualidad. *Se nota en la pronunciación que es extranjero. Se parece a su padre en el andar.*

**13**. Puede tener un significado causal. *Se dieron cuenta de su nerviosismo en el tono de voz. En consideración a su situación no está obligado a pagar el impuesto.*

**14**. Proporciona igualmente una idea de división. *El camino se abría en varias direcciones. Corten el pan en porciones iguales.*

**15**. En construcción con un infinitivo constituye el término de la acción. *Tardaron mucho en llegar a casa.*

**16**. Indica el medio o instrumento con el que se realiza la acción. *Mi hermana puede hablar en ruso y en japonés.*

**17**. Expresa precio o valor. *Le vendió su auto en diez mil pesos. El cuadro está valuado en cincuenta mil dólares.*

**enaltecer** (se conjuga como **agradecer**).

**enardecer** (se conjuga como **agradecer**).

**encaminar**.

- **encaminarse a**. ~ **hacia**: *Se encaminaban hacia un futuro mejor.*

**encanecer** (se conjuga como **agradecer**).

**encapricharse**. ~ **con**, ~ **en**: *Se encapricha con detalles.*

**encaramarse**. ~ **a**, ~ **en**, ~ **sobre**: *Se encaramó en lo más alto de la rama.*

**encarecer** (se conjuga como **agradecer**).

**encargar**.

- **encargarse de**: *Encárguense de la limpieza.*

**encargue**. Este sustantivo, con el que se expresa la acción y efecto de encargar, no figura en el *Diccionario* oficial, que solo registra *encargo* y la frase *estar de encargue* ('embarazada'). Sin embargo el vocablo se halla relativamente extendido en la Argentina y Uruguay, donde coexiste con la forma académica. *¿Escribió alguna vez por encargo? ¿Nunca escribió por encargue?*

Acaso esta forma no sea más que uno de los tantos arcaísmos conservados en América.

**encarnizar**. ~ **con**: *La desgracia se encarnizó con la familia.*

**encauzar**. ~ **hacia**, ~ **dentro**, ~ **por**: *Debe saber encauzar su carrera hacia otros objetivos. Finalmente pudo encauzar su vocación dentro del mundo del arte. Ha sabido encauzar el conflicto por la vía legal.*

**encender** (se conjuga como **tender**).

~ **con**: *Encendieron el fuego con los pocos fósforos que les quedaban.*

- **encenderse de**. ~ **en**. Enardecerse. *Se encendió de furia.*

**encerrar** (se conjuga como **pensar**).

~ **en**: *Lo encerró en el baño. Me encerré en la cocina.*

**encima – enzima**.

• encima. Sobre, además. *Se veían los relámpagos por encima de los montes. Encima, tenía mucho trabajo.*

• enzima. Sustancia proteínica. *En el laboratorio experimentaban con una nueva enzima.*

Si bien en el *DRAE* este vocablo está registrado como de género ambiguo, parece dominar su uso como sustantivo femenino.

**encima**.

**1**. Adverbio con el que se indica, en sentido recto o figurado, el hecho de hallarse en lugar o situación superior.

**2**. Adverbio que expresa la noción de añadir algo a aquello que se enuncia, o se da por supuesto. Equivalente a **además** o **aún más**. *Le pide que no salga los viernes,* *que los sábados vuelva temprano, y encima quiere que los domingos almuerce con su familia.*

♦ Es incorrecto el uso de este adverbio delante de pronombre posesivo. **Siempre estaba encima nuestro.* Corresponde el empleo de la construcción *DE* + PRONOMBRE TÉRMINO. *Siempre estaba encima de nosotros.*

– **echarse encima una cosa**. Locución que, en sentido figurado, da a entender que un acontecimiento sobreviene u ocurre antes de lo que se esperaba. *El viaje se me echó encima sin que me diera cuenta.*

– **echarse encima de alguien**. Expresión que, en sentido figurado, significa 'acosar a alguien', 'asediarlo', 'acometerlo'. *Los acreedores se le echaron encima en cuanto cruzó la puerta de la empresa.*

– **encima de**. Locución prepositiva que significa 'en la parte superior de algo'. *La lapicera estaba encima de todos los libros.*

– **por encima**. Locución adverbial con la que se da a entender que la acción se realiza superficialmente, o de pasada. *Lo leyó por encima.*

– **por encima de** (una persona). Locución prepositiva de sentido figurado con la que se manifiesta que una persona no fue tenida en cuenta o que se actuó en contra de su voluntad en determinadas circunstancias. *Le pasaron por encima cuando tomaron todas las decisiones sin consultarlo.*

– **por encima de** (una cosa). Locución prepositiva que en sentido figurado y hablando de cantidades o cifras, expresa superioridad respecto de otra. *Sus expectativas están por encima de nuestras posibilidades.*

**encomendar** (se conjuga como **pensar**). ~ **a**: *Encomendó su alma a la Virgen. Nos encomendamos a Dios.*

**encontrar** (se conjuga como **contar**).
– **encontrarse con**: *Nos encontramos con varios amigos.* ~ **en**: *Nos encontramos en el cine.*

**encordar** (se conjuga como **contar**).

**encubrir**. Participio irregular: *encubierto.*

**ende**. Adverbio, desusado en la actualidad, cuyo significado es 'de allí', 'de aquí', 'de esto'. Sobre este sentido se ha formado la locución conjuntiva, propia del lenguaje formal, **por ende**, equivalente a **por tanto**. *No tienen más fondos, por ende no podrán realizar la inversión prevista.*

**endeca-**. Elemento compositivo de origen griego que, colocado al comienzo de palabra, entra en la formación de algunos cultismos españoles con el significado de 'once': *endecasílabo.*

**endo-**. Elemento compositivo de origen griego que, colocado al comienzo de palabra, entra en la formación de varios cultismos, particularmente médicos, con el significado de 'dentro', 'en el interior de': *endocrinología, endógeno, endovenoso.*

**endoscopia** (/en-dos-**ko**-pia/). Sustantivo femenino con el que se designa la exploración visual de cavidades o conductos internos del organismo.
La Academia española solo registra la forma sin hiato final, sin embargo, la composición con este se halla sumamente generalizada (/en-dos-ko-**pi**-a/) en todos los niveles del habla. *Fue examinado completamente por los veterinarios con prácticas de endoscopía y se estimó que su estado de salud es óptimo.* → **-scopia**.

**endurecer** (se conjuga como **agradecer**).

**endurecerse ante**. ~ **frente**: *Su postura se endureció ante la negativa de la parte contraria.*

**enea-**. Elemento compositivo de origen griego que, colocado al comienzo de palabra, entra en la formación de cultismos españoles con el significado de 'nueve': *eneasílabo.*

**enemistar**. ~ **con**: *Lograron enemistarla con su amiga de toda la vida.* ~ **por**: *Se enemistaron por cuestiones de negocios.*

**enérgico**. ~ **ante**, ~ **con**, ~ **frente**: *Se mantuvo enérgico frente a la adversidad. Es enérgico con sus hijos.*

**enervar**. Históricamente, el significado español de este verbo es 'debilitar, quitar las fuerzas'. A partir de la edición de 1992 la RAE incorporó en su *Diccionario* el galicismo semántico 'poner nervioso', de empleo relativamente frecuente.

**enfadar**. ~ **con**: *Lo enfadaron con tantos ruegos. Se enfada con sus nietos si ellos pelean.*

– **enfadarse por**: *Se enfada por cosas sin importancia.*

**enfermar**. ~ **de**: *Lo enfermaron de tanto darle de comer. Se enfermó del corazón. Enfermó de amor.*

**enflaquecer** (se conjuga como **agradecer**).

**enfocar**. ~ **en**, ~ **sobre**: *Su mirada se enfocó en el barco distante. Enfocaron sus armas sobre los blancos enemigos.*

**enfrascarse**. ~ **en**: *Por las tardes solía enfrascarse en interminables discusiones con don Manuel.*

**enfrentar**. ~ **con**, ~ **contra**: *Lo enfrentaron con la verdad. Se enfrentaron con sus adversarios.*

**enfriar** (se conjuga como **ansiar**).

**enfurecer** (se conjuga como **agradecer**). ~ **con**, ~ **contra**: *Lo enfurecía con su jefe. Se enfurecía contra los irresponsables.* ~ **por**: *No la enfurezcas por tan poca cosa. No te enfurezcas por todo.*

**engalanar**. ~ **con**: *Engalanaron el salón con flores naturales. Se engalanaron con sus mejores ropas.*

**engañar**. ~ **con**: *Engaña a todos con su sonrisa. Se engañan con lo que ven.*

**engrandecer** (se conjuga como **agradecer**).

**engrosar**. En el uso actual, este verbo se emplea corrientemente con el sentido de 'hacer más numeroso un conjunto, aumentarlo'.

En cuanto a su conjugación, parece ser más frecuente como regular (*engrosa*), aunque también es admisible la conjugación irregular según el modelo de **contar** (*engruesa*).

**enhestar** (se conjuga como **pensar**).

**enjaular**. → **causar**.

**enjuagar**. Limpiar ligeramente; quitar con agua el resto de jabón de lo que se ha lavado. *Me enjuago las manos y ya estoy con usted.*

◊ No confundir con **enjugar**.

**enjugar**. Participio regular: *enjugado*. Participio irregular: *enjuto*.

Quitar la humedad superficial. *Antes de que terminase el partido tuvo que enjugarse tres veces la transpiración.*

◊ No confundir con **enjuagar**.

**enloquecer** (se conjuga como **agradecer**). ~ **de**: *Enloquecieron de dolor y de incertidumbre. Nos enloquecimos de trabajo.*

**enmendar** (se conjuga como **pensar**).

**ennegrecer** (se conjuga como **agradecer**).

**enojar**.

– **enojarse con**: *Se enoja con los que lo contradicen.* ~ **por**: *Se enojó por una opinión sin importancia.*

**enólogo – etnólogo**.
• enólogo: Persona versada en enología. *En la bodega contrataron a un enólogo con gran experiencia.*
• etnólogo: Persona versada en etnología. *El etnólogo estudiaba las costumbres del pueblo.*
**enorgullecer** (se conjuga como **agradecer**).
**enorgullecerse con**. ~ **de**: *Me enorgullece con su amistad. Me enorgullezco de ser su amigo.*
**enrarecer** (se conjuga como **agradecer**).
**enredar**. ~ **a**: *No quería enredarse a sopapos con un chiquillo.* ~ **con**: *Enredó el hilo con la lana. Se enredó con sus propias palabras.* ~ **en**: *La planta se enreda en la pared. No enredes los pies en el cable.*
– **enredarse entre**: *Se enredó entre las lianas.*
***enriedo**. Incorrección por *enredo*. El verbo *enredar* es regular y no diptonga.
La forma diptongada es rústica. **Sé cómo hacen la partida,/la enriedan y la manejan.*
**enriquecer** (se conjuga como **agradecer**).
~ **con**: *Enriqueció el debate con sus aportes. Se enriqueció con la herencia.*
**enrojecer** (se conjuga como **agradecer**).
~ **de**: *Enrojeció de vergüenza. Me enrojecí de furia.*
**ensañarse**. ~ **con**: *Se ensaña con sus víctimas.*
**enseguida**. Adverbio modal con el que se indica que una acción tiene lugar sin dilación, inmediatamente, sea en el tiempo o en el espacio. *Enseguida te llamo. Enseguida se halla el hotel.*
**ensombrecer** (se conjuga como **agradecer**).
**ensordecer** (se conjuga como **agradecer**).
**entender** (se conjuga como **tender**).
~ **de**, ~ **sobre**, ~ **acerca de**: *Son pocos los que realmente entienden de Física cuántica.* ~ **en**: *El juez que entiende en la causa es sumamente responsable.*
– **entenderse en**: *Se entendían en español.* ~ **por**: *Nos entendíamos por señas.* ~ **con**: *Se entiende muy bien con su compañera, por eso trabajan siempre juntas.*
**entenebrecer** (se conjuga como **agradecer**).
**enterarse**. ~ **de**: *Se enteró de la noticia.*
**enternecer** (se conjuga como **agradecer**).
**enterrar** (se conjuga como **pensar**).
**entonces**. **1**. Adverbio temporal con el que se da a entender que un hecho tiene lugar en el tiempo o momento mencionado sobreentendido. *Sólo (cuando anochecía) entonces regresábamos del campo.*
**2**. Adverbio modal con el que se expresa que un hecho depende de un acontecimiento antes mencionado o que se sobreentiende. (*Si es así,*) *Entonces podremos seguir nuestro camino tranquilos.*
**entontecer** (se conjuga como **agradecer**).
**entorpecer** (se conjuga como **agradecer**).
**entrar**. ~ **a**, ~ **en**: *Entró en la casa con respeto.* ~ **por**: *Entramos por la puerta de atrás.*
**entre**. Preposición.
**1**. En sentido recto o figurado, señala la ubicación de un objeto dentro de un conjunto de personas o cosas a las que puede pertenecer o no, pero del cual se diferencia. *Entre las plantas había muchas piedras. El sol se escondía entre las montañas. No hubo aceptación de la propuesta entre los hombres.*
Es frecuente que la preposición preceda a dos sustantivos coordinados por la conjunción **y**. *Entre la playa y el hotel hay tres cuadras.*
**2**. Denota movimiento en el espacio cuando es precedida por la preposición **por**. *Caminaron por entre las angostas calles del*

*pueblo. A pesar de que el tránsito era caótico, manejaba por entre los autos con gran habilidad.*
**3**. Acompaña a la preposición **de** para indicar origen o procedencia desde un conjunto de objetos. *De entre las piedras salieron dos víboras de coral. Lo vimos aparecer de entre los árboles.*
**4**. Dentro de un conjunto o clase, se usa para destacar a una persona o animal o cosa. *Era el más inteligente entre todos los alumnos. Fue el que más protestó entre los que asistieron a la reunión.*
**5**. En una determinada situación, expresa la participación, la cooperación de personas o animales. *La auxiliaron entre las pocas personas que transitaban a esa hora. Limpiaron el aula entre la profesora y los alumnos.*
**6**. Denota una actitud recíproca. *Entre ellos existía un acuerdo previo. Cuando un ganso se ve obligado a abandonar la bandada porque está herido o enfermo, otros hacen lo mismo y entre ellos se acompañan.*
◊ Obsérvese que cuando la preposición precede al pronombre reflexivo **sí**, acompañado con un verbo pronominal, este adquiere un significado recíproco. *Los hermanos se peleaban siempre entre sí.*
**7**. Indica la comparación de dos términos. *Entre este libro y aquel no hay diferencias. La vida entre aquella época y esta es la misma.*
**8**. Señala en el tiempo el punto inicial y el punto final que enmarcan el desarrollo de una acción. *Salimos de casa entre las 9 y las 9:30. Estudió Medicina entre 1980 y 1987.*
**9**. Puede expresar un hecho que se desarrolla en los lapsos comprendidos por distintos momentos. *Entre el trabajo y las obligaciones de la casa, no le queda mucho tiempo para leer.*
**10**. En algunos casos tiene un valor distributivo. *Entre sorpresas y sobresaltos llegó a enterarse de toda la verdad. Pasa su vida entre el trabajo y el estudio.*
**11**. Cuando indica modo puede anteceder a un adjetivo: *La comida estaba entre tibia y fría. Después de contarme lo que pasó, quedé entre sorprendida y desilusionada;* a un sustantivo: *Lo amenazó entre burlas e insultos;* o a un infinitivo: *Entre charlar y ordenar la casa, pasamos la noche en vela.*
**12**. En el sentido de 'dentro de' (*Dije entre mí*), es un arcaísmo que se conserva en algunas regiones de España y de América.
Esta preposición interviene en la formación de algunas expresiones como:
– **entre más**. Locución adverbial correlativa de cantidad equivalente a *cuanto más. Para la mayoría de tales cultivos entre más elevada sea la humedad más pronto será su maduración.*
Es de empleo corriente en el habla coloquial de diversos países americanos como: Colombia, Costa Rica, Ecuador, Guatemala, Honduras y México.

**entredecir** (se conjuga como **contradecir**). Participio irregular: *entredicho.*
En la actualidad el verbo prácticamente solo se emplea en la forma de participio para formar expresiones, con verbos que denotan existencia o para referirse a la duda que se tiene sobre la veracidad de algo o sobre las condiciones morales de alguien. *Su honor no se halla en entredicho.*

**entredicho**. Sustantivo masculino con el que se alude a una disputa o querella verbal. *Fuentes diplomáticas aseguraron que el episodio estuvo a punto de generar un entredicho entre ambos gobiernos.*

Es de empleo corriente prácticamente en toda América; se lo documenta al menos en la Argentina, Chile, Colombia, Paraguay, Perú, México y Uruguay, pero es inusual en España.

**entremeter**. En su empleo más corriente este verbo significa 'meter una cosa entre otras o ponerse en medio'. Como pronominal vale por 'inmiscuirse, meterse en lo que no corresponde'.
~ **en**: *Se entremete en asuntos privados.*
◊ Coexiste con la variante *entrometerse*, que tiene el mismo significado.

**entrenar** (Del francés *entraîner*, 'adiestrar', 'preparar'). Este verbo se emplea generalmente en el campo del deporte, aunque no es inusual en otros ámbitos, como el laboral, que exigen una formación particular.
En su empleo regular es transitivo (*el director técnico entrena a los jugadores*), y también pronominal (*los jugadores se entrenan en la cancha*).
♦ Ocasionalmente aparece como intransitivo. *Peñarol entrenó ayer, en doble turno, en el estadio Monumental.*
Corresponde evitar este uso.

**entretener** (se conjuga como **tener**).
~ **en**, ~ **con**: *Lo entretiene con sus cuentos. Se entretiene en actividades inútiles.*

**entrever** (se conjuga como **ver**).

**entristecer** (se conjuga como **agradecer**).
~ **con**: *La entristecía con las penas de los otros.* ~ **por**: *Se entristece por la desgracia y por su amigo.*

**entrometer**. → **entremeter**.

**envainar**. → **bailar**.

**envanecer** (se conjuga como **agradecer**).
- **envanecerse de**. ~ **con**: *Se envanece de sus virtudes.*

**envasar**. ~ **en**: *Envasaron el dulce en frascos grandes.*

**envejecer** (se conjuga como **agradecer**).

**envestir**. → **embestir**.

**enviar** (se conjuga como **ansiar**).

**enviciar**. ~ **con**: *Lo envició con las drogas. Se envició con la bebida.*

**envilecer** (se conjuga como **agradecer**).

**envolver** (se conjuga como **mover**).
Participio irregular: *envuelto*.
~ **con**, ~ **en**: *Lo envolvió con papel celofán. Se envolvieron en mantas de viaje para dormir.* ~ **entre**: *Lo envolvió entre algodones.*

**enzima**. → **encima**.

**epifito, ta** (/e-pi-**fi**-to/). Este adjetivo, con el que se designa al vegetal que vive sobre otra planta, es voz grave.
♦ Evítese su empleo como esdrújula *(/e-**pi**-fi-to/).

**epigrama** (/e-pi-**gra**-ma/). Este sustantivo, con el que se designan una inscripción, una composición poética y un pensamiento expresado brevemente, es un vocablo grave.
♦ Debe evitarse la acentuación esdrújula *(/e-**pi**-gra-ma/).

**equi-**. Elemento compositivo de origen latino que, colocado al comienzo de palabra, entra en la formación de un número considerable de cultismos españoles con el significado de igual: *equidistante, equilátero, equivalencia*.

**equivalente**. De igual estimación, valor o eficacia.
**1**. Como adjetivo es invariable en género y se construye con las preposiciones **a** o **de**. *Una suma equivalente a la prestada. Una cantidad equivalente de dinero.*
**2**. Como sustantivo es de género masculino y puede entrar en construcciones con

las preposiciones **a** o **en**. *Es equivalente en su valor a lo prestado.*

**equivaler** (se conjuga como **valer**).

~ **a**: *Un dólar equivale a un peso.*

**equivocar**.

- **equivocarse en**. ~ **con**: *Se equivocó con la elección de la fecha.* ~ **de**: *Me equivoqué de puerta.*

**erguir**.

(➤ Cdo. 30.)

**erogar**. Pagar, desembolsar. Verbo transitivo, propio del lenguaje administrativo en diversos países de América (la Argentina, Bolivia, Chile, Costa Rica, Ecuador, Nicaragua, México, Paraguay, Venezuela y Uruguay).

De la definición del *DRAE* "Distribuir, repartir bienes o caudales. || 2. Venez. y Méx. Gastar el dinero", solamente la segunda parece corresponder a este uso. Pero el área de empleo es considerablemente más extensa. *Son todas las alternativas viables para que la provincia deba erogar la menor cantidad de dinero posible.*

**erradicar**. ~ **de**: *Pretendían erradicar la violencia de la ciudad.*

**errar – herrar**.

• errar. No acertar. Andar vagando. *Erraron el camino de vuelta.*

◊ En diversos países americanos, como la Argentina, Chile, Colombia, Honduras, México y Uruguay, se conjuga también sin diptongar. *Los jugadores profesionales también erran los penales.*

Esta conjugación parece hallarse cada vez más consolidada.

(➤ Cdo. 31.)

• herrar (se conjuga como **pensar**).

Clavar las herraduras. *Herró su caballo y partió.*

**ersatz**. Este sustantivo, que proviene del alemán, es un internacionalismo propio del lenguaje filosófico y sociológico donde se lo emplea con el sentido de 'sustitutivo' o 'sucedáneo'. *Si abandonamos lo propio a favor de un ersatz de vida hecho de la artificialidad de la mercadotecnia, nos hundimos en la orfandad.*

***eruptar – *erupto**. Formas vulgares, y relativamente extendidas, por *eructar* y *eructo*.

**escabullir** (se conjuga como **mullir**).

**escandalizar**. ~ **de**, ~ **por**: *Se escandalizó de lo que dijo. Escandalizó a su madre por la ropa que tenía.*

**escarmentar** (se conjuga como **pensar**).

**escarnecer** (se conjuga como **agradecer**).

**escéptico, ca**. Que no cree en determinadas cosas. Este adjetivo, proveniente del latín *scepticus*, no guarda relación alguna con el prefijo **ex-**, por lo que debe evitarse la grafía incorrecta ***excéptico**.

**esclarecer** (se conjuga como **agradecer**).

**escocer** (se conjuga como **cocer**).

**esconder**. ~ **de**: *No escondas de mi vista lo que traes.*

**escribir**. Participio irregular: *escrito*.

~ **en**, ~ **sobre**: *Escriban en sus cuadernos.* ~ **de**, ~ **sobre**, ~ **acerca de**: *No le gustaba demasiado escribir sobre su vida.* ~ **en**: *Puedo escribirlo en francés.*

**escritorio** (Por influjo del inglés *desktop*). En informática, es la interfaz gráfica que toma el lugar del fondo de pantalla. Es allí donde se organizan las ventanas e íconos y aparecen los cuadros de diálogo.

**ese**. Adjetivo y pronombre.

Tiene variante de género y número, por lo que existen cuatro formas: **ese**, **esa**, **esos**, **esas**, que pueden emplearse como pronombre y adjetivo demostrativos. Hay también una forma neutra, **eso**, que solo funciona como pronombre. *Eso no es lo que esperábamos.*

• Pronombre demostrativo que señala algo o a alguien que, en el espacio, está situado a cierta distancia del que habla. *Ese es el mío. Esas son las tuyas.*

**a)** En cuanto a su ortografía, las formas pronominales masculinas y femeninas tradicionalmente se escribían con tilde. *Ése me gusta más. Ésos son los más viejos.* Actualmente esta acentuación escrita ha dejado de ser obligatoria y solo se conserva cuando existe riesgo de anfibología.

La forma neutra **eso** nunca se escribe con tilde. *En eso estamos de acuerdo.*

**b) Eso** se emplea para referirse de manera deíctica a cosas no determinadas en número. *Todo eso que está ahí es tuyo.*

También se utiliza anafóricamente para reemplazar una oración o proposición enunciada previamente. *–Me dijeron ayer que te burlaste de mí. –Eso no es cierto. –Te pido que hoy no llegues tarde. –No voy a hacer eso.*

• Como adjetivo, tiene las siguientes características y sentidos:

**a)** Antecede al sustantivo: *ese libro, esa canción, esos hombres, esas personas.*

**b)** Puede utilizarse pospuesto al nombre si delante de él se incluye artículo: *el libro ese, la canción esa, los hombres esos, las personas esas.*

♦ Es incorrecto el uso del demostrativo ese delante de sustantivos femeninos que comienzan con a tónica, empleo que proviene de la confusión con el uso del artículo **el**: **ese aula, *ese arma,* por *esa aula, esa arma,* que es la forma correcta e insustituible.

**esforzar** (se conjuga como **contar**).

– **esforzarse en.** ~ **por**: *Es preferible ser original y no esforzarse en imitar modelos ajenos. No necesitó esforzarse por ganar el aprecio de los vecinos.*

**eslogan** (/es-**lo**-gan/). Este sustantivo masculino, que proviene del inglés *slogan*, fue incorporado por la RAE, en la edición de 1992 de su *Diccionario*, con la siguiente definición: "Fórmula breve y original, utilizada para publicidad, propaganda poiítica, etcétera".

Su plural oscila entre el regular *eslóganes* y el anómalo *eslogans.*

♦ Es voz grave terminada en *-n*, por lo que no lleva acento ortográfico. Su plural, *eslóganes*, lleva tilde por ser palabra esdrújula.

**esmog**. Españolización del inglés *smog* (de *smoke* 'humo' y *fog* 'niebla'). Con este sustantivo masculino se designa la niebla pesada y oscura causada por el humo y vapores químicos.

La voz no figura aún en el *Diccionario* oficial, pese a ser de empleo frecuente. *Impulsa el gobierno un ordenamiento urbano para atacar el esmog. La guerra contra el esmog y la contaminación ambiental ya se lleva a cabo en la ciudad.*

**esotérico – exotérico**. Además de parónimos por su pronunciación y grafía, estos vocablos son antónimos.

• esotérico. Oculto, secreto. *Las enseñanzas esotéricas no se transmiten a todos.*

• exotérico. Accesible, común. *Los conocimientos exotéricos no penetran en la realidad profunda.*

**espagueti**. Sustantivo masculino proveniente del italiano *spaghetti*, vocablo con el que se denomina un tipo de fideos.

Fue incorporado por el *DRAE* en la edición de 1992. Aunque por su morfología la palabra italiana es plural, en español se la tomó como singular y formó, en consecuencia, el plural regular *espaguetis*.

**espantar**. ~ **con**, ~ **de**, ~ **por**: *Se espantaron de sus palabras. Nos espantaban con sus gritos.*

**español – castellano**. El nombre de la lengua común a España y a los países hispanoamericanos, que se habla además en buena parte de los Estados Unidos, es *español* o *castellano*.

Tanto por el recelo, posterior a la Independencia, como por la propia tradición, en América se ha manifestado cierta preferencia por *castellano*.

Sin embargo, esa denominación encierra una inexactitud: la de suponer que la lengua regional de Castilla corresponda a la variada y rica lengua con que nos comunicamos en la actualidad.

*Castellano* es en propiedad el nombre que recibe la vieja lengua del Reino de Castilla medieval y, en la actualidad, una de las cinco lenguas oficiales del Reino de España.

Aunque estas razones seguramente no bastarán para cambiar hábitos lingüísticos fuertemente arraigados, es conveniente recordar que para el uso oficial internacional es *español*.

**esparcir**. ~ **por**, ~ **sobre**: *No vaciló en esparcir por el mundo su verdad. Luego se esparce ligeramente sobre la torta.*

**especia – especie**.

• especia. Sustancia vegetal que se emplea como condimento. *El azafrán es una especia ideal para condimentar el arroz.*

• especie. Sustantivo femenino con el que se indica el conjunto de cosas que tiene características comunes. *Ese ejemplar pertenece a una especie poco conocida.*

– **en especie**. Locución adverbial con la que se da a entender que un pago no se realiza en moneda corriente, sino con mercancías o trabajo. *No hace falta dinero, paguen el alquiler en especie.*

♦ Evítese el error frecuente de confundir este sustantivo con → **especia**.

**especializar**.

– **especializarse en**: *Después de recibirse de arquitecto, se especializó en diseño gráfico.*

**especie**. → **especia**.

**espécimen**. Este sustantivo, que equivale a 'modelo', 'muestra', es voz esdrújula.

♦ Debe evitarse la acentuación grave *(/es-pe-**si**-men/).

◊ En el plural se produce el desplazamiento del acento: *especímenes* (/es-pe-**si**-me-nes/).

**especular**. ~ **con**: *No se puede vivir especulando con el beneficio propio.* ~ **acerca de**, ~ **sobre**: *No puedo especular sobre ese tema.*

**esperma**. Semen, secreción de las glándulas genitales masculinas.

Este sustantivo es de género ambiguo: *el esperma, la esperma.*

**espiar – expiar**.

• espiar (se conjuga como **ansiar**).

Acechar. *Los espiaba a través de una ventana.*

• expiar (se conjuga como **ansiar**).

Reparar, pagar. *Se sintió mal y quiso expiar sus culpas.*

**espiral**. Es sustantivo femenino cuando designa la línea curva que da indefinidamente vueltas alrededor de un punto, alejándose de él más en cada una de ellas.

Como dispositivo anticonceptivo es, por lo común, de género masculino. *Rechazamos enérgicamente el uso del espiral intrauterino por ser un método abortivo.*

**espirar – expirar**.
• espirar. Exhalar. *Espiró, retomó el aire y comenzó a hablar.*
• expirar. Morir, acabar. *Miró a todos y expiró. Expiró el plazo para presentar la documentación.*
***espúreo**. Forma incorrecta por **espurio**. Pese a que no faltan ejemplos literarios y periodísticos de este uso, debe preferirse **espurio**, forma etimológica que registra la Academia. **Si el Estado tiene necesidad de seguir cubriendo su déficit, no hay que operar con impuestos espúreos.*
**espurio**. Bastardo, falso, adulterado.
♦ Evítese el empleo de la forma **espúreo*.
**esquí**. Si bien la Academia española, en el *DRAE* emplea la forma plural *esquís*, por considerarla más corriente, la grafía *esquíes* es igualmente regular. *Había una nieve muy profunda en la que se enterraban nuestros esquíes.*
**esquiar** (se conjuga como **ansiar**).
**establecer** (se conjuga como **agradecer**).
~ **en**: *La familia se estableció en el campo. Establecieron una sucursal en otra ciudad.*
**establishment**. Sustantivo masculino inglés con el que se designa en su conjunto a los grupos sociales que poseen poder en la estructura institucional de la comunidad y se identifican, generalmente, con una visión conservadora.
Esta voz, que carece de equivalente en español, se emplea, al igual que en su lengua de origen, precedida por el artículo masculino.
El plural, aunque infrecuente, es *establishments*.
**estadio** (/es-**ta**-dio/). Este sustantivo es trisílabo.
♦ Debe evitarse su empleo con hiato *(/es-ta-**di**-o/), forma relativamente frecuente cuando se usa con el sentido de 'etapa o fase de un proceso'. El hiato acaso se origine en la necesidad de diferenciar este sentido del de 'recinto deportivo', o se forme por analogía con *estadía*. De cualquier manera es innecesario.
**estadium**. Este vocablo, que proviene del latín y que designa un recinto destinado a competiciones deportivas, tiene su equivalente español en → **estadio**.
**estadual**. Este adjetivo, de origen brasilero, no es desconocido en los países americanos.
Por lo general con él se alude a lo que es propio o perteneciente a los estados (división administrativa) brasileros. *La Nación se obliga a compensar el sobregasto estadual.*
♦No corresponde emplearlo cuando se hace referencia a otros países americanos, y mucho menos cuando se trata de naciones que no están organizadas en estados.
**estalactita – estalagmita**.
• estalactita. Concreción calcárea que suele colgar del techo de las cavernas.
• estalagmita. Concreción formada sobre el suelo de una caverna.
**estalagmita**. → **estalactita**.
**estándar** (Del inglés *standard*). Como adjetivo, que significa 'medio', 'regular', es voz invariable. *Un nivel estándar de vida.* Como sustantivo masculino, 'modelo', 'norma', 'nivel', puede variar en número. *Tiene un buen estándar de vida. El producto se ajusta a los estándares de calidad comúnmente admitidos.*
**estanflación**. Neologismo de origen inglés (*stagflation*) propio del lenguaje de la economía con el que se designa una situación en la que confluyen el estancamiento y la inflación. *Acudir reiteradamente al gasto*

*público para la creación de empleos llevó también, según muchos analistas, al fenómeno llamado* ESTANFLACIÓN *(inflación con desempleo).*
◊ El calco español es preferible al híbrido, menos usual, **estangflación**.
**estar**. Verbo copulativo cuya principal función es la de atribuir al sujeto una cualidad circunstancial o pasajera.
~ **a**:
**a)** Costar. *Los tomates están a $2 el kilo.*
**b)** Con el verbo en primera persona del plural y seguido de una indicación temporal, es una forma coloquial para referirse al momento presente. *Estamos a 24 de octubre.*
– ESTAR POR + INFINITIVO. Construcción con la que se expresa la inminencia de la acción designada por el infinitivo: *La nueva secretaria está por venir*; o la intención de realizarla en un futuro próximo: *Estoy por comprarme un auto nuevo.*
– ESTAR + GERUNDIO. Frase verbal que denota una acción en su aspecto durativo o progresivo. *Está corriendo todo el día. Ya está amaneciendo.*
(➤ Cdo. 32.)
**estático – extático**.
• estático. Sin movimiento. *Permaneció estático durante varias horas.*
• extático. Que está en éxtasis, o lo tiene. *Permaneció largo tiempo extático ante la imagen de la Virgen.*
**estatizar**. Con el significado de 'poner algo bajo la administración del Estado', este verbo es de uso corriente en diversos países americanos, la Argentina, Bolivia, Chile, Colombia, Perú, México, Uruguay y Venezuela, y no es desconocido en España.
**estatuir** (se conjuga como **huir**).
**este**. Adjetivo y pronombre.
Tiene variante de género y número, por lo que existen cuatro formas: **este**, **esta**, **estos**, **estas**, que pueden emplearse como pronombre y adjetivo demostrativos. Hay también una forma neutra, **esto**, que solo funciona como pronombre. *Esto no es lo que esperábamos.*
• Pronombre demostrativo singular, masculino con el que se designa algo o a alguien que se encuentra cerca de la persona que habla, o representa y señala lo que se acaba de mencionar. *Este [sillón] es el más cómodo. Este [párrafo] es decisivo para comprender la teoría.*
En cuanto a su ortografía, las formas masculinas y femeninas pueden llevar tilde. Pero solamente se acentuarán cuando exista riesgo de ambigüedad.
La forma neutra **esto** nunca se escribe con tilde. *En esto no coincidimos.*
• Como adjetivo, posee las siguientes características y sentidos:
**a)** Regularmente antecede al sustantivo: *este libro, esta canción, estos hombres, estas personas*; pero puede utilizarse pospuesto si **este** se halla, a su vez, precedido por un artículo: *el libro este, la canción esta, los hombres estos, las personas estas.*
♦ Es incorrecto el uso del demostrativo *este* delante de sustantivos femeninos que comienzan con *a* tónica: **este aula, *este agua*, por *esta aula, esta agua*, que es la forma correcta e insustituible. Este empleo proviene de la confusión con el uso del artículo **el**.
**estereo-**. Elemento compositivo de origen griego que, colocado al comienzo de palabra, entra en la formación de cultismos españoles con el significado de 'sólido': *estereografía, estereoscopio.*

**estipular**. Como se ha observado con apego al diccionario, etimológica y tradicionalmente ninguna ley *estipula*, porque *estipular* es 'convenir, concertar, acordar' y, en segunda acepción, 'hacer contrato verbal', y por lo tanto la ley puede *mandar, ordenar*, etc., pero nunca *estipular*.
Sin embargo, es corriente que tanto en América como España este verbo se emplee con el valor de 'establecer', 'determinar', carente de registro académico pero que documentan autorizados diccionarios del español. *El Poder Judicial viene luchando contra la corrupción y cumple, paralelamente, con lo estipulado por la ley.*
**estratosfera – estratósfera**. Capa superior de la atmósfera. El uso corriente en España corresponde a la pronunciación grave (/es-tra-tos-**fe**-ra/). En América, en cambio, domina la esdrújula (/es-tra-**tos**-fe-ra/).
**estrechar**. ~ **contra**: *Lo estrechó fuertemente contra su pecho.* ~ **entre**: *Cuando la vieron volver, la estrecharon entre sus brazos.*
**estremecer** (se conjuga como **agradecer**). ~ **de**: *No pudo contenerse y se estremeció de temor. Los insectos la estremecían de espanto.*
**estrés** (Del inglés *stress*). Sustantivo masculino con el que se designa la sobrecarga física o mental ocasionada por las condiciones de trabajo o de vida.
Este anglicismo difundido en el campo de la medicina se ha generalizado en el lenguaje coloquial. De él se deriva, directamente o a través del francés, el adjetivo *estresante* y el verbo *estresar*.
De acuerdo con la regla general, su plural debiera ser *estreses*. Sin embargo, en la práctica esta voz se emplea casi siempre en singular.
**etario**. Adjetivo neológico con el que se expresan las nociones de "Dicho de varias personas: Que tienen la misma edad. 2. adj. Perteneciente o relativo a la edad de una persona" (*DRAE*).
Es voz recogida en la última edición del *Diccionario* académico, y consagra esta grafía sobre la menos frecuente *etáreo*. *Actualmente la tendencia de este tramo etario es la de incluir, simplificadas, las mismas propuestas de los cursos superiores.*
**etno-**. Elemento compositivo de origen griego que, colocado al comienzo de palabra, entra en la formación de cultismos españoles con el significado de 'pueblo o raza': *etnocentrismo, etnografía.*
**etnólogo**. → **enólogo**.
**eureka**. En griego, 'he hallado'. Su difundido uso como exclamación se atribuye a Arquímedes. Con ella se manifiesta satisfacción por haber encontrado algo que se buscaba con afán.
Es voz grave (/eu-**re**-ka/).
**euro-**. Elemento compositivo de cuño reciente en las lenguas romances que, colocado al comienzo de palabra, entra en la formación de algunos vocablos españoles con el significado de 'europeo' o 'perteneciente o relativo a la Comunidad Europea': *eurodiputado, eurodólar.*
• Como sustantivo masculino es el nombre de la unidad monetaria común a los Estados de la Unión Europea.
**evacuar**. En cuanto a su acento, este verbo oscila entre la conjugación sin hiato (como **averiguar**), generalizada en España, y la pronunciación con hiato corriente en América, especialmente en algunos tiempos, según el modelo de **actuar**. *Evacúen* (/e-ba-**ku**-en/) *la sala.*
**evaluar** (se conjuga como **actuar**).

**evaporar**. ~ **a**: *Se fue evaporando lentamente al sol.* ~ **con**: *El agua se evaporó con el fuerte sol.*

**evidencia**. Sustantivo femenino que denota 'certeza', 'certidumbre', 'convencimiento'. A partir de este sentido se forma la locución adverbial **en evidencia** que, usada con verbos como *estar, quedar, poner* y otros se emplea para destacar la condición indiscutible de un hecho o una cualidad positiva o negativa. *En el examen quedó en evidencia que sabía mucho. En la conferencia puso en evidencia su ignorancia.*

El *Diccionario* oficial incorporó en su última edición el sentido de 'objeto que conduce a la evidencia, prueba', de uso corriente en América y España. *Toda la evidencia disponible nos indica que el pronóstico formulado el año pasado finalmente se cumplirá.*

**ex**. Preposición que se antepone a nombres de cargos, para indicar que la persona aludida ya no posee tal título: *ex ministro, ex presidente.*

Antepuesta a otros nombres o adjetivos de persona expresa que esta ha dejado de ser lo que aquellos significan: *ex discípulo, ex compañero.*

**ex profeso**. Locución adverbial latina que significa 'con el exclusivo propósito de', 'con intención'. *Tal vez haya sido ex profeso que no estuviese ese día en el lugar del crimen.*

♦ Evítese el error, relativamente frecuente, de anteponer a esta locución la preposición *de*. **Así produce la misma sensación de extrañeza que esas máscaras construidas de ex profeso con la mayor fealdad posible.*

**examen**. Sustantivo masculino con el que se designa el estudio que se realiza sobre algo y la prueba de conocimiento que se rinde.

Es voz grave terminada en *-n,* por lo que no lleva acento ortográfico.

Su plural, *exámenes,* es palabra esdrújula y por lo tanto lleva tilde.

**exceder**. ~ **en**: *Se excedía constantemente en sus funciones. El costo del pasaje excedía en dólares lo previsto.* ~ **de**: *Si come tanto va a excederse nuevamente de peso.*

**excepción**. Sustantivo femenino que designa aquello que se aparta de la regla general.

- **a excepción de** o **con excepción de**. Se emplean para excluir a la persona o la cosa que se expresa. *Vino toda la familia con excepción de mi hermana.*

- **de excepción**. Indica que la acción referida por el verbo posee un carácter extraordinario. *Dio su permiso con carácter de excepción.*

Aplicado a expresiones que aluden a comportamiento o relaciones sociales significa 'de trato privilegiado', 'de gran calidad'. *La acogida que nos dio, fue de excepción.*

***excéptico**. Grafía incorrecta por → **escéptico**.

**exceptuar** (se conjuga como **actuar**).

~ **de**: *No podemos exceptuarlo de sus obligaciones.*

**excluir** (se conjuga como **huir**).

Participio regular: *excluido.* Participio irregular: *excluso.*

~ **de**: *Lo excluyeron del grupo.*

**exclusive**. Adverbio de empleo menos frecuente que su antónimo **inclusive**, con el que se da a entender que una acción se realiza sin tomar en cuenta el último o últimos objetos mencionados. *El plazo de entrega era hasta el 15 de julio exclusive.*

♦ Es incorrecto su uso como adjetivo. **Todos, exclusives los dos últimos de la fila, se apuraron a entrar.*

**exento**. El participio irregular del verbo *eximir* significa, como define el *DRAE*: "Libre, desembarazado de una cosa". *No se preocupe porque está exento de todo riesgo.*

♦ Es incorrecto, pues, su empleo como sinónimo de 'carente'. **Está exento de virtudes.*

**exequátur**. Este sustantivo masculino, invariable en número, es de origen latino y significa 'ejecútese'.

En la actualidad solo se emplea para referirse a la autorización que otorga el jefe de un Estado a los agentes extranjeros para que, en su territorio, puedan ejercer las funciones propias de su cargo. *Son, entre otras, funciones del Presidente de la República: recibir a los representantes diplomáticos, así como expedir y retirar el exequátur a los cónsules.*

Es voz grave (/ek-se-**kua**-tur/).

**exequias**. Este sustantivo de origen latino, que significa 'honras fúnebres', se emplea únicamente en plural.

***exhuberante**. Grafía incorrecta por → **exuberante**.

***exilado, da**. Incorrección por *exiliado*.

***exilar**. Pese a su frecuencia, es conveniente evitar el empleo de esta forma como el no menos incorrecto **exilado*, y emplear *exiliar*, que deriva de *exilio*.

**eximir**. Participio regular: *eximido*. Participio irregular: *exento*.

~ **de**: *No pueden eximirlo de cumplir su trabajo.*

– **eximirse en**: *Se eximió en matemática.*

**exonerar**. ~ **de**: *Lo exoneraron de toda obligación.*

**expatriar** (se conjuga como **ansiar**).

**expeler**. Participio regular: *expelido*. Participio irregular: *expulso*.

**experimentar**. ~ **con**: *Siempre le gustó experimentar con máquinas nuevas.*

**expiar**. → **espiar**.

**expirar**. → **espirar**.

**explayarse**. ~ **en**, ~ **sobre**: *No quiso explayarse en el tema.*

**explosionar – implosionar**.

• explosionar. Hacer o provocar explosión.

• implosionar. Hacer implosión. *En 1989, al implosionar la URSS, se quiebra en el ámbito político-estratégico la lógica imperial bipolar.*

**explotar – implotar**.

• explotar. Romperse algo bruscamente hacia fuera por ser mayor la presión interior que la exterior.

• implotar. Romperse algo bruscamente hacia adentro por ser mayor la presión exterior que la interior. La Academia española no recoge este verbo en su *Diccionario*, pese a que sí lo hace con el sustantivo *implosión*. *Un colapso del centro financiero mundial podría desatar el pánico en los umbrales del nuevo siglo y la Unión Monetaria Europea podría explotar o implotar.*

**exponer** (se conjuga como **poner**).

Participio irregular: *expuesto*.

~ **a**, ~ **ante**, ~ **frente a**: *Expuso ante el juez su testimonio.*

– **exponerse a**. ~ **ante**, ~ **frente**: *Se expuso a muchos peligros para poder llegar a la cima de la montaña. No conviene exponerse a que te dejen sin el trabajo. No quiso exponerse frente a un rival de tal categoría.*

**exportar**. ~ **a**, ~ **hacia**: *El trimestre pasado pudieron exportar 3 toneladas a Brasil.*

*Debe contarse con una industria capaz de exportar hacia nuevos mercados.*

◊ Aunque menos frecuente, el empleo de *hacia* parece más propio del uso americano que del español.

• En informática se designa así la operación de guardar un documento de forma tal que pueda ser interpretado por un programa diferente del que lo produjo.

◧ **importar**.

**expresar**. Participio regular: *expresado*. Participio irregular: *expreso*.

**expulsar**. ~ **de**: *Expulsaron de la clase a dos alumnos por mal comportamiento.*

**extasiar** (se conjuga como **ansiar**).

- **extasiarse en**. ~ **ante**, ~ **frente**: *Como muchos de los recién llegados, se extasía en la abundancia de la flora. Se extasiaba ante la bella imagen que veía sobre el altar.*

**extático**. → **estático**.

**extender** (se conjuga como **tender**). Participio regular: *extendido*. Participio irregular: *extenso*.

**extensión**. Grupo de tres letras que sigue al *nombre de los archivos* para indicar la clase a la que este pertenece. En la actualidad, para la mayor parte de los programas, la extensión (por ejemplo *.bmp*, *.txt* o *.doc*) es opcional dentro de un conjunto predefinido y se separa del nombre con un punto.

**extenuar** (se conjuga como **actuar**).

**extinguir**. Participio regular: *extinguido*. Participio irregular: *extinto*.

**extraer** (se conjuga como **traer**).

~ **de**: *Extrajeron del pozo agua fresca.*

**extrañar**.

- **extrañarse de**: *Se extrañó de la actitud que tuviste con su amiga.*

**extraviar** (se conjuga como **ansiar**).

- **extraviarse en**: *Se dejaba llevar por sus recuerdos y se extraviaba en la maraña del tiempo.*

**exuberante**. Abundante, copioso. Este adjetivo, que deriva del latín *uber*, 'teta', 'ubre', no lleva *h* en su escritura.

**exultante**. Participio presente de *exultar*. Significa 'que manifiestan alegría o gozo'. *Los organizadores tenían razones para estar exultantes con el resultado de la convocatoria. Nunca antes se había juntado tanta gente para aplaudir a un jugador.*

**exultar**. Este verbo significa mostrar vivamente alegría, gozo o satisfacción.

◊ La expresión *exultar de alegría* constituye, por lo tanto, un pleonasmo del que no se debe abusar.

**F** (**f**). Nombre: *efe*.

**Descripción**. Séptima letra del abecedario español. Representa un sonido labiodental fricativo y sordo.

**facineroso**. Adjetivo y sustantivo con el que se designa a un delincuente habitual. *Después del asalto, los facinerosos emprendieron la fuga.*

♦ Evítese el error de emplear la forma **fascineroso* que aparece en ocasiones por ultracorrección.

**factótum**. Este sustantivo se emplea familiarmente para referirse a aquella persona que se desempeña en diversas tareas, generalmente al servicio de otra, quien deposita en ella gran confianza.

Es de género masculino y de forma invariable en el plural: *el factótum, los factótum.*

**-fagia**. Elemento compositivo de origen griego que, colocado al final de palabra, entra en la formación de algunos cultismos para indicar la acción de comer o devorar: *aerofagia, antropofagia, disfagia.*

**fago-** o **-fago, ga**. Elemento compositivo de origen griego que, colocado al comienzo o final de palabra, entra en la formación de cultismos españoles con el significado de 'que come': *fagocito, antropófago, ictiófago, necrófago.*

**fair play** (/fer-**plei**/). Expresión inglesa que significa 'juego limpio'.

Este internacionalismo, usual particularmente en el lenguaje deportivo, puede ser sustituido por la expresión española *juego limpio. Fuimos los únicos que respetamos el fair play y eso se tomará en cuenta.*

**fallecer** (se conjuga como **agradecer**).

~ **de**: *Mientras participaba en la protesta falleció de un paro cardíaco.*

**faltar**. ~ **a**: *Faltó a la verdad cuando declaró en el juicio. Si vas a faltar a tu promesa, mejor ni se lo menciones.*

**familiarizar**. ~ **con**: *Poco a poco vamos a ir familiarizándonos con la nueva vida. Hay que familiarizar a los vecinos con el nuevo reglamento.*

**fan**. Sustantivo común de dos, tomado del inglés *fan*, apócope de *fanatic*, que se emplea en nuestra lengua con los sentidos de 'admirador, partidario de alguien' y de 'entusiasta de algo'. *Es un fan del equipo de su barrio. Es una fan del rock.*

◊ Obsérvese que, por lo común, el objeto de admiración es siempre una figura o entidad de fuerte repercusión pública, que participa de actividades musicales, teatrales o deportivas.

En cuanto a su plural, toma la forma anómala *fans. Mañana se llevará a cabo el estreno de la película en nuestra ciudad, para que todas las fans aprecien el nuevo trabajo de los hermanos.*

**faringe – laringe**.
• faringe. Parte superior del esófago. *Tiene una afección en la faringe.*
• laringe. Conducto que comunica la faringe con la tráquea. *Las cuerdas vocales se hallan en la laringe.*
**fascinar**. ~ **con**: *Él la fascina con su charla.*
- **fascinarse con**. ~ **por**: *Marta se fascina con los regalos sorpresa. Ya no se fascinaban por las noticias.*
***fascineroso**. Forma incorrecta por → **facineroso**.
**fatigar**. ~ **con**: *No lo fatiguen con tantos pedidos.*
- **fatigarse de**: *Se fatiga de caminar tanto durante el día.*
**favor**. Sustantivo masculino que expresa servicio, ayuda, lo que se hace sin querer nada a cambio.
A partir de este sustantivo se forman dos locuciones adverbiales: **a favor de** y **en favor de**, que se emplean indistintamente con el significado de 'en beneficio y utilidad de alguien o algo'. *Hice testamento a favor de mi hermana. Estos controles se hacen en favor del usuario.*
◊ Con el sentido de 'en la misma dirección' solamente se emplea *a favor de*. *Nadaban a favor de la corriente.*
**favorecer** (se conjuga como **agradecer**). ~ **con**: *Siempre favorece con premios la dedicación al trabajo.*
- **favorecerse de**. ~ **con**: *Se favorece con la lluvia. Se están favoreciendo de la actual desregulación del sector.*
**fax**. → **faz**.
**faxear**. Este neologismo, propio de un lenguaje administrativo o técnico, es de empleo frecuente, tanto en América como en España, con el sentido de 'enviar un fax'. *La solicitud de inscripción se deberá faxear al telefax de la Universidad.*
**faz – fax**.
• faz. Rostro, semblante, cara, anverso. *Las fotocopias son a doble faz.*
• fax. Sistema de transmisión telefónica de gráficos. *Se lo envío por fax.*
◊ Plural: *faxes*.
**fecha**. En español la fecha se indica siguiendo el orden día-mes-año, y uniendo cada término con el anterior a través de la preposición *de*: *7 de febrero de 2000.*
No corresponde eliminar la preposición, ni tampoco invertir el orden, *febrero 7*, siguiendo el modelo de la construcción inglesa.
◊ Obsérvese también que no corresponde la inclusión del punto indicador del millar en la cifra correspondiente al año (**2.000, *1.997, *1.834*).
En caso de abreviarse, la fecha puede ser indicada solo con números, correspondientes al día, al mes y al año respectivamente, separados entre sí por guiones o barras y que deberán respetar el orden indicado. *7-2-2000.*
**fecundar**. → **fecundizar**.
**fecundizar**. En propiedad, *fecundizar* es hacer que algo sea fecundo, es decir que se halle en condiciones de reproducirse. En cambio, si bien *fecundar* suele emplearse con ese sentido, posee, en biología, el más ceñido de "unirse el elemento reproductor masculino al femenino para dar origen a un nuevo ser" (*DRAE*).
**fedayin**. Como palabra árabe es el plural de *feday*, 'guerrero'. Al emplearse en español, tal como ha ocurrido en otros casos (*espagueti*, por ejemplo), parece razonable seguir las reglas generales del idioma y reconocer el plural *fedayines*, pese a ser

etimológicamente absurdo. *Los fedayines palestinos bien organizados lograron adueñarse del poblado.*

**feeling** (/**fi**-lin/). Sustantivo inglés que se emplea con frecuencia en el lenguaje de moda y también en la lengua periodística, conservando su sentido original, 'sensación, sensibilidad, presentimiento', y también con el valor de 'aceptación mutua o buena relación recíproca'.

♦ Pese a la generalización de su empleo, conviene evitar este uso. *La falta de feeling del ex jugador con el presidente del club no es ninguna noticia. También en su formato musical ofertan temas de su propia autoría y con mucho feeling.*

**fermentar**. ~ **con**, ~ **por**: *Los alimentos fermentan con el calor.*

**-´fero, ra**. Elemento compositivo de origen latino que, colocado al final de palabra, entra en la formación de diversos cultismos españoles con el significado de 'que lleva, que contiene o que produce': *lucífero, mamífero, sanguífero, semáforo.*

**fertilizar**. En español, este verbo significa tradicionalmente hacer lo necesario para que la tierra sea fecunda. *De ese modo en poco tiempo se dispondrá del abono necesario para fertilizar el campo.*

◊ Pese a lo generalizado de su empleo, conviene evitar su uso con el sentido de *fecundar*, 'unirse el gameto masculino al femenino para originar un nuevo individuo', procedente del inglés y difundido por la biología.

**fiar** (se conjuga como **ansiar**).

**fiarse de**. ~ **en**: *No podemos fiarnos de lo primero que nos prometen.*

**-ficar**. Elemento compositivo de origen latino que, colocado al final de palabra, entra en la formación de numerosos verbos españoles que significan 'hacer, convertir en, producir': *codificar, panificar, petrificar, sacrificar.*

**-fico, ca**. Elemento compositivo de origen latino que, colocado al final de palabra, entra en la formación de algunos cultismos españoles con el significado de 'que hace, produce o convierte en': *benéfico, lapidífico.*

**fijar**. Participio regular: *fijado*. Participio irregular: *fijo*.

~ **a**, ~ **en**, ~ **sobre**: *Fijaron los afiches en la pared.* ~ **con**: *Lo fijaron con tornillos.*

– **fijarse en**. Mirar con atención. *Se fijó en la guía para encontrar tu dirección.*

**-filia**. Elemento compositivo de origen griego que, colocado al final de palabra, entra en la formación de numerosos vocablos españoles con el significado de 'afición, gusto por': *anglofilia, bibliofilia, colombofilia.*

**fin**. Sustantivo masculino que señala el momento, estado, situación de algo que se acaba.

– **a fin de** o **a fin de que**. Locución conjuntiva final que significa 'con el objeto de que', 'para que', 'para'. *Lo hacen a fin de recaudar fondos. Dio las órdenes a fin de que no haya nuevas dilaciones.*

◊ Obsérvese que **a fin de que** rige verbo en modo subjuntivo.

– **a fin** o **a fines de** (el mes, año, siglo, etc.). Locución adverbial con la que se indica que la acción tendrá lugar en los últimos días de cualquiera de los períodos considerados. *A fin de mes le pagaré la deuda.*

– **dar fin**. Frase verbal que significa 'concluir una acción'. *A las cinco de la tarde dieron fin a la primera parte del trabajo.*

– **sin fin**. Expresión que significa 'innumerables' o 'interminables'. *Recibió propuestas sin fin. Resultó una historia sin fin.*

**final**. Como adjetivo indica que algo llega a su término, que concluye. *Esta es la etapa final de tu carrera.*
Como sustantivo masculino indica la conclusión, el cierre de una cosa. *Después de largos días de marcha llegaron al fin de su viaje.*
– **a la final**. Locución adverbial que equivale a *finalmente, por fin.*
♦ Conviene evitar el empleo de este vulgarismo relativamente frecuente.
**financiar**. Aportar el capital necesario para un negocio.
Existe cierta vacilación en cuanto a su conjugación. La forma más generalizada y coincidente con la norma culta es con diptongo final. *La empresa financia dos programas de ayuda comunitaria.* Menos conveniente es su empleo con hiato, **financía.*
**financista**. Persona que aporta el dinero necesario para una empresa.
Es sustantivo de empleo en América y de género común a dos: *el financista, la financista. El equipo, propiedad del financista italiano, no solo celebra sus goles en la Copa, sino que festeja el repunte de las acciones del club capitalino en el Mercado Bursátil.*
**fincar**. ~ **en**: *Finca su afirmación en pruebas contundentes. El reto que experimenta hoy nuestra empresa se finca en la necesidad de producir con mejor calidad.*
***fiorentino**. Forma italianizante por *florentino.* → **Florencia**.
**Firenze**. → **Florencia**.
**firme**. Adjetivo invariable en género con que se califica lo que no se mueve por hallarse bien sujeto, o lo que ya no cambia. A partir de este sentido se forma la locución adverbial **en firme**, que se usa en operaciones comerciales para indicar su carácter definitivo. *La operación quedó en firme.*
**fisio-**. Elemento compositivo de origen griego que, colocado al comienzo de palabra, entra en la formación de cultismos españoles con el significado de 'naturaleza': *fisiografía, fisiología, fisioterapia.*
**fisurar**. Producir fisuras o grietas en una pared, un mineral o un hueso.
Figuradamente se emplea con el sentido de 'debilitar, resquebrajar la unidad de una asociación'.
Verbo de empleo frecuente en América, y no desconocido en España, tanto en sentido recto como figurado. *Ante la crisis, un enviado del presidente reiteró que su país no quiere fisurar el bloque regional. Estas mediciones permiten cuantificar la corrosión de las armaduras y adoptar soluciones antes de que el hormigón se haya fisurado.*
**fito-** o **-fito, ta**. Elemento compositivo de origen latino que, colocado al comienzo o al final de palabra, entra en la formación de numerosos cultismos españoles con el significado de 'planta o vegetal': *fitografía, fitopatología, fitoplancton, briófito, micrófito, saprófito.*
**flagrante – fragante**.
• flagrante. Adjetivo que se aplica a lo que se está ejecutando en el momento de que se habla, o a lo que es de una evidencia tal que no necesita demostración. *Los gobiernos democráticos han preferido mirar para el costado en el caso más flagrante de la colaboración entre los viejos aparatos represivos de ambos países.*
Sobre el primero de estos sentidos se ha formado la locución adverbial **en flagrante** que, referida a delitos, indica que el delincuente ha sido sorprendido en el momento mismo de su realización.

Al margen de su registro en el *Diccionario* oficial, pareciera que esta locución tiene escasa vigencia, y que es más corriente el empleo de la corrupción **in fraganti**. *Fue detenido en plena faena por el agente que le sorprendió "in fraganti" cuando intentaba estrellar una bomba frente a la sede del partido.*

• fragante. Perfumado, aromático. *Desde el jardín llegaba el fragante aroma de los jazmines.*

**flas**. Forma españolizada del inglés *flash*.

**flash**. Voz inglesa con la que se alude al dispositivo luminoso con destello breve e intenso usado para tomar fotografías; al resplandor provocado por este dispositivo; y también, en el ámbito periodístico, a las noticias breves e importantes, por lo general de última hora. *Se emitirán flashes informativos en radio y televisión.*

Se emplea también con el significado de 'resplandor', particularmente el súbito. *El dorado y cobrizo dan un flash de color en tan solo cinco minutos.*

**florecer** (se conjuga como **agradecer**).

**Florencia**. Nombre español con el que se designa a la ciudad italiana de *Firenze*. El gentilicio correspondiente en español es, en consecuencia, *florentino*, y no *fiorentino*, palabra italiana con la que en algunas ocasiones se sustituye a la española equivalente. *La escuela florentina alcanzó su máximo punto de esplendor en el siglo* XV.

**florentino**. → **Florencia**.

**Florida**. El nombre de este estado, ubicado en el extremo meridional de la región del Atlántico Sur de Estados Unidos, es una voz española, por lo que corresponde la acentuación grave (/flo-**ri**-da/), no la esdrújula (/**flo**-ri-da/) por errónea imitación del inglés.

Es frecuente la anteposición del artículo femenino que corresponde al topónimo original, San Agustín de la Florida.

**flotar**. ~ **en**, ~ **sobre**: *Encontramos la canoa flotando vacía sobre el río.*

**fluctuar** (se conjuga como **actuar**).

~ **entre**: *El precio del barril fluctúa entre los 29 y 32 dólares.*

**fluir** (se conjuga como **huir**).

~ **de**: *Las palabras fluían de su boca sin ningún escrúpulo.*

**-fobia**. Elemento compositivo de origen griego que, colocado al final de palabra, interviene en la formación de numerosos cultismos, particularmente médicos, con el significado de 'temor patológico': *claustrofobia, fotofobia, xenofobia.*

**-fobo, ba**. Elemento compositivo de origen griego que, colocado al final de palabra, entra en la formación de numerosos cultismos españoles con el significado de 'que siente temor patológico o aversión': *claustrófobo, fotófobo, hidrófobo, xenófobo.*

**folclor** o **folclore** (Del inglés *folk-lore*, literalmente, 'conocimiento, sabiduría popular'). El término fue acuñado por William John Thoms en 1846. Con él se designa el conjunto de creencias, costumbres, artesanías, etc., tradicionales de un pueblo y la ciencia que estudia estas materias.

La forma *folklore* fue suprimida en la edición de 1984 del *DRAE*, que actualmente solo registra las formas con c (*folclor* y *folclore*).

**folclórico**. → **folclor**.

**folclorista**. → **folclor**.

**folklore**. → **folclor**.

**fondo**.

- **a fondo**. Se usa para indicar que una acción se ha hecho enteramente, hasta alcanzar el límite de las posibilidades. *La* *conferencia fue interesante porque trató el tema a fondo.*

– **en el fondo**. Expresa 'a pesar de las apariencias', 'en lo fundamental'. *En el fondo todos sabemos que es una buena persona.*

**fono-** o **-fono, na**. Elemento compositivo de origen griego que, colocado al comienzo o al final de palabra, entra en la formación de numerosos tecnicismos con el significado de 'voz, sonido': *fonología, fonometría, fonoteca, audífono, micrófono, teléfono.*

**footing** (/**fu**-tin/). Voz inglesa de gran difusión en los últimos años, aunque pareciera que en la actualidad tiende al desuso en favor de *jogging*, de idéntico significado. Las expresiones *hacer footing* o *practicar footing* se aplican al desarrollo de una actividad física que consiste en caminar a paso vivo para activar las funciones orgánicas y tonificar los músculos. *Si usted gusta de las caminatas o de hacer footing le recomendamos ir a la Rambla.*

En cuanto a su origen, se ha señalado que *footing* constituye un ejemplo de creación léxica a la manera del inglés para designar lo que los ingleses y norteamericanos prefieren llamar *jogging*.

**forestación**. Acción y efecto de poblar un terreno con árboles.

Es sustantivo de uso general en el mundo hispanohablante. *La forestación de varios terrenos circundantes purificó el aire de la ciudad.*

**forma**. Sustantivo femenino con el que se alude, por lo común, al aspecto en que se presenta a los sentidos la materia: *La piedra tiene forma redonda*; al modo de proceder una persona: *Se comportaba de forma algo extraña;* o a la manera de realizarse algo: *Sucedió de forma imprevista.*

– **de forma que**. Locución conjuntiva con la que se indica una consecuencia y conclusión. *Me lo pidieron de modo extremadamente amable, de forma que no pude negarme a su deseo.*

– **en debida forma**. Locución adverbial, propia del lenguaje administrativo y legal, con la que se da a entender que algo se lleva o deberá llevarse a cabo según las formalidades del caso. *Debe presentar su solicitud en debida forma, si desea una audiencia.*

– **estar** (alguien) **en forma**. Frase, usada por lo general en ámbitos deportivos, con la que se da a entender que una persona se encuentra en buen estado físico. *Le faltan dos semanas de entrenamiento para hallarse verdaderamente en forma.*

**formatear**. Este neologismo fue recogido en la edición de 1992 por el *DRAE* con el sentido de "Dar un formato o presentación a una tabla numérica o a un documento". Posteriormente, la Academia española acordó incluir también el de "dar **formato** a un disco", de empleo habitual en el campo de la informática.

**formato**. Tradicionalmente, este sustantivo ha hecho referencia al tamaño, proporciones y características de un impreso o fotografía. En informática, corresponde a la conformación de un disco óptico dividido en campos y pistas para almacenar y recuperar información.

**-forme**. Elemento compositivo de origen latino que, colocado al final de palabra, entra en la formación de algunos cultismos españoles con el significado de 'en forma de': *arboriforme, cruciforme, falciforme.*

**formica – fórmica**. Este sustantivo, en su origen marca comercial registrada, se halla definido en el *Diccionario* académico como: "Conglomerado de papel impregnado y revestido de resina artificial, que se adhiere a ciertas maderas para protegerlas".

El *DRAE* sólo lo registra como voz grave (/for-**mi**-ka/); no obstante, la acentuación esdrújula (/**for**-mi-ka/) es corriente en diversos países americanos y no desconocida en España. *Aunque la fórmica y el plástico sigan haciendo furor, todavía subsisten algunos sitios para aquellos que prefieren la madera y el mármol.*

Existe también una pronunciación anglicada (/for-**mai**-ka/), de empleo en México.

**-foro, ra**. Elemento compositivo de origen griego que, colocado al final de palabra, entra en la formación de algunos cultismos españoles con el significado de 'portador', 'que lleva': *cromóforo, melanóforo, semáforo.*

**forrar**. ~ **con**, ~ **de**, ~ **en**: *El saco está forrado de una finísima seda.*

**fortalecer** (se conjuga como **agradecer**).

**forzar** (se conjuga como **contar**).

~ **a**: *Nos vimos forzados a abandonar.*

**foto-**. Elemento compositivo de origen griego que, colocado al comienzo de palabra, entra en la formación de numerosas voces científicas o técnicas con el significado de 'luz': *fotobiología, fotograbado, fototropismo*; o de 'fotografía': *fotocomposición, fotogénico, fotógrafo.*

**fotografiar** (se conjuga como **ansiar**).

**foul**. Aunque en la actualidad pareciera tender al desuso a favor de formas españolas, esta voz inglesa se emplea en el lenguaje futbolístico de buena parte de América con el sentido de 'falta'.

Por lo regular forma su plural en *-s*. En cuanto a su pronunciación, oscila entre /faul/ y /ful/.

**foyer**. Palabra francesa de empleo frecuente para designar la sala de descanso en salones de exposición, o lugar en cines y teatros donde puede reunirse el público durante el entreacto. Conserva la grafía y la pronunciación francesa (/fua-**ie**/). *La muestra permanecerá abierta hasta finales del mes próximo en el foyer del Auditorio del Centro Cultural.*

**fragante**. → **flagrante**.

**fraguar** (se conjuga como **averiguar**).

**fraternizar**. ~ **con**: *A los pocos días comenzaron a fraternizar con los recién llegados.*

**fregar** (se conjuga como **pensar**).

**freír** (se conjuga como **reír**).

Participio regular: *freído*. Participio irregular: *frito*.

~ **con**, ~ **en**: *Hay que freír las papas en aceite bien caliente.*

***fruicción**. → **fruición**.

**fruición**. Sustantivo femenino que significa 'complacencia', 'goce'. *Manifestaba verdadera fruición en la lectura de los antiguos documentos.*

♦ Evítese el error de emplear la forma **fruicción* que aparece, en ocasiones, por ultracorrección.

**frutado**. Adjetivo con el que se designan los alimentos que tienen un dejo de sabor o aroma que recuerda al de la fruta. *Cuando ese blanco frutado pierda su virginidad, va a desplegar la más pura de las almas sanjuaninas porque los vinos tienen el sabor de la tierra que les dio vida.*

También se nombra así al alimento que contiene fruta. *Es recomendable completar el desayuno con frutas frescas, peladas y cortadas en trozos y enriquecidas con yogur natural o frutado.*

Con estos dos sentidos compite con → **afrutado**, de empleo quizá más corriente en España.

**fuer**. Forma antigua, apócope del sustantivo *fuero*. Sobrevive solamente en la locución preposicional **a fuer de**, que significa 'en razón de', 'por la condición de', 'a manera de'. *Esas costumbres adquirieron carta de ciudadanía bajo los influjos de un país que, a fuer de ser sinceros, no tenía otra cosa distinta que ofrecer.*

◊ No tiene el sentido, como suele creerse, de 'a riesgo de', motivado acaso porque dentro del relativo uso que tiene esta locución literaria, actualmente el más común sea en la construcción **a fuer de ser sincero**.

**fuera**. Adverbio de lugar que señala la parte exterior de algo.

En Hispanoamérica es poco usado en sentido absoluto (→ **afuera**); por lo común, es acompañado por la preposición *de* y forma locuciones prepositivas y adverbiales:

**1**. Su sentido es 'exceptuar', 'dejar de lado' y, en cuanto a su construcción, nótese que:

**a**) Precede inmediatamente a sustantivos y pronombres. *Fuera de eso, llévese lo que quiera. Fuera de cocinar, hace de todo.*

**b**) Seguida por *que* introduce proposiciones sustantivas. *Fuera de que puede ocurrir un accidente, no veo inconvenientes en esa aventura.*

**2**. Cuando precede a pronombres personales, forma la construcción *fuera de mí, fuera de sí*, etc., con la cual se señala que alguien se halla enajenado, descontrolado, que ha perdido el gobierno de sus actos.

◊ Obsérvese que el pronombre reflexivo tónico *sí*, tiene sus equivalentes en el paradigma en las formas *mí* y *ti*, correspondientes a la primera y a la segunda personas del singular. Por eso, es un error extender el uso de la forma pronominal de la tercera persona a casos que exigen la primera o la segunda. **Yo estaba tan fuera de sí que no podía dejar de gritar* por *Yo estaba tan fuera de mí que no podía dejar de gritar.*

**-fugo, ga**. Elemento compositivo de origen latino que, colocado al final de palabra, entra en la formación de cultismos españoles con el significado de 'que ahuyenta', 'que evita' o 'que huye de' lo expresado por la base: *centrífugo, febrífugo, ignífugo, lucífugo.*

**full time** (/ful taim/). Expresión inglesa que se emplea en el ámbito laboral con el mismo sentido que *tiempo completo* o *dedicación exclusiva.*

Para evitar el anglicismo, bien pueden emplearse las construcciones españolas equivalentes. *Lo promovieron a profesor con dedicación exclusiva. Consiguió un puesto de tiempo completo.*

**fundar**. ~ **en**, ~ **sobre**: *Fundamos nuestras razones en los hechos. Sus argumentos se fundan en el amplio conocimiento que tiene sobre el tema.*

**fundir**. ~ **en**: *Podemos fundir la pieza en cobre.*

**fungible**. Adjetivo con el que se califican las cosas que se consumen con el uso.

- **bienes fungibles**. Son, en lenguaje jurídico, aquellos bienes muebles cuyo uso propio implica su consumición, por lo cual, de tener que devolverlos, se admite legalmente su reemplazo por otro tanto de igual calidad.

**fungir**. Desempeñar un empleo o cargo y también hacer las veces de. Es verbo intransitivo de empleo reducido, por lo común, al lenguaje jurídico y más corriente en América que en España.

~ **como**, ~ **de**: *Actualmente jubilado funge, sin embargo, como profesor en la Facultad.*

**fusilar**. ~ **contra**: *Al amanecer debían fusilarlos contra los muros del convento.*

**fusionar**. ~**con**: *La compañía telefónica se fusionó con la empresa de energía.*

**G (g)**. Nombre: ge.

**Descripción**. La ge es la octava letra del abecedario español.

Representa fonemas distintos, según las vocales que la acompañen:

**a**) Fonema velar (por el punto de articulación), oclusivo o fricativo de acuerdo con el contexto fónico que lo rodea (por el modo de articulación) y sonoro.

Esto ocurre cuando la g está seguida de *a, o, u* (*gato, mago, orgullo*); en posición final de sílaba (*paradigma*); o agrupada con otra consonante (*gruñido, inglés, grotesco*).

**b)** Fonema palatal, fricativo y sordo cuando está seguido de las vocales *e, i* con un sonido igual que el de la *j*.

**c**) Fonema palatal fricativo y sonoro cuando está seguido de la combinación vocálica *ue, ui* (*manguera, Aguirre*). En estas circunstancias se considera que la g y la *u* conforman un dígrafo. Para señalar que el sonido de la vocal *u* se mantiene en la pronunciación es preciso escribir la *u* con diéresis: *cigüeña, pingüino*.

**gag**. Sustantivo masculino, de origen inglés, con el que se designa el efecto cómico rápido e inesperado en un espectáculo.

Su plural es *gags*, aunque como suele ocurrir con este plural anómalo, la /s/ no siempre se pronuncia. *No por novedosos dejan de divertir sus acostumbrados gags: el tortazo de crema, la caída o el baldazo equivocado.*

**game** (/geim/). Sustantivo inglés que, con su grafía original, se emplea con frecuencia en el lenguaje deportivo y en especial en los partidos de tenis, con el significado de 'juego'.

Es de género masculino, y su plural regular: *games* (/geims/ o /geim/). *El tercer game fue el más dinámico.*

**Gand**. → **Gante**.

**Gante**. Nombre que en español recibe la ciudad belga de Gand.

**gap**. Sustantivo masculino de origen inglés que la RAE recoge en su *Diccionario* con el significado de "Vacío o distancia excesiva entre dos términos que se contrastan". *Un gap entre la oferta y la demanda. El gap generacional.*

◊ Su plural es *gaps*.

Pese a que este uso no es ajeno al habla americana, parece más atinado el empleo de → **brecha** con el mismo sentido.

**garantir**. En el uso tradicional, este verbo es defectivo, y se conjuga como *abolir*.

Las formas inexistentes son cubiertas por su sinónimo → **garantizar**, 'dar garantía'. No obstante, en algunos países de América, la Argentina y Uruguay entre ellos, es relativamente frecuente el empleo de la primera persona en lenguaje coloquial. *Yo* *te garanto que todo eso es cierto. Y te garanto que, conmigo, lo consiguieron.*

**garantizar**. Es sinónimo de → **garantir** y significa 'dar u ofrecer garantías de alguien o de algo'. *Me garantizó que funcionaría bien por mucho tiempo.*

También es 'hacerse responsable por otra persona en el caso de que esta no cumpla con las obligaciones que ha contraído'. *Su padre le garantiza para la compra a plazos del ordenador.*

◊ Con este último sentido, en algunos países de América, como la Argentina y Uruguay, se emplea la expresión *salir de garante*. *Las inversiones usualmente son realizadas con recursos propios o a través de préstamos en los cuales el Estado sale de garante.*

**garuar** (se conjuga como **actuar**).

Es verbo unipersonal y se conjuga solamente en 3ª persona del singular. *Garúa muy finamente; las calles mañana amanecerán húmedas.*

**gaúcho** (/ga-**u**-šo/). Gentilicio brasilero correspondiente al estado de *Rio Grande do Sul*. No debe confundirse con *gaucho* (/**gau**-čo/), 'campesino rioplatense'.

**gay**. Adjetivo y sustantivo masculino, propio del argot inglés, y de origen provenzal. Conviene notar que si bien estrictamente significa 'homosexual', no posee el mismo empleo. *Homosexual* es una calificación que puede contener connotaciones negativas que *gay* no posee. De allí que en el lenguaje periodístico, se evite el primero. *Participantes en la marcha gay, que llegó a su 15 edición en la ciudad luz.*

En cuanto a la pronunciación, son comunes las formas /gai/ y /gei/. El plural es *gays*.

**Gdansk**. → **Danzig**.

**génesis**. Con el significado de 'origen o principio', 'serie de acontecimientos que conducen a un resultado', es sustantivo femenino. *La génesis de esta obra se remonta a los años vividos en el exilio.*

Como título del primer libro del Antiguo Testamento, es un nombre propio masculino. *En el Génesis se relata el origen del universo.*

◊ Nótese que en este caso se escribe con letra inicial mayúscula.

**Genève**. → **Ginebra**.

♦ No confundir con *Génova*, ciudad portuaria italiana.

***gengibre – *genjibre**. → **jengibre**.

**-genia**. Elemento compositivo de origen griego que, colocado al final de palabra, entra en la formación de algunos cultismos españoles con el significado de 'origen' o 'proceso de formación': *filogenia, primigenia.*

**-geno, na**. Elemento compositivo de origen griego que, colocado al final de palabra, entra en la formación de cultismos españoles con el significado de 'que produce, genera o provoca': *cancerígeno, electrógeno, exógeno, tusígeno.*

**geo-** o **-geo**. Elemento compositivo de origen griego que, colocado al comienzo de palabra, entra en la formación de numerosas voces científicas y técnicas con el significado de 'la tierra': *geografía, geología, geomancia.*

En menor medida se halla en final de palabra: *apogeo, hipogeo.*

**germen**. Sustantivo masculino con el que se designa el principio u origen de las cosas y, genéricamente, también los microorganismos causantes de las enfermedades.

♦ Es voz grave terminada en *-n*, por lo que no lleva acento ortográfico. Su plural, *gérmenes*, lleva tilde por ser palabra esdrújula.

**giga-** (/χ**i**-ga/). Elemento compositivo de origen latino que, colocado al comienzo de palabra, entra en la formación de algunos tecnicismos con el significado de 'de mil millones ($10^9$)'.
Se emplea para formar nombres de múltiplos de determinadas unidades: *gigavatio, gigabites.*
**Ginebra**. Nombre que en español recibe la ciudad suiza de Genève.
**glacé**. → **glasé**.
**glasé**. Forma hispanizada de la voz francesa *glacé*. Se designa con este sustantivo a la capa blanca hecha con azúcar derretido y mezclado con clara de huevo con la que se cubren tortas y bizcochos. *Cortar en forma de corazones y hornear 15 minutos; retirar, dejar enfriar y pintar con el glasé real.*
**gnomo** (/**no**-mo/). Sustantivo masculino con el que se designa al genio de la Tierra imaginado, en cuentos y leyendas, como enano que cuida o trabaja las minas.
Es cultismo de origen grecolatino y no proviene ni del francés ni del italiano, así que no hay razón para la pronunciación (/**ño**-mo/).
**golfo**. Sustantivo común con el que se designa la porción de mar que se interna en la tierra entre dos cabos. Como todo sustantivo común, se escribe con minúscula. *El golfo de México*. Solo se escribe con mayúscula inicial cuando forma parte de un nombre propio. *La Guerra del Golfo.*
**golpear**. ~ **a**: *Golpearon recién a la puerta.* ~ **con**: *Golpeé con los pies en señal de desaprobación.* ~ **en**: *No quiero que golpeen en la mesa.* ~ **contra**: *La golpearon contra la pared.*
**gónada** (/**go**-na-da/). Órgano formador de gametos masculinos o femeninos. Es palabra esdrújula.
◊ Evítese la acentuación grave */go-**na**-da/.
***gonada**. Forma incorrecta por → **gónada**.
**-gono**. Elemento compositivo de origen griego que, colocado al final de palabra, entra en la formación de voces, particularmente de las propias de la geometría, con el significado de 'ángulo'.
Suele anteponerse otro elemento que indica número o cantidad: *pentágono, polígono, octógono.*
**gourmand**. Voz francesa de uso relativamente frecuente, que conserva la grafía y la pronunciación originales /gur-**man**/. Con ella se designa, principalmente, a la persona golosa.
◊ Evítese la confusión con → **gourmet**.
**gourmet**. Voz francesa de uso muy frecuente, que conserva la grafía y la pronunciación originales /gur-**me**/. Con ella se designa a la persona que es experta en materia de comidas y bebidas.
◊ Evítese la confusión con → **gourmand**.
**grabar - gravar**.
• grabar. Esculpir, cincelar, fijar.
~ **a**: *Esas imágenes están grabadas a fuego.*
~ **en**, ~ **sobre**: *Aquí dan clases de grabado sobre madera. Hizo grabar las iniciales en el anillo.*
• gravar. Imponer una carga o un impuesto. *Piensan gravar las importaciones.*
~ **con**: *La mercadería no está todavía gravada con los impuestos.*
**gradación - graduación**.
• gradación. Escala, progresión. *Presten atención a la gradación de los sonidos.*
• graduación. Acción o efecto de graduar o graduarse. *Mañana tendrá lugar el acto de graduación.*
**graduación**. → **gradación**.
**graduar** (se conjuga como **actuar**).

– **graduarse como**. ~ **de**, ~ **en**: *Se graduó como ingeniero de transportes; de ingeniero; en dirección de empresas.*

**-grafía**. Elemento compositivo de origen griego que, colocado al final de palabra, entra en la formación de numerosas voces españolas con los significados de 'escritura' y de 'descripción': *biografía, caligrafía, geografía, lexicografía, taquigrafía.*

**grafía**. Sustantivo femenino con el que se designa la representación de los sonidos y de las palabras mediante la escritura. *Pasaron varios siglos antes de que el castellano consolidase su grafía.*

**-grafo, fa**. Elemento compositivo de origen griego que, colocado al final de palabra, entra en la formación de numerosos cultismos españoles con el significado de 'que escribe' o 'que describe': *biógrafo, bolígrafo, geógrafo, mimeógrafo, sismógrafo.*

**grande**. Adjetivo con que se indica que algo o alguien es superior en tamaño, importancia, intensidad, etc., a lo que es común y regular en su género.

Sufre apócope, tomando la forma *gran,* delante de nombre singular masculino o femenino: *gran territorio, gran esperanza.* En la lengua literaria puede aparecer el adjetivo antepuesto con la forma completa, aunque este uso es propio de un estilo elevado y arcaizante. *En sus arengas lo proclama como el más grande hombre civil de la tierra de los argentinos.*

La forma comparativa es *mayor,* o la construcción perifrástica *más grande.* → **mayor**, → **- más grande**.

El superlativo normal toma la forma *grandísimo,* aunque también se emplea la variante latinizante **máximo**.

– **más grande**. Construcción perifrástica comparativa del adjetivo *grande,* empleada especialmente en la lengua coloquial en sustitución de *mayor.* Por su valor comparativo se la emplea seguida del nexo *que*: *Es más grande que su hermana.*

***grandielocuencia**. → **grandilocuencia**.

***grandielocuente**. → **grandilocuencia**.

**grandilocuencia**. El *DRAE* designa con este sustantivo la elocuencia muy abundante y elevada, y el estilo sublime.

♦ Evítese el empleo de la forma incorrecta **grandielocuencia.* La misma observación cabe para el adjetivo *grandilocuente,* con el que se alude a la persona que habla en tono elevado, y que es sustituido frecuentemente por la forma incorrecta **grandielocuente.*

**granizar**. Es verbo unipersonal y se conjuga solamente en 3ª persona del singular. *Es una zona donde graniza con frecuencia.*

**gravamen**. Sustantivo masculino que designa las cargas o impuestos.

♦ Es voz grave terminada en *-n,* por lo que no lleva acento ortográfico.

Su plural, *gravámenes,* lleva tilde por ser palabra esdrújula.

**gravar**. → **grabar**.

**gripa**. Este sustantivo femenino de empleo corriente, al menos en Colombia y México, donde en el habla estándar alterna en proporción similar con **gripe**, es inusual en los países del Cono Sur. *Un considerable incremento en los casos de gripa se está presentando en la ciudad.*

**gripe**. Sustantivo femenino procedente del francés *grippe,* definido en el *DRAE* como "Enfermedad epidémica aguda, acompañada de fiebre y con manifestaciones variadas, especialmente catarrales". *La gripe aumenta su incidencia en el invierno.*

Es de uso corriente en América, donde alterna con **influenza** y, más limitadamente, con **gripa**.

♦ Debe evitarse, en cambio, el empleo de la palabra francesa original, tanto en su grafía como en su pronunciación */grip/.

grosso modo. Locución latina que significa 'en conjunto', 'sin entrar en detalles', 'aproximadamente'. *Podemos decir, grosso modo, que las dos obras son idénticas.*

♦ Evítese el error, relativamente frecuente, de anteponer la preposición **a** a esta locución. **El aumento es a grosso modo de 50%.*

guiar (se conjuga como **ansiar**).

– **guiarse con**. ~ **por**: *Su secreto consistía en guiarse con el corazón. Carecen de ambición y solo se guían por la ganancia inmediata.*

gusano (Por influjo del inglés *worm*). En informática, virus de computadora diseñado para buscar datos en la memoria o en el disco y alterar la información almacenada. *Un programa para controladores de tránsito, de uso en 1971, fue el primer gusano, llamado así por ser un programa que vive y se mueve dentro de una red de computadoras.*

gustar. Verbo defectivo que se conjuga solamente en tercera persona del singular y del plural. *Me gusta el café. Les gustan los postres no demasiado dulces.*

◊ Obsérvese que:

**a)** Siempre acompaña al verbo el pronombre átono en función de objeto indirecto.

**b)** Se emplea el paradigma completo cuando va acompañado de la preposición **de**. *Marcela gusta de su mejor amigo. Yo gusto de Santiago.*

gusto. Sustantivo masculino con el que se designa el sentido con el cual se percibe el sabor de las cosas.

– **a gusto**. Locución adverbial con la que se indica el modo cómodo con que se realiza una acción. *La verdad es que aquí me encuentro muy a gusto.*

– **al gusto**. Locución adverbial con la que, referida a alimentos, se indica que estos se condimentarán según la preferencia de quien ha de consumirlos.

– **de gusto**. Expresión que se emplea en diversos países de América, como la Argentina, Nicaragua, México, Perú y Uruguay, con el significado de 'solamente por placer' o 'por simple capricho'. *En parte, por suerte, son sólo fiestas, ingestas de pan o idas al circo, de puro gusto nomás.*

– **por gusto**. Por simple placer o capricho.

**H** (**h**). Nombre: *hache*.

**Descripción**. Novena letra del abecedario español. En la lengua general no representa ningún sonido.

En algunas regiones como Andalucía, Extremadura, Canarias y otras zonas de España y América se conserva el sonido aspirado que se representaba por *h*.

También se aspira en palabras de origen extranjero, como *hippie, Sahara, Hawai*.

Precede a todas las vocales, pero es muy raro encontrar *h* delante de consonante, a excepción de unas pocas palabras de origen extranjero: *ohm* y sus derivados, y *brahmán* y los suyos.

**hábeas corpus**. Derecho de los ciudadanos a comparecer inmediatamente después de su detención ante un juez para que este determine la legalidad del procedimiento.

En español es sustantivo masculino compuesto que se acentúa gráficamente conforme a las reglas de nuestro idioma. *Concedieron el hábeas corpus al detenido*. El plural es invariable: *los hábeas corpus*.

**haber**.

**1**. Verbo auxiliar. Junto con el participio de un verbo forma los tiempos compuestos.

Se conjuga en todas sus formas solamente como verbo auxiliar, es decir sin significado propio y acompañando al participio invariable para formar los tiempos compuestos.

**2**. Verbo impersonal. Solo tiene una forma para todos los tiempos: 3ª persona del singular.

– *HABER QUE* + INFINITIVO. Frase verbal que expresa obligación. *Seguramente hay que salir por la noche*.

– *HABER DE* + INFINITIVO. Frase verbal que denota posibilidad. *Han de llegar aproximadamente a las ocho*.

◊ Tradicionalmente este verbo se ha empleado como impersonal y se ha censurado por incorrecto hacerlo concordar en número con su objeto directo, interpretado erróneamente como sujeto. Así entendido corresponde decir: *Hubo fiestas* y no *hubieron fiestas*.

No obstante, es ya una tendencia clara en casi toda América, y en prácticamente todos los niveles de habla, el empleo del verbo *haber* concertado, incluso en países como la Argentina y Uruguay, donde hasta hace algunos años era completamente inusual. (➤ Cdo. 4.)

**habitacional**. El *DRAE* no recoge este adjetivo neológico, de uso frecuente tanto en América como en España, con el que se alude a aquello que es propio de la vivienda. *Se debe procurar volver a las estructuras habitacionales que tengan relación funcional con el ambiente*.

**hábitat** (/**ha**-bi-tat/). Sustantivo masculino definido por la Academia española como "Lugar de condiciones apropiadas para que viva un organismo, especie o comunidad animal o vegetal".
Normalmente forma su plural con -s: *los hábitats.*
◊ Es palabra esdrújula, por lo tanto debe evitarse la pronunciación */ha-bi-**tat**/.
**habituar** (se conjuga como **actuar**).
~ **a**: *Nunca pude habituarme al frío. Quiero habituarlo al nuevo tipo de comida.*
**hacer**. Participio irregular: *hecho.*
Verbo intransitivo que significa 'dar existencia a una cosa, ya sea material o mental'.
~ **de**. 'Representar'. *Marta hizo de Electra en la obra.*
- **hacerse a**. Locución que significa 'acostumbrarse'. *No me hago a mi nuevo trabajo.*
- **hacer presente**. Locución que significa 'recordar', 'comunicar algo'. *Hágaselo presente cuando llegue el momento oportuno.*
- **por** (**en**) **lo que hace a**. En lo que concierne a. Expresión galicada de empleo frecuente que es conveniente evitar. En su reemplazo pueden emplearse expresiones como: *respecto de, en cuanto a,* entre otras. (➤ Cdo. 33.)
**hacha**. Sustantivo femenino con el que se designa una herramienta cortante. Por comenzar su pronunciación con a tónica, en singular se usa precedido por los artículos *el* o *un*. En plural, en cambio, se emplean las formas femeninas del artículo, *las* o *unas.*
**hacia**. Preposición.
**1**. Indica movimiento, en particular la dirección que sigue. El punto o meta hacia el cual se dirige no marca necesariamente el final del movimiento. Acompaña con suma frecuencia a los verbos que expresan desplazamiento espacial. *Caminó hacia la orilla del mar. Nos dirigimos hacia Caracas.*
Cuando señala dirección (sin término de llegada) es equivalente a la preposición → **a**, de uso más coloquial. *Se dirigió hacia la playa. Doblan hacia la derecha.*
Del sentido espacial de movimiento, derivan dos ideas:
**a)** La de orientación sin desplazamiento. *Mira hacia el horizonte. Está inclinado hacia abajo.*
**b)** La tendencia de una acción. *La entrevista derivó hacia temas políticos.*
**2**. Señala, sin precisión, el tiempo o el lugar aproximados en que algo sucede o se encuentra. *Hacia allá está la ciudad. Nieva hacia el sur. Lloverá hacia el mediodía. ¿Nos encontramos nuevamente hacia la noche?*
**3**. Señala vagamente un lugar por la relación que guarda con otro que sirve de referencia (esta puede hallarse omitida). *Está ubicado hacia la izquierda* (*de la casa*).
**hada**. Sustantivo femenino con el que se designa a un ser fantástico que posee poderes mágicos.
Por comenzar su pronunciación con a tónica, en singular se usa precedido por los artículos *el* o *un*. En plural, en cambio, se emplean las formas femeninas del artículo, *las* o *unas.*
**halar**. Este verbo que con el mismo sentido de **jalar**, esto es 'tirar hacia sí, atraer', es de empleo corriente en diversos países americanos como Colombia, Costa Rica, Cuba, Honduras, Nicaragua, Panamá, El Salvador y Venezuela, tiende a difundirse, por influjo del doblaje televisivo, a regiones americanas que, como ocurre en México, emplean usualmente la forma → **jalar**,

y también a aquellas sudamericanas donde ambas variantes son inusuales. *No se permite que un vehículo hale o remolque mediante una barra de tracción u otra conexión si esta excede los quince pies de largo.*

**hall**. Voz inglesa con que se designa el vestíbulo o la recepción de una casa o de un hotel. En español se emplea como sustantivo masculino y forma su plural con -s: *el hall, los halls.*

La pronunciación regular es /χol/.

**halla**. → **allá**.

**hambre**. Sustantivo femenino con el que se designa el deseo y la necesidad de comer.

En singular, por comenzar su pronunciación con *a* tónica, se usa precedido por los artículos *el* o *un*. En plural, en cambio, se emplean las formas femeninas del artículo, *las* o *unas*.

**hardware**. Voz inglesa propia del campo de la computación que se emplea en español como sustantivo masculino con el que se designan los componentes materiales de un equipo. Estos suelen dividirse en componentes de entrada, como el teclado; de salida, como la impresora o el monitor; y de almacenamiento, el disco duro, por ejemplo. Precisamente debido a esta diversidad, y a su condición material, la voz *hardware* no se ha impuesto en el habla general con el mismo peso de → **software**.

**hartar**. Participio regular: *hartado*. Participio irregular: *harto*.

- **hartarse de**: *Nos hartamos de esperar.*

~ **con**, ~ **de**: *Se hartaron con frutas de estación. Lo hartaron de atenciones.*

**hasta**. Preposición.

**1**. Indica movimiento, destacando especialmente su límite. Por eso acompaña con suma frecuencia al verbo **ir** y a otros que expresan esta idea de desplazamiento espacial.

Cuando indica el lugar donde termina el movimiento (*Llegó hasta ese lugar. Permanecía con el agua hasta la cintura*) es equivalente a la preposición **a**.

**2**. Indica el tiempo, puntualizando:

**a)** El momento en que un suceso se interrumpe. *Lo esperó hasta la medianoche. Trabaja hasta la tarde.*

**b)** La cantidad de tiempo que falta para alcanzar un objetivo. *Falta un mes hasta las vacaciones.*

**c)** La subordinación temporal respecto de otra acción principal. En este caso, se une a la conjunción *que* y forma la frase conjuntiva **hasta que**. *Estuvo preocupado hasta que ella llegó sana y salva. Hasta que volvió en sí, permanecí a su lado.*

**3**. En México, en regiones de Centroamérica y de Colombia, expresa el momento inicial de una acción o proceso. *Hasta que tomé la medicina no se me quitó el mal.* Equivale pues a HASTA (QUE) + NO en otras zonas del español: *Hasta que no tomé la medicina no se me quitó el mal;* o a *recién* en uso sudamericano: *Recién cuando tomé la medicina se me quitó el mal.*

**4**. Expresa el sentido de la distancia, en correlación con las preposiciones *de* y *desde*. *Fueron en auto de Córdoba hasta San Juan.*

**5**. Indica el máximo de cantidad. *Escriban hasta cuatro páginas. Solo gastaría hasta cuarenta pesos. Trabajan hasta las ocho.*

**hastiado**. ~ **de**: *Un pueblo hastiado de la violencia insensata.*

**haya**. → **allá**.

**he**. Voz de uso hoy exclusivamente formal y literario.

La RAE la define como adverbio demostrativo que precediendo a *aquí, ahí, allí*, o con pronombres objetivos como *me, te, la, le, lo, los, las, nos*, sirve para señalar o mostrar. *He ahí la visita esperada. Henos aquí para dar comienzo a las Jornadas de Investigación.*

Otros autores entienden que se trata de un verbo defectivo e impersonal que expresa la mera existencia de algo en un lugar, como el impersonal **hay**. La diferencia entre ambas formas verbales consiste en que *he* presenta siempre la existencia del objeto "ante los ojos" del oyente.

Este verbo no tiene otra forma personal, temporal ni modal, y requiere siempre de dos acompañamientos forzosos:

**a)** El adverbio *aquí* o *allí* o, en ocasiones, un complemento adverbial de lugar. *Helo ya en el estrado.*

**b)** Un objeto directo. *He ahí la visita esperada. Henos aquí para dar comienzo a las Jornadas de Investigación.*

◊ Obsérvese que el objeto directo puede ser objeto de cosa o de persona (los pronombres objetivos ya mencionados) y que dichos pronombres se unen como enclíticos a la forma verbal *he*. A veces el objeto toma la forma de una proposición subordinada sustantiva. *He aquí los que se consideran superiores, vencidos y humillados.*

**hebdo-**. Elemento compositivo de origen griego que, colocado al comienzo de palabra, entra en la formación de algunos cultismos españoles con el significado de 'siete': *hebdomadario.*

**hecho**. → **echo**.

**hecto-**. Elemento compositivo de origen griego que, colocado al comienzo de palabra, entra en la formación de vocablos propios del sistema métrico decimal con el significado de 'cien': *hectogramo, hectolitro, hectómetro.*

◊ Se pronuncia tónica la *o* en *hectómetro* pero es átona en *hectolitro* y *hectogramo.*

**heder** (se conjuga como **tender**).

~ **a**: *La casa hedía a humedad, a ropa sin lavar, a suciedad acumulada.*

**helar** (se conjuga como **pensar**).

En sentido recto es verbo unipersonal y se conjuga solamente en 3ª persona del singular. *Por la madrugada siempre hiela.*

Tiene también uso figurado. En este caso puede conjugarse en todas las personas. *Tus palabras hielan mi sangre. Esa visión me heló de espanto.*

**helio-, heli-**. Elemento compositivo de origen griego que, colocado al comienzo de palabra, entra en la formación de algunos cultismos españoles con el significado de 'sol': *heliograbado, heliofísica.*

* **hematí**. → **hematíe**.

**hematíe**. Sustantivo masculino proveniente del francés con el que se designa al glóbulo rojo de la sangre.

♦ El empleo mucho más frecuente del plural, *hematíes*, no debe inducir al error de construir una forma singular inexistente, **hematí*.

**hemato-**. Elemento compositivo de origen griego que, colocado al comienzo de palabra, entra en la formación de numerosos vocablos propios de la medicina con el significado de 'sangre': *hematocrito, hematólogo*. Puede también adoptar las formas **hemo-**, **hema-** o **hemat-**: *hemofilia, hematermo.*

**hemi-**. Elemento compositivo de origen griego que, colocado al comienzo de palabra, entra en la formación de algunos cultismos españoles con el significado de 'medio', 'mitad': *hemiciclo, hemistiquio.*

**hemorroide**. Sustantivo femenino con el que se designa el pequeño tumor que se forma en los márgenes del ano o en la parte final del recto.

La Academia española indica que se emplea más frecuentemente en plural: *las hemorroides*. Algunos gramáticos, como Bello, prefieren incluirlo entre los sustantivos que solo tienen forma de plural.

**henchir – hinchar**.

• henchir (se conjuga como **pedir**).
Llenar, colmar.

~ **de**: *Su corazón se henchía de alegría cuando la veía llegar cada mañana.*

• hinchar. Aumentar de volumen. Envanecer. *El agua hinchaba la madera. El río se hinchaba de caballeros muertos.*

**hender** (se conjuga como **tender**).

~ **a**, ~ **con**, ~ **de**: *El grupo avanzaba hendiendo a machetazos la manigua. Hendió de un solo golpe aquella piedra.*

**hepta-**. Elemento compositivo de origen griego que, colocado al comienzo de palabra, entra en la formación de algunos cultismos españoles con el significado de 'siete': *heptágono, heptasílabo.*

**Heródoto**. Nombre del historiador griego antiguo, reconocido por la riqueza documental de sus estudios.

Aunque etimológicamente corresponde la acentuación esdrújula del sustantivo, está muy extendida la forma grave *Herodoto*, que responde a la acentuación latina.

**herrar**. → **errar**.

**hervir** (se conjuga como **sentir**).

~ **en**: *Hay que hervir la acelga en agua solamente cinco minutos.*

– **hervir de**: *La calle hervía de jóvenes que deseaban hacerse escuchar.*

**Hesíodo**. Nombre del poeta griego antiguo, autor de *Los Trabajos y los Días*. Aunque etimológicamente corresponde la acentuación esdrújula (/e-**si**-o-do/), se admite también la forma grave (/e-**sio**-do/).

**hetero-**. Elemento compositivo de origen griego que, colocado al comienzo de palabra, entra en la formación de algunos cultismos españoles con el significado de 'otro', 'desigual', 'diferente': *heterogéneo, heterosexual.*

**hexa-**. Elemento compositivo de origen griego que, colocado al comienzo de palabra, entra en la formación de algunos cultismos españoles con el significado de 'seis': *hexágono, hexasílabo, hexámetro.*

**hiato**. Sustantivo con el que se designa el encuentro de dos vocales que se pronuncian en sílabas distintas: *oído* (/o-**i**-do/).

**hibernar**. Verbo con el que se designa el pasar en invierno, particularmente en estado de sueño con disminución de las funciones fisiológicas.

Aunque ha habido cierta vacilación en cuanto a su conjugación, es verbo regular. *Entre los meses de julio y agosto hibernan en su cueva.*

**-hídrico**. Elemento compositivo de origen griego que fue adoptado en la nomenclatura química para designar los ácidos que no contienen oxígeno, como el *clorhídrico* o el *sulfhídrico.*

**hidro-**. Elemento compositivo de origen griego que, colocado al comienzo de palabra, entra en la formación de numerosos vocablos españoles con el significado de 'agua': *hidroavión, hidrocarburo, hidrofobia.*

***hidróxilo**. Forma incorrecta por → **hidroxilo.**

**hidroxilo**. Sustantivo propio del campo de la Química que el *DRAE* define como "Radical formado por un átomo de hidrógeno y otro de oxígeno".

Es palabra grave, por lo que debe evitarse la forma esdrújula *hidróxilo* */i-**dro**-xi-lo/.

**hierro – yerro**.

• hierro. Metal. *La lámpara es de hierro.*

• yerro. 1ª pers. sing. presente del indicativo de *errar. Cuando yerro el tiro, me enojo.*

• yerro. Error. *Ese fue otro de sus yerros administrativos.*

**higro-**. Elemento compositivo de origen griego que, colocado al comienzo de palabra, entra en la formación de algunos cultismos españoles con el significado de 'humedad': *higrómetro.*

***hijo primogénito**. Evítese el empleo de este pleonasmo por *primogénito,* sustantivo con el que se designa al hijo que nace primero. *Su primogénito no le dio ningún nieto varón.*

**hinchar**. → **henchir**.

**hiper-**. Elemento compositivo de origen griego que, colocado al comienzo de palabra, entra en la formación de numerosas voces españolas con el significado de 'superioridad o exceso': *hipertensión, hipermercado, hipersensible.*

**hipérbola – hipérbole**.

• hipérbola. Curva. *La hipérbola es una curva simétrica.*

• hipérbole. Exageración. *La hipérbole es una figura retórica.*

**hipertexto** (Del inglés *hypertext*). En computación, documento vinculado a otro mediante una serie de enlaces. El hipertexto es particularmente útil cuando se trata de documentos que, como diccionarios o enciclopedias, contienen gran cantidad de información y requieren frecuentes consultas entre sus diversas partes.

**hipo-**. Elemento compositivo de origen griego que, colocado al comienzo de palabra, entra en la formación de algunos cultismos españoles con el significado de 'debajo de': *hipodérmica;* o 'escasez de': *hipotensión, hipoglucemia.*

**hipocondría** (/i-po-con-**dri**-a/). Sustantivo femenino con el que se designa en medicina la afección cuya característica es manifestar una preocupación constante por la salud.

♦ Evítese la errónea pronunciación (/i-po-**con**-dria/), motivada acaso por *hipocondrio,* 'cada una de las dos partes laterales de la región epigástrica'.

**hippie** o **hippy**. Palabra inglesa con la que se designa el movimiento juvenil de los años 70, de carácter pacifista, que propugnaba una vuelta a la naturaleza y protestaba contra las estructuras sociales vigentes. También se designa con este nombre a la persona perteneciente a ese movimiento. La pronunciación oscila entre /**χi**-pi/ e /**i**-pi/.

El plural regular es *hippies.*

**histamina**. Amina existente en pequeñas cantidades en todos los tejidos animales y vegetales. Al liberarse ejerce sus efectos característicos: dilatación de los capilares, aumento de su permeabilidad e incremento de las secreciones salival, lacrimal, gástrica y pancreática.

**hit**. Vocablo inglés, de empleo muy generalizado hace algún tiempo, con el que se hace referencia a un disco o tema musical exitoso. Actualmente pareciera tender al desuso.

**hizo – izo**.

• hizo. 3ª pers. sing. pretérito perfecto simple del indicativo de *hacer. Hizo trampa en el juego.*

• izo. 1ª pers. sing. presente del indicativo del verbo *izar. Izo la bandera todos los días al amanecer.*

**hobby**. Palabra inglesa con la que se designa la actividad favorita a la que, por placer, se dedica una persona. En español es de género masculino y corrientemente se pronuncia /**χo**-bi/. La forma plural más frecuente es *hobbies*.

**hogaño**. Adverbio que etimológicamente significa 'este año'. Se lo emplea con el sentido más amplio de 'en la actualidad', generalmente en correlación y por oposición a **antaño**, 'en los tiempos antiguos'. *La familia es una institución menos valorizada hogaño que antaño.*

Si bien ambos adverbios pertenecen a un nivel culto de lengua, *antaño* es más frecuentemente empleado.

◊ La grafía *ogaño*, que registra la Academia española en su *Diccionario*, es completamente inusual en el uso contemporáneo.

**hojear – ojear**.

• hojear. Pasar las hojas. *Está hojeando el diario.*

• ojear. Mirar. Hacer mal de ojo. *No dejó de ojear el mapa. Le dijeron que el niño estaba ojeado.*

**holding**. Voz inglesa que con el significado de 'agrupamiento' o 'conglomerado' ha alcanzado gran difusión en los últimos años para referirse a grupos económicos o empresariales poderosos. *En Bolivia está asociada con el grupo Invesco, en la AFJP Máxima, y en El Salvador presta asesoría a un holding internacional para el desarrollo del sistema previsional privado en esa nación.*

Conserva su grafía y su pronunciación original (/**χol**-din/).

El plural corriente es *holdings*.

**holo-**. Elemento compositivo de origen griego que, colocado al comienzo de palabra, entra en la formación de algunos cultismos españoles con el significado de 'todo': *holocausto, holografía, holosérico.*

**homeo-**. Elemento compositivo de origen griego que, colocado al comienzo de palabra, entra en la formación de algunos cultismos españoles con el significado de 'semejante': *homeopatía, homeóstasis.*

**homo-**. Elemento compositivo de origen griego que, colocado al comienzo de palabra, entra en la formación de algunos cultismos españoles con el significado de 'igual': *homófono, homogéneo.*

**homogeneidad**. Sustantivo femenino con el que se designa un conjunto formado por cosas del mismo género o muy semejantes.

♦ Evítese la grafía **homogenidad*.

**homogeneizar**. Verbo con el que se designa la acción de "Hacer homogéneo, por medios físicos o químicos, un compuesto o mezcla de elementos diversos" (*DRAE*). Si bien la conjugación con diptongo en el grupo *-ei-* es la aceptada por la Academia española (*homogeneiza*: /o-mo-χe-**nei**-sa/), y parece dominante, la articulación con hiato no es infrecuente (*homogeneíza*: /o-mo-χe-ne-**i**-sa/). *En nuestro país, la globalización homogeneíza para abajo.*

♦ Evítese la forma **homogenizar*.

***homogenidad**. Forma irregular por→ **homogeneidad**.

***homogenizar**. Forma irregular por → **homogeneizar**.

**homologar**. ~ **a**: *Existe un preacuerdo para homologar a los trabajadores temporarios.* ~ **a**, ~ **con**: *No es común que se homologue la situación del alcohólico a la del drogadicto. Pretenden homologar el salario de los docentes terciarios con el de los universitarios.*

**honda – onda**.
• honda. Arma. *Tenía la costumbre de cazar pajaritos con la honda.*
• onda. Ondulación. *El agua llegaba a la costa formando suaves ondas.*

**hora**. Sustantivo femenino con el que se designa cada una de las veinticuatro partes en las que se divide el día solar.
- **hora pico**. Expresión que se usa en América con el sentido de *hora punta*, 'hora de máxima actividad', con la que también alterna.
Su plural es *horas pico.*

**horca – orca**.
• horca. Patíbulo. *Fue condenada ayer a la horca.*
• orca. Mamífero cetáceo. *La orca apareció en la playa.*

**hostil** (/os-**til**/). Adjetivo que equivale a: *adversario, contrario, enemigo.* Es voz aguda. *Su actitud fue siempre hostil.*
♦ Evítese acentuarla como grave */**os**-til/.

**huésped**. Sustantivo con el que, históricamente, se designa tanto a la persona que se aloja en una casa ajena como a la que da alojamiento.
En la actualidad, prácticamente solo se lo emplea con el primer sentido. *Hoy no puedo ir a verte porque tengo huéspedes en casa.*
También recibe este nombre 'el vegetal o animal en cuyo cuerpo se aloja un parásito'.
Aunque el femenino *huéspeda* es reconocido por la Academia española, se halla muy generalizado el uso como sustantivo invariable en género. *Recibió a la huéspeda con todos los honores. Recibió a la huésped con todos los honores.*

**huir**. ~ **de**, ~ **a**, ~ **hacia**: *Huía de su casa. Huyó al refugio más cercano. Lo detuvieron cuando huía hacia la frontera.*
(➤ Cdo. 34.)

**humedecer** (se conjuga como **agradecer**). ~ **con**, ~ **en**: *Humedecer la preparación con un poco de leche.*
- **humedecerse de**. ~ **con**: *El pañuelo se humedeció de llanto.*

**hurgar**. ~ **en**, ~ **entre**: *No es necesario hurgar en el pasado para entender el estado actual del gobierno. Comenzó a hurgar entre los papeles que estaban sobre la mesa.*

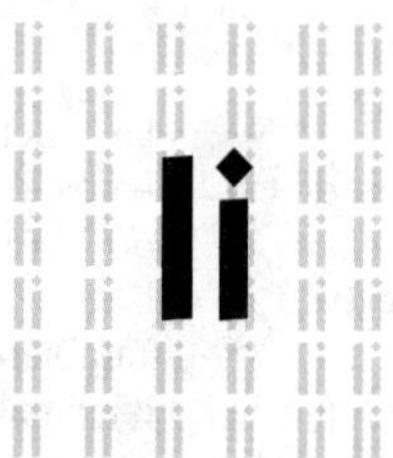

**I** (**i**). Nombre: *i.*

**Descripción**. Décima letra del abecedario español. Representa un sonido vocálico cerrado y palatal sin labializar. Se articula levantando la lengua más que para pronunciar la e y cerrando un poco más los labios. El mismo sonido se representa también por *y*, en posición final de palabra: *rey, ley, voy, soy*.

**-iatría**. Elemento compositivo de origen griego que, colocado al final de palabra, entra en la formación de numerosos cultismos españoles con el significado de 'parte de la medicina' [que estudia la curación de lo indicado por la base léxica]: *foniatría, geriatría, pediatría, psiquiatría*.

**ibídem**. Adverbio latino que significa 'allí mismo' o 'en el mismo lugar'. Se emplea en índices, notas o citas de impresos para referirse a la obra antes citada.

Generalmente figura abreviado como *ibíd.* o *ib*.

♦ Evítese la acentuación esdrújula */**i**-bi-dem/.

**iceberg**. Voz inglesa registrada por el *DRAE* con la que se designa a la gran masa de hielo flotante que sobresale de la superficie del mar. Conserva su grafía original y, aunque es palabra incorporada a nuestra lengua como sustantivo masculino y, por tanto, admite la pronunciación española /i-se-**ber**/, es muy frecuente, especialmente en América, conservar la pronunciación inglesa /**ais**-ber(g)/.

El plural de este sustantivo es *icebergs* y se acepta la pronunciación /**ais**-bergs/.

**ícono** o **icono**. Sustantivo masculino con el que se designa las imágenes religiosas a pincel o en relieve propias de las iglesias orientales.

En semiótica, se denomina así el signo que mantiene una relación de semejanza con el objeto representado.

En informática, es el símbolo en pantalla que representa un programa, un archivo de datos u otra entidad o función de la computadora.

◊ Nótese que ambas pronunciaciones (/**i**-ko-no/ o /i-**ko**-no/) y, por lo tanto ambas grafías, son correctas.

**ictericia**. Sustantivo femenino con el que se designa la enfermedad producida por la acumulación de pigmentos biliares en la sangre y cuya señal exterior más perceptible es la amarillez de la piel. *Es sumamente frecuente la ictericia en los recién nacidos.*

♦ Evítese el empleo de la forma **ictiricia*.

***ictiricia**. → **ictericia**.

**ídem**. Pronombre latino que significa literalmente 'el mismo' o 'lo mismo'.

Suele usarse en citas y listas con la finalidad de evitar repeticiones inútiles de un nombre que se mencionó en el lugar anterior.

Por hallarse incorporado al español, respeta las reglas ortográficas de la lengua y se escribe con tilde.
En los textos aparece por lo común abreviado con la forma *íd.*
**identificar**.
- **identificarse con**: *Desde muy chico se identificó con su padre.* ~ **en**: *Enseguida nos identificamos en sus ideas de libertad.*
- **identificarse como**. *Luego de identificarse como agente de policía les ordenó descender del vehículo. Existe un rechazo de las personas ancianas a identificarse como tales.*
**identikit**. Imagen de una persona obtenida a partir de una selección de rasgos típicos del rostro.
Este anglicismo no es usual en España, donde se emplea **retrato robot**, pero sí en América, especialmente en los países del sur del continente.
La denominación proviene de la marca registrada Identi-Kit, que desarrolló un programa que permite a la policía reconstruir rápidamente en la pantalla el rostro de una persona. Su grafía es vacilante. El guión etimológico alterna con la forma soldada, en ambos casos en minúscula, pues el vocablo no se interpreta como nombre propio. En cuanto al plural, este se atiene dominantemente al origen inglés: *identikits*.
***ideosincrasia**. Forma incorrecta por → **idiosincrasia**.
***idiosincracia**. Forma incorrecta por → **idiosincrasia**.
**idiosincrasia**. Sustantivo femenino con el que se designa el conjunto de rasgos de carácter propios de un individuo o de una colectividad. Debe evitarse el empleo de dos formas erróneas relativamente frecuentes: **idiosincracia* e **ideosincrasia*.
La primera proviene de la confusión con palabras como *democracia, burocracia*, etc., en cuya composición interviene el sufijo de origen griego *-cracia*, que significa 'dominio' o 'poder'. La segunda proviene de la confusión entre el elemento compositivo *idio-*, que significa 'propio', y el sustantivo *idea*.
**ignorar**. En la actualidad este verbo vale, según el registro académico, como "No saber algo, o no tener noticia de ello" y, también, más recientemente, como "No hacer caso de algo o de alguien". Este último sentido proviene del inglés *to ignore*. *La huelga se produjo porque los empresarios ignoraron los reclamos salariales.*
**igualar**. ~ **a**, ~ **con**: *Los ñoquis que yo preparo no se igualan a los de mi madre. Esta obra no iguala a nada visto hasta ahora.* ~ **en**: *Su hermano lo iguala en inteligencia. Se igualan en todo.*
**Ilíada** (/I-**li**-a-da/). Por lo común, este poema homérico se pronuncia como voz esdrújula. No obstante, la acentuación grave (/I-**lia**-da/) no es infrecuente.
**ilusionar**. ~ **con**: *Lo ilusionaron con un regalo y no se lo dieron. Él se ilusiona siempre con las promesas que le hacen.*
- **ilusionarse por**: *Mostraba una incapacidad para sentirse estimulado o ilusionarse por algo.*
**ilustrar**. ~ **con**: *Ilustra su explicación con un ejemplo.*
**imagen**. Sustantivo femenino. Por ser palabra grave terminada en *-n*, debe escribirse sin tilde.
En cambio, su plural, *imágenes*, palabra esdrújula, se acentúa ortográficamente. *Las imágenes del noticiero no fueron reconocidas como prueba judicial.*

**imbricar**. 'Disponer una serie de cosas iguales de manera que queden superpuestas parcialmente'.
En América, donde se lo documenta al menos en la Argentina, Chile, Colombia, Ecuador, México y Uruguay, es más frecuente el empleo de este verbo como pronominal y con el sentido de 'entrelazarse', 'vincularse estrechamente una cosa con otra', que tiene también el francés *imbriquer* pero que parece inusual en el español peninsular. *Los procesos correspondientes han llegado a enmarañarse y a imbricarse a tal punto que cada día es menor la posibilidad de establecer la identidad de los autores de esos asesinatos.*
~ **con**, ~ **en**: *Con ello, la gestión empresarial podrá imbricarse con la comunidad educativa. Lo que nos lleva a imbricar este acto en la serie de acciones que buscan igual fin.*
**imbuir** (se conjuga como **huir**).
~ **de**: *No quiero dejarme imbuir de otras opiniones. Lo imbuyen de falsas ideas.*
**imitar**. ~ **en**: *Sabe imitarla muy bien en el andar.*
◊ Por la frecuencia con que este verbo se emplea referido a personas, y consecuentemente con la preposición a, a menudo se le emplea también en casos en los que no es regular. *Se esforzaban por imitar a los perros.*
**impacientar**. ~ **con**: *No se impaciente con la demora. No lo impacientes con tus quejas.*
- **impacientarse con**. ~ **de**, ~ **por**: *Se impacienta por la demora. Se impacienta de no poder hacer nada.*
**impasse**. Voz francesa que significa, en sentido recto y figurado, 'callejón sin salida'. Con este último, suele emplearse en español. *Las conversaciones para llegar a un acuerdo se encuentran en un impasse.*
En América, más que en España, se la emplea también con el significado de 'compás de espera'. *Creo que es momento de hacer una impasse. Es un gran muchacho y con un muy buen nivel de juego, pero vamos a tener que pararlo por un tiempo: decidimos de común acuerdo hacer un impasse en las citaciones.*
◊ En cuanto a su género, existe vacilación entre el femenino, que corresponde por etimología, y el masculino, al que lleva la pronunciación habitual (/in-**pas**/).
**implementar**. Pese a las críticas puristas y los llamados a evitar su empleo –y recurrir a formas más tradicionales como *ejecutar, poner en marcha,* etc.– parece razonable aceptar que se ha afianzado ya en nuestro idioma por influencia del inglés *implement. Plan de acción a implementar por el Ente Nacional de Regulación. Deben implementarse aún nuevas medidas sanitarias.*
**implicar**. ~ **en**: *Con su declaración pretendió implicarlos en el caso del contrabando.*
**implosionar**. → **explosionar**.
**implotar**. → **explotar**.
**imponer** (se conjuga como **poner**).
Participio irregular: *impuesto.*
**importar**. ~ **de**, ~ **desde**: *Como era más económico, decidieron importarlas del extranjero. Los tres se hallaban acusados de importar droga desde Holanda.*
En informática, se denomina así la acción de cargar un archivo creado por un programa en otro programa diferente.
◧ **exportar**.
**impresionar**. ~ **con**: *Lo impresionaron con la noticia, no se lo esperaba.* ~ **por**: *Siempre se impresiona por lo mismo. Impresiona por su serenidad.*

**imprimir**. Participio regular: *imprimido*. Participio irregular: *impreso*.
◊ En la actualidad, el participio regular *imprimido* ha sido sustituido casi totalmente por el irregular *impreso*.
~ **con**: *Imprímanlo con otra letra*. ~ **en**: *El trabajo queda mejor si se imprime en un buen papel. Impriman en mayúscula*.
***imput**. Incorrección por → **input**.
**in-**. Prefijo que significa, por lo común, 'adentro', 'en el interior de': *injertar, incluir, insacular, inyectar*.
Toma la forma *im-* ante *b* o *p*: *implantar, importar*; e *i-* ante *l* o *r*: *irrumpir*.
**in-**. Prefijo que indica 'negación' o 'privación': *inaceptable, incierto, inseguro*.
Como el anterior, toma la forma *im-* ante *b* o *p*; e *i-* ante *l* o *r*: *impaciencia, ilegítimo, irrestricto*.
**in fraganti**. Esta locución, forma corrupta del latín, se aplica cuando alguien es sorprendido en el mismo momento en que está cometiendo un delito. *La policía puede arrestar sin orden de un juez cuando descubre a alguien in fraganti*.
**incásico**. Adjetivo con que se alude a lo que pertenece o se refiere a los incas y a su imperio.
Su empleo es relativamente frecuente en la Argentina, Bolivia, Chile, Ecuador y Perú. *La ocupación incásica se extendió desde mediados del siglo* XV *por casi cien años*.
**incidente**. → **accidente**.
**íncipit** (**in**-ki-pit). Sustantivo masculino tomado del latín con el que en las descripciones bibliográficas se designan las primeras palabras de un escrito o de un impreso antiguo.
Es voz esdrújula que se mantiene invariable en plural.
**incluir** (se conjuga como **huir**).
Participio regular: *incluido*. Participio irregular: *incluso*.
~ **en**: *Lo incluimos en el grupo*. ~ **entre**: *No estoy incluida entre los pasajeros*.
**inclusive**. Adverbio con que se expresa que la acción verbal concierne hasta el último de los objetos nombrados. Se coloca, por lo general, inmediatamente detrás de la palabra a la que se refiere. *Dejaron entrar hasta el número veinte inclusive*.
♦ Es incorrecto su uso como adjetivo. **Todos, inclusives los más ineptos, fueron admitidos en la clase*.
**incomodar**. ~ **con**, ~ **por**: *El ayudante se incomodó con sus opiniones. Incomoda por sus intervenciones fuera de lugar*.
**inconducta**. Galicismo sin registro académico por *falta de conducta* o *mala conducta*. Es de empleo relativamente frecuente en América, donde se lo documenta en la Argentina, Costa Rica, Ecuador, México, Paraguay, Perú, Uruguay y Venezuela. En cambio parece inusual en la Península. *El boxeador fue suspendido temporalmente y el Estado busca confiscar la bolsa por su inconducta durante el último combate*.
**inconformarse**. Verbo propio del lenguaje administrativo, corriente en México con el sentido de 'expresar formalmente desacuerdo ante una resolución'.
~ **ante**, ~ **contra**: *El involucrado podrá inconformarse ante el Tribunal*.
**inconsútil** (/in-kon-**su**-til/). Este adjetivo significa 'sin costura'. No corresponde emplearlo con el sentido de 'sutil'.
♦ Evítese también la acentuación aguda /in-kon-su-**til**/ motivada, acaso, por la semejanza con *sutil* (/su-**til**/).

**incorporar**. ~ **a**, ~ **en**: *Incorporar lentamente las claras en la preparación. Se incorporó a la institución el año pasado.*

**incumbir**. Se conjuga solo en 3ª persona. *Eso no te incumbe a ti. Debía saber que esos asuntos no le incumbían.*

◊ Nótese que los sujetos de estas oraciones son *eso* y *asuntos*.

**incurrir**. Participio regular: *incurrido*. Participio irregular: *incurso*.

~ **en**: *No presentarse a votar es incurrir en una falta.*

**independizar**. ~ **de**: *Siempre quiso independizarse rápidamente de su familia. Hay que independizar un tema de otro.*

**indignar**.

– **indignarse con**. ~ **contra**: *Cuando escuchó lo que dijeron, se indignó mucho con Juan.* ~ **de**, ~ **por**: *Se indignó por su indiferencia.*

**indisponer** (se conjuga como **poner**). Participio irregular: *indispuesto*.

**índole**. Sustantivo con que se designa la condición e inclinación natural propia de cada persona o la naturaleza, calidad y condición de las cosas.

Es de género femenino. *Tuvo problemas de índole nerviosa.*

**inducir** (se conjuga como **conducir**).

~ **a**: *Esta carta puede inducir a error.*

♦ Evítese el diptongo en las formas del pretérito: **indujió*, **indujieron*, **indujiera*, **indujiese*, **indujiere*. Las formas correctas son: *indujo*, *indujeron*, *indujera*, *indujese*, *indujere*.

**infectar – infestar**.

• infectar. Transmitir una enfermedad, contaminar con gérmenes. *La herida se infectó por falta de cuidados.*

• infestar. Invadir un sitio. *La casa estaba infestada de moscas.*

**inferir** (se conjuga como **sentir**).

~ **de**: *De lo dicho, infiero que no te agrada.*

**infestar**. → **infectar**.

**infligir – infringir**.

• infligir. Imponer un castigo. *Le infligieron una dura pena.*

• infringir. Transgredir. *Infringieron las normas de tránsito.*

**influenza**. La influenza o gripe es una enfermedad respiratoria viral aguda, caracterizada por fiebre, mialgias, cefalea, malestar, inflamación de las mucosas, y tos que puede ser prolongada e intensa.

Ocasionalmente se ha calificado de anglicismo el uso *influenza*, desconociendo u olvidando que se trata de un italianismo incorporado tanto al inglés como al español con el mismo significado.

Con particularidades diversas, alterna en América con **gripe** y **gripa**. En la zona del Río de la Plata, el uso de *influenza* es poco frecuente y parece ser propia del lenguaje médico. Similar parece ser la situación en México.

**influir** (se conjuga como **huir**).

~ **con**: *La única que puede influir con su madre para que vaya al médico es Ana.*

~ **en**, ~ **sobre**: *Creo que su enfermedad influye en su carácter.*

**informar**. Dar a conocer. Por lo regular este verbo se construye, en América, con las preposiciones *de* o *sobre* y con proposición sustantiva en función de objeto directo. *Informó del accidente sucedido anoche. Informó que anoche había ocurrido un accidente. Informó haberlo visto anoche.*

El uso de la construcción *de que*, general en España (*Informó de que anoche había ocurrido un accidente*), puede sentirse como un caso de → **dequeísmo** en algunos países americanos.

**infra-**. Elemento compositivo de origen latino que, colocado al comienzo de palabra, entra en la formación de diversos vocablos españoles con el significado de 'inferior' o 'debajo': *infraestructura, infrahumano, infrarrojo.*
◧ **supra-**.
**infringir**. → **infligir**.
**infundir**. Participio regular: *infundido*. Participio irregular: *infuso.*
**Inglaterra**. Aunque esta denominación se encuentre sumamente generalizada para referirse al Reino Unido de Gran Bretaña e Irlanda del Norte, en propiedad solo corresponde a uno de los tres países que –junto con Gales y Escocia– se hallan en la isla mayor, y junto con Irlanda del Norte componen este reino.
En escritos formales debe tenerse presente esta distinción.
**inherencia**. → **adherencia**.
**inicializar**. Por influjo del inglés *to initialize*, en informática es preparar el hardware o el software para dar comienzo a una tarea. *En algunos programas, el acto de inicializar puede consistir en establecer un contador o una variable en cero antes de iniciar las aplicaciones.*
**injertar**. Participio regular: *injertado*. Participio irregular: *injerto.*
~ **en**: *Se trataba de una cultura trasplantada que con violencia pretendían injertar en esa sociedad.*
**inmanente**. → **eminente**.
**inminente**. → **eminente**.
**inmiscuir** (se conjuga como **huir**).
- **inmiscuirse en**: *Le gusta inmiscuirse en la vida ajena.*
**inobjetable**. Adjetivo con que se alude a aquello que no puede ser objetado o rebatido. *Otro ejemplo inobjetable como tal, es el de la falta de un trámite no esencial del procedimiento, que pueda cumplirse a posteriori.*
**input**. Voz inglesa con la que se designa, particularmente en el campo de la economía y de la informática, el elemento inicial de un proceso de transformación. *En una traducción del inglés al español* dog *sería el input y* perro *el output.*
Funciona como sustantivo masculino y su plural habitual es *inputs.*
◊ Nótese que por ser voz inglesa no se escribe con *m*.
◧ **output**.
**insertar**. Participio regular: *insertado*. Participio irregular: *inserto.*
~ **en**: *Insertó un nuevo párrafo en el texto. Se insertó en el grupo rápidamente.*
**insistir**. ~ **con**, ~ **en**, ~ **sobre**: *Insistía con los mismos viejos argumentos. Insiste en que no es verdad. Siempre insisto sobre la necesidad de dejarlo por escrito.*
**ínsito**. Adjetivo que el *DRAE* registra con el sentido de 'propio y connatural a algo y como nacido en ello'. *Era dueño del más ínsito poder de seducción.*
◊ Es palabra esdrújula (/**in**-si-to/). Debe evitarse el empleo de la forma grave */in-**si**-to/.
**inspirar**.
- **inspirarse en**: *Dice que se inspiró en su autor preferido.* ~ **con**: *Me inspiro con la música.*
**instalar**.
- **instalarse en**: *Finalmente se instalaron en el barrio.*
**integrar**.
- **integrarse en**. ~ **a**: *Los chicos siempre se integran en el grupo sin problemas.*
**interceder**. ~ **ante**, ~ **con**: *Los abogados intercedieron ante el juez. Intercedieron con las autoridades para que le perdonaran*

*la falta.* ~ **por**, ~ **a favor de**: *Le rogó que intercediera por su hijo.*

**intercesión – intersección**.

• intercesión. Acción y efecto de mediar. *Se pudo arreglar el conflicto por la intercesión del embajador.*

• intersección. Encuentro de dos líneas. *Hubo un choque en la intersección de las avenidas Bolívar e Independencia.*

**interesar**.

- **interesarse en**. ~ **por**: *Se interesa en su trabajo.*

***interface**. Forma incorrecta por → **interfaz.**

***interfase**. Forma incorrecta por → **interfaz.**

**interfaz**. Sustantivo femenino que vale por "Conexión física y funcional entre dos aparatos o sistemas independientes" (*DRAE*). Evítese el empleo de las formas incorrectas **interface* e **interfase.*

La correcta grafía es *interfaz* y su plural, *interfaces.*

**interferir** (se conjuga como **sentir**).

~ **con**, ~ **en**: *Son factores que interfieren con la preparación del equipo. Le advirtió que no interfiriera en asuntos internos.*

**ínterin** (/**in**-te-rin/). Adverbio temporal equivalente a *entretanto* o *mientras.*

Por lo general se emplea como sustantivo masculino y precedido por el artículo o un demostrativo.

Es invariable en número, *el ínterin, los ínterin*, y su empleo en plural, por cierto, muy poco frecuente.

◊ Aunque la acentuación aguda *(/in-te-**rín**/) se halla considerablemente extendida, la norma culta aconseja evitarla. **Nadie sabe cuándo un jugador se marchará a otro equipo, pero en el interín deberá seguir en éste, y marcando tantos.*

**interior**. Como adjetivo, y referido a países, esta voz tiene el sentido compartido en América y España de 'perteneciente a la nación de la que se habla en contraposición con el extranjero'. *Hoy se trataron aspectos relativos al comercio interior.*

Como sustantivo masculino es de empleo corriente en la casi totalidad de los países americanos para designar genéricamente el territorio que no pertenece a la capital, sea esta nacional, estatal o provincial. *Ya no trabaja más en Caracas sino en el interior de la República.*

**interiorizar**. ~ **de**: *Cuando llegó se interiorizó de la situación.*

**Internet**. Sistema interconectado de redes informáticas a través del cual, y sin que medie un centro que regule el flujo de información, las computadoras de cualquier parte del mundo pueden comunicarse entre sí directamente.

En español funciona como nombre propio, o de referencia única, por lo cual su grafía oscila entre la mayúscula o la minúscula.

En cuanto a su género oscila entre el femenino que supone la traducción (*net 'red'*), o el masculino por analogía con las voces de esa terminación en español (*ballet, chalet, clóset, soviet*).

**intersección**. → **intercesión.**

**intervalo** (/in-ter-**ba**-lo/). Distancia que media, en el tiempo o en el espacio, entre dos puntos.

Este sustantivo es de género masculino.

♦ Es incorrecta la acentuación esdrújula *(/in-**ter**-ba-lo/).

**intervenir** (se conjuga como **venir**).

~ **en**: *Los muchachos quieren intervenir en la conversación.*

**interviú**. Forma hispanizada del sustantivo inglés *interview*, que el *DRAE* define con remisión a *entrevista*. En propiedad, se trata de una entrevista que se difunde a través de algún medio de prensa. Es voz de género ambiguo, empleada preferentemente en femenino.

Su empleo, actualmente, parece limitarse a España y, con más razón, puede decirse lo mismo de los derivados *interviuvador* e *interviuvar*, raros incluso en España.

**interviuvar**. → **interviú**.

**intoxicado**. ~ **con**, ~ **de**: *Intoxicados con tanta mala literatura. Intoxicadas de tanta tontería que se ve por televisión.*

**intranet**. Sustantivo masculino con el que se designa un sistema de conexión entre computadoras en red, por lo común empleado por una única organización y que utiliza protocolos de Internet.

Su plural corriente es *intranets*.

**intríngulis**. Sustantivo masculino de origen incierto con el que se alude a alguna intriga, dificultad o complicación.

Es invariable en plural. *Siempre llegaba con algún intríngulis para inquietarnos. Presentaron tantos intríngulis que fue imposible encontrar una solución equitativa.*

**introducir** (se conjuga como **conducir**).

~ **en**: *Introduzca la preparación en el horno.*

**inundar**. ~ **de**: *Inundaron la casa de agua. La calle se inundó de lodo.*

**invariante**. La Academia española sólo registra esta voz como sustantivo femenino y en su sentido matemático de magnitud que no cambia.

◊ En este sentido también se documenta, aunque con menor frecuencia, su empleo como masculino. *La velocidad de la luz en el vacío es un invariante.*

Esta voz posee también valor adjetivo ('que no varía'), de empleo ocasional en América y en España. *¿Podemos seguir pensando que lo inconsciente constituye una estructura invariante universal?*

**invertir** (se conjuga como **sentir**).

Participio regular: *invertido*. Participio irregular: *inverso*.

~ **en**: *Invirtió todo su dinero en un viaje.*

**investir**. → **embestir**.

**invitar**. ~ **a**: *Me invitaron a una quinta.* ~ **con**: *Los anfitriones lo invitaron con un whisky.*

**ionosfera** (/io-nos-**fe**-ra/). Sustantivo femenino con el que se designa el conjunto de capas de la atmósfera que están por encima de los ochenta kilómetros.

A diferencia de España, donde la pronunciación llana es dominante, en casi toda América es más frecuente su pronunciación como voz esdrújula (/io-**nos**-fe-ra/) y, por lo tanto, la grafía **ionósfera** resulta completamente regular, y así lo registra el *DRAE* en su última edición.

**ipso facto**. Locución latina que significa literalmente 'por el hecho mismo', 'en el acto'.

En español es más frecuente su empleo con el segundo sentido, aunque también se usa con el primero.

**ir**.

– *IR A* + INFINITIVO. Construcción perifrástica de futuro: *Mañana voy a estudiar todo el día.*

– *IR Y* + VERBO. Construcción propia del lenguaje coloquial que se emplea para enfatizar el significado del verbo que acompaña a *ir*. *Yo le pido que guarde en secreto lo que le dije y después va y se lo cuenta todo.*

♦ En la Argentina y otros países es relativamente usual la construcción *ir de* con el sentido 'ir a la casa de'. **Fuimos de mi tía.* **Van del médico.*

Este empleo, que elide la preposición → **a** con sentido de dirección y el elemento poseído cuando se trata de una vivienda o un lugar de trabajo, se considera vulgar. Se acepta en cambio la sustitución de los elementos poseídos por el artículo neutro **lo**. *Fuimos a lo de mi tía. Van a lo del médico.* (➤ Cdo. 35.)

**ironizar**. ~ **con**, ~ **sobre**: *El presidente del club ironizó sobre las declaraciones del entrenador. No sin antes ironizar con el posible reemplazo.*

**irrestricto**. Este adjetivo, que significa 'no restringido', 'sin restricción', es de uso relativamente común en América. En cambio, parece ser más limitado en España. *Las Fuerzas Armadas prometen su apoyo irrestricto al Presidente del país.*

**isla**. Sustantivo común con el que se designa la porción de tierra rodeada de agua por todas partes.

Por ser nombre común, se escribe con minúscula, *islas Canarias,* excepto en aquellos casos en que forma parte del nombre propio de la región: *Isla de Pascua*.

**iso-**. Elemento compositivo de origen griego que, colocado al comienzo de palabra, entra en la formación de numerosas voces científicas y técnicas con el significado de 'igual': *isobara, isoglosa, isomorfo, isósceles, isotérmico.*

**istmo**. Sustantivo masculino con el que se designa la lengua de tierra que une dos continentes o una península con un continente. *El istmo de Panamá representa un área de importancia geopolítica.*

♦ Evítese el empleo de la forma incorrecta *itsmo.

**Ítaca – Itaca**. Nombre propio con el que se designa a la isla, patria de Ulises, en el mar Jónico. Su acentuación oscila entre la esdrújula griega original /**I**-ta-ca/, y la grave /I-**ta**-ca/, que se toma de la prosodia latina.

**ítem**. Adverbio latino que significa 'igualmente' y que se usa para hacer distinción de artículos o capítulos en un escrito.

Sustantivado, designa a cada uno de esos artículos o capítulos y, por extensión, a los puntos o apartados de un test o prueba. En español, lleva tilde de conformidad con las reglas generales de acentuación.

Tradicionalmente se ha preferido mantenerlo invariable en plural. No obstante en la actualidad pareciera dominar el plural en *-s*.

♦ Evítese la afectada pronunciación a la inglesa */ái-tem/*.

**izo**. → **hizo**.

**J** (**j**). Nombre: *jota*.

**Descripción**. Undécima letra del alfabeto español. Representa un fonema fricativo (por el modo de articulación) sordo; presenta variedades en cuanto al punto de articulación: puede articularse como velar (seguido de *a*, *o*, *u*) o como palatal (seguido de *e*, *i*).

**jactarse**. ~ **de**: *Él se jacta de ser un excelente médico.*

**jalar**. Este verbo transitivo que significa 'tirar hacia sí, atraer', es inusual en países sudamericanos, como la Argentina, Paraguay y Uruguay, donde se emplea comúnmente *tirar*.

La variante → **halar**, de igual sentido, tiende a difundirse en toda América por influjo del doblaje de las series televisivas.

**jengibre**. Nombre de una planta originaria de la India, que se usa principalmente como condimento. Es sustantivo de género masculino.

♦ Evítense las grafías **gengibre* y **genjibre*.

**joven**. Adjetivo y sustantivo con el que se alude a los seres vivos de poca edad. Sus superlativos son *jovenísimo*, *jovencísimo*, formas propias de la lengua literaria. En lenguaje llano se emplea corrientemente la forma perifrástica *muy joven*.

♦ Es voz grave terminada en *-n*, por lo que no lleva acento ortográfico. Su plural, *jóvenes*, lleva tilde por ser palabra esdrújula.

**jubilar**. ~ **de**: *A Pablo lo jubilaron de su cargo de ordenanza. Se jubiló de maestro.*

**jugar**.

– *JUGAR A* + SUSTANTIVO. *No me gusta jugar a las cartas. En lo único que piensa es en jugar al fútbol.*

– **jugarse por**. Arriesgarse, exponerse a un peligro. *Se jugó por sus hijos.*

(➤ Cdo. 36.)

**júnior**. Adjetivo latino en forma comparativa que significa 'más joven'.

En la actualidad, alternando entre la función adjetiva y la sustantiva, ha sido reintroducido al español a través del inglés (de allí su pronunciación /**šu**-nior/) y se emplea para hacer referencia a categorías o jerarquías, particularmente deportivas y, en ocasiones, profesionales.

En este último caso se emplea con el sentido de 'poco experimentado'. También acompaña al nombre de una persona cuando es el mismo que el del padre: *Alfredo júnior*; e incluso puede aparecer usado con sentido absoluto, cuando se da por sobreentendida la persona aludida: *Júnior fue sin duda el más requerido por la prensa*.

El plural es *júniors*. *Los júniors obtuvieron una medalla de oro en la competencia internacional.*

◧ **sénior**.

**juntar**. Participio regular: *juntado*. Participio irregular: *junto*.

~ **a**, ~ **con**: *Juntó el banco al pizarrón. No quiero que vuelvas a juntarte con ellos.*

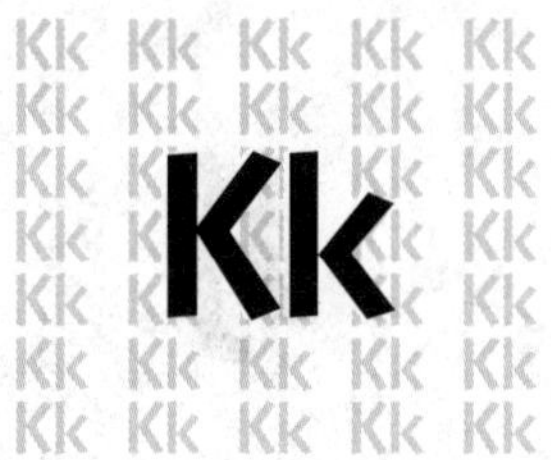

**K** (**k**). Nombre: *ka*.

**Descripción**. Duodécima letra del abecedario español. Representa el fonema oclusivo (por el modo de articulación) velar (por el punto de articulación) y sordo.

En español, se emplea en voces heredadas de la tradición griega y en otras procedentes de lenguas extranjeras.

**karma**. Voz de origen sánscrito que significa 'hecho o acción'. En algunas religiones de origen hindú y en el pensamiento filosófico inspirado en ellas, se denomina así al principio de causalidad según el cual las acciones del pasado ejercen su influjo sobre las del presente a través de las sucesivas reencarnaciones.

Por extensión se suele emplear con el significado de 'fatalidad', 'predestinación'. *Será debido a mi karma negativo que todos mis intentos conducen al fracaso.*

**kayac**. → **kayak**.

**kayak** (/**ka**-šak/, /**ka**-žak/ o /**ka**-iak/). Este vocablo común a varios dialectos esquimales designa un tipo de bote estrecho, de estructura liviana recubierta por pieles –hoy por tela, o construido en materiales plásticos– con una abertura central ceñida a la cintura del tripulante.

**kerosén – kerosene**. Estos sustantivos, del inglés *kerosene*, 'combustible derivado del petróleo', son de empleo general en América. La forma *queroseno* resulta completamente inusual. *Allí nos encontraremos con los rostros de los dos hombres que adquirieron el kerosene con que quemaron al periodista.*

**Key West**. → **Cayo Hueso**.

**kilo-**. Elemento compositivo de origen griego que, colocado al comienzo de palabra, entra en la formación de vocablos propios del sistema métrico decimal con el significado de 'mil': *kilómetro, kilovatio, kilolitro*.

◊ Se pronuncia tónica la *o* en *kilómetro*, pero es átona en *kilolitro* y *kilovatio*.

**kilográmetro**. El *DRAE* prefiere esta grafía, aunque también acepta la forma *quilográmetro*, para referirse a la unidad de fuerza capaz de levantar un kilogramo a un metro de altura.

**kilogramo**. La Academia prefiere esta grafía aunque también acepta la forma *quilogramo* para referirse a la unidad métrica de masa y peso.

Su símbolo, y no abreviatura, es *kg*, por eso debe escribirse sin punto.

**kilolitro**. La Academia prefiere esta grafía, aunque también acepta la forma *quilolitro* para referirse a la medida de capacidad para líquidos.

Su símbolo, y no abreviatura, es *kl*, por eso debe escribirse sin punto.

**kilómetro**. El *DRAE* prefiere esta grafía, aunque también acepta la forma *quilóme-*

*tro*, para referirse a la medida de longitud que tiene mil metros.
Su símbolo, y no abreviatura, es *km*, por eso debe escribirse sin punto.
**kit**. Voz inglesa con la que se designa un conjunto de piezas de fácil montaje o un juego de elementos complementarios. Se emplea en español como sustantivo masculino, y su plural es *kits*.
**kivi**. Aunque la Academia española acepta esta grafía en su *Diccionario*, señala su preferencia por la grafía **kiwi**.
**kiwi** (/**ki**-wi/ o /**ki**-vi/). Sustantivo masculino con el que se designa un arbusto trepador originario de China y a su fruto, comestible, de piel ligeramente vellosa y pulpa de color verde.
Recibe este nombre también un ave del tamaño de una gallina con alas poco desarrolladas, pico largo y corvo que habita en Nueva Zelanda.
**kremlin**. Sustantivo masculino con el que se designa el recinto amurallado de las antiguas ciudades rusas y especialmente el de Moscú. En la actualidad, este vocablo se emplea haciendo referencia, en sentido figurado, al gobierno de Rusia.

**L** (**l**). Nombre: *ele*.

**Descripción**. Decimotercera letra del abecedario español. Representa un sonido lateral alveolar, fricativo y sonoro.

**La Meca**. Ciudad de Arabia, lugar de nacimiento de Mahoma, fundador del Islam. Es la más importante de las ciudades santas de los musulmanes y lugar de peregrinación.

De este procede el sustantivo común de sentido figurado por el que se califica así al lugar más representativo de una determinada actividad. *Montmartre fue la meca de los pintores europeos.*

◊ Nótese que al igual que la ciudad, se emplea con artículo, y requiere obligatoriamente del determinante: *la meca del cine, del jazz*, etcétera.

**labor**. Este sustantivo, que significa 'trabajo' o 'actividad', es el único de los sustantivos abstractos terminados en *-or*, de género femenino. *Pasaba todas las tardes ocupada en su labor doméstica.* Todos los otros son masculinos: *el calor, el olor, el temor*, etcétera.

**ladear**. ~ **a**, ~ **hacia**: *La carga se ladeaba hacia la izquierda.*

**lamentar**.

– **lamentarse de**. ~ **por**: *Se lamenta siempre del trabajo que tiene que hacer. Es en vano lamentarse siempre por lo mismo.*

**-landia**. Elemento compositivo proveniente del inglés que, colocado al final de palabra, entra en la formación de unos pocos vocablos españoles con el significado de 'país', 'sitio de', 'lugar de'.

Es originariamente formador de topónimos: *Finlandia, Groenlandia, Tailandia* y luego, por extensión, de nombres de fantasía y comerciales que designan lugar: *Disneylandia, Fotolandia, Juguetelandia.*

**laparoscopia**. Examen del interior del abdomen que se realiza introduciendo un laparoscopio.

Aunque el registro oficial solo incluye la forma con diptongo final, propia del sufijo griego original, → **scopia**, la grafía y la pronunciación de la variante con hiato, *laparoscopía*, son sumamente frecuentes. *Además de tener experiencia en laparoscopía diagnóstica y apendicectomía.*

**lapso**. Sustantivo masculino que el *DRAE* registra con las siguientes definiciones: "1. Paso o transcurso. 2. Tiempo entre dos límites. 3. Caída en una culpa o error".

También registra la expresión pleonástica *lapso de tiempo*, ya que en el uso actual, el sustantivo *lapso* (generalizado y corriente en todos los niveles de habla) alude solo a la noción de tiempo.

De todos modos, sin caer en la censura, parece conveniente evitarla y emplear llanamente *lapso*. *Se reanudará en un corto lapso.*

**laringe**. → **faringe**.

**láser** (Sigla del inglés ***l****ight* ***a****mplification by* ***s****timulated* ***e****mission of* ***r****adiation*). Sustantivo masculino con el que se designa tanto al dispositivo electrónico que, basado en la emisión inducida, amplifica de manera extraordinaria un haz de luz monocromático y coherente, como a este mismo haz. Incorporada a nuestro idioma, esta voz forma su plural conforme las normas de la prosodia española: *láseres. Tiene un gran número de aplicaciones ópticas, como son: aplicaciones en óptica no lineal, diodos emisores de luz, láseres de estado sólido, etcétera.* No obstante, con menos frecuencia se documenta el híbrido *lásers*, que conviene evitar. *Con un show de lásers, profusión de arreglos florales, comenzó la cena.* La forma de plural invariable puede documentarse en el *DRAE* sv. **disco** "*en el que la información se graba y se lee mediante rayos láser*".

**lasitud – laxitud**.

• lasitud. Desfallecimiento, cansancio, falta de fuerzas.

• laxitud. Relajación. *La laxitud muscular que lograba era sorprendente.*

**laso – laxo**.

• laso. Cansado, desfallecido, falto de fuerzas.

• laxo. Suelto, relajado. *Nunca lo había percibido tan laxo como después de aquel examen.*

**-latría**. Elemento compositivo de origen griego que, colocado al final de palabra, entra en la formación de algunos cultismos españoles con el significado de 'adoración': *egolatría, iconolatría.*

***latu sensu**. Forma incorrecta por → **lato sensu**.

**lato sensu**. Locución latina que significa 'en sentido amplio'.

◧ **stricto sensu**.

**le**. Forma pronominal átona de tercera persona singular y de segunda persona singular de tratamiento formal (**usted**) que desempeña la función de objeto indirecto sin preposición. No tiene variación de género. Su correspondiente plural es *les. Le mandé noticias tuyas. Les traje caramelos a los chicos.*

Presenta las siguientes características de uso:

**a)** Precede siempre al verbo conjugado. *No le pegues.*

**b)** En el caso de construcciones con formas no personales, el pronombre puede preceder al verbo conjugado o unirse, como enclítico, al verboide. *Les quiero decir algo. Quiero comprarles algo.*

**c)** Cuando el verbo está conjugado en modo imperativo afirmativo, el pronombre ocupa siempre posición enclítica: *Díganle. Explíquenles.* Pero si el verbo se conjuga en imperativo negado el pronombre se antepone al verbo: *No le digan. No les expliquen.*

**d)** Suele acompañar a los pronombres átonos de tercera persona en función de objeto indirecto, la forma tónica del mismo pronombre, o el sustantivo correspondiente, precedidos por la preposición a, cuando es necesario enfatizar o destacar el referente. *A Marcela le gusta comer hígado, a Julián no. A él, no a todos, le parece raro este proceder.*

◊ El uso del pronombre **le** en falsa concordancia con un referente en plural parece relativamente frecuente. *El nuevo gobierno tiene que darle una ayuda a los jubilados. Usted le tiene que explicar la situación a los clientes. Este aviso le interesa a las mujeres.* Este equívoco, como puede verse en los ejemplos, se debe a la atracción que ejerce el sujeto en singular sobre el pronombre. En función de objeto indirecto, este solo puede reduplicar la palabra o estructura que funciona como tal en la oración.

**leísmo**. Se denomina así el empleo, muy común en España, del pronombre *le* con la función de objeto directo referido a cosas y personas de ambos géneros y variable en número.

Aunque antietimológica, la normativa académica solamente acepta este pronombre referido a persona de género masculino. *Le saludé* (*a Jorge*). *Le encontré en la calle.*

En la práctica suele entenderse por *leísmo* (leísmo impropio) el uso de este pronombre con referente masculino plural o femenino de ambos números. *Les vi ayer. Vi a tu madre y le saludé.*

En muchas regiones de América donde no se registra el leísmo, se emplean regularmente los pronombres que etimológicamente corresponden a la función de objeto directo: *lo/los, la/las. Saludaron a Rodrigo por su cumpleaños/Lo saludaron por su cumpleaños. No laves los platos con agua fría/No los laves con agua fría.*

• Sobre la sustitución de **le** por **se**, y la ubicación de los pronombres cuando se produce el reemplazo simultáneo de objeto directo e indirecto, → **se**.

**leer**.

(➤ Cdo. 37.)

**legitimizar**. Se ha censurado, acaso por su cuño anglicista, el empleo de este verbo no registrado por el *Diccionario* oficial, con el sentido de *legitimar*.

Sin embargo su uso es regular, aunque quizá sea más corriente en América que en España. *Continúa la farsa para legitimizar su candidatura al cargo de gobernador. Los jueces se pronunciaron en contra de quien, audazmente, pretendía legitimizar su aberrante conducta con un fallo judicial.*

**lejos**.

**lejos de**. Locución prepositiva que, en sentido figurado y precediendo a un infinitivo, indica que no ocurre lo que este expresa, sino otra cosa diferente. *Lejos de alegrarnos, la noticia nos preocupó mucho más.*

**lente**. Si bien la Academia española registra este vocablo como sustantivo ambiguo, en la práctica se emplea preferentemente como femenino cuando se refiere al cristal que se emplea en instrumentos ópticos y como masculino plural cuando equivale a *anteojos*.

**leuco-**. Elemento compositivo que colocado a comienzo de palabra interviene en algunas voces, por lo común de biología, con el significado de 'blanco' o 'de color claro': *leucocito, leucoma, leucocoria.*

**liar** (se conjuga como **ansiar**).

~ **a**, ~ **con**: *Se liaron a tiros frente a su casa. No tenía intención de liarse con su vecino por una broma de mal gusto.*

**libido** (/li-**bi**-do/). Este sustantivo femenino, propio del campo de la medicina y de la psicología, es una palabra grave.

♦ Debe evitarse la pronunciación esdrújula */**li**-bi-do/.

♦ Evítese la confusión con → **lívido**, 'amoratado', 'pálido'.

**librar**. ~ **a**: *La construcción del dique libró a los habitantes de futuras inundaciones.*

~ **contra**: *Libraron un cheque contra el Banco de Crédito.*

**libre**. De acuerdo con la normativa tradicional, el superlativo de este adjetivo es *libérrimo*. En la actualidad, el empleo de esta forma se halla restringida al estilo elevado. En el nivel culto general se prefiere la forma perifrástica *muy libre*.

**librería**. En español actual, este sustantivo designa la tienda o negocio donde se venden libros y el mueble donde se los coloca. En este último sentido, la voz es de uso casi exclusivamente peninsular, o del español allí aprendido. *Llegó a su apartamento, colocó la novela en la librería, encendió la televisión y se sentó a esperar. En la pared cuelgan varios diplomas y en su librería se alinean cuidadosamente diversas publicaciones médicas.*

Con ese significado, es general en América *biblioteca,* excepción hecha de México donde se emplea *librero. Librería* se emplea también en la Argentina y Uruguay como denominación del local donde se venden papeles, cuadernos, lápices y otros artículos de escritorio.

El uso de *librería* con el sentido de 'biblioteca, lugar donde se hallan libros en número considerable y dispuestos para su lectura', es anticuado y ajeno al español estándar contemporáneo. Su revitalización es hoy, como afirma M. Seco, una impropiedad debida a anglicismo (inglés *library*).

**Para facilitar su navegación en Internet, hemos creado esta sección donde encontrará gran cantidad de sitios de interés, entre ellos la Librería del Congreso.*

**librero**. → **librería**.

**LCD** (Del inglés ***L****iquid* ***C****ristal* ***D****isplay*). Abreviatura de visor, o pantalla de **cristal líquido**.

Pese a la redundancia, esta forma aparece frecuentemente en aposición con los mismos sustantivos que la integran. *Siga los procedimientos siguientes para limpiar el cuerpo de la cámara, la lente, el visor y la pantalla LCD.*

**licuar**. La conjugación de este verbo oscila entre la forma regular (como **amar**) o irregular (como **actuar**: en este caso, lleva acento sobre la *ú*).

Ambas formas son igualmente aceptables: *yo licuo* o *yo licúo.*

**licuefacer** (se conjuga como **hacer**). Participio irregular: *licuefacto.*

**ligar**. ~ **a**, ~ **con**: *Su accionar los liga a nuestro ideario. Es el vínculo que nos liga con nuestro pasado. Ligamos la masa con aceite de oliva.*

**limitar**. ~ **a**: *Limítese solamente a sus funciones.* ~ **en**: *Tenemos que limitarnos en los gastos.* ~ **con**: *La Argentina limita con Chile, Paraguay, Brasil, Uruguay y Bolivia.*

**línea**. Sustantivo femenino que designa la figura visual o lógica que forma la sucesión conexa de elementos similares.

– **en línea**. Adaptación al español de la expresión inglesa *on-line,* que se emplea en comunicaciones entre computadoras para indicar que la operación se lleva a cabo con las máquinas conectadas en ese momento. *Usted puede recibir en línea asesoramiento sobre los distintos tipos de opciones de inversión.*

– **en su línea**. Expresión con la que se identifica una persona o cosa entre los demás de igual clase. *Este automóvil es el más avanzado en su línea.*

– **en toda la línea**. En sentido figurado vale por *completa* o *completamente*. Se emplea comúnmente con voces que indican 'triunfo' o 'derrota'. *Fue una victoria en toda la línea. Ganamos en toda la línea.*

**liquen**. Sustantivo masculino con el que se designa el organismo formado por la asociación simbiótica de hongos con algas unicelulares.

♦ Es voz grave terminada en *-n,* por lo que no lleva acento ortográfico. Su plural, *líquenes,* lleva tilde por ser palabra esdrújula.

**lírico**. Como sustantivo femenino esta voz nombra el "Género literario al cual pertenecen las obras, normalmente en verso, que expresan sentimientos del autor y se proponen suscitar en el oyente o lector sentimientos análogos" (*DRAE*).

Como adjetivo, a lo perteneciente a este género y a aquello que provoca un sentimiento análogo al que produce la poesía lírica.

No corresponde su empleo con el significado de 'letra de una canción', pues es un calco sin utilidad del inglés *lirics*. *Compositor y cantante se unieron para combinar líricas románticas con sabrosas melodías que provocan a todo el mundo a bailar.*

**-lisis**. Elemento compositivo de origen griego que, colocado al final de palabra, entra en la formación de diversos cultismos españoles con el significado de 'disolución', 'descomposición': *análisis, catálisis, diálisis, hemólisis, electrólisis*.

**litigar**. ~ **ante**: *Ha dedicado ya tres años a litigar ante los tribunales de justicia.* ~ **en**: *Se les había negado el derecho a litigar en su lengua. Ese asunto se litigará en tribunales.* ~ **con**, ~ **contra**: *Ya estaba cansada de litigar con su vecina.*

**litosfera – litósfera**. Sustantivo femenino con el que se designa la envoltura rocosa que constituye la corteza exterior sólida del globo terrestre.

El uso corriente en España corresponde a la pronunciación grave (/li-tos-**fe**-ra/). En América, en cambio, domina la esdrújula (/li-**tos**-fe-ra/).

**litote**. Grafía que alterna con → **lítotes**.

**lítotes** o **litotes**. Sustantivo femenino con el que se designa en retórica la figura de expresión que consiste en dar a entender algo pretendiendo no haberlo hecho. Por lo general se realiza negando lo que, implícitamente, se afirma. Por ejemplo: *No voy a ser yo quien lo diga, pero...*

**lívido**. El empleo regular de este adjetivo con el valor de 'intensamente pálido' –censurado con criterio purista– fue reconocido por la Academia española, que en 1984 lo incorporó en su *Diccionario*, junto con el tradicional de 'amoratado'.

♦ Evítese la confusión con → **libido**, 'deseo'.

**Ll (ll)**. Nombre: *elle*.

**Descripción**. Desde 1803 fue considerada por la Real Academia como la decimocuarta letra del abecedario español. En la actualidad se define como un dígrafo que tradicionalmente representa un fonema lateral palatal y sonoro. En zonas yeístas (algunas de España, por ejemplo Andalucía, y en muchas de Hispanoamérica) se articula con la misma pronunciación que la *y* seguida de vocal con salida central del aire, y con sus mismas variaciones de articulación. La Academia española estima, en contra de la extensión de empleo y de las normativas regionales, que la pronunciación como *y* es correcta, pero resulta preferible la articulación lateral.

En cuanto a su ortografía, debe recordarse que es inseparable en la escritura.

**llamar**. ~ **a**, ~ **con**, ~ **por**: *Nos llamaba a voces, con la mano, por señas.* ~ **a**: *Llamaron a la puerta. Los llamó a la conciliación.* ~ **a**: *Los llamaron a sesiones extraordinarias.* ~ **a**: *En algunos países llaman frijoles a los porotos.* ~ **de**: *Siempre lo llama de usted.*

**llover** (se conjuga como **mover**).

En sentido recto es verbo unipersonal y se conjuga solamente en 3ª persona del singular. *Llueve durante la noche.*

Tiene también uso figurado. En este caso puede conjugarse en todas las personas. *Llovieron quejas sobre su comportamiento.*

**lloviznar**. Es verbo unipersonal y se conjuga solamente en 3ª persona del singular.

**lo**. Forma pronominal átona masculina de tercera persona singular y de segunda persona singular de tratamiento formal (**usted**), cuya función es ser objeto directo de persona o cosa. Tiene variaciones de género y de número. *Enviaron las cartas por correo privado/Las enviaron por correo privado. No molesten a Gerardo que está enfermo/No lo molesten que está enfermo.*

Presenta las siguientes características de uso:

**a)** Precede siempre al verbo conjugado. *No lo toques.*

**b)** En el caso de construcciones con formas no personales, el pronombre puede preceder al verbo conjugado o ligarse, como enclítico, al verboide. *Las quiero comprar ahora. Quiero comprarlas ahora.*

**c)** Cuando el verbo está conjugado en modo imperativo afirmativo, el pronombre ocupa siempre posición enclítica. *Llámenlo. Tráiganla.* Pero si el verbo se conjuga en imperativo negado, el pronombre se antepone al verbo. *No lo llamen. No la traigan.*

**d)** Suele acompañar a los pronombres átonos de tercera persona en función de objeto directo la forma tónica del mismo pronombre, o el sustantivo correspondiente, precedidos por la preposición *a*, cuando es necesario enfatizar o destacar el referente. *Invitémoslo a él, no a Julia.*

◊ Esta construcción solo es posible cuando se trata de objeto directo de persona, ya que el objeto directo de cosa se construye sin la preposición *a*.

♦ Es incorrecta, pese a ser sumamente extendida, la sustitución antietimológica del pronombre **le** por **lo** o **la** para referirse a un sustantivo en función de objeto indirecto. Esta incorrección recibe el nombre de *loísmo* y *laísmo*, respectivamente. No corresponde decir **La he pegado en la cara*, sino *Le he pegado en la cara*, o **Lo traigo el mensaje*, sino *Le traigo el mensaje*.

**lobby** (/**lo**-bi/). Voz inglesa que se emplea con frecuencia en español conservando sus dos sentidos originales: 'corredor', 'pasillo', 'vestíbulo' (de un hotel): *Los invitados se encontraron en el lobby*; y 'grupo de poder y presión': *El lobby empresarial ejercía su influencia sobre el gobierno.*

El plural generalmente conserva la forma inglesa original, *lobbies* (/**lo**-bis/) y, en la actualidad, existe una tendencia cada vez más marcada a formar derivados del sustantivo inglés con forma semihispanizada, como *lobbista*, o *lobbismo*.

– **hacer lobby**. 'Presionar'. *¿Este gobierno también va a hacer lobby por el Vaticano?*

**lock out – lock-out** (/lo-**kaut**/). Expresión inglesa cuyo significado literal es 'dejar afuera'. Con ella se designa el acto llevado a cabo por la dirección de una fábrica de suspender momentáneamente el trabajo como medio coactivo contra los obreros que trabajan allí.

◊ Evítese la expresión pleonástica **lock out patronal*.

**-logía**. Elemento compositivo de origen griego que, colocado al final de palabra, entra en la formación de numerosos cultismos españoles con el significado de 'tratado', 'estudio', 'ciencia': *biología, ginecología, lexicología, mineralogía, simbología.*

**lucir**.

(➤ Cdo. 38.)

**lúdico – lúdicro**. Relativo al juego. Si bien el *Diccionario* registra ambas voces como sinónimas, se emplea preferentemente la primera.

La segunda (*lúdicro*) es muy poco usada, de allí que en su última edición la Academia ha adoptado la decisión de relegarla.

**luego**.

**1**. Adverbio temporal con que se indica que un hecho ocurre con posterioridad al que sirve de referencia, sobreentendida o explícita. *Nos vemos luego. Mejor nos encontramos luego de los exámenes.*

◊ En algunos países de América, como Colombia, Guatemala y México, significa 'pronto', 'sin tardanza'. *Entrégame luego esos libros, que los necesito.*

En el habla popular mexicana tiene el sentido de 'ocasionalmente', 'a veces'. *Luego, en las noches que me quedaba solita, me ponía a tejer.*

**2**. Adverbio de lugar con el que se indica que algo se encuentra en lugar posterior a aquel que se toma como punto de referencia. Este empleo, no registrado por la Academia española, se verifica en distintas zonas de América como el Río de la Plata o México. *Camine por esa calle* y *luego de una carnicería encontrará el almacén.*

**3**. Conjunción con que se señala la consecuencia inferida de un antecedente. *Ya esperamos bastante, luego nos vamos.*

**lumpen**. Con este término Marx designó a los estratos de población urbana de características propias, como indigencia o ilegalidad, que no pertenecen a la burguesía ni al proletariado y se colocan al margen de este. Precisamente con el valor de 'marginal' y en uso marcadamente peyorativo, se ha extendido este término fuera del campo sociológico.

Su plural es *lúmpenes*. *Creer que puede haberles encargado a un policía desocupado y a cuatro lúmpenes que asesinen a un fotógrafo es absurdo.*

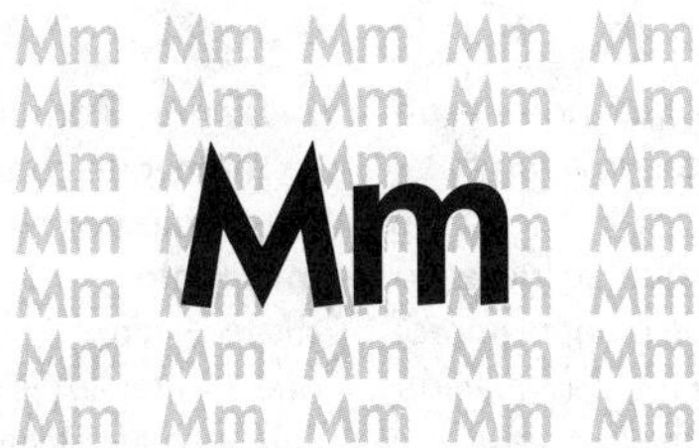

**M** (**m**). Nombre: *eme*.

**Descripción**. Decimoquinta letra del alfabeto español. Representa un sonido bilabial, nasal, sonoro.

◊ **m + n**. A principio de palabra, cuando precede inmediatamente a la *n* como ocurre en voces procedentes del griego a través del latín (*mnemotecnia, mnemónica, mnemotécnico*), la grafía puede simplificarse (*nemotecnia, nemónica, nemotécnico*).

**maccartismo**. Sustantivo masculino con el que se alude a un tipo de comportamiento social intolerante, cerradamente anticomunista y antisocialista en general.

**machacar**. ~ **con**, ~ **sobre**: *El gobierno sigue machacando con la misma historia. No dejó de machacar sobre la importancia de su propuesta.*

**macro-**. Elemento compositivo de origen griego que, colocado al comienzo de palabra, entra en la formación de algunas voces científicas con el significado de 'grande': *macrobiótica, macrocefalia, macrocosmos.*

**maderamen**. Sustantivo masculino con el que se designa el conjunto de maderas que integran una obra, una construcción, un barco.

◊ Obsérvese que no es colectivo de *madera,* sino un conjunto determinado.

♦ Es voz grave terminada en *-n,* por lo que no lleva acento ortográfico. Su plural, *maderámenes,* lleva tilde por ser palabra esdrújula.

**maestría**. Dominio de un arte o una técnica. Con este sustantivo femenino se ha traducido el inglés *master,* en el campo de la educación, para designar los estudios especializados de posgrado.

El título obtenido es, por lo común, *magíster. Aprobadas las materias y la tesis final de maestría, egresa con el título de magíster.*

**magma**. Con este sustantivo masculino se designa la masa fundida e incandescente que se encuentra en el interior de la Tierra. *El magma ascendió lentamente.*

**magneto-**. Elemento compositivo de origen latino que, colocado al comienzo de palabra, entra en la formación de numerosas voces científicas y técnicas con el significado de 'magnetismo': *magnetocaloría, magnetómetro, magnetoscopio.*

**maíz** (/ma-**is**/). Es palabra aguda con hiato. Evítese el uso rural o vulgar de la forma con diptongo *(/maiz/).

**mal**. **1**. Forma apocopada del adjetivo *malo.*

◊ Solo se emplea antepuesto a un sustantivo masculino en singular. *Tiene mal carácter. Pasó un mal momento.*

**2**. Como adverbio se emplea con los siguientes significados:

**a)** 'Contrariamente a lo que es debido', 'sin razón', 'imperfecta o desacertadamente'.

*Los niños hacen mal la tarea porque no prestan atención. En ese negocio me trataron mal.*
**b)** 'Contrariamente a lo que se desea o requiere', 'infelizmente', 'de manera impropia o inadecuada para un fin'. *La situación económica está bastante mal.*
**c)** 'Difícilmente'. *Mal puedo concentrarme si están todo el tiempo hablando.*
◊ Obsérvese que el comparativo de este adverbio es *peor. La comida de ayer fue peor que la de hoy.*
Para expresar el grado superlativo, existe la forma *malísimamente*, y la forma culta *pésimamente* que se emplea en general para dar una connotación enfática. *Hablaron pésimamente de todos sus compañeros.*
**maldecir** (se conjuga como **decir**).
Participio regular: *maldecido.* Participio irregular: *maldito.*
Este verbo pertenece al grupo de los compuestos de **decir**.
◊ Sin embargo, presenta formas particulares en su conjugación:
**1**. El imperativo correspondiente a la forma *tú* de la segunda persona del singular es *maldice* –o *maldecí*, en las zonas voseantes–, y no **maldí*.
**2**. El futuro y el condicional son regulares: *maldeciré, maldeciría.*
~ **de**: *Borracho, se puso a maldecir de su suerte.*
**malentender** (se conjuga como **tender**).
**malgrado**. Galicismo por *a pesar de, no obstante. *Malgrado ciertas sugerencias en sentido contrario, ese día, a las 12, será inaugurada la nueva estación de ferrocarril.*
♦ Pese a que se emplea con relativa frecuencia, conviene evitarlo.
**malísimo**. Forma superlativa del adjetivo → **malo**, que convive en la actualidad con la etimológica → **pésimo** y la perifrástica **muy malo**.
**malo**. ~ **con**: *Solamente es malo con los que lo atacan.* ~ **para**: *Tomar demasiado café es malo para la salud.*
Las formas etimológicas del adjetivo para el comparativo y el superlativo, *peor* y *pésimo*, conviven en la actualidad, especialmente en el uso coloquial, con aquellas que siguen la regla general de formación de los grados de significación del adjetivo en español: **más malo** y **malísimo**. También es muy común, e igualmente correcto, el empleo de la construcción **muy malo** de valor superlativo.
- **más malo**. Construcción perifrástica comparativa del adjetivo **malo**, empleada especialmente en la lengua coloquial, en sustitución de **peor**.
◊ Por su valor comparativo debe emplearse seguida del nexo *que. Esta cosecha resultó más mala que la anterior.*
◊ La forma masculina singular del adjetivo apocopa en **mal** cuando precede directamente al sustantivo: *mal amigo, mal consejo.*
**maltraer** (se conjuga como **traer**).
**malviviente**. Adjetivo y sustantivo que significa 'delincuente'. Es hoy vocablo corriente en el lenguaje periodístico y administrativo. *La policía pudo finalmente reducir a dos de los malvivientes que habían huido.*
**mamut**. Sustantivo de origen francés con el que se designa a una especie de elefante fósil que vivió en las regiones de clima frío durante la época cuaternaria.
Su plural regular es *mamutes*, pero es más frecuente el empleo de la forma *mamuts.*

**Manaos**. Nombre que recibe en español la ciudad brasileña de Manaus.
**manchar**. ~ **con**, ~ **de**: *Mancharon la alfombra con vino. Se mancharon las manos de tinta.*
**-mancia** – **-mancía**. Elemento compositivo de origen griego que, colocado al final de palabra, entra en la formación de diversos cultismos españoles con el significado de 'adivinación' o 'práctica de predecir': *quiromancia, cartomancia.*
◊ Si bien las dos formas de acentuación, *quiromancia* y *quiromancía*, están aceptadas como correctas, se prefiere la primera.
**mandatario**. Hasta 1992, el *DRAE* solo registraba para esta palabra el sentido jurídico de: "Persona que, en virtud del contrato consensual llamado mandato, acepta del mandante representarlo personalmente, o la gestión o desempeño de uno o más negocios". Pero a partir de ese año incorporó una segunda acepción, que es de uso muy frecuente en América: "En política, el que por elección ocupa un cargo en la gobernación de un país".
Como se ha señalado, este calificativo surgió como expresión de modestia democrática, pues el Presidente reconocía que su dignidad se debía al contrato de mandato que lo subordinaba a la voluntad popular.
**maniatar**. Significa 'atar las manos'. Su construcción exige la presencia de un objeto indirecto de persona (a alguien).
♦ Evítese su empleo con el sentido de *atar*, confusión que se pone de manifiesto en construcciones que resultan redundantes: **Le maniataron las manos a la víctima*; o sin sentido, como: **A la víctima le maniataron manos y pies.*

**manicuro** (/ma-ni-**ku**-ro/). Sustantivo con el que se designa a la persona que tiene por oficio cuidar las manos y principalmente cortar y pulir las uñas.
Es palabra llana, por lo que debe evitarse la acentuación esdrújula */ma-**ni**-ku-ro/.
* **manícuro**. Forma incorrecta por → **manicuro**.
**manifestar** (se conjuga como **pensar**). Participio regular: *manifestado*. Participio irregular: *manifiesto*.
El *Diccionario* académico diferencia un uso exclusivamente pronominal, en el cual el verbo tiene el sentido de 'tomar parte de una manifestación pública' (*los estudiantes se manifestaron ante las puertas de la universidad*), de un uso transitivo y también pronominal con el sentido de 'dar a conocer' (*se manifestó en contra. Manifestó su oposición*).
◊ Con el primer sentido, la variante intransitiva (*los estudiantes manifestaron ante las puertas de la universidad*), relativamente frecuente unos años atrás en diversos países americanos, pareciera tender al desuso.
**manipular**. Con él se alude a la acción de actuar sobre un objeto con las manos o con cualquier instrumento. Por extensión se emplea también, en sentido figurado, para indicar el modo de actuar en diversos ámbitos de las relaciones sociales distorsionando la verdad al servicio de intereses particulares. *Desde su posición han sabido manipular la opinión pública para evitar la sanción que, por ley, hubiesen merecido.*
♦ Evítese la forma **manipulear.*
* **manipulear**. Forma incorrecta por → **manipular**.
**-mano, na**. Elemento compositivo de origen griego que, colocado al final de pala-

bra, entra en la formación de cultismos españoles con el significado de 'apasionado': *biblιómano, musicómano.*
En el campo de la medicina ha especializado su sentido en 'afición patológica': *cleptómano, cocainómano.*
**mano**. Sustantivo con el que se designa la parte del cuerpo humano que comprende desde la muñeca hasta la punta de los dedos. En función de su género femenino, admite dos diminutivos, *manita*, más usado en España, y *manito*, más usado en América.
- **a mano**. Locución adverbial. Significa:
**1**. 'Con la mano, artesanalmente'. *El bordado está hecho a mano.*
**2**. 'Muy cerca'. *Tiene todo a mano.*
- **irse a las manos**. Locución que, en lenguaje figurado y familiar, indica que en una pelea se llega a la agresión física. *Se enojaron tanto que se fueron a las manos.*
- **irse de la mano** (una cosa). Locución coloquial con la que se expresa que una determinada circunstancia ha quedado fuera de control. *El Jefe de Policía reconoció que, a pesar de los esfuerzos de los bomberos, el incendio se les había ido de las manos.*
- **írsele** (a alguien) **la mano**. Expresión empleada familiarmente en sentido figurado para indicar que se ha llevado a cabo una acción involuntaria o que se ha excedido la cantidad adecuada en el empleo de alguna cosa. *Se le fue la mano y golpeó sin querer al compañero de juego. A la cocinera se le fue la mano con la pimienta.*
**mantener** (se conjuga como **tener**).
~ **en**: *Lo van a mantener en su cargo.*
- **mantenerse con**. ~ **de**: *Juan se mantiene con su trabajo. Los mantengo con mi trabajo. Se mantiene de lo que obtiene en el bosque.*
**manu militari**. Locución latina que literalmente significa 'con mano militar'. Generalmente se traduce como *por la fuerza de las armas.*
Por extensión suele aplicarse también al modo de resolver determinadas situaciones en forma drástica o violenta. *La resolución de la Corte, habilitando un nuevo período consecutivo manu militari, significará una crisis institucional que le costará mucho al país.*
**manumitir**. Participio regular: *manumitido*. Participio irregular: *manumiso.*
Verbo histórico y propio del lenguaje jurídico con el que se designa el dar o conceder la libertad a quien es esclavo.
**mapa de bits**. → **bitmap**.
**mar**. Sustantivo con el que se designa tanto a la masa de agua salada que cubre la mayor parte de la superficie de la Tierra, como a cada una de las partes en que se considera dividida: *mar Mediterráneo.*
Por ser nombre común, se escribe con minúscula: *mar Caspio*, excepto en aquellos casos en que forma parte de un nombre propio: *Mar del Plata, Mar Negro.*
Normalmente se emplea como masculino:
**a)** En el uso corriente. *El mar fue agitado por fuertes vientos.*
**b)** Cuando se antepone al nombre propio de un mar particular. *El mar Mediterráneo.*
**c)** En plural. *Los mares unían sus aguas a través de un angosto estrecho.*
Y en femenino:
**a)** En los términos del lenguaje marítimo: *alta mar, hacerse a la mar*, etcétera.
**b)** En el lenguaje poético. *"No quiero cantar, ni puedo, al Cristo de los maderos, sino al que anduvo en la mar".*

**c)** En la locución **la mar de**, que significa 'muy' o 'mucho'. *Trajo la mar de noticias. Le hizo la mar de preguntas.*
- **mar territorial**. Forma equivalente a *aguas jurisdiccionales*, esto es la zona marítima adyacente a la costa, que llega hasta doce millas marinas y en la que los Estados ejercen la plenitud de su soberanía.
**maracucho**. Gentilicio y adjetivo relacional correspondiente a esta ciudad venezolana de Maracaibo.
Esta denominación, en su origen despectiva, se emplea hoy en situaciones de habla informal sin connotaciones peyorativas.
**Marañón**. Nombre que recibe en español la ciudad brasileña de **Maranhão**.
**maratón**. Carrera de resistencia y, en sentido figurado, actividad prolongada e intensa.
En el *DRAE* figura como sustantivo masculino, empleado también como femenino.
Sin embargo, esta última forma es frecuente en diversos países de América como Chile, Colombia, Honduras, México y la Argentina. *Con el paso de los años, la Maratón de nuestro diario, hoy convertida en Internacional, atrae a numerosos deportistas de otros países.*
**maratoniano - maratónico**. El *DRAE* registra ambos adjetivos con el sentido de "perteneciente o relativo al maratón".
Indica su preferencia por el primero y registra el segundo como propio de la Argentina, Bolivia, Cuba y Uruguay.
No obstante, el uso de *maratónico* se encuentra bastante más extendido en América. Es dominante también en Chile, Colombia y México, por ejemplo, y no resulta desconocido en España.
**maratónico**. → **maratoniano**.
**marca de agua**. Expresión proveniente del inglés *watermark* con la que se designa la marca transparente que se hace en el papel cuando se lo fabrica.
◊ Pese a innecesario, ya que existe el equivalente español *filigrana*, el calco se halla relativamente afianzado.
**marear**. ~ **con**: *Los mareaste con tantas instrucciones. Se marea con el vino.*
**maremagno**. → **maremágnum**.
**maremágnum**. Literalmente significa 'mar grande', pero se emplea, figurada y familiarmente, para hacer referencia a una muchedumbre de cosas o personas en confusión o desorden.
El *DRAE* registra la grafía *maremágnum,* y admite también la forma *maremagno.*
Los plurales respectivos son *maremágnum* (invariable) y *maremagnos*. Como toda expresión extranjera españolizada, lleva tilde según las reglas generales de acentuación.
**margen**. El *DRAE* señala que se trata de un sustantivo de género ambiguo, pero en el uso el género suele variar según el significado. Es sustantivo por lo común femenino cuando designa la orilla de una corriente de agua. *Daba largas caminatas por las márgenes del arroyo.*
Es predominantemente masculino, en cambio, cuando designa:
**1**. El espacio en blanco que queda a los lados de una página escrita. *El margen izquierdo era menor que el derecho.*
**2**. En sentido figurado, la ocasión, oportunidad, o espacio libre. *Le dieron muy poco margen de acción.*
**3**. El beneficio que se obtiene en una operación comercial. *Sabía que ese negocio le dejaría poco margen para pensar en inversiones posteriores.*

◊ Obsérvese que es palabra llana terminada en *-n*, por lo que no corresponde su acentuación ortográfica. Su plural, en cambio, *márgenes*, es palabra esdrújula y debe acentuarse ortográficamente.

**marrón**. Adjetivo que proviene del francés y se aplica al color castaño. *Compró una cartera marrón.*

Ha desplazado prácticamente por completo a su equivalente español por lo que el *DRAE* lo registra desde 1970.

◊ Obsérvese que no se aplica a los ojos o al cabello de las personas ni al pelo de los animales, en cuyo caso debe emplearse *castaño. Deslumbraba con sus hermosos ojos castaños.*

**martiano**. Adjetivo con el que se designa lo relativo al cubano José Martí, a su obra y a su doctrina.

***martiniano**. → **martiano**.

**mas – más**.

• mas. Conjunción adversativa equivalente a *pero. Ya habían cerrado la inscripción, mas hicieron una excepción.*

• más. Adverbio de cantidad. *Ahora hay más trabajo para terminar.*

**más**. Adverbio comparativo que acompaña al sustantivo, al adjetivo, al verbo, a otros adverbios y a modos adverbiales. *No hables más. No tiene más ganas de trabajar. Sergio es más tolerante.*

Indica:

**1**. Aumento de la cantidad, ampliación o superioridad.*Trabajan más de lo aconsejable.*

**2**. Exceso indeterminado con relación a una cantidad expresa. *La plaza estaba colmada, había más de cinco mil personas.*

**3**. Idea de preferencia. *Más quisiéramos nosotros complacerte.*

◊ Obsérvense las siguientes particularidades sintácticas:

**a)** Cuando se expresa una comparación de superioridad con *más*, el segundo término de la comparación está encabezado por *que. Tu hijo es más alto que el mío.*

**b)** Cuando el segundo término es una expresión de cantidad o es introducido por el encabezador relativo *lo que*, este debe ser precedido por la preposición *de. No creí que pudiesen entrar más de cinco personas en ese auto. Era más fuerte de lo que parecía.*

**c)** Cuando acompaña a *nada, nadie, ningún, nunca*, el adverbio *más* se pospone a los otros. *No quiero comer nada más. Pueden cerrar la puerta porque no va a venir nadie más.*

♦ Evítese el vulgarismo de emplear *más* ante formas adjetivas o adverbiales que implican de sí la comparación, como *menor, mejor, peor, antes, después, mayor. Es más mejor que salgamos ahora.* También ante un adjetivo o adverbio en forma superlativa. *Esta canción es la más buenísima.*

– **a lo más**. Locución adverbial que significa 'a lo sumo', 'llegando al límite de lo posible'. *En ese auto cabrán a lo más cinco personas.*

– **de lo más**. Expresión adverbial que refuerza la cualidad del adjetivo a que se antepone. *Llevaba un vestido de lo más llamativo.*

– **de más**. Locución adverbial que denota de sobra o en demasía. *Le dieron dinero de más.*

**masa – maza**.

• masa. Mezcla de un líquido con una materia pulverizada. *Preparar la masa con leche y harina.*

• maza. Arma antigua de hierro. *Lo golpearon con una maza.*

**máser** (Del inglés *maser*, acrónimo de ***m**icrowave **a**mplification by **s**timulated **e**mission of **r**adiation,* según el modelo de *láser*). Con este sustantivo masculino se designa el instrumento que amplifica la emisión estimulada en forma de microondas.
Es voz grave y debe escribirse con acento. Su plural es *máseres.*
**máster**. Sustantivo masculino con el que se designa:
**a)** El curso de especialización, por lo general de posgrado, y el título obtenido. *Ha egresado con un máster en psicología de la Universidad Internacional de Florida.*
**b)** En producciones en serie de discos magnéticos, original de alta calidad sobre el que se realizan las sucesivas copias. *Para la venta fue eliminado el tema que figuraba en el máster original.*
**c)** En deportes, suele designar las competencias reservadas a competidores destacados. *Participó en el Mundial de la categoría máster realizado en Munich, Alemania.*
◊ Es voz procedente del latín, llegada al español a través del inglés y, conforme las reglas generales, se escribe con tilde.
**match** (/mač/). Anglicismo de empleo frecuente con el que se alude a competiciones deportivas en que se enfrentan dos personas o equipos. *Todo match de boxeo deja a su paso una serie de anécdotas y recuerdos.*
◊ Por no ser conceptualmente necesario ni conllevar matices estilísticos de importancia, bien puede reemplazárselo por voces españolas equivalentes como *encuentro, partido, lucha* o *pelea,* según el caso.
**maullar** (se conjuga como **aunar**).
**máximo**. Forma superlativa del adjetivo *grande. Quería obtener el máximo interés.*
**mayor**. Adjetivo comparativo de *grande,* invariable en género, pero no en número. Con él se alude a lo que excede a algo de su misma especie en cantidad o calidad. *El campo vecino tenía una extensión mayor que el nuestro. Eran mayores que sus compañeros.*
En la lengua coloquial, es sustituido con frecuencia por la forma perifrástica *más grande.* Cuando forma parte de la construcción comparativa, se emplea seguido de *que. El esfuerzo fue mayor que lo esperado.*
La construcción con *a,* considerada incorrecta, suele ser relativamente común en América. *La falta de lluvias favorece el avance del fuego en una superficie mayor a la de Bélgica.*
♦ Es vulgarismo la anteposición del adverbio *más* ante esta forma adjetiva que implica de sí la comparación. **Era más mayor que los otros.* Sin embargo, es posible anteponerle *mucho. Era mucho mayor que los otros.*
**mayormente**. Este adverbio que equivale a 'especialmente', 'principalmente', no es de uso frecuente. En la lengua popular se emplea seguido de un gerundio, construcción que si bien no es incorrecta, tampoco es recomendable. **No deben volver muy tarde, mayormente, teniendo que madrugar.* Es preferible: *No deben volver muy tarde, mayormente si tienen que madrugar.*
**maza**. → **masa**.
**mea culpa**. Esta expresión latina, que se usa para reconocerse culpable de alguna cosa, se emplea sustantivada con artículo masculino. *Cuando estuvo frente a su familia intentó un pequeño mea culpa.*

Su plural es: *los mea culpa.*
♦ Debe evitarse la construcción **por mea culpa.*
**mecanografiar** (se conjuga como **ansiar**).
**mediante**. Preposición que equivale a 'por medio de', 'con', 'con la ayuda de'. *Lo logramos mediante su ayuda. Consiguió el trabajo mediante recomendaciones.*
**mediar**. ~ **en**: *Le pidieron que mediara en el asunto.* ~ **entre**: *No aceptó mediar entre las partes.*
**mediático**. Con este adjetivo se califica lo concerniente o relativo a los medios de difusión. *A menudo la imagen mediática de nuestra sociedad es tan eficaz que puede llegar hasta a modificar el curso de la vida.*
**mediatizar**. Intervenir de modo tal que se impida o dificulte a un tercero realizar por sí un determinado acto. *Los adultos no entienden que esta facultad corresponde a un derecho que sus hijos pueden ejercer por sí mismos, sin que los padres deban mediatizar.*
También significa 'dar carácter mediático a una situación'. *Son precisamente ellos quienes intentan mediatizar el proceso judicial para lograr la condena de la sociedad antes del juicio.*
**medida**.
– **a (la) medida**. Locución adjetiva con la que se expresa que un objeto se hace con las medidas adecuadas a la persona, o que una cosa es proporcionada o conveniente a alguien o algo. *Tuvieron que hacerle un traje a medida. Es un trabajo a la medida de sus aspiraciones.*
– **a medida que**. Locución adverbial que expresa la progresión conjunta entre dos hechos. *A medida que los invitados iban llegando se ubicaban en los asientos.*
– **en la medida que, en la medida en que, en la medida de**. Locuciones que expresan una relación entre dos términos, uno de los cuales se halla subordinado al otro. *Lo harás en la medida de tus posibilidades. En la medida en que se encuentre bien podrá jugar el próximo domingo.*
**medieval – medioeval**. Adjetivo con el que se califica a lo concerniente o relativo a la Edad Media, es decir al tiempo transcurrido entre los siglos V y los finales del XV de nuestra era.
Ambas grafías son correctas pero la primera es recomendable.
**medio, dia**. Como adjetivo concuerda en género y número: *media manzana, medios litros.*
◊ *Medio* puede desempeñar función adverbial, en cuyo caso es invariable y por lo tanto es incorrecto hacerlo concordar con un sustantivo. **Llegó media desanimada, porque no obtuvo lo que quería.*
**medioeval**. → **medieval**.
**meditar**. ~ **en**, ~ **sobre**, ~ **acerca de**: *Está meditando sobre lo que pasó.*
**medula** o **médula**. Este sustantivo femenino —con el que se designa el tuétano de los huesos y, figuradamente, la parte esencial de alguna cosa— admite ambas acentuaciones, aunque en la práctica la forma más extendida es la esdrújula (/**me**-du-la/).
**mega-**. Elemento compositivo de origen griego que, colocado al comienzo de palabra, entra en la formación de algunos cultismos con el significado de 'grande': *megafonía, megalópolis, megalómano*, y de 'un millón': *megaciclo, megatonelada.*
**mejor**. Forma comparativa de **bueno**.
**1**. Adjetivo que califica de superior a alguien o algo respecto de alguien o algo. *Esta mesa es mejor que aquella.*

Cuando va precedido del artículo determinativo, forma el grado superlativo. *Es el mejor alumno de la clase.*
**2**. Adverbio comparativo de **bien**. *Ahora entiendo mejor la situación.*
**mejora – mejoría**. Si bien ambas palabras son sinónimas, se prefiere la primera para referirse a la ventaja o superioridad de una cosa respecto de otra: *Se están haciendo importantes trabajos para la mejora del suelo,* y la segunda para indicar alivio en una dolencia, padecimiento o enfermedad: *Al segundo día de tratamiento la mejoría fue evidente.*
**mejorar**. ~ **de**: *Rápidamente mejoró de su enfermedad.*
**membrecía – membresía**. Neologismo con el que suele españolizarse el inglés *membership*, que significa 'calidad o condición de miembro de una asociación' y 'conjunto de sus miembros'.
◊ La grafía mayoritaria y aceptada por la Real Academia Española es *membresía*.
**membresía**. → **membrecía**.
**memorando**. → **memorándum**.
**memorándum**. Sustantivo masculino de procedencia latina con el que se designan distintos tipos de informes o notificaciones en los que se enuncian hechos o consideraciones para tomar en cuenta, antes de emprender una acción.
◊ Su plural es invariable: *los memorándum*. Para evitar esta forma anómala puede recurrirse a la voz española *memorando*, de idéntico sentido, cuyo plural (*memorandos*) no ofrece duda.
**menguar** (se conjuga como **averiguar**).
**menor**. Adjetivo comparativo de *pequeño*, invariable en género, pero no en número. Se lo emplea para referirse a aquello que es inferior a otra cosa en cantidad, intensidad o calidad, y a la persona que tiene menos edad que otra. *La capacidad de ese estadio es menor que la del teatro. Sus hijos eran menores que los nuestros.*
**a**) En la lengua coloquial, es sustituido con frecuencia por la forma perifrástica **más pequeño**, → **pequeño**.
**b**) Cuando forma parte de la construcción comparativa, se emplea seguido de *que* o *de*. *El esfuerzo fue menor de lo previsto.*
**c**) La construcción con *a*, calificada de semiculta, es hoy frecuente, en especial ante una expresión numérica. *La inflación sería menor a 10%.*
**d**) Precedido de artículo, y seguido por las preposiciones *de* o *entre*, manifiesta el grado superlativo. *Era el menor de los amigos. Era el menor entre los espacios verdes de la ciudad.*
♦ Es vulgarismo la anteposición del adverbio *más* ante esta forma adjetiva que implica de sí la comparación. **Era más menor que los otros.* → **menos**.
Sin embargo, es posible anteponerle *mucho*. *Era mucho menor que los otros.*
**menos**. Adverbio comparativo que acompaña al adjetivo, al verbo, a otros adverbios y a modos adverbiales. *Caminen menos rápido que no puedo alcanzarlos. Él durmió menos.* En función de adjetivo modifica al sustantivo. *Trajimos menos plata de lo necesario.*
Denota:
**1**. Idea de menor cantidad o cualidad, disminución o restricción en comparaciones expresas o sobrentendidas. *Tienen que comer menos hidratos de carbono.*
**2**. Limitación indeterminada de cantidad. *En la reunión había menos de veinte personas.*

◊ Obsérvense las siguientes particularidades sintácticas:

**a)** Cuando la comparación es expresa, la conjunción *que* introduce el segundo término de la comparación. *Francisco es menos alto que Lorenzo.*

**b)** Si se establece una comparación entre personas o cosas debe emplearse la preposición *de*. *Ernesto es el menos tranquilo de sus amigos.*

**c)** Lo mismo ocurre cuando el segundo término de la comparación comienza con el encabezador relativo *lo que*. *El viaje fue menos cansado de lo que pensábamos.*

**d)** En la construcción correspondiente al superlativo relativo, el adverbio *menos* es precedido por el artículo determinado en cualquiera de sus géneros y números.

En ocasiones, el sustantivo ocupa posición intermedia. *Es el sillón menos cómodo. Ella es la menos indicada para este trabajo.*

**menstruar** (se conjuga como **actuar**).

**mentalizar**. ~ **de**: *Debemos mentalizarlos de la importancia del cambio.*

**-mente**. La terminación *-mente* forma adverbios con los que se da a entender que la acción se realiza del modo indicado por el adjetivo base: *lógicamente* (= de manera lógica), *rápidamente* (= de manera rápida).

◊ Nótese que cuando se usan dos o más adverbios la terminación *-mente* se coloca solo en el último de ellos. *Reaccionó lenta y tardíamente.*

**mentir** (se conjuga como **sentir**).

**merecer** (se conjuga como **agradecer**).

**merendar** (se conjuga como **pensar**).

**merituar** (se conjuga como **actuar**).

Este verbo es de empleo relativamente frecuente en el lenguaje administrativo americano con el sentido de 'evaluar', 'asignar méritos'. *Habrá que ver cómo se meritúa ese perjuicio, si existe o no y si es el Estado o nosotros quien debe resarcirlo.*

**meta-**. Elemento compositivo de origen griego que, colocado al comienzo de palabra, entra en la formación de voces científicas y técnicas con el significado de 'junto a', 'después de', 'entre' o 'con': *metabolismo, metafísico, metáfora, metalenguaje, metatórax.*

**metástasis - metátesis**.

• metástasis. Reproducción de una enfermedad en órganos diferentes de aquel en que se presentó al principio. *La enfermedad hizo metástasis en el pulmón.*

• metátesis. Cambio de lugar de un sonido en una palabra: *MURCIÉLAGO fue en su origen una metátesis de* MURCIÉGALO.

**metátesis**. → **metástasis**.

**meteorología**. Sustantivo femenino procedente de *meteoro*, que es la designación genérica de los fenómenos atmosféricos. Con él se denomina la ciencia que trata del estudio de la atmósfera.

**meteorológico**. Adjetivo con el que se alude a lo concerniente a la meteorología.

**meteorólogo**. Sustantivo con el que se designa al entendido en meteorología.

***metereología**. Forma incorrecta por → **meteorología**.

***metereológico**. Forma incorrecta por → **meteorológico**.

***metereólogo**. Forma incorrecta por → **meteorólogo**.

**meticuloso**. En sentido primero, este adjetivo significa 'miedoso, temeroso'. Sin embargo, este valor es desusado en nuestros días. Su empleo más frecuente es como sinónimo de *escrupuloso* o *minucioso*. *Era extremadamente minucioso en el cuidado de sus trabajos.*

**-metría**. Elemento compositivo de origen griego que, colocado al final de palabra, entra en la formación de numerosos cultismos españoles con el significado de 'medida' o 'medición': *geometría, hidrometría, simetría, sociometría.*

**-metro**. Elemento compositivo de origen griego que, colocado al final de palabra, entra en la formación de numerosos cultismos españoles con el significado de 'unidad de medida': *centímetro, kilómetro, milímetro*; o 'aparato para medir': *telémetro, termómetro, velocímetro.*

**México**. La *x* del nombre de este país americano y de su ciudad capital suena como la *j* (/**me**/χi/ko).

♦ Evítese decir *(/**mek**-si-co/), como suele oírse en algunos doblajes televisivos o en notas de hablantes estadounidenses.

**miasma**. Sustantivo masculino que el *DRAE* define como "efluvio maligno que, según se creía, desprendían cuerpos enfermos, materias corruptas o aguas estancadas".

Sigue empleándose con el sentido de 'malos olores'. Es de género masculino y se emplea con más frecuencia en plural. *El foso rebosa de desperdicios y propicia que con el aire los miasmas emanados de la descomposición lleguen a los terrenos vecinos.*

También se halla difundido su uso en sentido figurado. *Su poesía cambiaría nuestra literatura apartándola de los miasmas de la autocompasión y el sentimentalismo.*

♦ Evítese su empleo como femenino.

**micro-**. Elemento compositivo de origen griego que, colocado al comienzo de palabra, entra en la formación de numerosas voces científicas y técnicas con el significado de 'pequeño': *microbio, microcefalia, microcirugía, microeconomía*. Por extensión se ha formado *micrófono.*

También indica la millonésima parte de algunas unidades ($10^{-6}$): *microfaradio.*

**microscopia** o **microscopía**. Este sustantivo femenino, con el que se designa la técnica de la construcción del microscopio y el conjunto de métodos de investigación mediante su auxilio, es el único compuesto con el elemento *-scopia* que el *DRAE* recoge con doble acentuación.

**mili-**. Elemento compositivo de origen latino que, colocado al comienzo de palabra, entra en la formación de vocablos propios del sistema métrico decimal con el significado de 'la milésima parte de una unidad ($10^{-3}$)': *milibar, mililitro, milímetro.*

◊ Se pronuncia tónica la *i* en *milímetro* (/mi-**li**-me-tro/), pero es átona en *milibar* y *mililitro* (/mi-li-**bar**/, /mi-li-**li**-tro/).

**milibar** (/mi-li-**bar**/). Sustantivo masculino con el que se designa la unidad de medida de la presión atmosférica. Es palabra aguda.

♦ Evítese la pronunciación grave *(/mi-**li**-bar/).

**miligramo** (/mi-li-**gra**-mo/). Sustantivo masculino con el que se designa la milésima parte de un gramo. Es palabra grave.

♦ Evítese la pronunciación esdrújula *(/mi-**li**-gra-mo).

**mililitro** (/mi-li-**li**-tro/). Sustantivo masculino con el que se designa la milésima parte de un litro. Es palabra grave.

♦ Evítese la acentuación esdrújula *(/mi-**li**-li-tro/).

**millardo**. Sustantivo masculino con el que se designa la cantidad de mil millones. → **billón**.

**mimeografiar** (se conjuga como **ansiar**).

**mini-**. Elemento compositivo de origen latino que, colocado al comienzo de palabra, entra en la formación de numerosas voces con el significado de 'pequeño', 'breve' o 'corto': *minifalda, minifundio, minirrecorrido.*

**mío**. Adjetivo posesivo que significa 'de mí'. Tiene variante de género y número, por lo que existen cuatro formas: *mío, mía, míos, mías.*

Cuando antecede a un sustantivo se apocopa en *mi, mis,* sin variante de género. *Mi preocupación. Mis intereses.*

◊ Obsérvese que la forma apocopada se conserva aun cuando se interponga otro adjetivo entre el posesivo y el sustantivo: *Mi mala suerte no me abandona,* y que, a diferencia del pronombre personal, no lleva tilde.

Se usa sin sufrir apócope en los siguientes casos:

**a)** Cuando funciona como predicativo. *Esos zapatos son míos.*

**b)** Cuando aparece pospuesto al nombre en construcción nominal precedida por artículo. *Las razones mías no necesariamente deben ser conocidas por los demás.*

**c)** Cuando el sustantivo queda sobreentendido y aparece inmediatamente después del artículo, adquiriendo función sustantiva. *El mío es un poco menor* (refiriéndose por ejemplo a un hermano).

**mirar**. En propiedad este verbo transitivo designa el aplicar el sentido de la vista voluntariamente sobre un objeto o situación. *Hace un buen tiempo que miro el mar, pero todavía no lo veo llegar.*

Evítese la muy extendida confusión con → **ver** que, tradicionalmente, es 'percibir con la vista'.

Con el significado de 'dirigir los ojos hacia', tiene empleo intransitivo y suele ir acompañado de las preposiciones *a, hacia* o *para. Miró a las estrellas aguardando una señal.*

Con el de 'dirigir los ojos para buscar algo', suele ir acompañado de preposiciones de lugar: *en, por, sobre, bajo,* etc. *Mirá en el saco, tal vez esté allí.*

**miria-**. Elemento compositivo de origen griego que, colocado al comienzo de palabra, entra en la formación de algunos cultismos con el significado de 'innumerables' o 'muy numerosos': *miríada, miriápodo.*

**místico – mítico**.

• místico. Dedicado a la vida espiritual. *Fue uno de los grandes místicos cristianos.*

• mítico. Relativo al mito. *Su explicación del origen del universo es por completo mítica.*

**mítico**. → **místico.**

**mitin**. Forma españolizada del inglés *meeting* con la que se designa una reunión pública donde se discuten asuntos políticos o sociales.

Es por su origen voz grave (/**mi**-tin/), y su plural es *mitines* (/mi-**ti**-nes/).

◊ La pronunciación aguda (/mi-**tin**/), que se considera en desuso para España, conserva vigencia en el habla y escritura de América. *Pese a todo, el resultado del mitín fue un poco sorpresivo.*

**mn**. En posición inicial de palabra, la RAE reconoce la simplificación en *n-* que regularmente se opera con este grupo, aunque se inclina por la grafía etimológica: *mnemotecnia, mnemónico: nemotecnia, nemónico.*

♦ No es correcta, en cambio, y debe evitarse cuidadosamente, la reducción del grupo **-mn-**, cualquiera que sea su origen, en interior de palabra. En tales casos, este mar-

ca frontera silábica y en consecuencia se reparte en dos sílabas: *a-lum-no, in-dem-ne.*
◊ Las únicas grafías dobles reconocidas por la Academia son los pares *somnámbulo/sonámbulo* y *somnambulismo/sonambulismo*, pero las formas con *-mn-* son completamente inusuales.
**moblar** (se conjuga como **contar**).
**módulo – nódulo**.
• módulo. Unidad, modelo, patrón. *El tema consta de dos módulos.*
• nódulo. Dureza redondeada de cualquier materia. *Tenía un nódulo en el brazo.*
**molestar**. ~ **con**, ~ **por**: *Lo molestaron con comentarios de su vida privada. Me molestó con su insistencia. Allí molesta por su tamaño.*
**momento**.
- **al momento**. Locución adverbial con la que se da a entender que la acción se realiza al instante o sin dilación alguna. *Le traemos al momento su pedido.*
- **de momento** o **por el momento**. Locución adverbial con la que se limita o circunscribe la validez de una afirmación al presente. Por su sentido es equivalente a *por de pronto, por ahora. Nos dijeron que por el momento no nos podían dar más información.*
- **por momentos**. Locución adverbial con la que se indica que una acción se cumple en forma intermitente, con interrupciones. *El enfermo, por momentos, evidenciaba una leve mejoría.*
**mono-**. Elemento compositivo de origen griego que, colocado al comienzo de palabra, entra en la formación de numerosos cultismos españoles con el significado de 'único' o 'uno solo': *monografía, monolingüe, monólogo, monopolizar.*
**monocromo** (/mo-no-**cro**-mo/). Adjetivo que significa 'de un solo color'.
♦ Es palabra grave. Evítese el empleo como esdrújula *(/mo-**no**-cro-mo/).
**montaña – monte**. Sustantivos femenino y masculino, respectivamente, con los que se designa a las grandes elevaciones naturales del terreno. Por ser nombres comunes, se escriben con minúscula inicial, *monte Aconcagua*, excepto en aquellos casos en que forman parte de un nombre propio, *Monte Chingolo, Sermón de la Montaña.*
**moqueta**. Forma hispanizada del vocablo francés *moquette*. Con este sustantivo femenino se designa la alfombra hecha de una fuerte tela de lana.
**moquette** (/mo-**ket**/) → **moqueta**.
**morder** (se conjuga como **mover**).
**morfo-** o **-morfo, fa**. Elemento compositivo de origen griego que, colocado al comienzo o final de palabra, entra en la formación de diversos cultismos con el significado de 'forma': *morfología, amorfo, antropomorfo, zoomorfo.*
**morgue**. Sustantivo femenino con el que se designa el depósito de cadáveres.
Su empleo por *depósito judicial de cadáveres, sala de autopsias*, es general en América, pero no es tan corriente en España.
**morir** (se conjuga como **dormir**).
Participio irregular: *muerto.*
~ **de**: *Se murió de viejo.* ~ **por**: *Él se muere por sus hijos. Muero por los dulces.*
**mostrar** (se conjuga como **contar**).
**moto-**. Elemento compositivo de origen latino que, colocado al comienzo de palabra, entra en la formación de voces con el significado de 'que actúa a motor': *motocicleta, motonave, motosierra.*
◊ *Terremoto* y *maremoto* son dos sustantivos que incluyen este elemento compositivo en posición final de palabra. *Terre-*

*moto*, que proviene del latín *terraemotus*, designa una sacudida del terreno ocasionada por fuerzas que actúan en el interior de la Tierra.
*Maremoto* –palabra formada a imitación de *terremoto* sobre la base latina *mare*– es una agitación violenta de las aguas del mar a consecuencia de una sacudida del fondo.
**motorizar**. Este verbo significa tradicionalmente 'dotar de medios mecánicos de tracción', pero en la actualidad se emplea más con el sentido figurado de 'dar movimiento, impulsar un proceso', particularmente en el lenguaje de la economía. *El índice de las acciones de las telecomunicaciones motorizó la tendencia al alza.*
**motu proprio**. Locución adverbial latina que significa por propio impulso, es decir, por propia iniciativa. *El juez, motu proprio, o a instancia de parte, puede solicitar la tramitación del caso.*
◊ Nótese que se escribe con dos eres (*pRopRio*).
♦ No lleva preposición. **Por motu proprio transformó su apellido. *Definió de motu proprio cómo era factible duplicar el número de becas.*
**mover**. ~ **a**: *¿Qué nos mueve a ganar dinero?*
(➤ Cdo. 39.)
**mucho**. **1**. Adjetivo que significa 'abundante', 'numeroso', o 'que excede a lo ordinario o preciso'. *Al acto llegó mucha gente que no estaba invitada.*
**2**. Adverbio con el que se indica 'abundancia', 'en gran número o cantidad', 'más de lo regular'. *Jorge es mucho menor que Sandra.*
Con verbos que expresan tiempo, indica que la acción se lleva a cabo en un considerable período. *Tardaron mucho en reconstruir la casa.*
Antepuesto a otros adverbios, refuerza la significación de estos. *Habían preparado la habitación mucho antes de su llegada. Se quedaron mucho más de lo pensado.*
◊ Se apocopa en la forma *muy* cuando precede a otro adverbio o a un adjetivo o construcción que cumpla una función semejante. *Su casa queda muy lejos para ir ahora. Esa manzana está muy madura.*
No se apocopa, en cambio, cuando acompaña a *mayor, más, menos, menor, mejor, antes, después. Es mucho más sensato no presentar pelea. Dijo que era mucho mejor salir temprano.*
**mudar**.
~ **de**: *Le gusta mudar de opinión permanentemente.*
- **mudarse a**. ~ **de**: *El mes que viene nos mudamos de casa.*
**mullir**.
(➤ Cdo. 40.)
**multi-**. Elemento compositivo de origen latino que, colocado al comienzo de palabra, entra en la formación de numerosas voces con el significado de 'mucho': *multifacético, multifilamento, multinacional.*
**munir**. El empleo de este verbo se limita casi exclusivamente a las formas de participio, *munido*, y de infinitivo, *munirse*, con el sentido de *provisto* y *proveerse*.
No forma parte del lenguaje llano y solo se lo documenta en el lenguaje administrativo y periodístico de diversos países americanos. *Uno de los malhechores ingresó munido de un fusil.*
**musicalización**. Sustantivo masculino con el que se designa la acción y efecto de **musicalizar**. *Creo en la musicalización del*

*verso y la belleza que encierra esta forma de expresión, por eso respeté la forma original.*

**musicalizar**. Verbo que significa 'poner música a una composición, película u obra teatral'.

Con este sentido, es voz relativamente usual en América y en España, particularmente en el campo de la producción artística. *Fundado casi por casualidad, es hoy bien conocido en el mundo entero desde que musicalizaron y protagonizaron la película.*

**musicar**. Significa 'poner música a una composición o espectáculo'.

Es voz poco frecuente en América y algo más corriente en España. *En esos años se encuentra con el compositor a quien le invita a musicar el guión de la ópera.*

***mutatis mutandi**. Forma desaconsejable por → **mutatis mutandis**.

**mutatis mutandis**. Locución latina que significa literalmente 'cambiando lo que se deba cambiar'.

Con ella se indica que no es necesario aceptar o rechazar completamente algo, sino que basta con cambiar un aspecto para que venga al caso.

♦ Conviene evitar el empleo de la forma **mutatis mutandi.*

**N** (**n**). Nombre: *ene*.

**Descripción**. Decimosexta letra del abecedario español. Representa un sonido de articulación alveolar, nasal y sonoro.

**n enclítica**. Debe evitarse agregar una *-n* al pronombre enclítico que acompaña a la tercera persona del plural del imperativo: **Sientensén y *callensén*.

◊ Obsérvese que este error implica además un desplazamiento en la acentuación de la forma verbal correspondiente.

**nacer** (se conjuga como **agradecer**). Participio regular: *nacido*. Participio irregular: *nato*.

**nada**. **1**. Pronombre indefinido que no ofrece variación de género ni número. Es la forma negativa del pronombre **algo**. *Nada es seguro*. El adjetivo que lo acompaña debe hacerlo en forma masculina singular. *No hay nada bueno para contar. Nada malo puede pasar*.

◊ Obsérvese que:

**a**) Si el pronombre se halla pospuesto al verbo, es necesario incluir en la oración el adverbio de negación **no**. *No quiero nada para comer. No hay nada mejor que una buena siesta*.

En cambio, si *nada* precede al verbo, no corresponde incluir ninguna otra forma negativa. *Nada es cierto*.

**b)** Puede construirse con un complemento encabezado por la preposición **de**: *No llevó nada de dinero. No puede comer nada de dulces;* pero cuando modifica a un adjetivo, no corresponde incluir la preposición: *Seguramente no fue nada optimista en sus cálculos. Nada malo pudo ocurrir*.

**2**. Sustantivo femenino que significa la ausencia de todo ser, el no ser.

**nadir – nádir**. Cuando se refiere al punto de la esfera celeste diametralmente opuesto al cenit, es voz aguda (/na-**dir**/). En cambio, cuando designa al funcionario marroquí, es palabra grave (/**na**-dir/).

**narco-**. Elemento compositivo de origen griego que interviene en la formación de diversos vocablos españoles con el sentido de 'modorra, embotamiento de la sensibilidad': *narcosis, narcótico, narcotina*. Por extensión, interviene luego en la formación de neologismos con el significado de 'narcótico, droga': *narcodelincuencia, narcodemocracia, narcodictadura, narcodólar, narcoguerrilla*.

**navegar**. Recorrer con criterio propio una serie de lugares en Internet desplazándose de un sitio a otro a través de hipervínculos para buscar información.

Esta acepción neológica ha logrado gran difusión como forma de traducir el inglés *to browse*.

**neceser**. Forma hispanizada del francés *nécessaire* con la que se designa el estuche donde se guardan diversos objetos de tocador, costura, etcétera.

♦ El empleo de la palabra francesa original resulta innecesario.

**necesidad**.

- **de primera necesidad**. Locución con la que se califica a una cosa de esencial. *Escuché por la radio que a partir de mañana van a faltar los productos de primera necesidad.*

- **por necesidad**. Locución adverbial con la que se indica que la realización de un hecho se debe a un motivo o causa impostergable, por fuerza o por necesidad lógica o material. *Tuvo que dejar los estudios por necesidad.*

**nécessaire**. → **neceser**.

**necro-**. Elemento compositivo de origen griego que, colocado al comienzo de palabra, entra en la formación de algunos cultismos con el significado de 'muerto': *necrofagia, necrofilia, necrología.*

**negociar**. ~ **con**: *No negocies con granos porque no conoces el tema.* ~ **en**: *Los empresarios más poderosos negocian en hidrocarburos.*

**negro**. El superlativo culto de este adjetivo es *nigérrimo*.

Sin embargo son más usuales las formas *negrísimo* o *muy negro*.

**neo-**. Elemento compositivo de origen latino que, colocado al comienzo de palabra, entra en la formación de numerosos cultismos con el significado de 'reciente', 'nuevo': *neoclásico, neófito, neolítico, neonatología, neoplasia.*

**nevar** (se conjuga como **pensar**).

Es verbo unipersonal y se conjuga solamente en 3ª persona del singular. *Nieva copiosamente y me temo que esto va a seguir así por varios días.*

**neviscar**. Es verbo unipersonal y se conjuga solamente en 3ª persona del singular.

**nigérrimo**. → **negro**.

**nihil obstat**. Locución latina que significa 'nada se opone' y que se emplea para hacer constar en los libros la aprobación eclesiástica para su publicación. También se llama así a la indicación misma.

A menudo se emplea sustantivada como masculino para referirse a aspectos legales fuera del ámbito eclesiástico. *De afirmación podría deducirse que el nihil obstat constitucional se subordina a la efectividad de y eventual demanda civil.*

**ninguno**. Pronombre indefinido con que se niega la existencia de algo o alguien. No tiene variación de número, pero sí de género. *Ninguno aceptó el cargo vacante. Ninguna de ellas supo qué responder.*

**a)** Cuando se refiere a personas y lleva un complemento partitivo, el verbo puede concordar con el pronombre o con el término de complemento. *Ninguno de los chicos quería. Ninguno de los chicos querían dejarlo solo.*

**b)** Si el pronombre *ninguno* precede a un sustantivo masculino singular, se apocopa. *Ningún hombre pudo comprender su actitud.*

**c)** Se construye, como todos los pronombres indefinidos negativos, anteponiendo el adverbio *no* al verbo cuando este precede al pronombre. *Todavía no llegó ninguno. No hubo ninguno que quisiera aceptarlo.*

En cambio, si el pronombre precede al verbo, se omite el *no*. *Ninguno quiso comer.*

**no**. Adverbio de negación que se emplea en una frase para rechazar algo o indicar la falta de realización de una acción. *No insistas porque no voy a ir.*

Sus usos más frecuentes son:
**1**. Cumplir la función de prefijo negativo cuando precede a sustantivos o adjetivos. *Se solicitó la no intervención de otros países en el conflicto.*
**2**. Formar oraciones interrogativas que implican una cortés invitación. *¿No quieres venir con nosotros al cine?*
**3**. Preceder al verbo en oraciones negativas con las formas *nada, nadie, ninguno. No vino nadie a reclamar el libro. No tenemos nada que decir. No quiero que ninguno falte a la cita.*
**4**. Dar a la oración sentido afirmativo cuando precede a la preposición **sin**, ya que de este modo atenúa el sentido de la preposición. Este empleo constituye una litote, figura retórica relativamente frecuente en estilo elevado. *Repitió las palabras no sin temor. No sin pena dejo este lugar.*
**5**. Enfatizar la negación cuando se repite en la misma frase. *No, ya te dije que no voy a salir de casa.*

**nobel – novel**.
• nobel. Premio que la Academia Sueca otorga anualmente a científicos y literatos. *Milstein ganó el Nobel de Química.*
- **Nobel** (De *Alfred Nobel* [1833-1896], químico sueco inventor de la dinamita). La acentuación etimológica de este apellido es aguda, por lo tanto, también lo es la del premio que lleva su nombre (/No-**bel**/).
• novel. Nuevo, principiante. *Es un escritor novel con mucho talento.*

♦ Evítese, pese a la frecuencia de su empleo, la acentuación /**No**-bel/ con que seguramente se ha pretendido diferenciarlo del adjetivo *novel*, 'bisoño, novato'.

**noble**. Adjetivo con el que se hace alusión a personas o acciones honrosas o estimables. Se aplica también a ciertos materiales de calidad especialmente fina, como por ejemplo a los llamados *metales nobles*: oro, plata, etcétera.
El superlativo etimológico es *nobilísimo*, pero en la actualidad esta forma solo se emplea en la lengua literaria, ya que en el uso corriente ha sido sustituida por la variante perifrástica *muy noble. Todos querían contarse entre sus amigos porque se decía que era muy noble.*

**nódulo**. → **módulo**.

**nómada**. Adjetivo invariable en género con el que se califica de errante, es decir sin morada en lugar fijo, a determinados pueblos o grupos étnicos y al individuo perteneciente a ellos. *Un pueblo nómada. Una civilización nómada.*
Referido a un individuo perteneciente a culturas sedentarias vale por 'vagabundo', 'errante'. *Su temperamento nómada le impedía estar mucho tiempo en algún lugar.*

**nómade**. Esta grafía, como la tradicional **nómada**, es de empleo corriente y actual. *Un pueblo nómada. Una civilización nómade.*

**nomás**. Adverbio comúnmente empleado en varios países americanos (la Argentina, Bolivia, México, Paraguay, Uruguay y Venezuela) con el sentido de 'solamente'.
A excepción de México, donde es frecuente anteponer la locución, en el resto de los países (*nomás*) sigue al término que modifica, p. ej. *Proyectaron dos películas nomás.*
**1**. Con verbos, *nomás* toma sentido enfático. Puede poseer el valor de 'libremente', 'sin problemas': *Pase nomás, dígame nomás*; o bien sentido de amenaza, reforzado en este caso por la entonación: *Atrévete nomás, y sabrás quién soy yo.*
**2**. Como modificador de adverbios, vale generalmente por 'regular': *Lo hizo así*

*nomás, sin poner muchas ganas*; 'apenas': *Ayer nomás me encontré con él*; 'mismo', 'allí', 'ya': *Ahora nomás voy*; o como simple refuerzo expresivo: *—¿Trabajaste? —Un poquito nomás.*

**nominación**. → **nominar**.

**nominado**. → **nominar**.

**nominar**. Tradicionalmente en español este verbo significa 'dar nombre a una persona o cosa'.

Con el sentido de 'proclamar candidato a una persona o cosa para un cargo o premio' constituye un calco del inglés (*to nominate*). *Aprovechó la ocasión para nominar esa ciudad como sede del Rally para el 2001.*

Similar desplazamiento de significado ha sufrido el sustantivo derivado, *nominación*, con el valor de *candidatura*. *El vicepresidente se había opuesto a la nominación del actual Ministro para el cargo de Embajador.*

El campo se completa con el adjetivo *nominado*. *Los funcionarios nominados han tenido fuertes lazos con sectores políticos e intereses de los propios banqueros.*

**-nos**. Forma enclítica del pronombre *nosotros*. Por razones de eufonía, cuando se une a la primera persona plural de un verbo, esta pierde la *-s* final de su desinencia: *trasladémonos, vámonos*, etcétera.

♦ Evítese el empleo de las formas que incluyen la *-s*: **trasladémosnos, *vayámosnos.*

**nosotros**. Pronombre personal masculino de primera persona plural. La forma femenina es *nosotras*. Cumple la función de:

**1**. Sujeto. *Nosotras no somos las personas que estás buscando.*

◊ Es muy poco frecuente el uso explícito de estos pronombres en función de sujeto. Generalmente se prefiere la estructura con sujeto tácito. (*Nosotros*) *no volveremos a mentir.* (*Nosotras*) *traemos la comida.*

**2**. Predicativo. *Los mejores actores somos nosotros.*

**3**. Término de complemento, cuando el pronombre es precedido por preposición. *Como no quieren viajar con nosotros, tendrán que volver solos.*

**4**. La forma átona corresponde a las funciones de objeto directo e indirecto. *Nos vieron cuando salíamos. Nuevamente nos dieron malas ubicaciones.*

**5**. La forma átona **nos** se emplea también cuando el pronombre es signo de cuasi reflejo. *Nunca nos jactamos de nuestros logros.*

◊ Si el pronombre **nos** se une enclíticamente a verbos conjugados en primera persona del plural, pierde la *-s* de la desinencia: *saquémonos, hablémonos, vayámonos.*

**notificar**. ~ **de**: *No nos habían notificado del cambio de horario. Recién ahora me notifican del cambio de sala.*

**novel**. → **nobel**.

**nuestro**. Adjetivo posesivo de primera persona que se emplea cuando los poseedores son varios. Significa 'de nosotros'.

Tiene variante de género y número, por lo que existen cuatro formas: *nuestro, nuestra, nuestros, nuestras*. La variante de número sirve para indicar si la persona o cosa poseída es una o más de una.

Usualmente antecede al sustantivo: *Nuestro perro es manso*, y aparece pospuesto al verbo, en función predicativa: *Esas telas son nuestras*. Pero cuando se elide el sustantivo y aparece inmediatamente después del artículo, adquiere función sustantiva. *El nuestro fue un proceso más complicado. Esta idea es la nuestra.*

◊ Nótese que cuando funciona como predicativo, el adjetivo puede ser reemplazado por el complemento *de nosotros*. *Esas telas son de nosotros. Esta idea es de nosotros.*

**nuevo, va**. Adjetivo que nombra algo que acaba de aparecer, reciente o actual.

A partir de este significado, forma la locución adverbial **de nuevo**, con la que expresa la repetición de lo que ya se ha hecho. *Van a tener que hacer de nuevo la redacción porque no está bien.*

◊ El superlativo etimológico es *novísimo*, pero en la actualidad esta forma solo se emplea en la lengua literaria. En el uso corriente aparece en ocasiones la variante *nuevísimo*, que, de todos modos, tiene una cierta diferencia de sentido con la anterior, ya que aquella alude a 'lo novedoso', mientras esta última hace referencia a lo 'muy nuevo'.

En la actualidad, ambos superlativos morfológicos tienden a ser sustituidos por la variante perifrástica *muy nuevo*.

**número**. En aritmética, este sustantivo corresponde a la expresión de la cantidad computada con relación a una unidad. Es también cada uno de los signos con que se representa tal expresión.

~ **arábigo**. Cifra perteneciente a la numeración usualmente empleada (1, 2, 7, 8, 49).

◧ **n. romano**.

~ **atómico**. En química, el número de cargas elementales positivas del núcleo de un átomo.

~ **binario**. El que reposa sobre un sistema numérico de base dos.

Es empleado en computación por la facilidad que representa para un circuito optar solo entre dos alternativas y no sobre 10, como en el sistema decimal, 12, en el sistema duodecimal, o 60, en el sistema sexagesimal. Cada número es representado mediante secuencias de 0 y 1.

~ **cardinal**. Cada uno de los números enteros en abstracto.

◧ **n. ordinal**.

~ **impar**. En aritmética, el que no es exactamente divisible por dos, o entre dos.

◧ **n. par**.

~ **ordinal**. En aritmética, el que expresa ideas de orden o sucesión, como *segundo, tercero*.

◧ **n. cardinal**.

~ **par**. En aritmética, el que es exactamente divisible entre dos.

◧ **n. impar**.

~ **plural**. En gramática, el de la palabra que se refiere a dos o más personas o cosas.

◧ **n. singular**.

~ **primero** o **primo**. En aritmética, el que solo es exactamente divisible entre sí mismo y entre la unidad, como 5, 7, etcétera.

~ **romano**. El que se escribe con letras del alfabeto latino; a saber: I (uno), V (cinco), X (diez), L (cincuenta), C (ciento), D (quinientos) y M (mil).

◧ **n. arábigo**.

~ **singular**. En gramática, el de la palabra que se refiere a una sola persona o cosa.

◧ **n. plural**.

**nunca**. Adverbio temporal con el que se expresa que, con independencia del tiempo considerado, un hecho no se realiza, no tiene lugar. *Nunca pudimos hablar a solas. No hubo nunca nadie para recibirnos.*

A partir de su significado forma la locución adverbial **nunca jamás**, de similar significado, aunque de tono más enfático. *Nunca jamás voy a pedirle que me ayude.*

**nutriente**. Participio presente del verbo **nutrir**. En su función adjetiva significa 'que nutre'.
Como sustantivo masculino, propio del lenguaje de la biología, designa el elemento del agua o del suelo que las plantas y los animales ingieren como alimento. *Después de haber ingerido el alimento, el organismo incorpora los nutrientes y desecha el resto.*

**nutrir**.
– **nutrirse con**. ~ **de**: *Es sabido que ha de nutrirse con lo que encuentre en el área. Se nutre de la carne.*

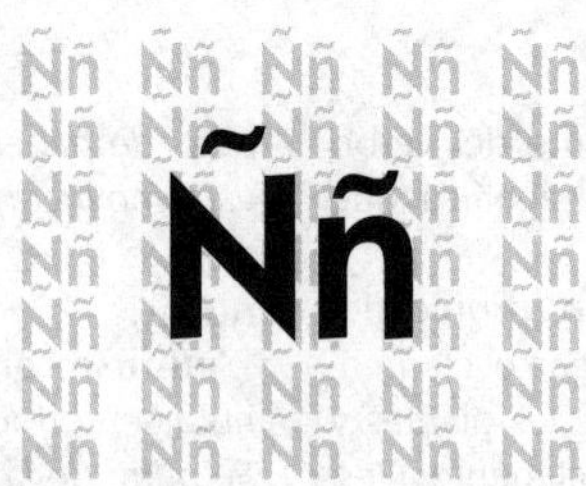

**Ñ** (**ñ**). Nombre: *eñe*.

**Descripción**. Es la decimoséptima letra del abecedario español. Representa un fonema de articulación nasal palatal y sonora.

**Historia**. Puesto que este fonema no existía en latín, su representación gráfica es muy poco uniforme en las lenguas neolatinas. En catalán se utiliza *ny*; en francés y en italiano, *gn*; en portugués, *nh*. En español, en un principio se eligió también un dígrafo, *nn*, que luego se abrevió en una *n* con una raya encima que después se escribió con la forma ondulada mantenida en la actualidad. Otras lenguas (el gallego, el vascuence, el guaraní) adoptaron el nuevo grafema.

**ñandú**. Sustantivo masculino con el que se designa un ave corredora de América del Sur, de coloración gris pardusca.

Su plural es *ñandú*, o *ñandúes*. La forma *ñanduces* es propia del habla rural.

**ñu**. Sustantivo masculino con el que se designa un mamífero herbívoro propio de las llanuras africanas, semejante a un caballo, con cornamenta parecida a la del toro y características crines y barba negras.

Su plural es *ñus*.

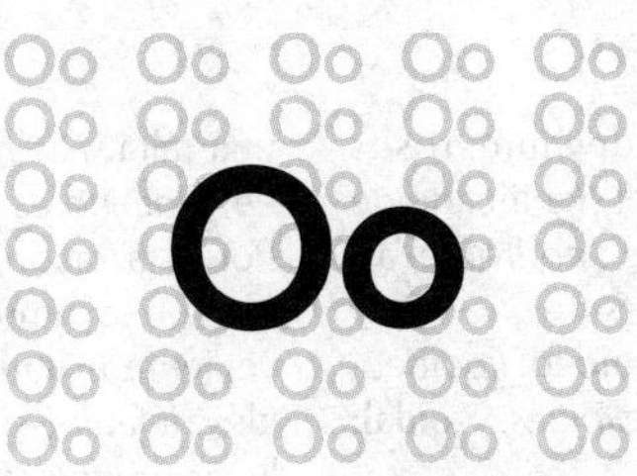


**O** (**o**). Nombre: *o*.

**Descripción**. Decimoctava letra del abecedario español. Representa un sonido vocálico medio y posterior.

**Oaxaca** (/oa-**χa**-ka/). Como en *México*, la x se pronuncia *j*.

♦ Evítese decir (/oak-**sa**-ka/).

**obcecar**. ~ **con**, ~ **en**: *Empezaba a obcecarse con su figura. Se obcecan en repetir una y otra vez la misma historia*.

**obedecer** (se conjuga como **agradecer**). ~ **a**: *No quiso obedecer a su jefe*. ~ **en**: *Querían que lo obedecieran en todo*.

**oblación**. → **ablación**.

**obscurecer** (se conjuga como **agradecer**). → **oscurecer**.

**obscuro**. Esta voz, como sus derivados, admite la simplificación del grupo *-bs-* en *-s-*. Es aconsejable emplear la grafía actual: *oscuramente, oscurantismo, oscurantista, oscurecer, oscurecimiento, oscuridad, oscuro*.

**obsequiar**. Agasajar a una persona con atenciones, servicios o regalos. Se construye con la preposición *con* delante del objeto obsequiado y objeto directo de persona, que señala al beneficiario del obsequio: *Obsequió a su mejor alumno con un buen libro*; o con objeto directo de cosa e indirecto de persona: *Le obsequió un buen libro a su mejor alumno*. Esta última forma es ampliamente usada en América.

**obstruir** (se conjuga como **huir**).

**obtener** (se conjuga como **tener**).

**océano**. Sustantivo con el que se designa tanto a la masa de agua salada que cubre la mayor parte de la superficie de la Tierra, como a cada uno de los sectores en que se considera dividida.

Debe escribirse con mayúscula inicial cuando forma parte del nombre propio: *Océano Pacífico, Océano Índico*.

Es palabra esdrújula (/o-**se**-a-no/).

**ocluir** (se conjuga como **huir**).

**ocre**. Adjetivo y sustantivo con el que se designa un color neutro, mezcla de amarillo y pardo.

Cuando modifica a un sustantivo plural, puede concordar con él, *puertas ocres*, o permanecer invariable, *puertas ocre*.

**octeto**. Con el mismo sentido del inglés *octet*, este neologismo, relativamente poco extendido fuera del ámbito informático, designa la unidad de información compuesta por ocho bits. → **byte**.

**off line**. Expresión inglesa. Se usa frecuentemente en el campo de las comunicaciones informáticas con el sentido de 'sin conexión'.

◊ Es preferible usar las formas españolas **sin conexión** o **fuera de línea**.

**ofrecer** (se conjuga como **agradecer**).

**ogaño**. → **hogaño**.

**-oide**. Elemento compositivo de origen griego que, colocado al final de palabra,

entra en la formación de numerosos cultismos españoles con el significado de 'parecido a', 'en forma de': *androide, asteroide.*
Toma también las formas **-oideo**: *lipoideo, ovoideo;* **-oide**: *cuboide, deltoides,* y **-oidal**: *romboidal.*
**oír**. Verbo que en propiedad significa 'percibir por medio del sentido del oído', y se diferencia de *escuchar* porque este último alude a 'aplicar el oído para oír' y 'prestar atención a lo que se oye'. *Trato de escuchar, pero habla tan bajo que no lo oigo.*
Sin embargo, en el habla, incluso cuidada, esta distinción no siempre se mantiene.
(➤ Cdo. 41.)
**ojear**. → **hojear**.
**oler**. ~ **a**: *Su casa siempre huele a flores.*
(➤ Cdo. 42.)
**oligo-**. Elemento compositivo de origen griego que, colocado al comienzo de palabra, entra en la formación de numerosos cultismos con el significado de 'poco', 'insuficiente': *oligofrénico, oligopolio, oligotrófico.*
**olvidar**.
– **olvidarse de**: *No te olvides de la comida para el gato.*
**ómicron** (/**o**-mi-kron/). Nombre de la *o* breve del alfabeto griego.
Su género es femenino, *la ómicron,* y su plural es *omicrones.*
◊ Es palabra esdrújula, por lo que debe evitarse el empleo de la forma aguda (/o-mi-**kron**/).
**omisión**. Sustantivo femenino con el que en español se designa la ausencia de una determinada acción.
Salvo cuando se busca un efecto retórico (*hagamos omisión de estos comentarios*), por lo general se interpreta que constituye una falta. *No mencionar su participación en el hecho es una grave omisión.*
Por esta razón, y pese a su relativo empleo en el campo de la informática, es conveniente evitarla como traducción del inglés *default* (→ **defecto**) y emplear en su lugar *predeterminado.*
**on-line**. Expresión inglesa. Se usa frecuentemente en el campo de las comunicaciones informáticas con el sentido de 'intercomunicado'.
◊ Es preferible usar la forma española *en línea.*
**onceavo – onzavo**. Adjetivo con el que se califica una de las partes correspondiente a la división en once. Aunque su sentido de base es partitivo, se ha generalizado y aceptado su empleo como ordinal, con el sentido de 'undécimo'.
No obstante en el habla cuidada es conveniente conservar la diferenciación. *Tres onceavas partes de azufre. Llegó en undécimo lugar.*
**onda**. → **honda**.
**onzavo**. → **onceavo**.
**oponer** (se conjuga como **poner**).
Participio irregular: *opuesto.*
~ **a**: *Se opuso a la decisión del jurado.*
**oprimir**. Participio regular: *oprimido.* Participio irregular: *opreso.*
**orca**. → **horca**.
**orden**. Sustantivo de género masculino cuando denota:
**1**. El modo en que se encuentran ubicados en el tiempo o en el espacio, personas, objetos o acontecimientos.
**2**. La manera coordinada de funcionar o desarrollarse algo.
♦ De allí que cuando se nombre la relación de los asuntos por tratar en una determinada oportunidad, la forma correcta

es *el orden del día* y no **la orden del día.*
Tiene género femenino cuando significa:
**1**. El mandato de alguien que tiene autoridad.
**2**. Una organización de carácter religioso.
♦ Es voz grave terminada en *-n*, por lo que no lleva acento ortográfico. Su plural, *órdenes*, lleva tilde por ser palabra esdrújula.
- **en orden**. Locución adverbial con la que se indica que una acción se lleva a cabo de manera cuidada, esmeradamente o respetando cierta disposición. *Después de la clase, los alumnos salieron en orden. Se sentaron en orden a medida que fueron llegando. Antes de salir, dejen el cuarto en orden.*
- **en orden a**. Locución adverbial con la que se hace referencia al particular sobre el cual se realiza una acción. Equivale a la locución *respecto a. En orden a lo conversado previamente, decidieron esperar para tomar una decisión.*
**origen**. Sustantivo masculino con el que se designa el principio, causa o raíz de una cosa.
♦ Es voz grave terminada en *-n*, por lo que no lleva acento ortográfico. Su plural, *orígenes*, lleva tilde por ser palabra esdrújula.
**orto-**. Elemento compositivo de origen griego que, colocado al comienzo de palabra, entra en la formación de numerosas voces españolas con el significado de 'recto' o 'correcto': *ortodoncia, ortofonía, ortografía, ortopedia.*
**ortografía**. Es el conjunto de preceptos destinados a la correcta escritura de la representación gráfica de los sonidos y de los signos de puntuación.
La falta de correspondencia que se produce en algunos casos entre el sistema gráfico (escritura) y el sistema fonológico (pronunciación) del español afecta especialmente a la ortografía de las consonantes. Caso distinto es el de las vocales, que responden, en la mayoría de los casos, a la representación de los sonidos respectivos.
**-os**. Forma enclítica del pronombre *vosotros*. Cuando se une a la segunda persona plural de un verbo, esta pierde la *-d* final de su desinencia: *escuchaos, miraos*. La excepción es el verbo *ir*, que conserva la letra *d*: *idos*.
**Óscar** (/**os**-kar/). Etimológicamente, este nombre propio de varón es palabra grave. En algunos países sudamericanos domina la acentuación aguda (/os-**kar**/).
Sin embargo, cuando se refiere al premio de la Academia de Ciencias y Artes Cinematográficas de Hollywood, se pronuncia siempre como grave.
**oscilar**. ~ **de**... **a**: *El colgante oscilaba de un extremo a otro.* ~ **entre**: *El colgante oscilaba entre sus manos.*
**oscurecer**. v. irreg. (se conjuga como **agradecer**).
En sentido recto es verbo unipersonal y se conjuga solamente en tercera persona.
◊ Si bien se reconoce la escritura *obscurecer*, el verbo, como *obscuro* y sus derivados, admite la simplificación del grupo *-bs-* en *-s-*, y es aconsejable emplear la grafía actual.
**ostentar**. La Academia española registra en la actual edición de su *Diccionario* este verbo con el significado de 'hacer alarde', 'poner de manifiesto', 'hacer ostentación'.
◊ Pese a que este es el sentido etimológico, y el más corriente en el lenguaje general, no puede ignorarse que este verbo se emplea abusivamente, dentro del lenguaje periodístico, con el sentido de 'poseer públicamente un título, cargo o función'.

*Desde el año último ostenta el cargo de técnico del equipo.*

**otro**. Pronombre indefinido masculino singular. Tiene variación de género: **otra**, y de número: **otros/otras**.

Con él se designa:

**a)** Una persona o cosa distinta, que difiere de la presente o ya nombrada. *No quiero esa manzana, quiero otra.*

**b)** Una cosa similar a la anterior. *Por favor, otra cerveza.*

**c)** Algo ya mencionado. *Estos son los otros cuadernos de Juan.*

Si en la oración acompaña a un adjetivo numeral o al indefinido *pocos*, **otro**, con la forma plural *otros*, se antepone. *Llegaron cuatro, los otros cinco vienen más tarde.* En cambio con los pronombres **alguno**, **ninguno**, se pospone. *Ningún otro quiso responderle. Algunos otros decidieron viajar en autobús.*

♦ No es correcto anteponer al pronombre el indeterminado **un/una** (**Una* **otra** *persona me lo dijo*).

♦ Si el pronombre precede a un sustantivo femenino que comienza con a tónica, debe emplearse la forma femenina: *otra aula, otra arma.*

**output** (/**aut**-put/). Voz inglesa con la que se designa, particularmente en el campo de la economía y de la informática, el elemento resultante de un proceso de transformación. *En una traducción del inglés al español "dog" sería el input y "perro" el output.* Funciona como sustantivo masculino y su plural habitual es *outputs*.

◧ **input**.

**overbooking** (/o-ber-**bu**-kin/). Anglicismo que se emplea en el lenguaje de la actividad turística para designar la sobreventa de pasajes, es decir la venta de más plazas que las disponibles.

◊ Es preferible el empleo del neologismo *sobreventa.*

**oxímoron**. Figura retórica que consiste en unir dos conceptos contrapuestos: *triste alegría.*

Aunque etimológicamente corresponde la acentuación esdrújula (/ok-**si**-mo-ron/), suele emplearse también la forma grave (/ok-si-**mo**-ron/), que responde a la acentuación latina.

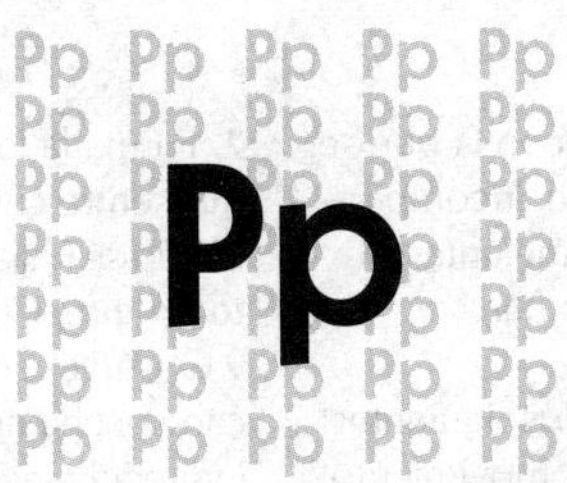

**P** (**p**). Nombre: *pe*.

**Descripción**. Decimonovena letra del abecedario español. Representa un fonema oclusivo (por el modo de articulación), labial (por su punto de articulación) y sordo.

**pabilo – pábilo**. Sustantivo masculino con el que se designa a la mecha que pasa por el centro de la vela.

Ambas formas de acentuación son correctas, pero la grave es más usual.

**pacer** (se conjuga como **agradecer**).

**padecer** (se conjuga como **agradecer**).

~ **de**: *Creo que padece de una enfermedad crónica.*

**país** (/pa-**is**/). Es palabra aguda con hiato, como lo indica la tilde sobre la *i*.

♦ Evítese la pronunciación con diptongo *(/*pais*/) propia del habla rural o descuidada. Se escribe con minúscula, excepto cuando forma parte de un nombre propio: *los Países Bajos*.

**paleo-**. Elemento compositivo de origen griego que, colocado al comienzo de palabra, entra en la formación de diversos cultismos con el significado de 'antiguo' o 'primitivo': *paleocristiano, paleografía, paleolítico, paleólogo*.

**palidecer** (se conjuga como **agradecer**).

~ **ante**, ~ **con**, ~ **frente**, ~ **por**: *Palidecieron con la reacción de Enrique.*

**pan-**. Elemento compositivo de origen griego que, colocado al comienzo de palabra, entra en la formación de numerosos cultismos españoles con el significado de 'totalidad': *pandemónium, panorama, panteísmo, pantógrafo*.

**páprika**. Sustantivo de origen húngaro, registrado a partir de 1992 por el *DRAE* como sinónimo de *pimentón*.

♦ Es voz esdrújula; evítese la pronunciación grave */pa-**pri**-ka/.

**par**. Sustantivo masculino que se refiere al número que es divisible por dos, o al conjunto de dos personas o cosas.

– **a la par**. Locución adverbial con que se expresa:

**a)** Una acción que se realiza al mismo tiempo que otra. *Mientras trabajábamos, los niños a la par leían y pintaban.*

**b)** Igualdad, sin distinción o separación. *Los jóvenes talaban árboles y los más viejos lo hacían a la par.*

**c)** Idéntico valor, cuando se trata de monedas, efectos públicos u otros negociables. *El peso se cotiza a la par del dólar.*

– **a pares**. Locución adverbial con la que se indica que la acción se lleva a cabo de dos en dos. *Comían los bombones a pares.*

– **ir a la par**. Frase con la que en el juego o en el comercio se alude al hecho de compartir por igual la ganancia o la pérdida. *En la nueva empresa todos los socios van a la par.* En sentido figurado significa: 'por igual'. *Estos dos, en incumplidores van a la par.*

– **sin par**. Locución adjetiva con la que se califica algo o alguien como incomparable, que no tiene igual o semejante. *Desde chica tuvo una belleza sin par.*

**para**. Preposición.

Sus principales sentidos son los siguientes:

**1**. Indica la dirección de un movimiento, sin determinar de manera precisa el punto de llegada o localización. Igual que **a** (más precisa en la determinación) suele acompañar al verbo *ir* y a otros que expresan esa idea de desplazamiento espacial. *Fue para su casa. Salió para Europa. Vino para aquí.*

**2**. Del sentido de dirección del movimiento, derivan las ideas: de finalidad, de destinatario, de utilidad o provecho, y de aptitud. Para ello precede a:

**a)** Un sustantivo. *Estoy ahorrando para el viaje.*

**b)** Un infinitivo. *Salieron para caminar.*

**3**. Introduce complementos referidos al tiempo en que algo sucede:

**a)** Expresa duración. *Me lo prestó para todo el fin de semana. Te lo da para siempre.*

**b)** Señala, de manera aproximada, el tiempo en que tendrá lugar una acción. *Vendrán para el verano. Planearon la reunión para marzo.*

**c)** Señala el tiempo restante para que algo ocurra. *Faltan seis días para su cumpleaños.*

**4**. Precede al objeto indirecto gramatical, particularmente cuando se pretende enfatizar las nociones de 'finalidad', o las de 'destino'. *Trajo los documentos para el abogado.*

**5**. También forma complementos de adjetivos y de nombres. *Goma para pegar. Práctico para lavar.*

**6**. Forma parte de una comparación o una contraposición entre cualidades o sucesos. *Para ser tan chico lee bastante bien.*

**7**. Forma la locución conjuntiva final **para que**, entre cuyos equivalentes por el significado se hallan: **con el fin de**, **con el objeto de que**. *Grita para que lo escuchen.*

◊ Obsérvese que cuando esta locución encabeza una oración interrogativa directa o indirecta, se acentúa el pronombre **que**. *¿Para qué apagaron las luces? Enrique preguntó para qué habían apagado las luces.* Por el contrario, en una oración asertiva el pronombre no lleva tilde, y el verbo que acompaña la locución va en subjuntivo. *Te llamo para que vengas. Tomaron todas las precauciones para que el incidente no volviera a ocurrir.*

**parafernalia**. Sustantivo femenino con el que se designa el conjunto aparatoso de elementos que rodean y dan forma a una exhibición. *Se ha ocupado solo de aparecer en la televisión con toda la espectacularidad y parafernalia posibles.*

**paráfrasis – perífrasis**.

• paráfrasis. Explicación o interpretación de un texto para hacerlo más claro. *Hagan una paráfrasis de este fragmento.*

• perífrasis. Circunloquio. *Una particularidad del español es la tendencia a sustituir palabras, especialmente verbos, por perífrasis.*

**paramilitar**. Adjetivo incorporado en la edición 1992 del *DRAE* con la siguiente definición: "Dícese de ciertas organizaciones civiles con estructura o disciplina de tipo militar". Por lo general, con este adjetivo se alude a las organizaciones que tienen contacto con grupos militares o son afines a sectores del poder.

**parcísimo**. → **parco**.

**parco**. Adjetivo con que se califica a una persona como sobria, moderada, o poco locuaz. *Era muy parco en todas sus expresiones.*

Sus superlativos morfológicos, *parcísimo* y *parquísimo*, perduran únicamente en la lengua literaria. En la práctica solo se emplea la forma perifrástica *muy parco*.

**pardusco - parduzco**. Adjetivo que significa 'de color pardo'. Aunque, a partir de la última edición, el *DRAE* recoge ambas grafías, es preferible emplear la tradicional (*pardusco*).

**parduzco**. → **pardusco**.

**parecer** (se conjuga como **agradecer**).

- **parecerse a**: *Se parece a su padre.* ~ **en**: *Esta casa no se parece en nada a la otra.* ~ **de**: *Se parece de cara a su hermano.*

**-'paro, ra**. Elemento compositivo de origen latino que, colocado al final de palabra, entra en la formación de cultismos españoles, particularmente del campo de la biología, con el significado de 'reproducción': *multípara, ovíparo, vivíparo.*

**parótida**. → **carótida**.

**parquísimo**. → **parco**.

**participar**. ~ **de**, ~ **en**: *Participó de todos los festejos.* ~ **de**: *Lo participó del casamiento de su hija.*

**particular**. Adjetivo con que se califica de propio o característico a alguien o algo. También se refiere a lo que pertenece a una persona o grupo.

- **en particular**. Locución adverbial que expresa diferencia, separación o singularidad respecto de aquello a lo que indica el verbo. *Me gusta tomar toda clase de vinos, en particular el borgoña.*

- **sin otro particular**. Locución adverbial propia del estilo epistolar administrativo que se emplea para dar por concluido el mensaje y anticipando la despedida. *Sin otro particular, me despido de usted atentamente.* También se usa para indicar que la acción no tiene otra finalidad que la expresada. *He venido a tu casa, Emilio, sin otro particular que para pedirte que reflexiones sobre la decisión que acabas de tomar.*

**partir**. Verbo regular modelo de 3ª conjugación.

~ **a**, ~ **hacia**, ~ **para**: *Partió a su tierra natal. Partiremos para Italia la semana próxima.*

~ **de... a**: *El grupo de turistas había partido de Montevideo a Río de Janeiro.*

~ **a**, ~ **en**, ~ **de**: *Lo partieron al medio. Partió el pan en tres trozos. Partió la puerta de una patada.*

Forma la locución **a partir de** con que se señala, en el tiempo y en el espacio, el punto inicial de una acción. *A partir de ahora, no vamos a aceptar más excusas. Tomen asiento a partir de esta fila.*

(➤ Cdo. 3.)

**pasar**. Verbo que denota llevar o mover de un lugar a otro, ir más allá de un límite, hacer que algo o alguien entre en un lugar.

~ **de... a**: *Pasaron de una ciudad a otra sin detenerse.* ~ **por**: *Pasé por tu casa.* ~ **por**: *El mueble no pasa por la puerta.*

- **pasarse de**. Frase de sentido figurado que significa 'tener con exceso la cualidad designada por el adjetivo'. *Se pasó de listo cuando pidió que le dieran todo para él.* ◊ Por lo general tiene un sentido negativo aun tratándose de adjetivos que indican una cualidad positiva.

- **pasar por**. Frase con la que se indica que alguien se encuentra ocasional o transitoriamente en cierta situación material o espiritual. *Vera está pasando por una situación económica difícil.*

- **pasar por alto**. Frase cuyo significado es 'no tener en cuenta algo', 'no mencionarlo o no referirse a él', u 'olvidarse'. *Sepan pasar por alto los pequeños errores. No pasen por alto la reunión de mañana.*

**pasear**. ~ **a**, ~ **en**: *Pasea a pie. Pasearon en coche.* ~ **por**: *Esta mañana paseó por la ciudad.*

**patente**. Documento expedido por la hacienda pública que acredita el pago de un derecho para el ejercicio de algunas profesiones o industrias.

Su existencia en nuestra lengua hace innecesario el anglicismo *royalty*.

**patético**. En español este adjetivo se aplica a aquello que "es capaz de mover y agitar el ánimo infundiéndole afectos vehementes, y con particularidad dolor, tristeza o melancolía" (*DRAE*) y su empleo se restringe a cosas, hechos o situaciones.

Como calificativo de persona aparece muy frecuentemente en los doblajes de series televisivas reproduciendo el uso propio del inglés *pathetic*. Conviene evitar este uso que no coincide con el sentido, ni con el tono, por lo común literario, que la voz tiene en español. *Eres una persona patética.*

**-patía**. Elemento compositivo de origen griego que, colocado al final de palabra, entra en la formación de numerosos cultismos españoles con el significado de 'sentimiento': *empatía, antipatía*; y también con el de 'afección o dolencia': *artropatía, cardiopatía, osteopatía.*

Con este último sentido es sumamente productivo en medicina.

**pautar**. → **causar**.

**pecar**. ~ **con**: *No hizo nada, pero pecó con el pensamiento.* ~ **de**: *Él siempre peca de vanidoso.* ~ **por**: *Pecó por demasiado confiado.*

**pedicuro** (/pe-di-**ku**-ro/). Sustantivo con el que se designa a la persona que tiene por oficio cuidar los pies y principalmente cortar y pulir las uñas.

Es palabra llana, por lo que debe evitarse la pronunciación esdrújula */pe-**di**-cu-ro/.

***pedícuro**. Forma vulgar por → **pedicuro**.

**pedir**. ~ **a**: *Pidieron a Dios por los heridos.* ~ **para**: *No piden para sí, sino para los desamparados.* ~ **por**: *Hoy, en la iglesia, pedirán por la paz en el mundo.*

(➤ Cdo. 43.)

**pegar**. ~ **a**: *Le pegó a la pared.* ~ **a**, ~ **en**, ~ **sobre**, ~ **con**: *Pegó una estampilla al sobre. Pegar con cola de carpintero.* ~ **con**: *Ese pañuelo pega con la camisa.*

**Pekín**. → **Pequín**.

**pelear**. ~ **a**, ~ **con**: *Pelean a mano limpia. Pelearán con valor.* ~ **con**: *Peleó con su hermano contra los delincuentes.* ~ **con**, ~ **contra**: *Los médicos pelearon contra la enfermedad sin éxito.* ~ **en**: *Pelean en defensa de sus ideales.* ~ **por**: *Se pelearon por una tontería.*

♦ Aunque tradicionalmente este verbo es intransitivo, es muy frecuente su empleo como transitivo, particularmente en América. *Peleaba el primer puesto*, en lugar de *Peleaba por el primer puesto. Peleaba a su hermano*, por *Peleaba con su hermano.*

**penalizar**. ~ **con**: *Resulta contraproducente penalizar con cárcel el contrabando y la evasión.*

**pensar**. ~ **en**, ~ **sobre**, ~ **acerca de**: *Piensan solo en ellos.*

♦ Evítese por incorrecta la expresión ***pensar de que**. → **dequeísmo**.

(➤ Cdo. 44.)

**penta-**. Elemento compositivo de origen griego que, colocado al comienzo de palabra, entra en la formación de algunas voces con el significado de 'cinco': *pentadáctilo, pentágono, pentasílabo.*

**pentatlón** (/pen-ta-**tlon**/). Sustantivo masculino con el que se designa el conjunto

de cinco pruebas atléticas. Actualmente consiste en carrera de 200 y 1 500 metros llanos, salto en largo y lanzamiento de disco y de jabalina.
Es voz aguda.

**peor**. **1**. Adjetivo comparativo de *malo*, invariable en cuanto a su género, pero no en cuanto a su número.
Se lo emplea para referirse a aquello que es de inferior calidad respecto de otra cosa con la que se compara. *Su carácter era peor que el mío.* Cuando forma parte de la construcción comparativa, se emplea seguido de *que*. *El remedio intentado resultaría peor que la enfermedad.*
♦ En esta función conviene evitar el uso de la preposición *a*, pese a su relativa frecuencia, tanto en América como en España. *Nadie imaginaba que pudiese existir algo peor a la decadencia progresiva.*
Precedido de artículo, y seguido por las preposiciones *de* o *entre*, adquiere valor superlativo. *Fue el peor de los disertantes.*
♦ Es vulgarismo la anteposición del adverbio *más*. **Era más peor que otros.* → **más**. Sin embargo, es posible anteponerle *mucho*. *Era mucho peor que otros.*
**2**. Adverbio modal comparativo de *mal*. *Escribe peor que otros jóvenes de su edad.* En este caso es invariable en género y número, por lo que deben evitarse construcciones tales como **Eran los peores vestidos de la fiesta* por *Eran los peor vestidos de la fiesta*.

**pequeño**.
– **más pequeño**. Construcción perifrástica comparativa del adjetivo *pequeño*, empleada especialmente en la lengua coloquial, en sustitución de → **menor**.
◊ Por su valor comparativo se la emplea seguida del nexo *que*.

**Pequín**. El gentilicio y el adjetivo relacional correspondiente a la capital de China es *pequinés*.
◊ La grafía *Beijing* (/pei-**čin**/), que corresponde a la transcripción en caracteres latinos (→ **pinyin**) propuesta oficialmente por la República China ha sido universalmente aceptada.
Sin embargo, el uso de un derivado de esta grafía para formar el adjetivo relacional correspondiente resulta completamente inusual.

**per se** (/per-**se**/). Locución latina que significa 'por sí mismo'.

**percatarse**. ~ **de**: *Se percataron del aspecto extraño del visitante.*

**perceptivo – preceptivo**.
• perceptivo. Que tiene capacidad para percibir. *Se dio cuenta rápidamente de la situación porque es muy perceptivo.*
• preceptivo. Normativo, reglamentario. *Lo que dijo es de carácter preceptivo.*

**perder** (se conjuga como **tender**).
~ **a**: *Estaba de mal humor porque había perdido al golf.* ~ **en**: *Por el agotamiento perdieron en el segundo tiempo.*

**perecer** (se conjuga como **agradecer**).

***peremne**. Forma incorrecta por → **perenne**.

**perenne**. Adjetivo con el que se califica algo de incesante, continuo.
◊ Evítese la grafía **peremne*, error relativamente común.

**performance** (/per-**for**-mans/, /per-for-**mans**/ o /per-for-**man**-se/). Voz inglesa de uso generalizado, especialmente en el lenguaje deportivo, o referido a competencias en general, con el sentido de 'rendimiento', 'desempeño', 'actuación'. *En época de elecciones, la creatividad suele convertirse en una importante performance* *a la hora de diferenciar entre los distintos candidatos. Es de destacar la sorpresiva performance que realizó anteayer el golfista amateur.*

♦ Conviene evitar este anglicismo innecesario, pues no aporta matices de significado que no puedan ser expresados por términos españoles.

**perífrasis**. → **paráfrasis**.

**período – periodo**. Sustantivo masculino con el que se designa un espacio de tiempo.

Se pronuncia con o sin hiato (/pe-**ri**-o-do/, /pe-**rio**-do/), y ambas grafías son igualmente correctas.

**perjuicio – prejuicio**.

• perjuicio. Acción y efecto de perjudicar o perjudicarse. *La pérdida del documento fue un perjuicio para todos.*

• prejuicio. Acción de prejuzgar. *Tienen demasiados prejuicios con toda persona nueva que se incorpora.*

**permanecer** (se conjuga como **agradecer**).

~ **en**: *Permanecieron en cuarentena por la epidemia. Debió permanecer en su casa todo el fin de semana.*

**permutar**. ~ **entre**: *Es el resultado de permutar entre sí ambos valores.* ~ **con**: *Para completar su colección permutó con sus amigos las estampillas repetidas.* ~ **por**: *Permutó la guardia del domingo por la del sábado.*

**pero**. Conjunción adversativa de valor restrictivo. Expresa una oposición, una simple limitación pero no incompatibilidad total entre los conceptos que vincula. *Sabía de memoria todos los hechos ocurridos en años anteriores pero no podía recordar lo hecho ayer.*

**perpetuar** (se conjuga como **actuar**).

~ **en**: *Lo perpetuó en su descendencia. Se perpetuaron en el cargo.*

**perseguir – proseguir**.

• perseguir (se conjuga como **pedir**). Seguir a alguien con intención de alcanzarlo. *Los policías persiguieron al ladrón durante dos horas.*

• proseguir (se conjuga como **pedir**). Continuar. *Las protestas prosiguieron durante la semana.*

**perseverar**. ~ **en**: *Decidieron que perseverarían en el esfuerzo.*

**persistir**. ~ **en**: *Para vencer persistieron en el ataque.*

**persuadir**. ~ **con**: *Si los persuaden con la palabra, podrán deponer la violencia.* ~ **de**: *Lo persuadió de la necesidad del tratamiento. Se persuadieron de que era obligatorio.*

**pertenecer** (se conjuga como **agradecer**).

~ **a**: *Pertenecía a una secta. Esa planta pertenece a la misma especie que la otra.*

**pertenencia – pertinencia**.

• pertenencia. Derecho a la propiedad de una cosa. *Esos muebles son de su pertenencia.*

• pertinencia. Que concierne a, calidad de pertinente. *Este asunto no es de su pertinencia.*

**pertinencia**. → **pertenencia**.

**pervertir** (se conjuga como **sentir**).

**pesar**. Sustantivo con el que se designa el sentimiento de pena y verbo que denota la acción de experimentar pena.

– **a pesar de**. Locución prepositiva con la que se expresa que el hecho en cuestión ocurrirá o se hará contra la voluntad o resistencia de alguien o de algo. *A pesar de su dolor decidió hablar del tema. No pudimos convencerlo a pesar de las súplicas de su madre.*

Expresa también un valor concesivo. *A pesar de que prometí no volver, voy a hacerlo.* ◊ Obsérvese que si la locución precede a un pronombre posesivo, se construye sin la preposición **de**. *A pesar suyo, tuvo que responder a las demandas de la gente.*

**pésimo**. Forma superlativa etimológica del adjetivo **malo**, que convive en la actualidad con **malísimo** y con la forma perifrástica **muy malo** → **malo.**

**petición**. Sustantivo femenino que denota acción de pedir y el escrito a través del cual se solicita algo.

– **petición de principio.** Sofisma que consiste en querer probar una afirmación empleando como parte de la argumentación aquello que se pretende probar.

– **a petición de**. Locución preposicional, propia del lenguaje administrativo, que da a entender que el cumplimiento de una acción se debe a la solicitud de alguien determinado. *Le traigo estos documentos a petición del solicitante.*

– **a petición de parte**. Locución del lenguaje jurídico con la que se indica que un procedimiento se lleva a cabo por pedirlo la parte interesada. *En ciertos delitos la Justicia no puede proceder de oficio, solo a petición de parte.*

**peticionar**. Es de uso general en América con el sentido de 'presentar una petición o solicitud, especialmente ante las autoridades'. *No puede impedirse el legítimo derecho a peticionar pacíficamente.*

**piar** (se conjuga como **ansiar**).

**picado, da**.

– **en picada** o **en picado**. Locución adverbial con la que se alude al descenso rápido y pronunciado de un avión.

En diversos países americanos, como la Argentina, Bolivia, Chile, Colombia, Cuba, Panamá, Perú, Puerto Rico, México, República Dominicana, Uruguay y Venezuela, parece dominar la variante *en picada*, en tanto que en España es más frecuente la forma *en picado*, de uso preferentemente peninsular. *La aviación rebelde pasaba una y otra vez lanzando sus aviones en picada para bombardear y ametrallar el Palacio.*

En sentido figurado suele emplearse con verbos como *caer* y *entrar*, con el significado de descender rápida o irremediablemente. *En los últimos meses, su salud entró en picada. Debido a la incertidumbre general las acciones entraron en picada.*

**pico-**. Elemento compositivo que antepuesto a nombre de unidad expresa la billonésima ($10^{-12}$) parte de esta: *picofaradio, picogramo.*

**pie**.

– **al pie**. Locución adverbial con la que se indica la situación de proximidad respecto de algo erguido. *Encontraron lo que buscaban al pie del árbol.*

– **en pie**. Locución adverbial con la que se expresa:

**a)** El hecho de levantarse de la cama, recuperarse de una enfermedad, o no guardar cama por ella. Frecuentemente se usa con el verbo 'estar'. *Estuvo enfermo toda la semana, pero por suerte hoy ya está en pie. Tuvo gripe, pero la pasó en pie.*

**b)** En sentido figurado indica que algo se realiza con permanencia y duración, sin destruirse ni acabarse. *No se olviden que nuestra propuesta sigue en pie. La cena de mañana queda en pie.*

**pintar**. ~ **a**, ~ **con**: *Le gusta pintar al óleo. Pinta con acrílico.* ~ **de**: *Pintó de amarillo el frente de la casa.*

**pinyin** (/**pin**-in/). Nombre que recibe el sistema de escritura ortográfica sobre la base de caracteres latinos –y signos de acentuación, para expresar los tonos–, que la República Popular China ha impulsado desde casi 1960, pero que solo luego de su adopción, a fines de la década del 70, por la Agencia Internacional de Noticias China (Xinhua), se ha divulgado internacionalmente.
En español es sustantivo masculino. *Los usuarios chinos de las PC deben hablar inglés o dominar el sistema pinyin para romanizar su idioma.*

**piro-**. Elemento compositivo de origen griego que, colocado al comienzo de palabra, entra en la formación de diversos cultismos con el significado de 'fuego': *piroelectricidad, pirógeno, pirograbado, piróscafo.*

**píxel – pixel** (Acrónimo inglés de ***pic**ture* ***el**ement*). Como sustantivo masculino se emplea en el campo de la informática para designar la unidad lógica (ya que su dimensión física depende de la trama de la pantalla sobre la cual se forma, y su color e intensidad varían según el modo gráfico elegido) de resolución de una imagen digital.
En cuanto a su escritura, se observa la alternancia entre la forma grave /**pi**-xel/, correspondiente a la transcripción del inglés (y adoptada por la RAE, en la última edición de su *Diccionario*), y la aguda /pi-**xel**/, que responde a la mayor parte de las voces que, en nuestro idioma, tienen esa terminación.

**pixelado**. Sustantivo con el que se designa el efecto de ampliar digitalmente una imagen hasta que esta no se perciba como tal, sino como un mosaico de pixeles individuales. *Sus últimas obras adquieren una apariencia similar: nos remiten a la cuadrícula del pixelado.*

**pixelar**. Verbo con el que se designa la operación de ampliar una imagen digital hasta que resulten visibles los pixeles que la componen. *La maqueta fue exportada al programa para obtener una imagen que pixelar y finalmente fundirla con la foto original digitalizada.*

**placer**. Las formas del pretérito perfecto simple del indicativo: *plugo* y *pluguieron*; al igual que las del subjuntivo presente: *plegue*; imperfecto: *pluguiera* o *pluguiese*; y futuro: *pluguiere*, son desusadas y solo se encuentran en estilo arcaizante.
(➤ Cdo. 45.)

**plagado**. Participio pasado de **plagar**.
En sentido figurado, este adjetivo significa que algo se encuentra lleno de daños, errores o contratiempos.
~ **de**: *Su gestión estuvo plagada de errores y problemas, dañó la imagen de la compañía, costó el cargo a varios de sus altos ejecutivos.*
♦ Es una falta de sentido emplearlo en referencia a hechos positivos. **Por lo que demostró ayer, su futuro estará plagado de éxitos.*

**-plastia**. Elemento compositivo de origen griego que, colocado al final de palabra, entra en la formación de unos pocos cultismos españoles con el significado de 'reconstrucción', 'modelado': *autoplastia, rinoplastia, galvanoplastia.*
♦ Evítese el error de pronunciar estas voces con hiato *(/ri-no-plas-**ti**-a/).

**plegar** (se conjuga como **pensar**).
~ **en**: *Luego se pliega el papel en cuatro partes iguales.* ~ **a**, ~ **ante**: *Tuvo que plegarse a las indicativas del partido. No se plegaron ante las amenazas.*

**pleitear**. ~ **ante**: *Pleiteó ante un tribunal desfavorable.* ~ **con**: *Pleitearon con argumentos disímiles. Pleitearon con saña.* ~ **contra**: *Va a pleitear contra la empresa de transporte.* ~ **por**: *Se decidió a pleitear por un problema de principios.*

**pleonasmo**. Figura retórica que consiste en el empleo de palabras innecesarias para el sentido cabal de la expresión.

Debe tenerse en cuenta que no todo pleonasmo es inadecuado. Puede dar expresividad a la frase: *Lo escribió él de su puño y letra*; o bien ser simplemente una redundancia inútil: *Entraron y rápidamente subieron arriba.*

**pluri-**. Elemento compositivo de origen latino que, colocado al comienzo de palabra, entra en la formación de diversos cultismos españoles con el significado de 'varios': *pluricelular, plurilingüe, plurivalente.*

**poblar** (se conjuga como **contar**).

~ **con**, ~ **de**: *Poblaron de árboles la ciudad.*

**poco**.

**1**. Como adjetivo significa 'escaso', 'limitado'. *Poca gente vino hoy al teatro. Queda poca nafta en el tanque.*

**2**. Como sustantivo significa 'reducido número', 'escasa cantidad'. Forma la expresión invariable **un poco de**, que se aplica a sustantivos no contables: *un poco de pan, un poco de agua, un poco de alegría.*

♦ Tratándose de términos contables no corresponde emplear la preposición *de*, ya que al cumplir función adjetiva, *poco* debe concordar con el sustantivo en género y número: *unos pocos pesos, unas pocas personas.*

**3**. Como adverbio indica la corta realización de la acción verbal. *Jugó poco porque se lastimó la pierna.*

Sobre estos sentidos se forman las siguientes expresiones:

– **a poco de**. Locución adverbial con la que se da a entender que un hecho sucede en un corto tiempo después de otro. *A poco de que ustedes salieran, llegó Miguel.*

– **¡a poco!** Expresión propia de México con la que se manifiesta sorpresa o asombro. *¡A poco no van a venir!*

– **de a poco**. Expresión adverbial corriente en algunos países de América, como la Argentina, Chile y Uruguay, equivalente a *poco a poco. Confío que de a poco comencemos a cambiar y no esperemos la llegada de este mes para recordar todo lo hermoso que es nuestro país.*

– **poco a poco**. Locución adverbial con que se da a entender que la acción del verbo se realiza:

**a)** Con lentitud o pausadamente. *No se preocupen porque van a entenderlo poco a poco.*

**b)** De manera interrumpida, en pequeñas cantidades sucesivas. *Agreguen el azúcar a la mezcla, poco a poco.*

**poder**. ~ **con**: *Estaba previsto que pudieran con semejante carga.*

– **de poder**. Locución que, antecediendo a un verbo en infinitivo, forma expresiones de valor condicional. *De poder viajar, iremos a Europa.*

– **no poder con**. Locución con la que se da a entender la incapacidad para soportar algo o la aversión que se le tiene. *No puedo con el mal humor de ese hombre. No puedo con tantos chicos juntos.*

(➤ Cdo. 46.)

**podo-** o **-podo, da**. Elemento compositivo de origen griego que, colocado a comienzo o al final de palabra, entra en la formación de numerosas voces españolas con el significado de 'pie': *podólogo, podómetro, podología, anfípodo, cefalópodo, octópodo.*

**podrir**. → **pudrir**.
En la práctica, solo el infinitivo *podrir* y el participio *podrido* llevan *o*. Todas las formas restantes se escriben con *u*.

**pólder**. Vocablo de origen holandés con el que se designa al terreno pantanoso ganado al mar. *Holanda no es solo un país de pólderes, molinos y tulipanes.*
Aunque el plural anómalo en *-s* es frecuente, no faltan testimonios del plural regular *pólderes*, cuyo empleo es aconsejable.

**polemizar**. ~ **con**: *Polemizaron con sus adversarios.* ~ **sobre**, ~ **acerca de**: *Polemizan sobre diferentes temas de interés.*

**polen**. Sustantivo masculino con el que se designa el polvillo formado por las células sexuales masculinas que liberan algunas plantas.
♦ Es voz grave terminada en *-n*, por lo que no lleva acento ortográfico. Su plural, *pólenes*, lleva tilde por ser palabra esdrújula.

**poli-**. Elemento compositivo de origen griego que, colocado al comienzo de palabra, entra en la formación de numerosos cultismos con el significado de 'pluralidad', 'abundancia': *poliarquía, polideportivo, polimorfo, politraumatismo.*

**poner**. Participio irregular: *puesto*.
~ **bajo**: *Lo puso bajo la dirección de otro jefe.* ~ **de**: *Lo puso de portero.*
- **ponerse en**: *Cuando habló, se puso en defensor del más desprotegido.*
El participio irregular del verbo, *puesto*, forma la locución conjuntiva con valor causal **puesto que**, equivalente a otras locuciones que expresan la razón o motivo de algo como **ya que** o **porque**. *Puesto que no quieres acompañarnos, nos vamos ahora.*
♦ Evítese la forma **puesto de que*.
(➤ Cdo. 47.)

**pontificar**. En el uso general de nuestros días, este verbo se emplea solo en sentido peyorativo como 'dar opiniones en tono dogmático, sin esperar ni admitir réplica'. *Desde que llegó no dejó de pontificar sobre la superioridad de sus métodos.*

**por**. Preposición que:
**1**. Introduce al complemento agente de la voz pasiva. *La casa fue comprada por su abuelo.*
**2**. Equivale muchas veces a **para**, al indicar la finalidad de una acción. *Salió temprano por no perder el tren.*
**3**. Expresa elección o inclinación. *Estamos por la reforma.*
**4**. Señala de manera relativamente indeterminada el lugar donde se realiza una acción. *Irán por su casa esta tarde.*
**5**. Expresa la duración, fecha, o tiempo aproximado. *Viajaremos por una semana. Vendrá por mayo.*
**6**. En oraciones con el verbo *estar* en infinitivo expresa la inminencia de una acción. *Estoy por leer este libro.*
*7*. Expresa causa. *Lo vendió por necesidad.*
**8**. Expresa el medio o procedimiento por el cual algo sucede. *Lo envió por correo.*
**9**. Expresa intercambio, sustitución o valor. *Le cambié su corbata por la mía.*
- **por consiguiente**. Locución conjuntiva ilativa con que se da a entender que un hecho tiene lugar en razón o virtud de otro que le antecede. Equivale a *por eso* o *por lo tanto. No les entregaron los pasaportes a tiempo, por consiguiente no pudieron viajar.*
- **por que**. Construcción de valor final o causal formada por la preposición **por** pre-

cediendo a una proposición encabezada por **que**. *Pidieron por que todos llegaran a buen puerto.*
- **por qué**. Locución adverbial interrogativa con la que se pregunta por las razones o motivos de algo. *¿No sé por qué se fue?*

**por omisión**. → **defecto**: por defecto.

**porfiar** (se conjuga como **ansiar**).

**porno**. Truncamiento del adjetivo *pornográfico*. Cumple igual función y no presenta variación de género ni de número: *una revista porno, libros porno.*

**porque**. Conjunción causal, formada por la unión de la preposición **por** y la conjunción **que**. Usualmente se escribe en una sola palabra y no lleva tilde. *La llamaron porque querían hablar con ella.*

**por qué**. La preposición **por** y el pronombre interrogativo **qué** forman esta expresión interrogativa empleada en estilo directo e indirecto. *–¿Por qué no me avisaron?* (estilo directo). *–No comprendo por qué no me avisaron* (estilo indirecto).

♦ Evítese la confusión con **por que**, **porqué** y **por qué**.

**porqué**. Sustantivo masculino que significa 'causa', 'razón', 'motivo'. *Desconocemos el porqué de su repentino alejamiento.*

**portación**. Sustantivo de uso frecuente en el lenguaje administrativo de, prácticamente, toda América, como 'acción y efecto de portar, llevar sobre sí'.

Referido a armas, la *portación* alude solamente a la circunstancia de llevarlas consigo. No es sinónimo de *tenencia*, ya que esta última concierne a la propiedad. *Los detenidos fueron llevados por los delitos de portación de arma de fuego de uso exclusivo del Ejército.*

**portarse**. ~ **con**: *Se portó con valentía.*

**portorriqueño**. → **Puerto Rico**.

**porvenir – prevenir – provenir**.

• porvenir. Futuro. *Este muchacho tiene un buen porvenir.*

• prevenir. Prever, anticipar. *No lo previnieron de un posible accidente.*

• provenir (se conjuga como **venir**). Proceder. *No se sabe de dónde proviene el mal.*

**pos**. Adverbio que significa 'detrás de'. Solo se emplea en la locución **en pos de**, 'tras de', 'en busca de'. *Recorrió el mundo en pos de fortuna.*

**posar**. ~ **en**, ~ **sobre**: *El pájaro se posó en la rama. Posó el vaso sobre la mesa.*

**posdata – postdata**. El *DRAE* admite ambas formas de este sustantivo femenino, pero prefiere la primera, de grafía más actual (*posdata*). Con él se designa lo que se añade a una carta ya concluida y firmada.

**poseer** (se conjuga como **leer**). Participio regular: *poseído*. Participio irregular: *poseso*.

**posesión – posición**.

• posesión. Acto de poseer. *Tomaron posesión de la casa.*

• posición. Actitud, postura. *Tu posición no es la correcta.*

**posición**. → **posesión**.

**posicionamiento**. Sustantivo masculino con el que designa la acción y efecto de **posicionar** o **posicionarse**. *Buscaba un mejor posicionamiento para encarar las negociaciones.*

**posicionar**. Verbo propio del lenguaje empresarial y político con el sentido de 'tomar determinada posición'. *Logró posicionarse mejor dentro de su partido después de su enfrentamiento con el Presidente. Su enfrentamiento lo posicionó para una nueva elección.*

**posponer** (se conjuga como **poner**). Participio irregular: *pospuesto*.

**post scríptum**. Locución latina que significa 'después de lo escrito'. Se usa como sustantivo masculino equivalente a → **posdata**.
Su abreviatura es P.S.
***Postdam**. Forma incorrecta del nombre → **Potsdam**.
**poste restante**. Expresión francesa que, adaptada al español, se emplea en algunos países (la Argentina, Chile, México, Costa Rica y Uruguay) para designar el servicio que brinda la posibilidad de retirar la correspondencia en una oficina de correos y no en el domicilio (lista de correos). *El jefe de la oficina postal, sin leerla, volverá a cerrarla y sellarla y la pondrá en poste restante.*
**póster**. Españolización del inglés *poster*. Con este sustantivo masculino se designa el cartel, por lo común de origen publicitario, que se aplica sobre las paredes de lugares públicos o privados por razones puramente estéticas.
Aunque por lo regular forme su plural con -*s* (*pósters*), es preferible emplear el plural regular (*pósteres*), como lo han hecho la mayoría de los anglicismos plenamente incorporados (*revólveres, radares*).
**postergar**. ~ **hasta**, ~ **para**, ~ **por**: *Se decidió postergar la reunión hasta el próximo mes. La lluvia nos obligó a postergar el partido para mañana. Convinieron en postergar el encuentro por dos semanas.*
***posternarse**. Forma incorrecta por → **prosternarse**.
**postrarse**. ~ **ante**, ~ **a los pies de**: *Se postraron ante la imagen del santo.* ~ **de**: *No pudieron evitar postrarse de tristeza.* ~ **en**, ~ **por**: *El dolor lo postró en cama, por el suelo.*
**Potsdam**. Nombre de la ciudad alemana, próxima a Berlín, donde tuvo lugar el encuentro de los vencedores al finalizar la II Guerra Mundial.
♦ Evítese la forma **Postdam*, que se debe probablemente a la influencia del prefijo *post-*.
**prácticamente**. Adverbio modal que significa:
**1**. 'En la práctica'. *Creía que el mejor método consistía en probar sus hipótesis prácticamente.*
Con este valor, resulta opuesto a *teóricamente*.
**2**. 'Casi'. *Las pruebas estaban prácticamente terminadas.*
**preavisar**. Notificar anticipadamente una medida, en especial la de una cancelación de contrato. *No es necesario preavisar ni pagar cesantía si el tiempo de servicios es inferior a los 3 meses.*
**preaviso**. Sustantivo masculino propio del lenguaje administrativo, particularmente en el campo laboral, con el cual se designa el acto de notificar con anticipación una medida, en especial la de una cancelación de contrato.
Es voz corriente en América y España. *Deben pagarse al demandante las siguientes prestaciones: 24 días de preaviso, 15 días de cesantía, 14 días de vacaciones.*
**preceder – proceder**.
• preceder. Anticipar, estar delante.
~ **a**: *La entrega de diplomas precede al discurso.* ~ **en**: *Pedro me precedía en la fila.*
• proceder. Provenir; comportarse. *Este vino procede de Francia. Procedió en forma incorrecta.*
**preceptivo**. → **perceptivo**.
**preces**. Sustantivo femenino que significa 'oraciones, ruegos, súplicas'.

◊ Se emplea únicamente en plural. *Elevaban preces por la salvación de su alma.*
♦ No confundir con → **prez**, 'honor'.
**preciarse**. ~ **de**: *Se precia de sus virtudes.*
**precipitar**. ~ **a**: *Lo precipitó al fracaso. Se precipitó a los brazos de su hijo que acababa de llegar.* ~ **desde**: *Lo precipitó desde el balcón.* ~ **por**: *Se precipitó por el desfiladero junto con su caballo.*
– **precipitarse en**. Apurarse. *Se precipitó en dar la respuesta y después se arrepintió.*
**preconcebir** (se conjuga como **pedir**).
**predecir** (se conjuga como **decir**).
Este verbo pertenece al grupo de los compuestos de **decir**.
◊ Sin embargo, presenta formas particulares en su conjugación:
**1**. El imperativo correspondiente a la forma *tú* de la segunda persona del singular es *predice* –o *predecí*, en las zonas voseantes–, y no **predí*.
**2**. El futuro y el condicional son, por lo común, regulares: *predeciré, predeciría*.
Es menos usual la forma apegada al primitivo: *prediré, prediría*.
**predisponer** (se conjuga como **poner**).
Participio irregular: *predispuesto*.
~ **a**: *Lo predispuso a una conversación amable. Se predispusieron a escuchar.*
~ **contra**: *La predispusieron contra él.*
**preeminente – prominente**.
• preeminente. Sublime, elevado. *Daba un lugar preeminente a la celebración cotidiana de la misa.*
• prominente. Que sobresale; destacado, famoso. *El puma es un personaje prominente en la mitología americana.*
**preferir** (se conjuga como **sentir**).
**preguntar**. ~ **por**: *Preguntó por su hermano pero no le supieron informar.* ~ **sobre**, ~ **acerca de**: *Preguntamos acerca de su estado de salud y no supieron informarnos.*
♦ Evítese la construcción **preguntar de*. **Preguntamos de su estado de salud.*
**prejuicio**. → **perjuicio**.
**prender**. Participio regular: *prendido*. Participio irregular: *preso*.
~ **en**: *Las nuevas ideas prendieron en la juventud.*
– **prenderse a**. ~ **de**: *Se prendía de su ropa implorando perdón.*
**prensil** (/pren-**sil**/). Adjetivo que se aplica a lo que sirve para asir o agarrar.
Es palabra aguda, por lo que debe evitarse el empleo de la forma llana *(/**pren**-sil/).
**preocupar**. ~ **con**: *Lo preocupó con el llamado.*
– **preocuparse de**: *Se preocupa de que todo esté listo a tiempo.* ~ **por**: *Juró que se preocuparía por ella.*
♦ Aunque sea una incorrección frecuente debe evitarse la elipsis de la preposición *de*, cuando se emplea el verbo como pronominal. **La psicóloga se preocupa que no haya un tratamiento especial.*
**preparar**. ~ **para**: *Lo preparó para el examen.* ~ **con**: *Prepararon a su hijo con buenos consejos.*
**preposición – proposición**.
• preposición. Clase de palabra morfológicamente invariable cuya función consiste en establecer una relación entre dos palabras o entre una palabra y una construcción, una de las cuales funciona como complemento de la otra. *El libro de la biblioteca. Va a Europa.* La palabra que sigue a la preposición suele denominarse *término*.
Son preposiciones: **a**, **ante**, **bajo**, **cabe**, **con**, **contra**, **de**, **desde**, **en**, **entre**, **hacia**, **hasta**, **para**, **por**, **según**, **sin**, **so**, **sobre**, **tras**.

También hay preposiciones prefijales e inseparables como **des-**, **ex-**, **extra-**: *desprovisto, excampeón, extramatrimonial.*
• proposición. Propuesta; cláusula oracional. *No aceptaron mi proposición. Una proposición subordinada.*
**prescindir – presidir**.
• prescindir. Abstenerse, privarse, omitir. *El juez decidió prescindir del interrogatorio.*
• presidir. Ocupar el primer puesto, dirigir. *El decano presidió la mesa de examen.*
**prescribir – proscribir**.
• prescribir. Participio: *prescrito* o *prescripto.*
Ordenar; recetar; finalizar. *El médico prescribió una dieta estricta. Ya prescribió la fecha de inscripción.*
• proscribir. Participio: *proscrito* o *proscripto.*
Vetar. *Proscribieron la actividad de los partidos políticos.*
**presentar**. ~ **a**: *Presentó su obra a concurso.* ~ **ante**: *Lo presentó ante el juez.* ~ **como**, ~ **de**: *Lo presentaron como candidato. Se presentaba de candidato a diputado.* ~ **en**: *Lo presentó en sociedad.*
– **presentarse a**: *Se presentó al examen.* ~ **para**: *Me presenté para pedir disculpas.*
◊ En algunos países americanos, como en México, la preposición *a*, propia del objeto indirecto, usualmente es reemplazada por *con*. *Presentaron el nuevo alumno con las autoridades* (por *Presentaron el nuevo alumno a las autoridades*).
**presente**.
– **al presente**. Locución adverbial con la que se indica 'en el momento actual'. *Al presente, no tenemos aún noticias de lo ocurrido.*
– **hacer presente**. Fórmula con la que se expresa el comunicar algo formal u oficialmente. *Por este intermedio, le hago presente mi rechazo al cargo ofrecido.*
– **tener presente**. Expresión con la que se indica la conveniencia de tomar en cuenta, recordar algo que se estima importante. Se construye siempre con objeto directo, del cual el adjetivo *presente* funciona como predicativo y con el que debe concordar en número. *No tuvo presentes sus reclamos.*
♦ Evítese el empleo de esta construcción con adjetivo invariable. **No tuvo presente sus reclamos.*
**presentir** (se conjuga como **sentir**).
**preservar**. ~ **de**: *Ellos lo preservan de todo lo que pueda afectarlo.*
**presidente**. Sustantivo masculino con el que se designa a la persona que dirige una empresa, consejo, tribunal, etc., y también en los regímenes republicanos, al jefe del Estado.
◊ El femenino es *presidenta*, por lo cual, salvo que razones institucionales lo exijan, no debe recurrirse a la forma *la *presidente* para referirse a la que desempeña alguno de estos puestos.
**presidir**. → **prescindir**.
**presumiblemente**. El significado en español del verbo *presumir* es: "Sospechar, juzgar o conjeturar una cosa por tener indicios o señales para ello. || Vanagloriarse, tener alto concepto de sí mismo" (*DRAE*). Su derivado *presumiblemente*, con el sentido de 'probablemente', parece obedecer al influjo del inglés *presumably*. Este sentido neológico, que no se halla demasiado apartado del tradicional, parece destinado a arraigarse. *Un anciano fue víctima de la enfermedad que contrajo, presumiblemente, después de haber sido picado por el insecto.*

**presumir**. Participio regular: *presumido*. Participio irregular: *presunto*.
~ **de**: *Presumía de intelectual delante de sus amigos*.

**presuponer** (se conjuga como **poner**). Participio irregular: *presupuesto*.

**pretencioso – pretensioso**. Adjetivo que significa 'presuntuoso', o 'ambicioso'. La Academia española reconoce ambas grafías, pero prefiere la primera, que está justificada por la etimología (del francés *prétentieux*). La segunda forma se explica por su relación semántica con el sustantivo → **pretensión**.

**pretender**. Participio regular: *pretendido*. Participio irregular: *pretenso*.

**pretendido**. Participio adjetivo del verbo **pretender**.
Por influencia del francés *prétendu*, se ha generalizado su empleo con el sentido de 'supuesto'.
♦ Pese a la relativa frecuencia de este uso, tanto en América como en España parece conveniente evitarlo. **El pretendido inspector resultó ser un empleado más que deseaba conocer detalles*.

**pretensión**. Sustantivo femenino con el que se alude al derecho que alguien juzga tener sobre algo.
Su sentido de "aspiración, generalmente ambiciosa o desmedida" se registra en el *DRAE* a partir de su edición de 1992.

**pretextar – protestar**.
• pretextar. Aducir, simular. *Pretextaron una enfermedad para no concurrir a la cita*.
• protestar. Reclamar, lamentarse.
~ **ante**: *Protestó ante el gerente*. ~ **contra**: *Protesta contra la injusticia*. ~ **por**: *Protestan por todo*.

**prevalecer** (se conjuga como **agradecer**).
~ **entre**, ~ **sobre**: *Prevaleció su opinión sobre la de los otros*.

* **preveer**. Forma incorrecta por → **prever**, que deriva de la confusión con **proveer**.

**prevenir** (se conjuga como **venir**).
~ **contra**: *Lo previno contra el nuevo jefe. Se previno contra posibles enfermedades*.
~ **de**: *Sabe prevenirse del resfrío. Lo previno del peligro*.

**prever – proveer**.
• prever (se conjuga como **ver**).
Predecir, pronosticar. *Para mañana se prevén lluvias*.
♦ Evítese el empleo de formas como **preveer*, **preveyendo*, **preveyó*, etc., que se deben a la confusión con su parónimo, *proveer*.
– **prever de antemano**. Es expresión pleonástica, porque *prever* lleva de sí la idea de anticipación.
• proveer (se conjuga como **leer**).
Participio regular: *proveído*. Participio irregular: *provisto*.
~ **de**: *Los organizadores proveen de los materiales necesarios. Siempre se provee de buenos libros*.

**prez**. Sustantivo de género ambiguo, *el prez, la prez*, y de uso exclusivamente literario, que significa 'honor, estima'.

**prima facie** (/pri-ma-**fa**-sie/, en la pronunciación general, /pri-ma-**fa**-kie/, en pronunciación cultista). Locución adverbial latina que significa 'a primera vista'. Se emplea particularmente en el lenguaje jurídico. *Se presume la existencia de un complot que proviene, prima facie, del grupo para el cual el oficial cumplía servicios*.
♦ Evítese la forma **a prima facie*.

**primero**. **1**. Adjetivo ordinal que corresponde al número uno. Varía en género y número y se apocopa ante sustantivo masculino: *la primera caída, los primeros libros; el primer libro*.

Tradicionalmente, se lo emplea para designar el día con que se inicia un mes (*el primero de marzo*), a diferencia de los restantes, que se enuncian mediante ordinales (*el cinco de julio*). Este uso alterna, en la actualidad, con el empleo creciente del ordinal (*el uno de marzo*).
**2**. Adverbio que indica:
**a)** Prioridad en el tiempo o en el espacio. *Primero pongámonos de acuerdo y después vemos qué hacemos.*
**b)** Preferencia entre dos situaciones. *Primero luchar que ceder. Primero que abandonar buscaría otra solución.* En este sentido equivale a la expresión más general **antes que**.
**principio**. Sustantivo masculino que indica el primer momento de la existencia de una persona o cosa, la causa, origen o idea fundamental.
- **al principio**. Locución adverbial con la que se indica el momento inicial de un proceso. *Al principio la relación fue muy armoniosa, pero al poco tiempo comenzaron los problemas.*
- **en principio**. Locución adverbial con la que se manifiesta aceptación en general sin que implique entera conformidad en la forma o los detalles. *En principio estamos de acuerdo con el proyecto, después veremos los detalles referidos a la localización de la planta.*
**prístino** (/**pris**-ti-no/). Adjetivo que significa 'antiguo, primero, primitivo, original', y no, 'puro, precioso', sentido con el que suele emplearse inadecuadamente. **Los grupos de scouts disfrutan de la naturaleza a la vez que colaboran para que continúe siendo tan prístina como siempre.*
Es palabra esdrújula, por lo que debe evitarse la forma grave *(/pris-**ti**-no/).
**probar** (se conjuga como **contar**).
**proceder**. → **preceder**.
**producir** (se conjuga como **conducir**).
**proferir** (se conjuga como **sentir**).
**profundizar**. ~ **en**, ~ **sobre**, ~ **acerca**: *No voy a profundizar en las circunstancias pasadas. Se excusó de no poder profundizar sobre el tema.* ~ **en**: *Destacó la necesidad de profundizar en la lucha contra la corrupción.*
**prohibir**.
(➤ Cdo. 48.)
**prohijar** (se conjuga como **aislar**).
**prominente**. → **preeminente**.
***promisor**. Forma errónea por → **promisorio**.
**promisorio**. Adjetivo con el que se da a entender que lo aludido lleva en sí promesa, que muestra condiciones como para triunfar.
♦ Evítese la forma **promisor*.
**promover** (se conjuga como **mover**).
**pronto**. **1**. Adjetivo que indica que algo es rápido, se produce sin demora o se encuentra preparado y dispuesto. *Esperamos una pronta respuesta a nuestra solicitud.*
**2**. Adverbio con el que se da a entender que una acción se lleva a cabo sin demora, en seguida. *No te preocupes que va a llegar pronto.*
- **de pronto**. Locución adverbial con la que se expresa que una acción se realiza apresurada o repentinamente. *Salió de pronto de la casa, sin dar ninguna explicación. De pronto empezó a llover.*
- **por de pronto** o **por lo pronto**. Locución adverbial que significa 'en primera instancia', 'en el entretanto', 'provisionalmente'. *Por lo pronto, nadie está vestido como corresponde.*

– **tan pronto como**. Locución adverbial con la que se da a entender que una acción se lleva a cabo inmediatamente después de realizarse un hecho, o de que las circunstancias lo permitan. *Tan pronto como terminemos de comer vamos a jugar a las cartas. Te llamaré tan pronto como pueda.*

**propender**. Participio regular: *propendido*. Participio irregular: *propenso*.
~ **a**: *Propendía a la solidaridad.*

**propileo** (/pro-pi-**le**-o/). Sustantivo masculino con el que se designa al vestíbulo de un templo.
♦ Es palabra grave. Debe evitarse la pronunciación esdrújula *(/pro-**pi**-le-o/).

**proponer** (se conjuga como **poner**). Participio irregular: *propuesto*.

**proposición**. → **preposición**.

**propósito**. Sustantivo masculino que indica deseo o voluntad de realizar algo; el objetivo o la finalidad buscados.
Interviene en la formación de las locuciones:
– **a propósito**. Locución adverbial con que se expresa:
**a)** Que una cosa es adecuada u oportuna para lo que se desea o para el fin a que se destina. *Llegamos a una arboleda muy a propósito para descansar.*
**b)** La intención o finalidad de un hecho. *Le gritó a propósito para que todos escucharan.*
– **a propósito de**. Locución prepositiva con la que se hace referencia a algún tema o asunto. *A propósito de lo que estábamos hablando, quisiera darle mi opinión.*
– **de propósito**. Locución adverbial de empleo literario y de igual sentido que *a propósito*.

**prorrogar**. ~ **hasta**: *El pago del impuesto se prorroga hasta febrero.* ~ **por**: *Le prorrogó por un año la beca que le había otorgado.*

**proscribir**. → **prescribir**.

**proseguir**. → **perseguir**.

**prosternarse**. Es verbo pronominal y significa 'arrodillarse o inclinarse ante algo o alguien en señal de respeto'.
♦ Evítese el uso de la forma **posternarse*.

**prostituir** (se conjuga como **huir**).

**protagonista**. Personaje principal de un suceso o de una obra literaria.
♦ Evítense por redundantes las formas **primer protagonista* y **protagonista principal*.

**protagonizar**. Este verbo no significa simplemente actuar en una obra, sino actuar como personaje principal.
Por extensión también se emplea con el sentido de ocupar un papel relevante en determinada circunstancia. *Los simpatizantes locales protagonizaron un verdadero escándalo ante las puertas del hotel.*

**prótasis – prótesis**.
• prótasis. Primera parte de la oración compuesta. *La prótasis introduce la condición de la que depende la apódosis.*
• prótesis. Pieza que sustituye una parte del cuerpo humano que falta. *Tiene una prótesis en el brazo.*

**proteger**. ~ **contra**, ~ **de**: *La protegió de la lluvia. Lo protege contra el mal.*

**prótesis**. → **prótasis**.

**protestar**. → **pretextar**.

**proto-**. Elemento compositivo de origen griego que, colocado al comienzo de palabra, entra en la formación de algunos cultismos españoles con el significado de 'primero': *protohistoria, protoplasma*; 'reciente': *protoplaneta*; 'superioridad': *protomédico*.

**proveer**. → **prever**.

**Provence**. → **Provenza**.
**provenir**. → **porvenir**.
**Provenza**. Este es el nombre que recibe en español la región francesa de Provence.
♦ En este sentido no corresponde usar *Provincia*, como puede oírse ocasionalmente en noticiarios internacionales.
**provincia**. En español, *provincia* es un sustantivo común con el que se designa cada una de las grandes divisiones de un Estado. Es un error traducir así el francés *Provence* cuando se refiere a la región que en español se llama *Provenza*.
**provisorio**. Este adjetivo es de uso regular en el mundo de habla hispana con el mismo sentido que *provisional*, 'que se hace, se halla o se tiene temporalmente'.
**prueba**.
– **a prueba de**. Locución adverbial que significa que algo es resistente, sólido y que por su construcción es capaz de soportar el ataque sin dañarse. *Este chaleco está hecho a prueba de balas. La puerta de emergencia es a prueba de incendios.*
– **en prueba de**. Locución adverbial con la que se indica que la acción se lleva a cabo como muestra o señal de lo que se expresa. *Te regalo estas flores en prueba de nuestra amistad.*
**pseudo-**. → **seudo-**.
**psico-**. Elemento compositivo de origen griego que, colocado al comienzo de palabra, entra en la formación de numerosas voces, en su mayoría propias de la psicología y psiquiatría con el significado de 'alma', 'mente': *psicoanálisis, psicofármaco, psicosomática.*
**psiquiatra** (/si-**kia**-tra/). Sustantivo con el que se designa al médico especialista en enfermedades mentales. La RAE admite también la forma simplificada *siquiatra*, pero considera aconsejable el uso de *psiquiatra*.
♦ Es palabra grave, por lo que debe evitarse la forma con hiato y acentuación esdrújula *(/si-**ki**-a-tra/).
**psiquiatría**. Con este sustantivo se designa la ciencia que trata las enfermedades mentales.
La RAE admite también la forma simplificada *siquiatría* pero se inclina por *psiquiatría*.
**ptero-** o **-ptero, ra**. Elemento compositivo de origen griego que, colocado al comienzo o al final de palabra, entra en la formación de algunos cultismos con el significado de 'ala': *hemíptero, neuróptero, pterodáctilo.*
**pudrir**. De acuerdo con su empleo real, antes que pensar en la existencia de dos verbos (*podrir* y *pudrir*), parece más razonable entender que se trata de un único verbo cuya particularidad consiste en tener dos infinitivos, un participio en *o* (*podrido*) y el resto de su conjugación en *u* (*pudre, pudrió, pudrieron*, etcétera).
(➤ Cdo. 49.)
**Puerto Rico**. El gentilicio y adjetivo relacional correspondiente a este país es *puertorriqueño* o, el menos frecuente, *portorriqueño*.
***puesto de que**. Expresión incorrecta por → **puesto que**.
**puesto que**. → **poner**.
**pulóver**. Prenda de vestir que cubre desde los hombros hasta la cintura. Es forma hispanizada de la voz inglesa *pullover*. Su plural es *pulóveres*.
**púlsar – pulsar**. Sustantivo masculino con el que se designa una estrella de neutrones caracterizada por la emisión, a intervalos regulares y cortos, de energía radiante muy intensa.

La Academia española registraba, hasta 1992, el vocablo como de acentuación grave, según el modelo de *quásar*.
En la actual edición, solamente registra la forma aguda *pulsar* (/pul-**sar**/), asimilándola a los muchos agudos que en nuestra lengua terminan en *-ar*.
**pulsión**. En el campo de la psicología, suele emplearse este sustantivo femenino, como traducción del alemán *Trieb*, para referirse al elemento dinámico de la actividad psíquica inconsciente. *Su respuesta es la expresión de pulsiones agresivas que no ha sabido canalizar positivamente.*
**punta**.
- **de punta**. Construcción preposicional de valor adjetivo, propia del campo de las ciencias y la tecnología, con la que se califica algo como de avanzada, de elaborado desarrollo. *Importa la relación con empresas que desarrollen tecnología de punta.* Este uso, que se documenta en la casi totalidad de los países americanos, es menos frecuente en España.
**puntaje**. Sustantivo masculino con el que se designa el conjunto de puntos obtenidos en diversos tipos de pruebas, escolares, deportivas, etc. Es de empleo corriente en toda América, pero inusual en España, donde se emplea *puntuación*. *Los equipos participan en razón del puntaje adquirido a lo largo de la temporada. Para las becas se les adjudica un mayor puntaje a los postulantes del interior del país.*
***punteagudo**. La forma correcta de este adjetivo es → **puntiagudo**.
**puntero** (Por influjo del inglés *pointer*). En informática, signo, por lo común en forma de flecha, que se desplaza sobre la pantalla de una computadora accionado por el movimiento del ratón.
Desde la localización así señalada pueden realizarse diversas operaciones en combinación con los botones del ratón y del teclado.
**puntiagudo**. De punta aguda. Evítese el empleo, por ultracorrección, de la grafía **punteagudo*.
**punto**. Sustantivo masculino con el que se nombra la extensión mínima de tiempo y espacio y, de allí, un lugar preciso.
También, el estado óptimo de un alimento o un artefacto y la puntada que se da cuando se cose algo.
- **punto crítico**. Alude al instante preciso en el que ocurre o se debe hacer algo. *La situación ha llegado a un punto crítico: o te decides a actuar o abandonas.*
- **punto de no retorno** (Calco del inglés *point of no return*). Se emplea para referirse, en general, a una situación de conflicto que ha llegado a un estado crítico, imposible de revertir. *El enfrentamiento verbal ha llegado al punto de no retorno; es sumamente difícil que las partes puedan volver a sentarse para negociar.*
- **a punto**. Locución adverbial con la que se da a entender que:
**a)** Una acción se cumple a tiempo u oportunamente. *Llegaron todos a punto.*
**b)** Algo se halla listo o en condiciones. *El arroz todavía no está a punto. Hay que poner a punto el motor.*
- **a punto de**. Locución adverbial formada sobre la anterior que, seguida de un infinitivo, expresa la proximidad de la acción indicada por este. *Qué suerte que llegaste, estábamos a punto de salir.*
- **al punto**. Locución adverbial que expresa una acción que se ejecuta en seguida, rápidamente, sin la menor dilación. *Cuando le pedimos que trajeran la comida, lo hicieron al punto.*

– **en punto**. Locución adverbial que significa 'sin sobra ni falta'. *Quedamos en encontrarnos a las seis en punto.*
◊ Se emplea solamente para señalar la hora exacta.
– **desde el punto de vista de**. Frase con la que se manifiesta que un juicio resulta válido, al menos bajo una determinada perspectiva. *Desde el punto de vista gramatical esta oración es correcta. Desde su punto de vista, todo esfuerzo es inútil.*

**puntuar** (se conjuga como **actuar**).

**puro**. Adjetivo con el que se indica que algo no lleva consigo otra cosa. Que es eso y no más. *Son puros cuentos.*
– **a puro**. Locución adverbial con la que se indica que la acción se realiza solamente gracias a lo que refiere el sustantivo con que finaliza la construcción. *A puro lazo pudieron sacar el animal del pantano. Limpiaron solos todo el parque a puro pulmón.*
– **de puro**. Locución familiar con que se expresa el grado sumo de una cualidad. *No le quiso prestar el dinero de puro tacaño que es. Se fue al monte solo, de puro valiente nomás.*

**pus**. Sustantivo con el que se designa la secreción de tejidos inflamados. La Academia española solo la registra como voz de género masculino: *el pus*.
Sin embargo su empleo como femenino no es desconocido en España ni en América, donde se lo documenta al menos en la Argentina, Chile, Ecuador, Honduras, Nicaragua, México, Perú y Venezuela. *Así se va logrando sacar más la pus existente en esas heridas.*

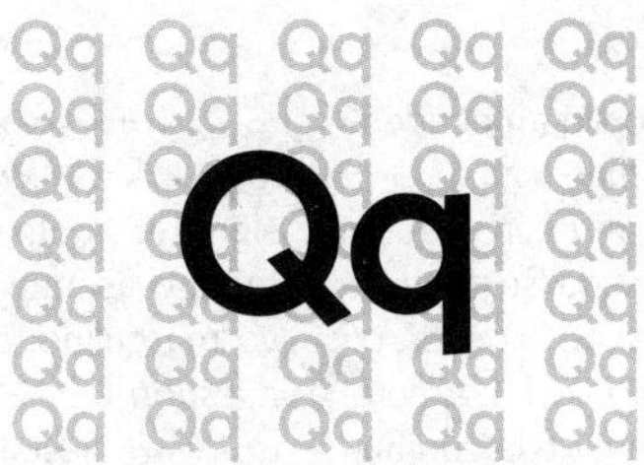

**Q** (**q**). Nombre: *cu*.

**Descripción**. Vigésima letra del abecedario español. Nunca se escribe separada de la vocal *u* que generalmente no se pronuncia, por lo cual, en la práctica, el grupo *qu* constituye un dígrafo.

Representa un sonido velar (por el punto de articulación), oclusivo (por el modo de articulación) y sordo.

Este dígrafo por lo regular se antepone a las vocales e e *i*, con las que siempre forma sílaba: *que-so, quí-mica*.

**Qosqo**. Como centro del antiguo Tawantinsuyo se la llamó Qosqo, que normalmente se traduce como "ombligo"; esta es la denominación normal para el hombre quechua andino. Posteriormente, durante la conquista española el nombre pasó a Cuzco, cambiado luego a Cusco, en parte para evitar connotaciones negativas, en parte por tener la z el sonido interdental propio de la pronunciación española.

A comienzos del siglo XX un fuerte movimiento social reivindicó la denominación primitiva. Tiempo después, por Acuerdo Municipal, a partir del 20 de junio de 1990, la Municipalidad instituyó para uso oficial el nombre de Qosqo.

**quantum**. → **cuanto**.

**quasar**. Este sustantivo masculino es, en su origen, la reducción de la expresión *quasi stellar radio source*, acuñada para denominar ciertos objetos astronómicos que emiten prodigiosa cantidad de energía radial y óptica.

En cuanto a su grafía, la Academia argentina consideró más adecuada la escritura *cuasar,* ya que coincide con la evolución que el grupo inicial latino *qu-* ha sufrido en español con cultismos como *cuanto* (de *quantum*).

Es preferible el plural regular castellano *cuasares o quasares.*

**que**. **1**. Pronombre relativo que no ofrece variación de género ni de número y puede referir tanto a personas como a cosas. *Esa chica que tiene una cartera negra,* es *mi hermana.*

**a)** Encabeza proposiciones subordinadas adjetivas. *Traje los libros que me pediste.*

◊ Nótese la diferencia entre el grupo formado por la preposición **con** y el pronombre relativo **que**: *Este es el proyecto* CON *(*EL*)* QUE *ganó el primer premio*; y **conque**, conjunción con la que se expresa una consecuencia: *No te fue bien en el examen, conque no hay otra que estudiar más.*

**b)** Unido al artículo forma el relativo compuesto para encabezar proposiciones subordinadas sustantivas. Este ofrece variación de género y número (*el que, la que, los que, las que, lo que*) y puede construirse con un antecedente con el cual concuerda: *Las únicas novedades fueron las*

*que ya te había contado*, o sin antecedente: *El que quiera puede fumar.*
**2**. Conjunción cuya función es introducir una proposición subordinada sustantiva. *Quiero que no le digas nada de lo ocurrido.*
♦ Acerca del *dequeísmo*, uso incorrecto de la preposición **de** delante de la conjunción **que**, → **de**.

**qué**. Pronombre o adjetivo interrogativo. *¿Qué hay en esa caja? ¿Qué libro estás leyendo?*
Como todos los pronombres de esta clase, aparece tanto en preguntas directas como en preguntas indirectas, y en frases de duda o aclaratorias. *¿Qué quieren? Me preguntó qué queríamos.*

**quebrar** (se conjuga como **pensar**).

**quedar**. ~ **en**: *El libro quedó en su sitio. Se quedó en la parada del colectivo.* ~ **en**: *Quedaron en ir al cine el domingo próximo.* ~ **para**: *El tema quedó para una mejor ocasión.*
- **quedarse en**: *Nos quedamos en casa.*
- **quedarse con**: *Cuando mis padres murieron me quedé con la casa.*
♦ No es correcto omitir la preposición y usar el verbo como transitivo (**Te quedaste mi lapicera* por *Te quedaste con mi lapicera*).

**quejarse**. ~ **a**, ~ **ante**: *Fue a quejarse a su madre.* ~ **de**, ~ **por**: *Siempre se queja de todo lo que hago.*

**querer**.
(➤ Cdo. 50.)

**querosén** (Del inglés *kerosene*). Sustantivo masculino con el que se designa un combustible derivado del petróleo. Esta, junto con *kerosén* y *kerosene*, es la grafía de empleo corriente en América, en contraste con *queroseno* (o *keroseno*), predominantemente peninsulares. → **kerosén**.

**queroseno**. → **querosén**.

**quid** (/kid/). Voz latina con la que se designa el punto más importante de algún tema o asunto. Se emplea como sustantivo masculino. *Falta conocer el quid de la cuestión.*

**quiebre**. Sustantivo masculino con el que se designa la acción de **quebrar** o **quebrarse**. Es de uso generalizado en América, pero completamente inusual en España. *Se ha producido el quiebre del consenso sobre la lucha contra el terrorismo.*

**quién**. Pronombre interrogativo solo aplicable a personas que debe escribirse siempre con tilde.
No presenta variación de género, pero sí de número. Su plural es *quiénes*. Como todos los pronombres de esta clase, aparece tanto en preguntas directas como en preguntas indirectas, y en frases de duda o aclaratorias. *¿Quién es? Te pregunté quién era. ¡Puedo explicarte quién era!*
Cumple las funciones de sujeto: *No sé quién era el responsable*; objeto directo (precedido por la preposición **a** por referir solo a personas): *Te pregunté a quién viste ayer*; y de complemento (precedido por preposiciones que marcan la función del pronombre): *¿Con quién hablabas? Nunca entendí de quién hablaba.*

**quien**. Pronombre relativo que no ofrece variación de género, pero sí de número. Su plural es *quienes*.
Aunque antiguamente se empleaba en relación con personas y cosas, en la actualidad admite solo antecedente referido a personas. Equivale a los pronombres **que**, **el que**, y a veces a **el cual** y sus variantes, pero debe tenerse en cuenta que estos pronombres, a diferencia de **quien**, admiten antecedente de cosa, es decir que no

son exclusivos de persona. *Mi profesor, a quien (al que, al cual) respeto más desde entonces, fue el único que entendió la teoría.* Puede cumplir la función de:

**a)** Sujeto. *Trabajé por años con aquel hombre, quien me enseñó los secretos del oficio.*

**b)** Objeto directo. *Esta es la persona a quien encontré ayer en el camino.*

**c)** Complemento. *Su supuesto amigo, por quien habría dado la vida, lo abandonó en medio de aquel difícil trance.*

♦ Es incorrecto el uso de este pronombre cuando el antecedente se refiere a seres inanimados. **El gobierno, quien tanto ha trabajado por el pueblo, logró finalmente cumplir con este objetivo*, por *El gobierno, que* (o *el que*) *tanto ha trabajado por el pueblo, logró finalmente cumplir con este objetivo.*

◊ En proposiciones especificativas es preferible evitarlo cuando su antecedente se halla explícito: **La persona quien vino a verte es mi hermano*, por la forma más usual: *La persona que vino a verte es mi hermano.*

**quienquiera**. Pronombre indefinido que significa 'cualquier persona'. Se emplea siempre seguido de *que* y su plural es *quienesquiera*. *Quienquiera que lo haga, deberá recibir un pago adicional.*

En la actualidad su empleo se limita al lenguaje escrito y de tono formal.

**quilo**. → **kilo**.

**quiro-**. Elemento compositivo de origen griego que, colocado al comienzo de palabra, entra en la formación de pocos cultismos españoles con el significado de 'mano': *quirófano, quiromancia, quiróptero.*

**quitar**. ~ **de**: *Quitó el sillón del camino. Para no discutir se quitó del medio.*

**quórum** (/**kuo**-rum/). Voz de origen latino con que se designa el número de individuos necesario para que puedan tomarse decisiones en un cuerpo deliberante.

Mantiene su plural invariable (*los quórum*), aunque son en verdad pocas las ocasiones en que necesite emplearse en plural.

**R** (**r**). Nombre: *erre*, o *ere* cuando se quiere destacar que representa un sonido simple. **Descripción**. Vigésima primera letra del abecedario español. Puede representar, según la posición en la que aparezca, dos fonemas distintos: uno vibrante alveolar sonoro simple (/r/), *pera*, y otro múltiple (/ř/) *perra*.

**racionar – razonar**.

• racionar. Distribuir; limitar. *Hay que racionar los alimentos.*

• razonar. Pensar, reflexionar.

~ **con**: *El profesor razonó con sus alumnos. Razonó con cordura.* ~ **sobre**, ~ **acerca de**: *Mientras descansaban razonaron sobre lo que había sucedido.*

**radar**. El español ha incorporado este acrónimo del inglés (**ra**dio **d**etecting **a**nd **r**anging, 'detección y localización por radio') para designar al sistema que permite descubrir la presencia y posición de un cuerpo que no se ve, mediante la emisión de ondas eléctricas.

En nuestra lengua es palabra aguda (/řa**dar**/), y su plural sigue la regla general de formación de plurales: *los radares*.

**radiactividad**. → **radiactivo**.

**radiactivo**. Hasta 1992, la Academia española solo recogía las variantes con el formante *radi-*, y no *radio-*, para referirse al proceso físico de desintegración espontánea de los átomos de un cuerpo.

Por otra parte, en **radio-**, sostiene que este elemento compositivo toma la forma *radi-* ante vocal.

Estas dos afirmaciones han hecho censurar con criterio purista las formas *radioactivo* y *radioactividad* cuyo empleo, en alternancia con las variantes académicas, es muy frecuente tanto en América como en España.

En la actualidad se ha reconocido la legitimidad de ambas grafías.

**radicar**. Arraigar o arraigarse; encontrarse; fundarse una cosa.

~ **en**: *Se radicaron en la Patagonia. La falla radica en su irresponsabilidad.*

Propio del ámbito judicial de diversos países americanos (la Argentina, Paraguay, Puerto Rico y Uruguay, por ejemplo) es la especialización de 'plantar', 'sentar', que se construye con sujeto de persona y objeto de cosa. *Radicaron la denuncia en la comisaría correspondiente.*

**radio-**. Elemento compositivo de cuño reciente en las lenguas romances que, colocado al comienzo de palabra, entra en la formación de voces científicas con el significado de 'radiación' o 'radiactividad': *radiografía, radioscopia.*

◊ La RAE observa que ante vocal se emplea la forma **radi-**: *radiactivo* y, si la palabra comienza con vocal *i*, la forma es **rad-**: *radisótopo.*

Sin embargo, tanto en América como en España es muy frecuente que el formante no experimente variación alguna.

**radio**. Sustantivo masculino cuando designa: la línea recta tirada desde el centro del círculo a la circunferencia; un hueso del brazo, y un metal que emite elementos de sus núcleos atómicos.

♦ Evítese la forma **rádium*.

Es también masculino como apócope de *radiotelegrama*.

Es femenino, de modo general, cuando se aplica al uso de las ondas *radioeléctricas* y como apócope de *radiodifusión*.

◊ Cuando es apócope de *radiorreceptor*, su género varía conforme la geografía. En algunas regiones, como México, América Central, Antillas, Venezuela, Colombia, Ecuador y Perú, se emplea como sustantivo masculino, *el radio*, mientras que en los restantes países de América Meridional es usual *la radio*.

No obstante, en estas últimas regiones es frecuente el uso de algunas formas masculinas, como *el autorradio*, y en algunos países se distingue entre *la radio* (emisora) y *el radio* (receptor).

**radioactivo**. Esta forma del adjetivo, acaso más que → **radiactivo**, es regular y regularmente empleada en el español general. No existe por otra parte ningún criterio fundado para censurar su empleo.

**radiografiar** (se conjuga como **ansiar**).

**radioscopia** (/ř̃a-dios-**ko**-pia/). Sustantivo femenino con el que se designa el examen del interior de un cuerpo mediante rayos X. La Academia española solo registra la forma sin hiato final; sin embargo este se halla sumamente generalizado (/ř̃a-dios-ko-**pi**-a/) en todos los niveles de habla. *El equipo de radioscopia o fluoroscopia es un equipo de rayos utilizado para ver los catéteres al movilizarlos dentro del corazón.*

**raer – roer**.

• raer. Raspar una superficie. *Los albañiles raen el material pegado a las paredes.*

(➤ Cdo. 51.)

• roer. Carcomer, consumir. *Las ratas roen lo que encuentran.*

(➤ Cdo. 54.)

**raíz**. Sustantivo femenino con el que se designa el origen o la causa de algo.

– **a raíz de**. Locución adverbial que en sentido figurado expresa el motivo que da lugar a una acción. *A raíz de sus declaraciones tuvo que renunciar al cargo.*

– **de raíz**. Locución adverbial con la que se da a entender que la acción se lleva a cabo enteramente, de una vez por todas y desde sus orígenes. Se usa especialmente con verbos como 'cortar', 'arrancar', etc. *Conviene sacarlo de raíz para evitarnos problemas posteriores.*

**rally** (/**ř̃a**-li/). Voz inglesa que, como sustantivo masculino, se emplea con el sentido de competición deportiva de resistencia, de automóviles o motocicletas, que se corre fuera de pista y generalmente por etapas.

La pronunciación aguda (/ř̃a-**li**/), que puede escucharse en algunos países americanos, obedece a la influencia francesa.

Su plural es *rallies* (/**ř̃a**-lis/ o /ř̃a-**lis**/). *Luego de haberse celebrado cuatro rallies, la pugna por el liderato se hace más intensa.*

**ránking** (/**ran**-kin/). Palabra inglesa que se refiere a la lista de personas o entidades, ordenadas de mayor a menor por el lugar que ocupan en una determinada categoría. Se ha intentado hallar su equivalente con voces de nuestra lengua como: *lista, clasificación, categoría, tabla.*

Sin embargo ninguna de estas propuestas parece tener éxito, como lo demuestra tanto su adecuación gráfica como su productividad en los derivados *ranquear,* 'clasificar en un ránking', y *ranqueado,* 'incluido en un ránking'. *Se inicia la temporada de ránkings. Se puede ranquear quién ha sido el mejor cantante.*
Su plural corriente es *ránkings.*
**rarefacer** (se conjuga como **hacer**).
Participio irregular: *rarefacto.*
**ratificar – rectificar.**
• ratificar. Corroborar. *Ratificó lo dicho el día anterior.*
• rectificar. Corregir, cambiar. *Ya había rectificado su opinión.*
**razón.**
– **a razón de**. Indica la correspondencia que se establece entre dos órdenes de cantidades. *Los productos en oferta se entregan a razón de dos por persona.*
– **en razón de**. *Pudo escapar de la condena en razón de su facilidad para confundir a los jueces.*
◊ El empleo de la variante **en razón a**, más corriente en España que en América, no es aconsejable.
**razonar.** → **racionar**.
**re-.** Elemento compositivo de origen latino que, colocado al comienzo de palabra, entra en la formación de numerosas voces españolas con los siguientes significados:
**a)** 'Repetición' o 'volver a': *rehacer, recomponer.*
**b)** 'Movimiento hacia atrás': *refluir.*
**c)** 'Intensificación' o 'encarecimiento': *recargar, relindo.*
**d)** 'Oposición' o 'resistencia': *rechazar.*
**e)** 'Negación': *reprobar.*
◊ La forma *requete-*, intensificadora de adjetivos o de adverbios, es propia de un nivel de habla coloquial. *Es un tipo requetebueno. El café está requetecerca.*
**reabrir.** Participio irregular: *reabierto.*
**reaccionar.** ~ **ante**, ~ **frente**: *Reaccionó ante la evidencia.* ~ **contra**: *Reacciona contra todo límite o norma.* ~ **en**: *Reaccionó en cuestión de segundos y así evitó la propagación del fuego.*
**realidad.** Sustantivo femenino con el que se designa lo que en verdad es, en contraposición con lo que se estima inexistente o ilusorio.
~ **virtual**. Se designa así la ilusión de realidad provocada por computadora, en la cual los objetos de un mundo digital responden a los movimientos de un sujeto como si este se hallase materialmente inmerso en él.
**realizar.** Tradicionalmente este verbo significa, en español, 'llevar a cabo una acción, ejecutar algo'.
◊ Es conveniente evitar su empleo como 'darse cuenta de algo', proveniente del inglés *to realize.* **Inmediatamente realizó la verdadera intención de esa jugada.*
**reaparecer** (se conjuga como **agradecer**).
**reasumir – resumir.**
• reasumir. Hacerse cargo nuevamente de una función. *Reasumió el funcionario que fue separado del cargo el mes anterior.*
• resumir. Sintetizar.
~ **en**: *Resumió en pocas líneas todo lo que quería decirle.*
**rebaba.** Sustantivo masculino con el que se designa la materia que sobresale de manera irregular en los bordes de un objeto.
♦ Evítese la forma **rebarba* que, por relación con *barba*, suele emplearse erróneamente.
**rebalsar – rebasar.**
• rebalsar. Desbordar. *El agua rebalsó el muro de contención.*

Este uso es común en algunos países americanos como la Argentina, Bolivia, Chile, Costa Rica, Honduras y Uruguay.
• rebasar. Pasar un límite. *Esta situación rebasó mi paciencia.*
***rebarba**. → **rebaba**.
**rebasar**. → **rebalsar**.
**rebelar(se) – relevar – revelar**.
• rebelar(se). Sublevarse, enfrentarse. *El pueblo se rebeló ante la falta de garantías.*
• relevar. Eximir; reemplazar. *Lo relevaron de sus obligaciones.*
• revelar. Mostrar, dar a conocer. *No podían revelar el secreto.*
**reblandecer** (se conjuga como **agradecer**).
**rebosar – rebozar**.
• rebosar. Desbordar, derramar. *Su rostro rebosaba alegría.*
• rebozar. Empanar, recubrir. *Rebozar las milanesas con pan rallado.*
**rebozar**. → **rebosar**.
**rebullir** (se conjuga como **mullir**).
**recaer** (se conjuga como **caer**).
~ **en**, ~ **sobre**: *Recae en él toda la responsabilidad.*
**recalentar** (se conjuga como **pensar**).
**recién**. Apócope de *reciente* y de *recientemente*.
**1**. Antecedente de un adjetivo verbal, esto es ante un participio que no forma parte de un tiempo compuesto, o ante un adjetivo que indica acción concluida. *La torta está recién hecha. Las camisas están recién planchadas.*
**2**. Antecedente de un verbo conjugado ante otro adverbio, o bien solo. Este empleo es propio de Hispanoamérica.
Precisamente a partir de su condición de adverbio de tiempo, el uso americano de *recién* se aparta del empleo peninsular. De tal modo que si la construcción *RECIÉN* + PARTICIPIO indica un tiempo pasado inmediato ('recientemente'), al entrar en combinaciones con verbos conjugados otorga a la expresión también otras connotaciones, ya sea de 'pasado lejano o tardío' o de 'tiempo pasado, pero posterior al que se creía o se esperaba'.
**reciente**. Adjetivo invariable que se aplica a lo que ha sucedido poco tiempo antes. Tiene dos formas posibles de superlativo: *recentísimo*, de uso exclusivamente literario, y *recientísimo*, más coloquial.
Sin embargo, hay una tendencia creciente a reemplazar ambos superlativos morfológicos por la forma perifrástica *muy reciente*.
**recipiendario**. Sustantivo con el que se designa a la persona que es recibida solemnemente en una corporación para formar parte de ella.
♦ Evítese la forma **recipiendiario.*
***recipiendiario**. → **recipiendario**.
**reclamar**. ~ **ante**: *Reclamará ante el tribunal.* ~ **en**: *Reclamó en el juicio.* ~ **para**: *Reclama para sí.*
**recluir** (se conjuga como **huir**).
Participio regular: *recluido.* Participio irregular: *recluso.*
~ **en**: *Lo recluyeron en prisión. Me recluí en mi habitación.*
**recobrar**.
**recobrarse de**: *Esa mañana se recobraron de una velada agotadora.*
**recomendar** (se conjuga como **pensar**).
~ **a**: *Recomendaron a su vecino como mediador.*
**recomponer** (se conjuga como **poner**).
Participio irregular: *recompuesto.*
**reconciliar**. ~ **con**: *Después de lo sucedido se reconcilió con sus padres.*
**reconocer** (se conjuga como **agradecer**).

**reconstituir** (se conjuga como **huir**).
**reconstruir** (se conjuga como **huir**).
**reconvertir** (se conjuga como **sentir**).
**récord**. Forma hispanizada del inglés *record,* que lleva tilde siguiendo las reglas de la prosodia española. Es sustantivo masculino que el *DRAE* registra como sinónimo de 'marca', o 'mejor resultado en competiciones deportivas' y, por extensión, como resultado máximo o mínimo en otras actividades.
Por lo común forma su plural en *-s: récords.*
**recordar** (se conjuga como **contar**).
**1**. Retener en la mente, traer a la memoria. Admite diferentes construcciones:
**a)** Empleo absoluto. *No recuerdo.*
**b)** Uso transitivo. *Recordaban que les había prometido mejores condiciones laborales.*
♦ Evítese la anteposición de la preposición *de* al objeto → **dequeísmo**. **Recordaban de que les había prometido mejores condiciones laborales.*
**c)** Uso intransitivo y uso reflexivo. Son propios de la lengua familiar en algunas regiones de América. *Recuerda de los días en que iba a visitarlos. No puedo recordarme de todas tus recomendaciones.*
**2**. En el habla popular mexicana, como intransitivo, vale también por 'despertar' y 'despertarse'. *Cuando la mamá recuerda, el hijo ya se había ido.*
**recostar** (se conjuga como **contar**).
~ **contra**: *La recostó contra la pared.* ~ **sobre**: *Se recostó sobre el otro lado para aliviar el dolor.*
- **recostarse**. ~ **en**, ~ **sobre**: *Se recostó un rato en el sofá porque estaba cansada.*
**recrudecer** (se conjuga como **agradecer**).
**rectificar**. → **ratificar**.
**recubrir**. Participio irregular: *recubierto.*
**recupero**. Sustantivo masculino corriente en el campo de la industria y en el de las ciencias económicas, particularmente en el de los seguros, y en parte también en el de la contabilidad.
Es voz procedente del italiano *ricùpero* y se ha aconsejado evitarlo a favor de expresiones de similar sentido como *recuperación, recobro, rescate* o *resarcimiento. Recupero* posee vigencia en algunos países sudamericanos, como Bolivia, Paraguay, Perú y, particularmente, en la Argentina. *El acreedor se encontraría desprovisto de una vía legal adecuada para el recupero de sus créditos.*
En cuanto a la pronunciación, esta vacila entre la españolizante (/ře-ku-**pe**-ro/) y la italiana (/ře-**ku**-pe-ro/).
**redistribuir** (se conjuga como **huir**).
**redituar** (se conjuga como **actuar**).
**reducir** (se conjuga como **conducir**).
**reelegir** (se conjuga como **pedir**).
Participio regular: *reelegido.* Participio irregular: *reelecto.*
**reemplazar**. ~ **a**: *El director reemplazó al maestro de ceremonias durante el acto.* ~ **con**, ~ **por**: *Lo reemplazaron por otro empleado.*
**reencontrar** (se conjuga como **contar**).
**reenviar** (se conjuga como **ansiar**).
**referee**. → **réferi**.
**referéndum**. Sustantivo masculino procedente del latín con el que se designa el juicio público, por medio de una votación, sobre algún acto importante del gobierno.
En cuanto al plural, es aconsejable que se manifieste solo por el artículo invariable: *los referéndum.*
Sin embargo, por existir la forma española *referendo,* cuyo plural no ofrece dudas, es aconsejable emplear esta última.

**réferi** o **referí** (Del inglés *referee*). Sustantivo masculino con el que se designa al árbitro de los encuentros deportivos, especialmente en el fútbol. *El réferi expulsó a tres jugadores del campo.*
Siguiendo una tendencia creciente en los últimos años, esta voz, como otras inglesas, tiende a desaparecer en beneficio de *árbitro,* su correspondiente español.
**referir** (se conjuga como **sentir**).
– **referirse a**: *En su discurso se refirió a todos los que lo habían ayudado.*
**reflexión – refracción**.
• reflexión. Pensamiento; sugerencia. *Creo que lo sucedido necesita una reflexión.*
• refracción. Acción y efecto de refractar o refractarse. *El arco iris se forma por la refracción de la luz en la humedad de la atmósfera.*
**refluir** (se conjuga como **huir**).
**refracción**. → **reflexión.**
**refreír** (se conjuga como **reír**).
Participio regular: *refreído.* Participio irregular: *refrito.*
**regar** (se conjuga como **pensar**).
**régimen**. Sustantivo masculino con el que se designa un conjunto de normas.
Es palabra esdrújula, por lo que lleva tilde. En su plural, *regímenes,* se produce un desplazamiento del acento, pero es igualmente voz esdrújula.
**regimentar** (se conjuga como **pensar**).
**regir** (se conjuga como **pedir**).
**regresar**. Con el sentido de 'volver al punto de donde se partió' se conjuga también, o dominantemente, como pronominal en diversos países americanos (Ecuador, Guatemala, Honduras, México, Nicaragua, Puerto Rico, Venezuela). *Se regresó a su pueblo.* Este uso corresponde, por lo común, a un nivel de habla coloquial. Y, casi con la misma extensión, se emplea como transitivo en el sentido de 'devolver o restituir'. *¿Regresaste el libro a la biblioteca?* Ambos empleos son completamente inusuales en la Argentina y Uruguay.
**reherir** (se conjuga como **sentir**).
**rehilar** (se conjuga como **aislar**).
**rehuir** (se conjuga como **huir**).
**rehumedecer** (se conjuga como **agradecer**).
**rehusar**. En el registro académico, este verbo que equivale a 'rechazar', 'no aceptar', es solo transitivo y no tiene forma reflexiva. *No rehusaron los regalos que les trajeron.*
De allí que con criterio purista se censurase el empleo de construcciones como: *se rehusó, no se rehusaron.*
Sin embargo la forma reflexiva de este verbo es usual en América. *El ex presidente del gobierno se rehusó a opinar sobre una eventual salida militar respecto del prolongado conflicto.*
**reír**.
– **reír**(se) **de**: *No se reirían de ellos si supieran la verdad. Reí de felicidad.* ~ **con**: *Se rieron mucho con el chiste.*
(➤ Cdo. 52.)
**rejuvenecer** (se conjuga como **agradecer**).
**relacionar**. ~ **con**: *Lo relacionó con personas de buen nivel cultural.*
**relampaguear**. Es verbo unipersonal y se conjuga solamente en 3ª persona.
**relax**. Sustantivo masculino de origen inglés que la Real Academia ha incorporado en el *DRAE*, a partir de 1992, con el significado de "Relajamiento físico o psíquico producido por ejercicios adecuados o por comodidad, bienestar o cualquier otra causa". Su plural es invariable: *los relax.*

**relegar**. ~ **a**: *La relegaron a un segundo plano. Me relegué al último lugar para que él pudiera progresar.*

**relevar**. → **rebelar**.

**remanido**. Adjetivo corriente en América con el significado de *manido*, esto es, 'muy trillado'.

Probablemente en su forma haya influenciado el francés *remanier*, pero este significa 'retomar para enmendar o modificar', no simplemente 'repetir'. *Decirle que su llegada a nuestra provincia es como si viniera a su propia casa, resulta un tanto remanido por cuanto estas son las palabras que suelen repetirse en ocasiones como esta.*

**remendar** (se conjuga como **pensar**).

**remoler** (se conjuga como **mover**).

**remorder** (se conjuga como **mover**).

**renacer** (se conjuga como **agradecer**).

**rendir** (se conjuga como **pedir**).

~ **por**: *Con ello buscaba rendirlos por cansancio.*

– **rendirse a**. ~ **ante**: *Fue capaz de no rendirse al chantaje de sus superiores.*

**renegar** (se conjuga como **pensar**).

~ **de**: *No puede renegar de sus orígenes.*

**renovar** (se conjuga como **contar**).

**renunciar**. ~ **a**: *Renunció al cargo porque estaba muy enfermo.*

**reñir** (se conjuga como **pedir**).

~ **con**: *Pronto habrá de reñir con los que ahora lo alaban.* ~ **a**: *Riñó al muchacho porque había llegado tarde.*

**repartir**. ~ **entre**: *Repartieron entre todos las donaciones recibidas.* ~ **en**: *Repartió en partes iguales los alimentos restantes.*

**repatriar** (se conjuga como **ansiar**).

**repetir** (se conjuga como **pedir**).

**replegar** (se conjuga como **pensar**).

**repoblar** (se conjuga como **contar**).

~ **con**: *Finalmente tuvo que repoblarlo con especies traídas de América.*

**reponer** (se conjuga como **poner**). Participio irregular: *repuesto.*

**reportear**. Este verbo, cuestionado por anglicismo, fue incorporado por la Academia española en su *Diccionario* (1992) como americanismo, con el sentido de "entrevistar". *Reportearon a los ganadores en todas las radios.*

***reporter**. Voz inglesa de uso innecesario por → **reportero**.

**reportero**. Españolización del inglés *reporter,* reconocida ya en su uso adjetivo o sustantivo como 'periodista que realiza reportajes'. *Los reporteros consiguieron una buena nota.*

♦ Evítese, por innecesario, el empleo de la forma inglesa **reporter*.

**represalia**. Sustantivo femenino con el que se señala el derecho que se arrogan los enemigos para causarse recíprocamente igual o mayor daño que el que han recibido. El grupo *-ia* forma diptongo, por lo que debe evitarse la pronunciación */re-pre-sa-**li**-a/ con hiato final.

**reprobar** (se conjuga como **contar**).

**reproducir** (se conjuga como **conducir**).

**requebrar** (se conjuga como **pensar**).

**requerir** (se conjuga como **sentir**).

**resarcir**.

**resarcirse de**. ~ **por**: *El hallazgo lo resarció de las penurias vividas. Deben resarcirlos por el costo social pagado.*

**rescribir**. Participio: *rescrito.*

**resfriar** (se conjuga como **ansiar**).

**residir**. ~ **en**: *Reside en España.* ~ **entre**: *Residía entre personas de muy diferentes culturas.* ~ **desde**: *Residen desde hace cinco años en ese lugar.*

**resollar** (se conjuga como **contar**).

**resolver** (se conjuga como **mover**). Participio irregular: *resuelto.*

**resonar** (se conjuga como **contar**).

**respecto – respeto**.

• respecto. Sustantivo masculino que expresa la relación o proporción de una cosa con otra.

Con el sentido de 'atinente', propio de su etimología, forma las siguientes expresiones:

- **respecto a** o **al respecto**. Locución adverbial con la que se expresa que algo guarda relación con aquello de que se trata. *No tengo ninguna queja respecto al servicio del hotel. No hay dudas al respecto.*

◊ Cuando no se emplea en forma absoluta, puede construirse indistintamente con las preposiciones *a* o *de*. *No tengo ninguna queja respecto a (de) los servicios prestados.*

- **con respecto a**. Locución adverbial de idéntico valor al de las anteriores. *Hasta el momento no nos ha llegado ninguna información con respecto a su llegada.*

• respeto. Consideración, deferencia. *Siempre nos trató con mucho respeto.*

**respeto**. → **respecto**.

**resplandecer** (se conjuga como **agradecer**).

**responder**. ~ **a**: *Respondió a las preguntas con seguridad.* ~ **a**: *Respondió al tratamiento de fisioterapia.* ~ **ante**, ~ **a**, ~ **de**, ~ **por**: *Yo solo respondo ante mi Señor. Yo respondo de su buen desempeño en el trabajo. Responderá por lo dicho ante sus padres.*

**resquebrar** (se conjuga como **pensar**).

**restablecer** (se conjuga como **agradecer**).

**restaurar**. → **causar**.

**restituir** (se conjuga como **huir**).

**restregar** (se conjuga como **pensar**).

**restringir**.

- **restringirse a**: *Este bienestar, lamentablemente, se restringe a los sectores más favorecidos de la economía.*

**resulta**. Sustantivo femenino que el *DRAE* registra como "Efecto, consecuencia".

Su empleo más frecuente es en la forma plural, con la que interviene en la locución adverbial consecutiva **a** o **de resultas**, que significa 'como consecuencia de'.

Pese a que la Academia española solo registra la variante *de resultas*, ambas son regulares y de empleo corriente en América y España. *Se vio envuelto en un suceso a resultas del cual murió un policía.*

**resumen**. Sustantivo con el que se indica la reducción de un contenido en términos breves y precisos. Es palabra grave terminada en *-n*, por lo que no lleva tilde.

Su plural, en cambio, *resúmenes*, por ser palabra esdrújula, requiere acento ortográfico.

**resumir**. → **reasumir**.

**retemblar** (se conjuga como **pensar**).

**retener** (se conjuga como **tener**).

**reteñir** (se conjuga como **pedir**).

Participio regular: *reteñido*. Participio irregular: *retinto*.

**retorcer** (se conjuga como **cocer**).

Participio regular: *retorcido*. Participio irregular: *retuerto*.

♦ El participio irregular es completamente desusado. Se documenta solo en textos medievales.

**retostar** (se conjuga como **contar**).

**retractar – retratar**.

• retractar. Desdecirse. *Se retractó de lo que dijo.*

• retratar. Fotografiar; dibujar. *Es un lindo retrato de su hijo.*

**retratar**. → **retractar**.

**retrato hablado**. Forma equivalente a → **retrato robot**, 'imagen de una persona dibujada a partir de una descripción'. Este uso, que se documenta al menos en Chile,

Colombia, Honduras, México, Nicaragua y Venezuela, se ajusta a las características de la técnica mencionada y constituye una acertada españolización. *La policía continúa sin pistas para ubicar a los responsables del asalto perpetrado el miércoles pasado, aunque ya se cuenta con el retrato hablado del sospechoso.* → **identikit**.

**retrato robot**. Este calco del francés *portrait-robot*, corriente en España, designa la imagen que a los fines de identificación policial se efectúa a partir de la selección hecha por el testigo sobre un conjunto de rasgos característicos del rostro.

La denominación no es desconocida en América. *En base a la descripción proporcionada por el muchacho, las autoridades elaboraron un retrato robot para tratar de dar con el paradero del asesino.* → **identikit**, → **retrato hablado**.

**retribuir** (se conjuga como **huir**).

**retro-**. Elemento compositivo de origen latino que, colocado al comienzo de palabra, entra en la formación de algunos cultismos españoles con el significado de 'llevar hacia atrás': *retroactivo, retroactividad, retrogradar*.

**retrotraer** (se conjuga como **traer**).

A partir de 1992, el *DRAE* incorporó la siguiente acepción: "Retroceder a un tiempo pasado para tomarlo como referencia o punto de partida de un relato".

Ejemplifica: *Retrotrajo su relato a los primeros años de su estancia allí.* También pronominal. *Se retrotrajo a los tiempos de su infancia.*

**reunir**.

(➤ Cdo. 53.)

**revelar**. → **rebelar**.

**reventar** (se conjuga como **pensar**).

**rever** (se conjuga como **ver**).

**reverdecer** (se conjuga como **agradecer**).

**reverter - revertir**.

• reverter (se conjuga como **tender**).

Verbo poco usual que significa 'rebosar, derramarse un líquido por encima de los bordes'.

• revertir (se conjuga como **sentir**).

**1**. Volver al estado inicial una cosa. También, por extensión, invertir el rumbo de un proceso. *Pretenden revertir las tendencias inflacionarias mediante un plan de ajuste fiscal.*

**2**. Volcarse. *La capacitación revertirá en una mejor educación.*

**revés**. Sustantivo masculino que expresa el lado o parte posterior u opuesta a la principal.

Sobre este significado forma las expresiones:

- **al revés de**. Locución adverbial que se aplica a lo que se realiza en forma opuesta a lo debido. *Hace siempre las cosas al revés de lo que la gente quiere. Pusieron los materiales al revés de lo acordado.*

- **al** o **del revés**. Locución adverbial que significa que algo se coloca, se pone en sentido contrario al correspondiente. *Te pusiste otra vez el pulóver del revés.*

**revestir** (se conjuga como **pedir**).

**revolcar** (se conjuga como **contar**).

**ribera - rivera**.

• ribera. Orilla del río o mar. *Los juncos abundan en las riberas del río.*

• rivera. Arroyo, cauce. *Solía pescar en la rivera cercana.*

**rigor**.

- **en rigor**. Locución adverbial que indica 'en realidad', 'estrictamente'. *En rigor, no sé exactamente lo que ocurrió después.*

- **ser de rigor**. Frase con la que se manifiesta que algo resulta indispensable por requerirlo así la costumbre, la moda o la etiqueta. *Para la fiesta es de rigor que los hombres vistan esmoquin.*

**rino-**. Elemento compositivo de origen griego que, colocado al comienzo de palabra, entra en la formación de algunos cultismos españoles con el significado de 'nariz': *rinólogo, rinología, rinoceronte.*

**rivalizar**. ~ **en**: *No podía rivalizar en inventiva.* ~ **con**, ~ **contra**: *De allí partirá para rivalizar con el equipo de la Universidad.*

**rivera**. → **ribera**.

**robot**. Sustantivo masculino con el que se designa el mecanismo programable diseñado para cumplir diversas tareas de manera relativamente independiente.

En español adopta acentuación aguda (/řo-**bot**/) y forma normalmente el plural en *-s*: *robots.*

**robótica**. El *DRAE* incorpora este sustantivo femenino a partir de 1992 con la siguiente definición: "Técnica que aplica la informática al diseño y empleo de aparatos que, en sustitución de personas, realizan operaciones o trabajos, por lo general en instalaciones industriales".

**robustecer** (se conjuga como **agradecer**).

**rociar** (se conjuga como **ansiar**).

**rodar** (se conjuga como **contar**).

**roer**. → **raer**.

**rogar** (se conjuga como **contar**).

**romper**. Participio irregular: *roto.*

~ **a**, ~ **con**, ~ **de**: *Rompió a patadas la puerta. Rompió el jarrón con la pelota. Rompió el jarrón de un pelotazo.* ~ **en**: *Lo rompió en pequeños trozos.* ~ **con**: *Rompió con el novio hace una semana.* ~ **en**: *Cuando se enteró rompió en llanto.*

**rompiente**. Sustantivo con el que se designa el escollo en el mar o en un río donde rompe el agua y forma una cresta. La Academia española solo lo registra como de género masculino: *el rompiente.* Sin embargo la forma femenina no es en absoluto inusual, y quizá más frecuente en América o en España. *A unos pocos metros de la costa había una rompiente muy fuerte, con olas de más de tres metros de altura.*

**rotura – ruptura**.

• rotura. Acción y efecto de romper. *Tiene una rotura en el saco.*

• ruptura. Acción y efecto de romper. *Se produjo una ruptura en las relaciones.*

◊ El cultismo (*ruptura*) se emplea particularmente en los lenguajes jurídico y médico.

**round** (/**řaun**(d)/). Voz inglesa de uso muy frecuente que, con grafía y pronunciación originales, se emplea para designar cada uno de los períodos en que se divide el combate de boxeo.

Puede ser reemplazada por *vuelta* o *asalto.*

**-rragia**. Elemento compositivo de origen griego que, colocado al final de palabra, entra en la formación de algunos cultismos españoles con el significado de 'fluir', 'brotar': *verborragia, hemorragia.*

**-rrea**. Elemento compositivo de origen griego que, colocado al final de palabra, entra en la formación de algunos cultismos españoles con el significado de 'flujo': *seborrea, verborrea.*

**rubeola** (/řu-**beo**-la/) o **rubéola** (/řu-**be**-o-la/). Sustantivo con el que se designa la enfermedad infecciosa caracterizada por una erupción cutánea similar a la del sarampión.

Ambas grafías se hallan hoy aceptadas.

♦ En el lenguaje cuidado conviene evitar la forma **rubiola,* frecuente en el habla popular, y que puede documentarse ocasionalmente en la prensa de algunos países americanos, como Nicaragua, Honduras, México y Colombia.

***rubiola**. → **rubéola**.

**rubricar**. Etimológicamente, este verbo significa colocar la rúbrica, esto es el dibujo final de la firma. Actualmente se emplea más como 'sellar', 'dar fin'. *Rubricó la paz alcanzada entre ambas familias con un apretón de manos.*

**ruptura**. → **rotura**.

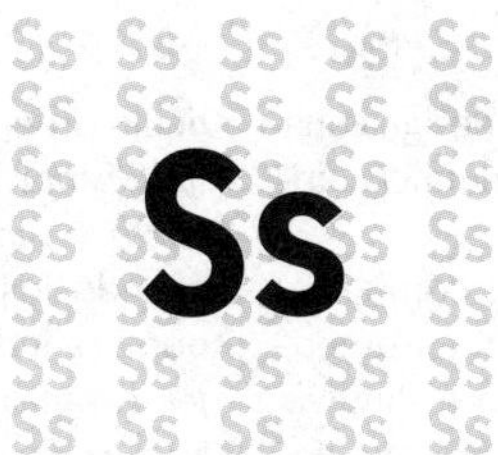

**S** (**s**). Nombre: *ese*.

**Descripción**. Vigésima segunda letra del abecedario español. Es una consonante que representa un sonido fricativo (por su modo de articulación) y sordo.

Entre sus distintas variedades regionales se destacan, por su punto de articulación, la predorsal, dominante en América y en las regiones meridionales de España, y la ápicoalveolar, común en la mayor parte de España.

**sábana – sabana**.

• sábana. Ropa de cama. *Las sábanas están en el ropero.*

• sabana. Llanura. *La sabana es propia de las regiones intertropicales.*

**saber**. Con el significado de 'tener gusto a', es verbo defectivo. Se emplea solo en tercera persona del singular y plural.

~ **a**: *Este postre sabe a naranja.*

(➤ Cdo. 55.)

**sacar**. ~ **a**: *Los sacaron a los gritos.* ~ **de**, ~ **por**: *La sacaba de los pelos.* ~ **de**: *Lo sacó de la miseria en que vivía.*

**saga – zaga**.

• saga. Leyenda. *Tenía predilección por las sagas y los mitos.*

• zaga. Retaguardia. *En la carrera, los más jóvenes quedaron a la zaga.*

**Sahara**. Nombre del mayor desierto del mundo, situado en el centro norte de África.

En español tiene acentuación grave (/sa-**a**-ra/), más común en América, o esdrújula, en cuyo caso se suma también la aspiración de la *h* (/**sa**-χa-ra/) y debe acentuarse: *Sáhara.*

**sahumar** (se conjuga como **aunar**).

**salir**. ~ **de**: *Salió de compras. Salió de paseo.* ~ **a**: *En el carácter salió a su abuelo.* ~ **de**: *¿De dónde salió esa versión?*

(➤ Cdo. 56.)

**salobre – salubre**.

• salobre. Salado. *El agua del mar es salobre.*

• salubre. Saludable. *El clima de esta región no es salubre.*

**salpimentar** (se conjuga como **pensar**).

**saltar**. ~ **a**: *Saltaron a tierra desde la rampa.* ~ **en**: *Saltó en paracaídas.* ~ **por**: *El ladrón saltó por la ventana.*

**salubre**. → **salobre**.

**salvar**. Participio regular: *salvado*. Participio irregular: *salvo*.

~ **de**: *Lo salvaron de morir ahogado. Se salvaron del naufragio.*

**salvataje**. Galicismo por *salvamento*. Es voz sin registro académico ampliamente difundida en América, en particular en el sur del continente. *Para sanear la empresa nuevamente, el país deberá desembolsar 40 millones de dólares sobre los 400 que ya había costado el primer salvataje.*

**samba**. Nombre con el que se designa una danza popular brasileña, de influencia africana.
En el *DRAE* figura desde 1992 como sustantivo femenino. Sin embargo, en América es habitual su empleo como sustantivo masculino, es decir con el género que tiene en Brasil. *Con un pegadizo samba cantado en coro por la multitud hizo su entrada la sexta y penúltima escuela en el desfile.*
♦ No confundir con → **zamba**, 'danza y canto popular del noroeste argentino', que es voz femenina: *la zamba.*
**samurái**. Sustantivo masculino con el que se designa al individuo perteneciente a una clase inferior de la nobleza militar en el antiguo sistema feudal japonés.
♦ Aunque por lo común se escribe sin tilde, por ser palabra aguda con diptongo final (/sa-mu-**rai**/) debe llevarla.
**samuray**. Grafía relativamente frecuente por **samurái**.
**santiguar** (se conjuga como **averiguar**).
**santo**. Adjetivo y sustantivo que se aplica a seres virtuosos y ejemplares y, en especial, a aquellos que la Iglesia católica canoniza.
El adjetivo apocopa en *san* solo cuando se coloca, sin artículo, delante de un nombre propio de varón: *San Cayetano, San Juan.* Si se encuentra acompañado por el artículo, no se produce apócope: *el santo hombre, el santo Juan.*
◊ Con los nombres *Tomás* o *Tomé*, y *Toribio* o *Domingo*, no se apocopa y conserva la forma completa: *Santo Tomás, Santo Domingo.*
Las formas *santo*, su apócope *san* y el femenino *santa* se escriben con mayúscula cuando acompañan al sustantivo sin artículo precedente: *Santo Tomé, San Sebastián, Santa Teresa.*
*Santo* y *santa* se escriben con minúscula cuando los precede el artículo o el pronombre indefinido *uno. Era una santa mujer. El santo patrono los protegería.*
**sarco-**. Elemento compositivo de origen griego que, colocado al comienzo de palabra, entra en la formación de algunos cultismos españoles con el significado de 'carne': *sarcocarpio, sarcófago, sarcolema, sarcoma.*
**satelital**. Adjetivo con el que se alude a lo concerniente a los satélites. En la práctica solo se aplica a los de comunicación. *El tan publicitado sistema satelital es ya una realidad para muchos usuarios.*
Es voz de uso corriente en casi toda América, pero inusual en España, donde se emplean formas perifrásticas como *vía satélite* o *por satélite.*
**satisfacer**. Participio irregular: *satisfecho.*
~ **con**: *Siempre satisface con sus respuestas. Nunca se satisface con nada.* ~ **por**: *Su llegada lo satisface por las noticias que trae.*
(➤ Cdo. 57.)
**saúco** (/sa-**u**-ko/) o **sauco** (/**sau**-ko/). Sustantivo masculino con el que se designa un arbusto con abundantes ramas, y de corteza parda y rugosa.
En la pronunciación española, y en la de buena parte de América es palabra grave con tilde en la *u*, que indica hiato.
Por figurar así (*saúco*) en el *Diccionario* oficial se ha censurado la pronunciación con diptongo que, sin embargo, es la usual en diversos países americanos, como la Argentina, Chile, Perú, Uruguay y Venezuela, y no resulta, tampoco, totalmente desconocida en España.

**-scopia**. Elemento compositivo de origen griego que, colocado al final de la palabra, entra en la formación de algunos términos médicos españoles con el significado de 'examen, vista, exploración': *laparoscopia, radioscopia.*
Aunque la RAE solo registra la forma con diptongo final, en el español, americano o peninsular, la forma con hiato: *laparoscopía, radioscopía,* se encuentra sumamente extendida en la grafía y en la pronunciación, particularmente en el lenguaje científico y técnico.

**se**. Forma pronominal átona e invariable de tercera persona singular y plural, y de segunda persona singular (**usted**) y plural (**ustedes**) que se usa siempre sin preposición.

**1**. Cumple la función de objeto directo e indirecto con valor reflexivo: *Mientras unos se afeitan, otros se lavan los dientes y otros se visten apresuradamente*; o recíproco: (*Ustedes/ellos*) *se dieron un gran abrazo.*

**2**. Reemplaza a las formas **le**, **les** del objeto indirecto cuando en una oración aparecen simultáneamente las formas pronominales correspondientes al objeto directo (**lo**, **la**, **los**, **las**). *Se lo repitió muchas veces.*

♦ Evítese el error frecuente de emplear el pronombre variable objetivo (**lo**) en plural, cuando acompaña al pronombre de objeto indirecto invariable (**se**) referido a una pluralidad de personas. **Se los advertí* por *Se lo advertí,* cuando la oración significa, por ejemplo, *Les advertí a los turistas que no caminaran por esa calle tan oscura.*

**3**. Es signo de voz pasiva en la construcción formada por *SE* + VERBO EN TERCERA PERSONA (SINGULAR O PLURAL) + SUJETO: *Se escucharon las propuestas,* equivalente a *Las propuestas fueron escuchadas.* En esta construcción el verbo tiene forma activa y su sujeto gramatical es el sustantivo (siempre referido a objetos) que lo sigue, por lo que debe guardar con él la concordancia numérica correspondiente. *Se escuchó una sola propuesta. Se escucharon todas las propuestas.*

♦ Son incorrectas, por lo tanto, construcciones como **Se escuchará propuestas,* que parten de la confusión con el uso impersonal de **se**, que solo admite verbo en tercera persona del singular.

◊ Es frecuente que el sujeto gramatical de estas oraciones con forma activa y significado pasivo sea un infinitivo: *Se recomienda hablar en voz baja*; o una proposición sustantiva: *Se recomienda que hablen en voz baja.*

**4**. Es signo de impersonalidad en la construcción formada con *SE* + VERBO EN TERCERA PERSONA DEL SINGULAR. *Se trabaja mucho.* Por ser impersonal, esta construcción carece de sujeto, pero admite objeto directo de persona. *Se ayuda a los necesitados.*

◊ Cuando el objeto directo es sustituido por pronombre en la forma impersonal, se utiliza **lo** o **le**, según cuál sea el pronombre elegido como referente de la función de objeto en las distintas regiones de habla hispana. *Se les contrató* (común en España). *Se los contrató* (común en muchas regiones de América).
Esta construcción impersonal solo admite verbo en singular y no tiene sujeto ni equivalente con la forma perifrástica de la voz pasiva, pero sí admite en cambio objeto directo de persona, circunstancias que permiten diferenciarla de la forma pasiva con **se** (véase más arriba).

♦ Son incorrectas, por lo tanto, construcciones como **Se ayudan a los necesitados,*

en los que se hace concordar el verbo con el número del objeto directo por confusión con la concordancia entre verbo y sujeto que requiere la estructura de voz pasiva con **se**.
5. Es signo cuasi reflejo de tercera persona; y de la segunda persona (**usted**, **ustedes**) cuando acompaña a los verbos llamados pronominales, y no funciona ni como objeto directo ni como objeto indirecto. *Se (ustedes/ellos) fueron demasiado temprano. Noté que Laura se había puesto muy nerviosa.*
◊ Este uso no puede confundirse con el impersonal porque, como se ve, tiene sujeto tácito o expreso. Además, **se** es la forma propia de la tercera persona y de la segunda (**usted**, **ustedes**), pero el cuasi reflejo puede manifestarse con las formas correspondientes a la totalidad del paradigma. *Nos fuimos demasiado temprano. Noté que me había puesto muy nerviosa.*
Tampoco puede confundirse con los usos reflexivos o recíprocos en los que funciona como objeto directo o indirecto porque no admite los refuerzos correspondientes.
♦ Evítese el vulgarismo de agregar *n* al pronombre enclítico que duplica la *-n* del plural en las formas imperativas correspondientes a **ustedes** (**¡Súbansen!* por *¡Súbanse!*).
**sebo**. → **cebo**.
**secar**. ~ **a**: *Cuando sale del mar prefiere secarse al sol.* ~ **con**: *Puedes secarte con la toalla verde.*
**sección – sesión – cesión**.
• sección. Parte de un todo. *Esta es la sección de electrodomésticos.*
• sesión. Reunión, junta. *Mañana hay nuevamente sesión.*
• cesión. Acción y efecto de ceder. *La enfiteusis es una cesión a cambio de un canon.*
**seccionar – sesionar**.
• seccionar. Dividir. *Seccionaron la pieza en dos partes iguales.*
• sesionar. Celebrar una sesión. *Hoy sesiona la Academia de Historia.*
**secesión – sucesión**.
• secesión. Separación. *Fue una guerra de secesión.*
• sucesión. Serie, encadenamiento; herencia. *Se produjo una sucesión de hechos agradables.*
**secundar**. ~ **en**: *Ella lo secunda en todas sus decisiones.*
**sedar**. → **ceder**.
**seducir** (se conjuga como **conducir**).
**segar**. → **cegar**.
**seguido**. Acción y efecto de seguir.
Como adjetivo indica 'continuo, sin interrupción en el espacio o en el tiempo'. *Se bebió tres copas seguidas. Estuvo sin dormir dos días seguidos.*
Como adverbio expresa que la acción se desarrolla ininterrumpidamente o de forma habitual. *Viene seguido por aquí.*
– **a seguido**. Locución adverbial que indica que una acción se realiza a continuación de otra. *Primero fueron perdonados y a seguido gratificados.* Es giro de empleo predominantemente hispánico.
– **en seguida**. Locución adverbial con la que se indica que una acción sucede inmediatamente después de otra. *Hablaron por teléfono y en seguida se dispusieron a salir.*
**seguir**. ~ **a**: *Los cristianos siguen a Jesucristo.* ~ **con**: *Sigue con su trabajo aunque no es lo que le gusta.* ~ **en**: *Sigue en el caso.*
**seguro**.
– **de seguro**. Forma con la que se expresa la certeza que se tiene respecto de algo que se afirma. *Es muy temprano, de seguro todavía no llegó.*

– **en seguro**. Locución adverbial que indica en un lugar o situación en que no se corre riesgo. *Conviene poner el dinero en seguro.*
– **sobre seguro**. Locución adverbial con la que se expresa que un hecho se realiza de manera que nada quede librado al azar. *Antes de salir llama para ver si están, es mejor ir sobre seguro.*

**semántico**. En español, este adjetivo designa lo que está relacionado con la significación de las palabras. Por eso debe evitarse hablar de diferencia o error *semántico* cuando se quiere hacer referencia a lo formal, gramatical o simplemente minimizar un dicho. **Lo que usted señala son aspectos meramente semánticos que no guardan relación con el sentido de mi declaración.*

**sembrar** (se conjuga como **pensar**).

**semi-**. Elemento compositivo de origen latino que, colocado al comienzo de palabra, entra en la formación de numerosas voces con el significado de 'medio': *semibreve, semicírculo, semidormido.*

**sendos**. Pronombre distributivo de número exclusivamente plural y con variante de género, que se emplea únicamente con función adjetiva. Aplicado a conjuntos respectivos de personas o cosas significa 'uno o una para cada uno'. *Vinieron con sendos abrigos* (= vino cada uno con el suyo). *Dispusieron las viandas en sendos platos* (= a cada vianda le corresponde un plato). *Los soldados portaban con orgullo sendas condecoraciones.* En este sentido, es una palabra de uso principalmente literario.
♦ Pese a que el uso popular del adjetivo con el valor de 'grande', 'descomunal' se encuentra muy extendido y su empleo es sostenido, debe evitárselo en el habla cuidada.
♦ También es contrario a su sentido el empleo en singular. **¿Qué podía hacer yo si me apuntaba con senda pistola?*

**senil** (/se-**nil**/). Este adjetivo, con el que se designa a la persona de avanzada edad en la que se advierte decadencia física, es voz aguda, por lo tanto no corresponde la pronunciación *(/**se**-nil/).

***sénil**. Forma incorrecta por → **senil**.

**sénior**. Adjetivo latino en forma comparativa que significa 'el mayor', 'el más anciano'.
En la actualidad, alternando entre la función adjetiva y la sustantiva, ha sido reintroducido al español a través del inglés, y se emplea para hacer referencia a categorías o jerarquías, particularmente deportivas y, en ocasiones, profesionales con el sentido de 'de mayor edad', 'experimentado' o 'avezado'.
El plural corrientemente empleado es *seniors. Los seniors obtuvieron una medalla de oro en la competencia internacional.*
◊ Nótese que de acuerdo con las reglas de ortografía esta forma plural no lleva tilde por ser voz grave.
◧ **júnior**.

**sensible**. El superlativo de este adjetivo es *sensibilísimo* y en el lenguaje coloquial también es muy usada la expresión *muy sensible.*

**sentar** (se conjuga como **pensar**).
~ **a**: *En cuanto llegó se sentó a la mesa para comer.* ~ **en**: *Se sentaron en un banco y conversaron.* ~ **sobre**: *Se sienta siempre sobre el escritorio.*
♦ Pese a su frecuencia, conviene evitar la construcción coloquial *sentarse en la mesa* para indicar que alguien se sienta *a* la mesa para disponerse a comer.

**sentir**.
- **sin sentir**. Inadvertidamente. *No le costó mucho esfuerzo, pudo hacerlo casi sin sentir.*
(➤ Cdo. 58.)
**señor**, **señora**. Formas de tratamiento de respeto masculina y femenina respectivamente, que pueden anteponerse al nombre propio o usarse como sustantivos plenos. *El señor Gonzalo salió. La señora ocupó el último asiento que quedaba.* Cuando preceden al nombre propio, se escriben con minúscula si conservan la forma completa: *El señor Almeida era el personaje más divertido de la fiesta*; y con mayúscula si se emplea la forma abreviada: *El Sr. Godoy llamará nuevamente más tarde. La Sra. Mejía viene a retirar a su hijo.*
**sepultar**. Participio regular: *sepultado*. Participio irregular: *sepulto*.
**ser**. ~ **de**: *No es de aquí, es de otro país.* ~ **de**: *Es de los que piensan antes de actuar.* ~ **para**: *No es para un trabajo de oficina.*
- **a no ser que**. Locución conjuntiva que se emplea con sentido correctivo para introducir una salvedad. *Podemos empezar el curso el lunes, a no ser que no haya inscriptos.*
- **aunque sea**. Locución conjuntiva con la que se expresa conformidad ante una situación, si no es posible lograr otra más satisfactoria. *No es necesario que le compren un regalo importante, pero aunque sea, llévenle una atención.*
◊ Es frecuente que la acompañe un *más* de énfasis. *Aunque más no sea, llamen por teléfono.*
- **de no ser**. Locución con la que se expresa la condición de la que depende la realización de un hecho. *De no ser porque Laura nos llamó, estaríamos todavía esperando.*
- **es más**. Locución adverbial que añade una razón, motivo o apreciación que refuerza o confirma algo que ya se ha dicho. *Podemos cenar todos juntos, es más, podemos decirles a Lorenzo y a María Eugenia que nos acompañen.*
- **esto es**. Locución con que se introduce una aclaración, se explica o amplía el sentido de algo dicho anteriormente. *Terminaron las clases, esto es, tenemos unos días de tranquilidad.*
- **no sea que**. Expresión con la que se advierte frente a un posible riesgo. *No caminen por el borde de la pileta, no sea que se caigan.*
- **o sea**. Locución equivalente a *esto es*. *Lo compró a 20 pesos, o sea más barato que el anterior.*
- **sea como sea**. Frase con la que se da a entender la necesidad de llevar a cabo algo pese a las dificultades que puedan oponerse. *Es preciso que terminen el trabajo hoy sea como sea.*
- **sea... sea**. Locución conjuntiva con valor distributivo. *Vayamos a la playa, sea caminando, sea en auto.*
(➤ Cdo. 5.)
**serial**. Como "Obra radiofónica o televisiva que se difunde en emisiones sucesivas", la Academia española registra este sustantivo con género masculino. Sin embargo, en diversos países de América, como Chile, Perú o Uruguay, se emplea como femenino. *Es el paradigma de una serial policial violenta, con la cual crecieron los niños de los ochenta. Se trata de una inversión que una serial nacional difícilmente podría recuperar.*
◊ Pese a que como adjetivo tiene el valor relacional de 'perteneciente o relativo a una serie', la expresión *asesino serial* es una

traducción literal del inglés *serial killer*. En los últimos tiempos, por influencia de las películas norteamericanas dobladas al español, esta ha ingresado, especialmente en el lenguaje periodístico de la crónica policial, sustituyendo la forma tradicional de *asesino en serie*. *Se dice que el asesino serial deja pistas porque en el fondo desea que se lo detenga.*

**serrar** (se conjuga como **pensar**).

**servidor** (Por influjo del inglés *server*). Se llama así, en una red informática, a la computadora o al programa destinado a proporcionar información en respuesta a los requerimientos que llegan desde otras computadoras periféricas.

En Internet, recibe esta denominación el programa que proporciona información cuando recibe solicitudes externas a través de una conexión.

**servir** (se conjuga como **pedir**).

~ **para**: *Es una herramienta muy útil, sirve para todo.*

- **servirse de**. Se *sirvió de una pala para remover los escombros.*

**servo-**. Elemento compositivo de origen latino que, colocado al comienzo de palabra, entra en la formación de algunas voces técnicas con el significado de 'sistema auxiliar', 'mecanismo': *servofreno, servomotor.*

**sesear**. → **cecear**.

**seseo**. Particularidad lingüística propia de Andalucía, Canarias y América, consistente en la pronunciación de la z, o la c ante e o *i*, como *s*, sea con articulación predorsoalveolar o predorsodental, o con articulación apicoalveolar.

Esta asimilación fonética *(za, ce, ci, zo, zu,* pronunciadas */sa/, /se/, /si/, /so/, /su/)* es la causa de numerosas vacilaciones ortográficas, ya que la escritura no encuentra apoyo en la dicción.

◧ **ceceo**.

**sesión**. → **sección**.

**sesionar**. → **seccionar**.

**sesqui-**. Elemento compositivo de origen latino que, colocado al comienzo de palabra, entra en la formación de algunos cultismos con los que se señala una unidad y media: *sesquilátero, sesquicentenario, sesquipedal.*

**set** (/set/). Voz inglesa de variado uso en el español que como sustantivo masculino designa:

**1**. El conjunto de seis juegos en el tenis.

**2**. El recinto cerrado donde se hacen las representaciones correspondientes a obras televisivas o cinematográficas, y donde se realizan grabaciones discográficas.

Con este sentido es equivalente a **estudio**, también frecuente, y a *plató*, acaso más corriente en España.

**3**. El conjunto de objetos destinados a un determinado fin: *set de herramientas, set de viaje.*

Con este sentido equivale a las voces españolas *equipo* o *juego*, por las que bien puede reemplazarse.

Su plural es *sets*.

**seudo-**. Elemento compositivo de origen griego que, colocado al comienzo de palabra, entra en la formación de algunos cultismos con el significado de 'falso', 'que cumple la función de': *seudología, seudónimo, seudópodo.*

◊ Puede también anteponerse a cualquier sustantivo calificándolo de falso o aparente: *seudoprofesora, seudoabogado.*

**severo**. Este adjetivo en español significa: "1. Riguroso, áspero, duro en el trato o castigo. 2. adj. Exacto y rígido en la observancia de una ley, precepto o regla. 3. adj. Dicho de una estación del año: Que tiene temperaturas extremas" (*DRAE*).

Referido a cosas, hechos o situaciones, su empleo con el sentido de 'importante', 'serio', es un anglicismo (*severe*) que contraría innecesariamente el uso de la voz en nuestro idioma. *Nuevamente fue lesionado, sufriendo severas heridas en su estómago, en la batalla de El Alamein.*

**-sfera**. Elemento compositivo de origen griego que interviene en la formación de cultismos españoles con el significado de 'capa de la Tierra o zona estelar': *barisfera, biosfera, cromosfera, atmosfera* o *atmósfera, ionósfera, pirósfera, estratósfera, litósfera.*

El *DRAE* registra la doble acentuación para → **atmósfera**. En los restantes casos, indica que la forma grave es la dominante en el uso peninsular; mientras que en casi toda América la acentuación más frecuente en el habla culta es la esdrújula (/-´fera/), acaso por similitud con → **-´fero**, **ra**, elemento compositivo de mayor productividad y extensión: *mamífero, plumífero, somnífero*, etcétera.

Así, a partir de la última edición, se reconoce que en el uso general americano son totalmente regulares las grafías *biósfera, cromósfera, atmósfera, ionósfera, pirósfera, estratósfera, litósfera.*

**shampoo**. → **champú**.

**sí**. Adverbio con el que se expresa afirmación. *Sí, quiero que vengas a buscarme.*

**si**. Conjunción que desempeña las siguientes funciones:

**1**. Introduce una proposición interrogativa indirecta general o dubitativa. *–¿Todos van a presentarse a concurso? –Pregunta si todos van a presentarse a concurso.*

**2**. Introduce una proposición condicional. *Si los tres colaboran podemos terminar antes el trabajo.*

♦ No debe emplearse el verbo en condicional inmediatamente después de la conjunción **si**. **Si estaría enojada no vendría a verte.*

**sí**. Forma pronominal tónica e invariable de tercera persona singular y plural que se usa siempre precedida de preposición y tiene sentido reflexivo. *Prefirió resolverlo por sí mismo.* Cuando la preposición que antecede es *con*, se forma la palabra *consigo*. *Cuando tenía que tomar alguna determinación hablaba consigo misma aprovechando el silencio de la noche.*

◊ Obsérvese que en América es frecuente que, con el mismo sentido, el pronombre *sí* alterne con *usted* como término de construcción preposicional. *¿Prefiere resolverlo por usted mismo?/¿Prefiere resolverlo por sí mismo?*

◊ *Sí*, como pronombre reflexivo tónico, tiene sus equivalentes en el paradigma en las formas *mí* y *ti* correspondientes a la primera y a la segunda persona del singular. *Prefieres resolverlo por ti mismo. Hablaba conmigo misma en el silencio de la noche.*

Por eso, la expresión **volver en sí**, que significa 'recuperar el conocimiento', debe emplearse con la forma pronominal adecuada (normalmente *sí* o *mí*): *Laura volvió en sí después de dos minutos*, pero *Volví en mí después de dos minutos.*

– **de sí**. Locución adverbial que indica pertenencia, lo que es propio o suyo. *Siempre quiso dar lo mejor de sí.*

– **para sí**. Locución adverbial que con verbos de decir significa 'hacerlo interiormente, sin dirigir a otro la palabra'. *Cuando es-*

*tuvo solo se dijo para sí que las cosas no funcionaban bien.*

**si**. Nota musical. Es sustantivo masculino.

**sic**. Adverbio latino que se usa en transcripciones de textos orales o escritos, por lo general entre paréntesis, para dar a entender que una palabra o frase empleada en ellos, y que pudiera parecer inexacta, es textual y no un error de quien transcribe. "*La investigación y los avances tecnocráticos* (sic) *fueron posibles gracias al ahorro*".

**sida**. Sustantivo masculino formado como acrónimo de **s**índrome de **i**nmuno**d**eficiencia **a**dquirida. Su empleo como sustantivo común es totalmente habitual y registrado por el *DRAE* en su edición de 1992 como: "Enfermedad viral consistente en la ausencia de respuesta inmunitaria".
También es frecuente el uso de la mayúscula, dándole forma de sustantivo (*Sida*) y, menos corriente, el de la sigla (*S.I.D.A.*).

**siempre**. Adverbio de tiempo que indica su prolongación indefinida. También significa 'eternamente', o 'en cualquier momento'.
Admite además los siguientes valores:
**1**. Equivale a *todavía* en oraciones como *¿Siempre vives en la misma casa?*
**2**. En el habla popular de algunos países americanos, Chile y México entre ellos, adquiere un valor enfático antepuesto a los adverbios *sí* y *no*, particularmente como corroboración. *Le suplicamos que asistiera a la reunión y siempre no vino. Siempre sí quiero trabajar. Siempre no me voy.*
**3**. El uso de la construcción *SIEMPRE* + VERBO: *Lo tenía siempre agarrado de la mano, sin soltarlo*, en lugar de SEGUIR + GERUNDIO: *Lo seguía agarrando de la mano, sin soltarlo*, constituye un galicismo más extendido en América que en España.
- **de siempre**. Locución adjetiva con la que se indica la regularidad o la continuidad de una circunstancia. *Vino con el mismo vestido de siempre.*
- **para siempre**. Locución adverbial con la que se da a entender que un hecho ocurre por última vez o por tiempo indefinido. *Dijo adiós para siempre.*
- **por siempre**. Locución adverbial con que se indica que algo es válido perpetuamente o por tiempo sin fin. *Serás por siempre bienvenido a esta casa.*
- **siempre que**. Locución conjuntiva de valor:
**a)** Condicional. En este sentido equivale a *con tal que. Vamos juntas al cine siempre que yo pague las entradas.*
**b)** Temporal. Denota una acción que se realiza habitualmente en correlación con otra. En este sentido equivale a *cada vez que. Siempre que salía de casa sonaba el teléfono.*

**sien**. → **cien**.

**sierra**. → **cierra**.

**siervo**. → **ciervo**.

**símbolo**. Signo, letra o letras convenidos con los que se expresa, en matemática, una cantidad (*1* 'unidad'), una relación (< 'menor que'), o una operación (+ 'suma').
En química es la letra mayúscula seguida o no de minúscula que representa un elemento, por lo común la inicial y, eventualmente, la letra siguiente del nombre latino (*S* - *sulphur* - 'azufre').
♦ Pese su relativa frecuencia, debe evitarse el empleo del punto al final del símbolo (**hl.*), característica propia de las abreviaturas, como así también la marca de plural (**25 cms*).

**símil** (/**si**-mil/). Sustantivo masculino con el que se designa la semejanza que guardan entre sí dos cosas. *Estableció un símil entre lo ocurrido durante la crisis de los años treinta y la actual situación.*

♦ Es voz grave, por lo que debe evitarse acentuarla como aguda *(/si-**mil**/).

**simpatizar**. ~ **con**: *Simpatizó con el nuevo profesor.*

**sin**. Preposición.

**1**. Expresa 'falta', 'carencia'. *Ayer se quedaron sin luz. Lo estás preparando sin ganas. Los chicos están sin ganas de salir.*

**2**. Cuando precede a un infinitivo, señala negación de un hecho simultáneo o anterior al del verbo principal. *Estamos sin comer. Trabajó sin parar.*

◊ En estas situaciones equivale a una construcción negativa con gerundio. *No habiéndolo pensado* es igual a *Lo hice sin pensar.*

**3**. En algunos casos expresa la noción de 'exceptuando', 'excluyendo'. *Tiene cuatrocientas páginas sin los índices.*

**4**. Cuando se usa precedido de *no* equivale a una afirmación atenuada. *La contraté no sin desconfianza.*

**síncopa – síncope**.

• síncopa. Figura de dicción que consiste en la supresión de uno o más sonidos dentro de una voz. *La palabra "Navidad" es síncopa de "Natividad".*

• síncope. Detención de los latidos del corazón. *Antes de llegar a su casa, sufrió un síncope.*

**síncope**. → **síncopa**.

**síndrome**. Sustantivo masculino con el que se designa al conjunto de síntomas característicos de una enfermedad. En 1992 el *DRAE* incorporó una segunda acepción que, por extensión, corresponde al "conjunto de fenómenos que caracterizan una situación determinada". *En los últimos tiempos todos parecían estar afectados por el síndrome de la superficialidad.* Es voz esdrújula.

♦ Pese a que la acentuación grave (/sin-**dro**-me/) se halla bastante extendida conviene evitar este empleo.

**sine die**. Locución latina que significa 'sin fijar fecha'. Se emplea frecuentemente en el lenguaje parlamentario. *Postergaron el tratamiento del proyecto sine die.*

**sinestesia – cenestesia**.

• sinestesia. Figura retórica que consiste en unir dos sensaciones procedentes de diferentes dominios sensoriales. *La expresión "sonido rojo" constituye una sinestesia.*

• cenestesia. "Sensación general de la existencia y del estado del propio cuerpo, independiente de los sentidos externos, y resultante de la síntesis de las sensaciones, simultáneas y sin localizar, de los diferentes órganos y singularmente los abdominales y torácicos" (*DRAE*).

**sino**. Conjunción adversativa exclusiva con la que se contrapone una oración afirmativa a otra negativa, de manera que la afirmativa excluya totalmente a la negativa. *No lo compró ella sino su hermano.*

♦ Evítese confundir la conjunción adversativa **sino** con la construcción **si no**, formada por la conjunción condicional **si** y el adverbio **no**. *No lo invitará, sino lo llamará* (lo llamará en lugar de invitarlo). *No lo invita si no la llama* (en caso de no llamarla no lo invita).

**siquiera**. Adverbio y conjunción que, con sentido restrictivo, se emplea en expresiones afirmativas con el valor de 'por lo menos', y en expresiones negativas con el valor de 'tan solo'.

En estos casos suele usarse precedida por *ni. Podría colaborar siquiera en las tareas domésticas. No cuenta con ella (ni) siquiera para resolver un problema menor. Se fue y ni siquiera se despidió.*

♦ Es aconsejable evitar el empleo de las formas pleonásticas **tan siquiera* y **sin tan siquiera*, cuando no existe una particular intención enfática.

**sirio**. → **cirio**.

**situar** (se conjuga como **actuar**).

**slogan**. → **eslogan**.

**smog**. → **esmog**.

**snob**. Aunque la grafía inglesa se emplea aún con relativa frecuencia (*Son de esos que se autonombran cultos y no lo son, son snobs*), es aconsejable emplear la adecuación al español: *esnob*.

**so**. Preposición.

Equivale a 'bajo' o 'debajo de'. Actualmente se usa poco y solamente en algunas expresiones como *so pena de* o *so pretexto de*.

**sobre-**. Elemento compositivo de origen latino que, colocado al comienzo de palabra, entra en la formación de numerosas voces con el significado de 'superposición', como en *sobrearco*, pero es más común con el de 'en exceso', 'de cantidad o calidad superior a lo deseable': *sobreabundancia, sobrealimentar, sobrecargar*.

**sobre**. Preposición.

**1**. Indica el punto de contacto o de apoyo encima del cual se halla una persona o cosa. *Puso su mano sobre mi cabeza.*

**2**. Indica la cercanía respecto de una cosa que se halla en lugar más bajo. *Sobre las montañas pueden verse nubes negras.*

**3**. Acompañada por verbos de movimiento, señala dirección hacia la cual se dirige algo. *El perro se tiró sobre el desconocido.*

**4**. En su significado temporal, expresa la idea de tiempo aproximado o impreciso en el que ocurre la acción. En este sentido puede reemplazarse por *alrededor de*. *Llegarán sobre la una.*

**5**. Puede indicar el tema o argumento acerca del cual se habla o se trata un escrito. *Normalmente puede hablar sobre política sin enojarse.*

**6**. Señala la materia sobre la cual se realiza una tarea. *Siempre le gustó la pintura sobre tela. El trabajo sobre madera requiere una gran habilidad.*

♦ Las expresiones: **trabajo sobre encargo*, en lugar de *trabajo por encargo*, y **trajes sobre medida*, en lugar de *trajes a medida* (quizá más propias de España que de América) son consideradas como usos anormales de la preposición *sobre*.

También se censura el empleo de esta preposición cuando sustituye a *de*. **Sobre 50 alumnos encuestados, solo 20 respondieron correctamente.*

El empleo de *sobre* en lugar de **contra** es muy frecuente en el periodismo deportivo. **El árbitro marcó una falta cometida sobre el arquero.* Es preferible: *El árbitro marcó una falta cometida contra el arquero.*

**sobredosis**. Sustantivo femenino con el que se designa la dosis excesiva de una droga, particularmente cuando puede llegar a producir la muerte. *Fue internado con una sobredosis de cocaína y está grave.*

**sobreentender** (se conjuga como **tender**).

**sobrehilar** (se conjuga como **aislar**).

**sobrentender** (se conjuga como **tender**).

**sobreponer** (se conjuga como **poner**). Participio irregular: *sobrepuesto*.

**sobreponerse a**: *Gracias a su voluntad pudo sobreponerse a la desgracia.*

**sobresalir** (se conjuga como **salir**).

~ **en**: *Sobresalieron en las competencias.*

~ **entre**: *Sobresale entre los deportistas.*

~ **por**: *En todas las reuniones sobresale por su simpatía.*
**sobreseer** (se conjuga como **leer**).
En la actualidad, este verbo se emplea casi solamente en el ámbito jurídico para indicar el cese de una instrucción sumarial; y por extensión dejar sin curso ulterior un procedimiento. *El fiscal general del Estado apeló la resolución del tribunal que sobreseyó al acusado, en un proceso abierto para investigar supuestos delitos electorales.*
**sobrevalorar**. Se emplea usualmente con el sentido de 'atribuir a personas o cosas mayor valor del que tienen'. *No hay que sobrevalorar la importancia de esta derrota.*
◊ Alterna con igual sentido con *supervalorar*, de empleo menos frecuente.
**sobrevenir** (se conjuga como **venir**).
**sobreventa**. Sustantivo femenino con el que se designa la acción y efecto de vender mayor cantidad de la que efectivamente se dispone. *Al llegar las vacaciones vuelven a escucharse las quejas contra las compañías aéreas por la sobreventa de pasajes.* Es voz corriente en América y en España, pero carece de registro académico.
**sobrevolar** (se conjuga como **contar**).
**socio-**. Elemento compositivo de origen latino que, colocado al comienzo de palabra, entra en la formación de numerosas voces con el significado de 'social', 'sociedad': *sociolingüística, socióloga, sociometría.*
**sofisticado**. Es ya completamente regular el empleo de este adjetivo con el valor neológico introducido por el inglés, por el cual se califica así a lo que es técnicamente complejo o avanzado. *La nueva versión se halla dotada con un sofisticado sistema de sensores que permiten advertir al conductor las posibles fallas.*
**sofreír** (se conjuga como **reír**).
Participio regular: *sofreído*. Participio irregular: *sofrito*.
**software**. Voz inglesa totalmente afianzada en el campo de la computación como sustantivo masculino. Con ella se designan los programas o instrucciones que guían el funcionamiento de la parte mecánica o → **hardware**.
**solazar**.
**solazarse ante**. ~ **con**, ~ **en**: *Se solazaba ante la desgracia ajena. Era incapaz de solazarse en la belleza del paisaje.*
**soldar** (se conjuga como **contar**).
**soler** (se conjuga como **mover**).
Es verbo defectivo que se emplea, por lo común, en infinitivo, en presente (*suelo, suela*) y en imperfecto (*solía, soliera* o *soliese*) del indicativo y del subjuntivo.
**solidarizar**.
**solidalizarse con**: *La población se solidarizó con los empleados de la fábrica.*
**solo – sólo**.
• solo. Que no está acompañado. *Él prefiere quedarse solo para estudiar.*
• sólo. Solamente. *Él prefiere quedarse sólo para estudiar.*
El adverbio se acentúa si existe riego de confusión de sentido.
**soltar** (se conjuga como **contar**).
Participio regular: *soltado*. Participio irregular: *suelto*.
**someter**.
~ **a**: *Se sometió a una operación que era innecesaria. Lo sometieron a duros castigos.*
**somnolencia**. Sustantivo femenino con el que se designan las ganas de dormir y la pesadez o sopor motivados por ellas. *Después de comer experimento una irresistible somnolencia.*
♦ Evítese el empleo de la forma **somnoliencia*.

***somnoliencia**. Forma incorrecta por → **somnolencia**.

**sonar** (se conjuga como **contar**).

- **sonar a**. Tener apariencia. *La excusa que dio me suena a mentira.*

Con el sentido de 'producir ruido algún objeto', este verbo en español es intransitivo.

♦ Evítese el empleo transitivo que suele escucharse en el doblaje de series televisivas. **Apúrate y suena la alarma.*

**sonreír** (se conjuga como **reír**).

**soñar** (se conjuga como **contar**).

~ **con**: *Él soñó con sus padres.*

**sosegar** (se conjuga como **pensar**).

**sospechar**.

~ **de**: *Sospechamos de todos.*

**sostener** (se conjuga como **tener**).

~ **con**: *Sostengan el cuadro con las manos. Me sostuve con la mesa.*

~ **con**: *Sostiene sus ideas con argumentos muy sólidos. Se sostiene con su trabajo. Sostengo a mi familia con lo poco que gano.*

~ **de**, ~ **por**: *Lo sostienen de la cuerda. Le sostuvo por los brazos.*

**spaghetti**. → **espagueti**.

***stablishment**. Error bastante frecuente por → **establishment**. No tiene justificativo en inglés, y menos en español. **El gobierno empezó a recibir presiones del stablishment.*

**-stático, ca**. Elemento compositivo de origen griego que, colocado al final de palabra, entra en la formación de adjetivos técnicos con los significados de 'relacionado con el equilibrio' (*aerostática, hidrostático*); o 'que detiene' (*bacteriostático, hemostático*) lo designado por el primer elemento.

**stricto sensu**. Locución latina que significa 'en sentido estricto' y que se aplica a las palabras que deben ser consideradas en sentido específico. *Establece como excepción el no ser aplicado a los Jueces de Distrito en actividades judiciales stricto sensu.*

♦ Evítese el empleo de la forma incorrecta **strictu sensu.*

◧ **lato sensu**.

***strictu sensu**. Forma incorrecta por → **stricto sensu**.

**su**. Adjetivo posesivo → **suyo**.

**subarrendar** (se conjuga como **pensar**).

**subdirectorio**. En informática se denomina así a la estructura de **directorios** creada dentro de otro directorio. *Un subdirectorio puede contener archivos y otros subdirectorios jerárquicamente subordinados.*

**subir**. ~ **a**, ~ **hacia**: *Subió al tren en la primera estación. Se subió al árbol. Subió hacia la cumbre.* ~ **de**, ~ **desde**: *Subieron de la bodega algunas botellas de vino.*

~ **por**: *Si suben por la escalera llegarán más rápido. Siempre se suben por el balcón.*

- ***subir arriba**. Expresión pleonástica, ya que el verbo *subir* lleva de sí el sentido de 'mover hacia arriba'.

♦ Conviene evitar su empleo.

**subscribir**. Participio: *subscrito* o *subscripto*.

**substancia**. Este sustantivo, como sus derivados, admite la simplificación del grupo *-bs-* en *-s-*.

Es aconsejable emplear la grafía actual: *sustancia, sustanciación, sustancial, sustancialmente, sustanciar, sustancioso, sustantivación, sustantivamente, sustantivar, sustantividad, sustantivo.*

**substituir** (se conjuga como **huir**).

Esta voz, como sus derivados, admite la simplificación del grupo *-bs-* en *-s-*.

Es aconsejable emplear la grafía actual: *sustituir, sustitución, sustituible, sustituidor, sustituir, sustitutivo, sustituto.*

**substraer** (se conjuga como **traer**).

Esta voz, como sus derivados, admite la simplificación del grupo *-bs-* en *-s-*.

Es aconsejable emplear la grafía actual: *sustracción, sustractivo, sustraendo, sustraer.* Igual ocurre con *substrato*, de diferente etimología: *sustrato.*

**subvertir** (se conjuga como **sentir**).

**sucesión**. → **secesión.**

**sucinto**. Adjetivo que significa 'breve, conciso o resumido'. *Cuando lo interrogaron, hizo una sucinta exposición de los hechos.*

♦ Evítese por incorrecta la forma **suscinto,* así como el empleo de este adjetivo con el significado de 'detallado'. **Después nos hizo un sucinto relato con todos los pormenores del caso.*

**sud**. Sustantivo masculino que corresponde a *sur*. Es voz formada por influjo del inglés e interviene de manera casi exclusiva como elemento inicial en composición de palabras como *Sudáfrica, Sudamérica, sudoeste.*

**sugerir** (se conjuga como **sentir**).

**sujetar**. Participio regular: *sujetado*. Participio irregular: *sujeto.*

**sumar**.

**sumarse a**. Adherirse. *Los otros gremios también se sumaron a la huelga.*

**sumo – zumo**.

• sumo. Supremo. *Hoy hablará el Sumo Pontífice.*

• zumo. Jugo. *Siempre toma zumo de zanahorias.*

**super-**. Elemento compositivo de origen latino que, colocado al comienzo de palabra, entra en la formación de numerosas voces con el significado de 'encima de': *superestructura*; y 'muy', 'mucho': *superabundante, superdotado, supereficiente.*

**superponer** (se conjuga como **poner**). Participio irregular: *superpuesto.*

**suplantar**. Tradicionalmente este verbo se emplea con el sentido de 'ocupar el lugar de otro, en especial de manera fraudulenta'. *Tres años fueron engañados por el impostor que lo suplantaba.*

◊ Aunque es muy frecuente que se emplee con el valor de *suplir* o *reemplazar,* que carecen de connotaciones negativas, en un estilo de habla cuidada conviene mantener el distingo. *Le pedí a mi compañera que me supliese* (*que me reemplazase*) *el mes entrante*, y no **Le pedí a mi compañera que me suplantase el mes entrante.*

**suponer** (se conjuga como **poner**). Participio irregular: *supuesto.*

– **ser de suponer**. Locución con la que se expresa que algo ocurre tal como era presumible o esperado. *Comenzó a caminar solo, con el miedo que es de suponer.*

– **en el supuesto de**. Locución con la que se expresa que algo ocurre de determinada manera si se cumple un hecho posible. *El dispositivo impide la salida del gas en el supuesto de que se apague la llama. La batería solo se agota en el supuesto de utilizarla más de cuatro horas.*

◊ Nótese que antecede a un verbo en infinitivo o a una proposición encabezada por el relacionante *que.*

**supra-**. Elemento compositivo de origen latino que, colocado al comienzo de palabra, entra en la formación de diversos vocablos españoles con el significado de 'superior' o 'sobre': *suprasensible, suprarrenal, supranacional.*

◧ **infra-**.

**surgir**. ~ **de**, ~ **en**, ~ **entre**: *Surgió de la nada. Surge entre las nubes. El problema surge en la mañana.*

***suscinto**. Forma incorrecta por → **sucinto**.

**suscribir**. Participio: *suscrito* o *suscripto.*

**suspender**. Participio regular: *suspendido.* Participio irregular: *suspenso.*

~ **de**: *Para que no se cayera lo suspendió de una soga. Se suspendió del cable.*

**sustancia**. → **substancia**.

**sutil** (/su-**til**/). Este adjetivo, con el que se designa algo delicado, tenue y, en sentido figurado, a la persona o cosa perspicaz o ingeniosa, es voz aguda.

♦ Evítese la acentuación grave *(/**su**-til/) debida, acaso, al influjo de *útil*.

**suyo**. Adjetivo posesivo que significa 'de él', 'de ella', 'de usted'. Presenta variantes de género y número, por lo que existen cuatro formas: *suyo, suya, suyos, suyas.*

Cuando se emplea delante del sustantivo se apocopa en *su, sus,* sin variante de género. *Su vocación fue siempre la docencia. Sus intenciones fueron buenas pero nadie las tuvo en cuenta.*

◊ Obsérvese que la forma apocopada se conserva aun cuando se interponga otro adjetivo entre el posesivo y el sustantivo. *Su adecuada intervención fue lo que nos salvó del accidente.*

Se usa sin sufrir apócope en los siguientes casos:

**a**) Cuando funciona como predicativo. *Esos libros son suyos.*

**b**) Cuando aparece pospuesto al nombre en construcción nominal precedida por artículo. *La intervención suya fue muy oportuna.*

**c**) Cuando el sustantivo queda sobreentendido y aparece inmediatamente después del artículo, adquiriendo función sustantiva. *Mi hijo tiene 10 años, el suyo es menor.*

**T** (**t**). Nombre: *te.*

**Descripción**: Vigésima tercera letra del alfabeto español. Representa un sonido de articulación dental oclusiva y sorda.

En final de sílaba se debilita su pronunciación y se asemeja a la de la *d* fricativa sorda; en final de palabra se pierde frecuentemente; detrás de sílaba acabada en z se hace dental por asimilación.

**tajear**. Verbo de empleo corriente en algunos países sudamericanos, la Argentina, Chile, Perú y Uruguay, con el sentido de 'realizar un tajo' o 'cortar superficialmente'. *Por venganza le tajeó la cara.*

**tal**. **1**. Adjetivo con sentido deíctico o de mostración. *No he visto tal cosa.*

**2**. Adverbio desusado equivalente a *así. Tal lo vi que no pude hablar.*

**3**. Pronombre demostrativo (*tal ha sido la causa de su derrota*) o indeterminado (*tales habrá que le crean*). Forma construcciones de sentido comparativo o consecutivo antecediendo a **como**, **cual** o **que**. *Es tal como te digo. Lo hizo tal cual lo pedí. Con tal que venga, esperemos un poco más.*

Forma la locución conjuntiva de valor condicional **con tal de**, con que se expresa que la realización de un hecho depende del cumplimiento de una determinada condición. Puede ir seguida de infinitivo: *Con tal de figurar primero, hace cualquier cosa;* o de una oración con verbo en forma personal.

En estos casos la locución está acompañada por *que* (*con tal de que* o *con tal que*). *No me importa lo que diga, con tal que sea sincero.*

◊ Obsérvese que en estos últimos casos el verbo se halla en modo subjuntivo.

**también**. Adverbio que se emplea con valor aditivo, para afirmar la igualdad, semejanza o relación de una cosa con otra dicha o presente en el diálogo. *Recorrieron la ciudad, y también fueron a una función de teatro.*

◊ Cuando la primera cosa presentada es negativa, debe usarse el adverbio *tampoco. No recorrieron la ciudad y tampoco fueron a una función de teatro.*

♦ Evítese el empleo de la construcción TAMBIÉN + NEGACIÓN. **No recorrieron la ciudad y también no fueron al teatro.*

**tan**. Forma apocopada del adverbio **tanto**. Cuando precede a un adjetivo o adverbio intensifica la significación del adjetivo, el adverbio y el participio. *Es tan amable. No comas tan rápido.*

Cuando se halla en correlación con:

**a)** *Como* expresa una comparación de igualdad. *Los hijos son tan altos como el padre.*

**b)** Con la conjunción *que* establece consecuencia. *Gritó tan fuerte que lo escucharon del otro lado del río.*

Forma la expresión **de tan**, de valor consecutivo cuyo sentido es 'en razón de lo excesivo'. *De tan confiado es ingenuo.*
Interviene también en la construcción **tan es así**, expresión usual por *tanto es así*. Probablemente, la apócope incluida en esta construcción proviene de la confusión con la que aparece en su equivalente *tan así es*, donde *tan* antecede inmediatamente al adverbio *así*. Aunque no es gramaticalmente correcta, el empleo de esta construcción está bastante extendido y convive con la variante semiculta *tal es así*. *Una señora comisionada de la economía informal estaba otorgando permisos a diestra y siniestra y tan es así que fue destituida.*
**tanto**. Adverbio que se emplea con los siguientes significados:
**a)** Cantidad excesiva de algo. *No hables tanto. No pueden dormir tanto durante el día.*
**b)** Larga duración, con verbos de significación temporal. *¿Por qué tardaron tanto?*
Cuando establece correspondencia con *cuanto* o *como* expresa equivalencia o igualdad. *Van a ganar tanto cuanto trabajen.*
Suele ser antecedente de proposiciones consecutivas. *Trabajaron tanto que se olvidaron de comer.*
- **al tanto de**. Locución adverbial con la que se expresa el hecho de hallarse al corriente o enterado de determinado acontecimiento. *No estoy al tanto de lo ocurrido entre nuestros amigos.*
- **en tanto**. Locución conjuntiva con la que se indica oposición. *Sus manos olían a perfume, en tanto las mías estaban siempre engrasadas y sucias.*
- **en tanto** o **en tanto que**. Locución conjuntiva con la que se destaca el aspecto en que se considera algo. *Quiero hablar del hombre en tanto ser social.*
**tañer**. **1**. Tocar un instrumento musical. *Tañó la flauta como dios pagano.*
**2**. Sonar una campana. *Las campanas tañeron para llamar a misa.*
Tiene un empleo menos generalizado que su variante coloquial → **tañir**.
(➤ Cdo. 59.)
**tañir** (se conjuga como **pedir**).
Verbo de igual sentido que → **tañer**, pero de empleo más común.
◊ Nótese la diferencia entre ambos: *Cerca de un centenar de campanas tañirán* (de **tañir**) *en concierto. Cerca de un centenar de campanas tañerán* (de **tañer**) *en concierto.*
**tapizado**. ~ **con**, ~ **de**, ~ **en**: *Tapizado con terciopelo. Las sillas tapizadas en seda rosa.*
**taquigrafiar** (se conjuga como **ansiar**).
**tasa – taza**.
• tasa. Gravamen, medida. *La tasa bancaria de interés es del 4% anual.*
• taza. Utensilio. *Las tazas son de porcelana.*
**tatuar** (se conjuga como **actuar**).
**taza**. → **tasa**.
**te – té**.
• te. Pronombre personal. *Te pido que vayas rápidamente.*
• té. Sustantivo. *Prefiero tomar té.*
La voz designa el arbusto oriental con cuyas hojas se prepara la infusión del mismo nombre.
En diversos países americanos, como la Argentina, Colombia, Costa Rica, Cuba, Guatemala, México, Puerto Rico y Venezuela, se suele llamar *té* a infusiones semejantes hechas con otras sustancias: *té de coca, de tilo, de canela*. Este empleo es más limitado y menos corriente en España.

**-teca**. Elemento compositivo de origen griego que, colocado al final de palabra, entra en la formación de algunos cultismos españoles con el significado de 'lugar donde se guarda': *biblioteca, filmoteca, hemeroteca.*
**-teco, ca**. Sufijo de origen náhuatl que se aplica a nombres propios de lugar para formar los gentilicios correspondientes: *guatemalteco, mazateco, yucateco, zacateco.*
**tele-**. Elemento compositivo de origen griego que, colocado al comienzo de palabra, entra en la formación de numerosas voces con el significado de 'a distancia': *telecomunicación, teledirigido, televisión.*
Por especialización de sentido significa también 'televisión': *teleespectador, teleaudiencia, teleplatea.*
**telegrafiar** (se conjuga como **ansiar**).
**telegrama** (/te-le-**gra**-ma/). Este sustantivo masculino, con el que se designa el despacho telegráfico, es palabra grave.
♦ Evítese el empleo de la forma esdrújula *(/te-**le**-gra-ma/).
***telégrama**. Vulgarismo por → **telegrama**.
**télex**. Forma hispanizada del inglés *telex*, con la que se denomina al sistema telegráfico internacional por el que se comunican sus usuarios, que cuentan con un transmisor semejante a una máquina de escribir y un receptor que imprime el mensaje recibido. También recibe este nombre el mensaje transmitido por este sistema.
Por estar incorporado al español como palabra grave, este sustantivo debe escribirse con tilde.
En cuanto al plural, es invariable: *los télex.*
**temblar** (se conjuga como **pensar**).
~ **de**: *Temblaba de frío y no tenía nada para abrigarse.*
**temer**. Verbo regular modelo de 2ª conjugación.
(➤ Cdo. 2.)
**tendente – tendiente**. Ambas son formas correctas del participio del verbo **tender**.
La primera, sin diptongo, es de empleo generalizado en España. La segunda, en cambio, es totalmente habitual en la casi totalidad de los países americanos.
~ **a**: *Procura desarrollar toda acción tendiente a fines humanitarios.*
**tender**.
(➤ Cdo. 60.)
**tener**.
(➤ Cdo. 61.)
**teñir** (se conjuga como **pedir**).
Participio regular: *teñido*. Participio irregular: *tinto.*
**termo-** o **-termo, ma**. Elemento compositivo de origen griego que, colocado al comienzo o final de palabra, entra en la formación de diversos cultismos españoles con el significado de 'calor': *termodinámica, termología, termométrica, hemotermo, isotermo.*
**tés – tez**.
• tés. Plural de *té*. *Por favor, tráigame dos tés.*
• tez. Rostro. *Tenía una tez nacarada.*
**tetra-**. Elemento compositivo de origen griego que, colocado al comienzo de palabra, entra en la formación de cultismos españoles con el significado de 'cuatro': *tetrabronquial, tetraedro, tetralogía.*
**tez**. → **tés**.
**tic**. Sustantivo masculino con que se nombra el movimiento convulsivo, involuntario y repetido que se produce por la contracción de algún músculo.
Su plural es *tics.*
**tiempo**.
– **a tiempo**. Locución adverbial con la que se indica que la acción sucede en el mo-

mento oportuno, cuando todavía no es tarde. *Llegaron a tiempo porque ya salíamos a buscarlos.*

- **a tiempos**. Locución adverbial que indica que un hecho se realiza esporádicamente, de cuando en cuando. *A tiempos, respiraba bien, a tiempos, con dificultad.*

- **a un tiempo**. Locución adverbial que expresa una acción que se realiza simultáneamente, o en la cual todos intervienen en un mismo momento. *Ahora levantémosla a un tiempo.*

- **con tiempo**. Locución adverbial con que se indica el modo de proceder anticipadamente, sin apuro, cuando todavía es el momento oportuno. *Para hacer las cosas bien, hay que hacerlas con tiempo.*

- **en tiempo**. Locución adverbial con la que se indica la oportunidad o la puntualidad con que se realiza algo. *Entregaron el trabajo en tiempo.*

- **en tiempos**. Locución adverbial que se emplea para referirse a época pasada. *En tiempos pasados existía más respeto en el trato entre las personas.*

- **en tiempo real** (Por influjo del inglés *real time*). En informática, locución adverbial referida por lo común a operaciones que se realizan en lugares distantes, con la que se indica que la información es procesada en el mismo momento en que estas se llevan a cabo. *Presentamos nuestra versión del más popular sistema de comunicación en tiempo real utilizado en la red.*

**tierra**. Es sustantivo propio cuando designa el planeta que habitamos, por lo que debe escribirse con mayúscula. *La Tierra tiene un solo satélite.*

Es sustantivo común en las demás acepciones. *Es menor la superficie ocupada por la tierra que la ocupada por el mar. La tierra no era tan fértil como supusieron inicialmente los campesinos.*

**tifoideo** (/ti-foi-**de**-o/). Adjetivo que se aplica a lo relativo al tifus.

♦ Es palabra grave, por lo que debe evitarse el empleo de la forma esdrújula *(/ti-**foi**-de-o/).

***tifóideo**. Forma incorrecta por → **tifoideo**.

**tildar**. Verbo transitivo con el que se nombra la acción de colocar la tilde sobre las letras que lo requieran. Ocasionalmente se lo emplea con el sentido de 'tachar algo escrito'.

Propio del lenguaje político y periodístico es su generalizado empleo como "Señalar con alguna nota denigrativa a una persona" (*DRAE*). *Fue así como luego tuvo que defenderse de quienes lo tildaron de "irresoluto".*

♦ Es incorrecto emplearlo con el sentido genérico de 'caracterizar' (recuérdese que la caracterización debe ser negativa). **La reunión, tildada como "de carácter informativo", concluyó anoche sin que se emitiera ningún comunicado.*

**tina**. → **bañera**.

**tincar**. Verbo de origen quechua que significa 'golpear', 'chocar una cosa con otra'. Es de empleo en el norte de la Argentina, Bolivia, Chile y Perú.

**tipear**. Este verbo, del inglés *to type*, es empleado regularmente en diversos países de América, como la Argentina, Chile, Honduras, México, Perú, Uruguay y Venezuela, con el sentido de 'escribir a máquina' y, modernamente, con el muy próximo de 'introducir datos a través de un teclado de computadora'. *Exhibe todos los equipos disponibles cada vez que se tipea un nombre de clase. Con los sistemas de* *reconocimiento de voz no es preciso tipear los datos.*

**tipo**. Sustantivo masculino con el que se designa el ejemplar característico de una especie.

Obsérvese que:

**a)** En construcciones como *la estructura es de tipo jerárquico*, el adjetivo concuerda con el sustantivo *tipo*, al que modifica.

♦ Evítese la concordancia con el sujeto. **La estructura es de tipo jerárquica.*

**b)** Cuando forma parte de una construcción prepositiva cuyo término es un sustantivo femenino (*tipo de diagramación*) el adjetivo que sigue puede concordar con el núcleo masculino (*el tipo de diagramación proyectado*) o con el término femenino (*el tipo de diagramación proyectada*).

**tocante**. Participio presente del verbo *tocar.*

Aunque tenga cierto empleo como adverbio propio de un estilo discursivo culto (*tocante al punto tratado quiero manifestar mi acuerdo*), es más frecuente en la locución adverbial **tocante a**, o **en lo tocante a**, que significa 'referente a', 'concerniente a'. *En lo tocante a esos aspectos, será mejor tratarlos en otra oportunidad.*

♦ Es galicismo que conviene evitar en su empleo con el sentido de 'conmovedor' o 'emocionante', tomado del francés *touchant. *Con una tocante ceremonia se dio fin al acto inaugural.*

**todavía**. Adverbio de tiempo que:

**1**. Expresa la continuidad de una acción en el tiempo. Con este significado equivale a **aún**. *Todavía está hablando de lo mismo.*

**2**. Con valor modal tiene un valor adversativo. *Le explico todo lo que tiene que hacer y todavía se enoja conmigo.*

**3**. Tiene sentido concesivo. *Todavía se justificaría tu empeño si creyeses en lo que haces.*

**4**. Se emplea con los adverbios *más, menos, peor, mejor* para expresar mayor intensidad. *Esa computadora es todavía mejor que la mía.*

**todo**.

– **a todo esto** o **a todas estas**. Locución adverbial con la que se da a entender que una acción transcurre al tiempo que otra. *Estaba tranquila mirando televisión y, a todo esto, los chicos estaban en la cocina jugando con fuego.*

◊ Difiere de **mientras tanto** y **entre tanto** en que, junto a la simultaneidad, esta suele expresar también desconocimiento de la otra situación.

– **ante todo**. Locución adverbial que se emplea para destacar algo: *Ante todo quisiera expresar mi agradecimiento por las atenciones recibidas;* o para indicar que una acción debe realizarse en primer lugar: *Ante todo deberían considerarse las circunstancias.*

– **así y todo**. Locución conjuntiva con la que se expresa que una acción tiene lugar pese a las circunstancias adversas. *Le explicamos en detalle cómo manejar el aparato; así y todo lo rompió.*

***tohalla**. Forma errónea por *toalla.*

**tomar**. ~ **con**: *La toma con las manos.* ~ **de**: *Lo toma del cuello.* ~ **por**: *Se queja porque la toman por ingenua.*

**-tomía**. Elemento compositivo de origen griego que, colocado al final de palabra, entra en la formación de numerosas voces científicas, particularmente médicas, con el significado de 'incisión o corte': *laringotomía, neurotomía, traqueotomía.*

**-tomo, ma**. Elemento compositivo de origen griego que, colocado al final de palabra, entra en la formación de algunos cultismos españoles con el significado de 'que corta' o 'que se corta o divide': *átomo, dicótomo, neurótomo*.

**tono**.

- **a tono**. Locución adverbial con la que se indica que algo no resulta discordante, que se halla a la misma altura intelectual, moral, etc., que algo o alguien. *Su comentario no está a tono con las circunstancias.*

- **de buen** o **mal tono**. Locución adjetiva con que se califica de socialmente inadecuada, o no, una determinada conducta. *Esa frivolidad de mal tono acabará perjudicándote.*

- **en tono de**. Locución adverbial con la que se da a entender que una acción se realiza 'a manera de'. *Me lo pidió en tono de orden. Vino a hablarme en tono de confidente.*

- **fuera de tono**. Locución adverbial que significa 'inoportunamente' o 'desacertadamente'. *Su respuesta estaba completamente fuera de tono.*

**torácico**. Adjetivo con el que se alude a todo lo perteneciente o relativo al tórax: *caja torácica.*

◊ Aunque con criterio en exceso purista se ha censurado el empleo de la forma *toráxico*, simplemente por no figurar en las páginas del *DRAE*, es innegable que tanto su escritura como su pronunciación son corrientes en el habla culta de diversos países americanos, como la Argentina, Chile, Cuba y Perú.

**tórax**. Sustantivo masculino con el que se designa el pecho del hombre y de los animales.

Es invariable en plural, *los tórax*.

**toráxico**. → **torácico**.

**torcer** (se conjuga como **cocer**).

Participio regular: *torcido*. Participio irregular: *tuerto*.

**torno**.

**en torno a** o **en torno de**. Locución adverbial, generalmente seguida por las preposiciones *a* o *de* con la que se da a entender el punto alrededor del cual se desarrolla un movimiento, o el tema sobre el que versa una conversación, disputa o razonamiento. *Finalmente no tuvieron la ocasión de charlar en torno al tema que habíamos propuesto. En torno a esa casa hay muchas historias. En torno del árbol crece una hiedra.*

**tostar** (se conjuga como **contar**).

**traducir** (se conjuga como **conducir**).

~ **a**: *Tradujeron el discurso al español.* ~ **de**: *Le pidieron que tradujese esa obra del griego al español.*

**traer**.

~ **con**: *Traigan con el coche la mesa.* ~ **de**: *Trajeron la comida de la cocina.*

(➤ Cdo. 62.)

**traficar**. Obsérvese que el sentido actual de este verbo no es simplemente negociar, sino hacerlo de manera ilícita o al menos al margen de la moral.

~ **con**: *Lo detuvieron porque traficaba con drogas.*

**tráfico**. Aunque el uso de este sustantivo con el sentido de *tránsito*, esto es 'circulación de vehículos por calles y caminos', sigue siendo cuestionado, dicha acepción es correcta y de empleo generalizado en nuestra lengua. *No podía llegar más temprano porque a esa hora había mucho tráfico.*

**tragaluz**. Sustantivo masculino con el que se designa la ventana abierta en un techo o en la parte superior de una pared. *La iluminación, que provenía exclusivamente del tragaluz, creaba un ambiente cálido.* Su plural es *tragaluces.*

**trans-**. Elemento compositivo de origen latino que, colocado al comienzo de palabra, entra en la formación de numerosos cultismos españoles con el significado de 'a través de', 'del otro lado': *transandino, transatlántico, transcendental, transbordador.* El empleo de las grafías *trans-* o *tras-* es vacilante, de allí que la Academia española refleje esa actitud en su *Diccionario* pues aclara que *trans-* "Puede alternar con la forma *tras-*: *translúcido* o *traslúcido, transcendental* o *trascendental,* o adoptar exclusivamente esta forma: *trasladar, traspaso*". Pese a que en la actualidad parece existir una tendencia generalizada a la simplificación en *tras-* como forma única, es conveniente recordar que *trans-* se asocia en primer lugar a la noción de 'movimiento (real o figurado) a través de': *transatlántico, transcribir, transcurrir, transferir, transfigurar, transformar,* y sus derivados. *Tras-,* por su parte, se asocia a la de 'situación o posición después de' en razón de su empleo como preposición y prefijo.

**transcender** (se conjuga como **tender**).

**transcribir**. Participio: *transcrito* o *transcripto.*

**transferir** (se conjuga como **sentir**).

**transgénico**. Adjetivo con el que se califica a los vegetales o animales cuyo modelo genético ha sido modificado mediante la incorporación biotécnica de genes ajenos a su naturaleza originaria. *Los alimentos transgénicos deben hallarse identificados.*

**transgredir**. Si bien la normativa tradicional considera que es verbo defectivo, esto es que solo se conjuga en las formas que tienen en su desinencia la vocal /i/: *transgredía, transgrediré, transgrediera,* etc., acaso por analogía con **agredir** se ha generalizado su empleo como verbo pleno: *transgredo, transgreda.*

**tras**. Preposición.

**1**. En lo temporal indica el tiempo posterior de un hecho. *Tras el interrogatorio el juez lo dejó en libertad.*

**2**. En lo espacial, expresa una posición posterior del sujeto con respecto a una persona u objeto. *Se encuentra tras la sierra.* En el habla actual es más frecuente el empleo de las construcciones: *después de* (valor temporal) o *detrás de* (valor espacial) en lugar de *tras,* cuyo empleo es casi exclusivamente literario.

♦ Evítese el empleo de la forma **tras de* con el sentido espacial de *tras* o *detrás de.* **Se ubicó tras de la ventana,* por *Se ubicó tras la ventana* o *Se ubicó detrás de la ventana.*

**3**. Puede usarse con el sentido 'a la búsqueda de'. *No dejen que se escape, vayan tras el niño.*

**tras-**. → **trans-**.

**trascender** (se conjuga como **tender**).

**trascribir**. Participio: *trascrito* o *trascripto.*

**trasferir** (se conjuga como **sentir**).

**trasgredir**. → **transgredir**.

**trasponer** (se conjuga como **poner**). Participio irregular: *traspuesto.*

**tratar**. ~ **con**: *Cuando va a la empresa trata directamente con el gerente.* ~ **de**. Procurar: *Yo trato de comer poco.* ~ **de**, ~ **sobre**, ~ **acerca de**: *El libro que escribió trata sobre la contaminación ambiental.* ~ **de**: *Lo tratan de usted. Me trataron de idiota.*

**través**.

– **a través de**. Locución adverbial que indica el hecho de pasar de un lado a otro, por entre un lugar determinado. *A través de la ventana podíamos ver la pelea. Caminaron a través del bosque durante una hora.*

Figuradamente, se refiere a un espacio temporal. *A través de los años va acrecentando su calidad.* También se emplea con el significado de 'por intermedio de'. *Puedes comunicarle la noticia a través de sus padres.*

Similar sentido expresa la construcción **al través de**, menos frecuente y regular.

♦ Pese a que no es inusual en algunos países americanos, como Colombia, México o El Salvador, parece conveniente evitarla en el habla cuidada. **El terreno sobre el cual fue construida no era el mejor, por lo que el edificio sufrió muchas resquebrajaduras al través de los siglos.*

– **de través**. Locución adverbial con la que se indica el hecho de colocar, o hallarse algo en dirección transversal. *Ponga la reja de través para poder entrarla.*

**trenzar**.

**trenzarse a**. ~ **en**: *Se trenzaron a golpes a la salida de la escuela. Solían trenzarse en interminables discusiones.*

**tri-**. Elemento compositivo de origen latino que, colocado al comienzo de palabra, entra en la formación de diversos cultismos españoles con el significado de 'tres': *tríada, triángulo, trisílabo.*

**triatlón** (/tri-a-**tlon**/). Sustantivo masculino con el que se designa una carrera que consta de tres etapas correspondientes a tres deportes distintos.

Es voz aguda.

**tris**, **a un tris de** o **en un tris**. Locución adverbial con la que se indica que una acción se encuentra a punto de ocurrir. *Ellos están a un tris de abandonar los estudios. Estuvieron a un tris de que la policía los encontrase.*

La forma con la preposición *a* es corriente en América; se la documenta al menos en la Argentina, Bolivia, Chile, Perú, México y Venezuela. La segunda, con *en*, es prácticamente la única que se emplea en España.

**trocar** (se conjuga como **contar**).

**tronar** (se conjuga como **contar**).

Con el sentido propio de 'retumbar el trueno', es verbo unipersonal y se conjuga solamente en 3ª persona. *Truena más seguido.*

Con el valor translaticio de 'hablar de algo o de alguien con violencia, en voz alta' se conjuga en todas las personas. *El capitán tronó contra todos esos cobardes que no se animaban a venir.*

**tropezar** (se conjuga como **pensar**).

~ **con**: *Cuando quiere hacer algo por otro siempre tropieza con obstáculos.*

**trozar**. El *Diccionario* académico registra este verbo transitivo con los significados de 'romper, hacer pedazos' y, entre madereros, 'dividir en trozas el tronco de un árbol'.

No incluye, en cambio, un uso bastante extendido en América (se lo documenta al menos en la Argentina, Bolivia, Chile, Paraguay y Uruguay) donde significa, referido a alimentos, particularmente aves y pescados, 'dividirlos en trozos o piezas'. *Trozar el pollo, flamearlo y lavarlo, luego freírlo con manteca.*

**tu**. Adjetivo posesivo → **tuyo**.

**tú**. Pronombre personal que corresponde a la segunda persona del singular masculina o femenina. Su plural es **vosotros**.

Esta forma, propia del tratamiento de confianza, refiere a la persona con quien se habla.

**1**. Cumple la función de sujeto. *Tú no quisiste acompañarnos.*
**2**. De predicativo. *El que siempre molestaba eras tú.*
**3**. En función de término de complemento preposicional se emplea la forma **ti**. *No lo hago por ti. Estuvieron hablando muy bien de ti.*
Se exceptúa la preposición *con*, que obliga al reemplazo de ambos términos por la forma compuesta **contigo**. *Decidimos viajar contigo.*
**4**. Cuando el pronombre cumple la función de objeto directo, indirecto o pronombre cuasi reflejo, se emplea la forma átona **te**. *Te llamaron de la oficina. ¿A qué hora te fuiste ayer?*
**5**. Es frecuente en la lengua coloquial el uso del pronombre de segunda persona en sus diferentes variantes, con valor impersonal. *Cuando buscas trabajo, siempre te dicen las mismas cosas.*
**turbo-**. Elemento compositivo de origen latino que, colocado al comienzo de palabra, entra en la formación de diversas voces técnicas con el significado de 'turbina': *turboalternador, turbohélice, turbopropulsión.*
**tuyo**. Adjetivo posesivo que corresponde a las segundas personas **tú** y **vos**.
Tiene variante de género y número, por lo que existen cuatro formas: *tuyo, tuya, tuyos, tuyas.*
Cuando antecede a un sustantivo se apocopa en *tu* y *tus*, sin variante de género. *Quiero conocer tu casa. Me agrada ver tus delgadas manos.*
Se usa sin sufrir apócope en los siguientes casos:
**a)** Cuando funciona como predicativo. *Esos libros son tuyos.*
**b)** Cuando aparece pospuesto al nombre en construcción nominal precedida por artículo. *La decisión tuya fue la más acertada.*
**c)** Cuando el sustantivo queda sobreentendido y aparece inmediatamente después del artículo, adquiriendo función sustantiva. *Mi vestido es muy sencillo, el tuyo es algo más llamativo.*

**U** (**u**). Nombre: *u.*

**Descripción**: Vigésima cuarta letra del alfabeto español. Es una vocal velar y cerrada, que se pronuncia con los labios más abocinados que para pronunciar la *o* y con la lengua más retraída.

No se pronuncia cuando forma las sílabas *-gue-, -gui-, -que-, -qui-*. Pero si tiene sonido propio debe llevar diéresis, como en *vergüenza* o en *pingüino*.

**ultra-**. Elemento compositivo de origen latino que, colocado al comienzo de palabra, entra en la formación de numerosas voces españolas con los significados de: 'al otro lado de': *ultramar, ultratumba*; y de 'muy', 'en exceso': *ultrarrápido, ultramicroscopio, ultraligero.*

**ultracorrección**. Con este sustantivo femenino se designa el error consistente en deformar una palabra por creer equivocadamente que su escritura o pronunciación son incorrectas o vulgares.

Así se ha formado **inflacción* o **fruicción* por *inflación* y *fruición*, creyendo que se debía seguir el modelo de *transacción, lección* y otras; o **bacalado* y **espúreo,* por creer que *bacalao* y *espurio* son vulgarismos.

De igual modo se ha formado **stablishment* por sentirse más inglés que *establishment.*

**un**. Artículo indefinido. Su forma plural es *unos* y las formas femeninas: *una, unas.*

Precede al sustantivo, aunque puede colocarse entre el sustantivo y el artículo, un adjetivo u otra construcción: *un nuevo trabajo; un no querer mejorar la situación.* Cuando el artículo precede a un sustantivo femenino que comienza con *a* tónica, el artículo (*una*) toma la forma *un*: *un arma, un agua.*

No ocurre así en plural: *unas armas, unas aguas,* ni cuando entre el artículo y el sustantivo hay otra palabra: *una eficaz arma, una cristalina agua.*

**undécimo**. Numeral correspondiente a once (→ **onceavo**).

**uniformar**. Como transitivo y pronominal, este verbo significa 'hacer de igual forma dos o más cosas'. *Pretendió uniformar los precios. Los precios deben uniformarse.*

En este sentido es sinónimo de → **uniformizar**.

**uniformizar**. Este verbo de uso frecuente en América, al menos en la Argentina, Colombia, México, Perú, Uruguay y Venezuela, y ciertamente no desconocido en España, vale por 'hacer de igual forma dos o más cosas', tal como conviene al sufijo *-izar*. En este sentido equivale a → **uniformar**. *Se busca uniformizar su formato de presentación y su calidad de enfoque técnico.*

**unisex**. Con este adjetivo invariable, de origen inglés, se designan lo producido para ambos sexos, o lo que conviene a ellos por igual. *Estilistas unisex.*

**uno**. Pronombre indefinido que se emplea para referirse a:

**a)** La persona, o personas, cuyo nombre se desconoce o no quiere decirse. *Uno de ustedes es el culpable. Me encontré con unos amigos.*

**b)** En número singular, a la persona que habla o, de manera indeterminada, a cualquier persona. *Uno busca lleno de esperanzas. Después, uno ya no está con ganas.*

◊ Obsérvese que en esta función tiene variación de género pero no de número. Aunque todavía sea más común el uso del masculino para referirse a hablantes de ambos sexos, es perfectamente correcta la concordancia plena. (*Uno siempre piensa que podría haber sido más generosa/ Una siempre piensa que podría haber sido más generosa*).

**c)** Una cantidad indeterminada. Se emplea, en plural, antepuesto a un número cardinal. *El arreglo le saldrá en unos cien pesos. El pueblo se encontrará a unos dos kilómetros.*

**urea** (/u-**re**-a/). Se designa de esta manera la sustancia nitrogenada que constituye la parte principal de la orina.

Es palabra grave y no es correcto su empleo como esdrújula */**u**-re-a/, ni pronunciarla con diptongo final */**u**-rea/.

**urgir**. ~ **a**, ~ **para**: *El presidente urgió a tomar medidas eficaces. Fueron urgidos para que apurasen el conteo.*

**Ushuaia**. Capital de la provincia argentina de Tierra del Fuego, Antártida e Islas del Atlántico Sur. Situada al noroeste del canal de Beagle, es la ciudad más austral del mundo.

El gentilicio y adjetivo relacional correspondiente es *ushuaiense.*

◊ Suele pronunciarse erróneamente **Ushuaía*, con acento en la *i*. Lo correcto es acentuar la primera vocal fuerte (/u-**sua**-ia/ o /u-**šua**-ia/).

**usted**. Pronombre personal que corresponde a la segunda persona del singular, sin distinción de género. Se emplea como tratamiento formal a diferencia de **vos** y **tú**, formas correspondientes a la segunda persona singular de uso familiar, informal. Su correspondiente plural es **ustedes**.

Cumple la función de:

**1**. Sujeto. *Usted siempre será mi amigo.*

**2**. Predicativo. *La persona elegida es usted.*

**3**. Objeto directo. *Lo eligieron a usted.* La forma átona **lo** (y sus variantes) cumple la función de objeto directo correspondiente a *usted. Lo vieron por última vez en septiembre. La llamaron para amonestarla.*

**4**. Objeto indirecto. *Le compramos los libros a usted.*

**5**. Con otras preposiciones, es término de complemento preposicional. *Vamos a viajar con usted. Si por usted fuera, nunca habría ni un sí ni un no.*

**ustedes**. Pronombre personal de segunda persona del plural. No presenta variación de género.

Representa a las personas a las que se habla. Si bien por su significado corresponde a la segunda persona del plural, siempre acompaña a verbos en tercera persona del plural. *Ustedes tienen muy buena formación profesional.*

El habla peninsular distingue la mayor o menor confianza que existe en el trato a través de los pares correlativos de pronombres: *tú/usted*; *vosotros/ustedes.*

En América, la segunda persona singular *tú/vos* tiene un único plural, *ustedes*, pues, en la práctica, el empleo de *vosotros* se

encuentra acotado a situaciones excepcionales.
Cumple la función de:
**1**. Sujeto. *Ustedes no son las que tienen que hacer todo el trabajo.*
**2**. Predicativo. *Los responsables del trabajo no son ustedes.*
**3**. Término de complemento preposicional, cuando es precedido por preposición. *Como no quiere estudiar con ustedes, tendrá que hacerlo solo.*
**4**. Objeto directo y objeto indirecto. Para la función de objeto directo o indirecto se emplean respectivamente las formas átonas **los** y **les**. *Los llamaron por teléfono. Les avisaron que tenían que asistir a una clase.*
Los enunciados en los que aparecen las formas **los** y **les** admiten la inclusión del refuerzo *a ustedes*, lo que determina que el objeto aparezca dos veces dentro de la misma oración, en un caso con la forma átona del pronombre, y en el otro con la forma tónica.
◊ La concordancia de los pronombres posesivos con *ustedes* debe realizarse en tercera persona. *Les pido especialmente a ustedes que dejen sus antecedentes personales en secretaría.*
• Sobre el error en la concordancia → **vuestro**.
♦ Es incorrecto el empleo de este pronombre con el verbo en segunda persona plural. **Ustedes sabréis la verdad.* **Ustedes comprendéis el problema.*

**usufructuar** (se conjuga como **actuar**).

**V** (**v**). Nombre: *ve, uve, ve corta.*

**Descripción**. Vigésima quinta letra del alfabeto español. Actualmente en todos los países de habla española tiene el mismo sonido de la *b*. Por su punto de articulación es una consonante labial; por su modo de articulación es oclusiva (por lo general, en posición de principio de palabra y detrás de *n*) y también fricativa (en posición intervocálica); además es sonora.

**vacacionar**. El empleo de este verbo con el sentido de 'tomar o pasar las vacaciones', creciente en América, no es desconocido en España.

Es probable que el verbo se haya originado del inglés *vacacionist,* traducido en el neologismo *vacacionista,* que se documenta primero en la prensa americana. *Más son los que salen a vacacionar al exterior que los turistas que ingresan al país.*

**vacacionista**. Sustantivo neológico, de origen inglés, con el que se designa a la persona que sale de vacaciones. *Un recuerdo en el álbum de algún vacacionista o de uno de esos llaveros que abundan en las playas.* Su empleo en América no es tan extendido como su posible derivado **vacacionar**.

**vaciar** (se conjuga como **ansiar**).

~ **de**: *Vaciaron de contenido sus palabras.*

**vacilar**. → **bacilar**.

**vademécum**. Sustantivo masculino con el que se designa el tratado de poco volumen donde se encuentra con facilidad la información básica sobre cierta materia.

Generalmente el plural no presenta variación: *los vademécum.*

**vagido – vahído**.

• vagido. Llanto. *Se escuchaba el vagido del niño.*

• vahído. Mareo. *Sintió de repente un vahído.*

**vahído**. → **vagido**.

**-valente**. Elemento compositivo de origen latino que pospuesto a otro de valor numeral señala la valencia de un elemento o radical, esto es el número de enlaces con que puede combinarse: *monovalente, bivalente, trivalente.*

**valer**.

(➤ Cdo. 63.)

**valuar** (se conjuga como **actuar**).

~ **en**: *Este cuadro se puede valuar en casi medio millón de pesos.*

**vanagloriarse**. ~ **de**: *Es muy vanidoso y se vanagloria de todo lo que hace.*

**variar** (se conjuga como **ansiar**).

**vascular**. → **bascular**.

**vasta**. → **basta**.

**vasto**. → **basto**.

**veintiuno**. Los numerales que están formados con el número uno (*veintiuno, treinta y uno,* etc.) se apocopan cuando preceden a un sustantivo masculino. *Llegaron veintiún colombianos en una gira turística.*

*Los treinta y un días de viaje resultaron muy divertidos.*

◊ Nótese que el sustantivo al que se refiere se halla en plural.

**vejamen**. Sustantivo masculino con el que se designan los actos que provocan padecimientos.

♦ Es voz grave terminada en *-n*, por lo que no lleva acento ortográfico. Su plural, *vejámenes*, lleva tilde por ser palabra esdrújula.

**velamen**. Sustantivo masculino con el que se designa el conjunto de las velas de una embarcación.

♦ Es voz grave terminada en *-n*, por lo que no lleva acento ortográfico. Su plural, *velámenes*, lleva tilde por ser palabra esdrújula.

**venir**. ~ **a**: *Vengan a casa.* ~ **de**: *Vienen del cine.* ~ **con**: *No vengas con cuentos.*
(➤ Cdo. 64.)

**ventear**. Es verbo unipersonal y se conjuga solamente en 3ª persona.

**ventiscar**. Es verbo unipersonal y se conjuga solamente en 3ª persona del singular.

**ventisquear**. Es verbo unipersonal y se conjuga solamente en 3ª persona del singular.

**ventrículo – ventrílocuo**.

• ventrículo. Cavidad del corazón. *Su ventrículo izquierdo no funciona bien.*

• ventrílocuo. Persona que habla sin mover los labios. *A los niños les gustan los ventrílocuos.*

**ventrílocuo**. → **ventrículo**.

**ver**. Participio irregular: *visto.*

◊ Este verbo significa en propiedad 'percibir mediante el sentido de la vista'; evítese su confusión con → **mirar**.
(➤ Cdo. 65.)

**verdecer** (se conjuga como **agradecer**).

**vergonzante – vergonzoso**. Se califica de *vergonzoso* a aquello que causa vergüenza (*tuvo un comportamiento vergonzoso*) o, aplicado a personas, que es propenso a *avergonzarse,* esto es a inhibirse socialmente por pudor o timidez (*no le gusta que le llamen la atención delante de sus compañeros porque es muy vergonzoso*).

*Vergonzante* es, en cambio aquello que no se exhibe ni se defiende públicamente, aunque no sea malo, ni inmoral. Es sentir vergüenza de la propia condición y ocultarla. La confusión entre ambos sentidos no es inusual en la prensa escrita: **Tenemos que pedir disculpas a la ministra y al Gobierno nacional por la actitud vergonzante y repudiable de quienes agredieron a la ministra.*

**verter** (se conjuga como **tender**).

**vértice – vórtice**.

• vértice. Punto en que concurren los dos lados de un ángulo. *El triángulo es una figura de tres vértices.*

• vórtice. Remolino. *Entre las piedras, el río forma un vórtice.*

**vestir** (se conjuga como **pedir**).

**vez**. Sustantivo femenino que indica tiempo u ocasión en que ocurre o se realiza algo en un determinado orden o sucesión.

- **a la vez**. Locución adverbial que expresa la acción que se realiza a un tiempo, o simultáneamente con otra. *Vayamos escribiendo y a la vez escuchando las noticias.*

- **a** (*mi - tu - su*) **vez**. Locución adverbial con que se expresa que una acción se lleva a cabo separadamente de los demás. *Si él se ocupa de los niños, yo, a mi vez, puedo hacer las tareas administrativas.*

- **en vez de**. Locución adverbial que indica el cambio en el modo de realizar una acción, o hacer otra en su lugar. *En vez de pelear, por qué no juegan un rato. En vez de ir vos, voy yo.*

– **tal vez**. Locución adverbial que denota duda o inseguridad. Equivale a **quizá**. *Tal vez pueda ir esta noche.*

◊ Obsérvese que puede construirse con el verbo en modo indicativo: *Tal vez llega a tiempo*; o en subjuntivo: *Tal vez llegue a tiempo.*

**vía crucis**. Expresión latina que literalmente significa 'camino de la cruz'. Usualmente se emplea con el sentido de 'trance prolongado y doloroso'. También suele escribirse en forma soldada, *viacrucis.*

Aunque con relativa frecuencia, particularmente en América, se la emplea como femenino, le corresponde el género masculino, *el vía crucis.*

El plural es invariable, *los vía crucis.*

**vice-**. Elemento compositivo de origen latino que, colocado al comienzo de palabra, entra en la formación de algunos vocablos españoles con el significado de 'cargo inmediatamente inferior': *vicedirector, viceministro, vicepresidente.*

**vídeo – video**. La forma sin hiato final (/**bi**-deo/), corresponde al uso español.

Con hiato final (/bi-**de**-o/), sin tilde, es de uso generalizado en América.

**videoclip**. Voz de origen inglés con la que se designa un cortometraje realizado por lo común para televisión, que a través de un eje musical reúne secuencias visuales con mayor o menor grado de coherencia formal.

Es sustantivo masculino y su plural corriente es *videoclips.*

**vip** (Del acrónimo inglés **v***ery* **i***mportant* **p***erson*, 'persona muy importante'). Se emplea en aposición para calificar los lugares o el tratamiento que reciben ciertas personas por la importancia que se les concede. *La cena tuvo lugar en el salón vip del hotel.*

Su plural es *vips.*

**virgen**. Este sustantivo femenino se escribe con mayúscula cuando alude a la madre de Jesucristo y a cada una de sus advocaciones: *la Virgen de Guadalupe, la Virgen de Luján.*

En cambio se escribe con minúscula cuando designa la figura que la representa (*llora una virgen: aseguran que de los ojos de la imagen brotaban lágrimas de sangre*) o a la mujer que no ha tenido relaciones sexuales.

Como adjetivo se escribe siempre con minúscula: *papel virgen, cera virgen.*

♦ Es voz grave terminada en *-n*, por lo que no lleva acento ortográfico. Su plural, *vírgenes*, lleva tilde por ser palabra esdrújula.

**virtual**. Tradicionalmente, con este adjetivo se califica a aquello que no se ha manifestado en la realidad, aunque tenga la eficacia para hacerlo.

Modernamente, por influjo del inglés, se lo emplea para referirse a aquello con lo que se interactúa a través de Internet (*un banco virtual, una tienda virtual*).

**víscera – visera**.

• víscera. Entraña. *La esplacnografía es el tratado descriptivo de las vísceras.*

• visera. Parte sobresaliente que tienen algunas gorras para dar sombra a los ojos. *No me gustan las gorras con visera.*

**visera**. → **víscera**.

**víspera**. Sustantivo femenino que indica el día anterior a un hecho o suceso. Con este significado forma la locución adverbial **en vísperas** que, por extensión de sentido, expresa un tiempo indeterminado que antecede al momento en cuestión. *Ya estamos en vísperas de Navidad.*

**vista**.

- **a la vista**. Locución adverbial que indica:

**a)** Que algo resulta visible, que se halla dispuesto de forma que pueda ser visto. *Cuando venga, los papeles tienen que estar a la vista.*

**b)** Que algo presenta determinada apariencia. *A la vista, todo está en orden.*

**c)** Que algo resulta evidente. Se construye con el verbo *estar*. *Si pone tantos inconvenientes es porque está a la vista que no quiere hacerlo.*

- **con vistas a**. Locución prepositiva que indica la finalidad o propósito al que obedece una acción. *Lo llamaron con vistas a que aceptara la oferta.*

- **en vista de**. Locución adverbial que significa teniendo en consideración o atendiendo un hecho anterior. *En vista de lo bien que nos han atendido les hacemos llegar este obsequio.*

**volar** (se conjuga como **contar**).

**volcar** (se conjuga como **contar**).

~ **en**, ~ **sobre**: *Volcó la sopa en la mesa.*

- **volcarse a**. Dedicarse. *Se volcó de lleno a la investigación.*

**volumen**. Sustantivo masculino con el que se designa la magnitud de un cuerpo o cada uno de los cuerpos materiales de un libro.

♦ Es voz grave terminada en *-n*, por lo que no lleva acento ortográfico. Su plural, *volúmenes*, lleva tilde por ser palabra esdrújula.

**volver** (se conjuga como **mover**).

Participio irregular: *vuelto.*

~ **de**: *Volvieron de la reunión.* ~ **a**: *Volvió a casa temprano.* ~ **sobre**: *Volvió sobre sus pasos.*

**-voro, ra**. Elemento compositivo de origen griego que, colocado al final de palabra, entra en la formación de numerosos cultismos españoles con el significado de 'que devora', 'que come': *carnívoro, herbívoro, omnívoro.*

**vórtice**. → **vértice**.

**vos - voz**.

• vos. Pronombre personal de segunda persona del singular. *Vos podés salir.* → **vos**.

• voz. Vibración de las cuerdas vocales. *Esa cantante tiene una voz privilegiada.*

**vos**. Pronombre personal que corresponde a la segunda persona del singular de tratamiento informal, sin distinción de género. Su correspondiente plural es el pronombre → **ustedes**.

El pronombre **vos** puede desempeñar las siguientes funciones:

**1**. Sujeto. *Vos siempre sos el más hábil.*

**2**. Predicativo. *El favorito sos vos.*

**3**. Objeto directo o indirecto (precedido por la preposición **a**). *Te eligieron a vos.*

**4**. Término de complemento preposicional. *No quiero volver a encontrarme con vos.*

• **morfología y ortografía**

**1**. Las formas voseantes de presente del modo indicativo en los verbos regulares, a diferencia de las correspondientes al pronombre *tú*, desplazan el acento a la última sílaba: *cantás, comés, vivís*; y en los verbos terminados en *-ir*, cambia la -e de la desinencia por *-i*. Así: *tú escribes, vos escribís. Tú sales, vos salís.*

**2**. En el caso de los verbos irregulares en presente, la forma verbal que acompaña a **vos** es regular: *tú piensas, vos pensás, tú sientes, vos sentís, tú duermes, vos dormís.*

Se exceptúa el presente del verbo *ser*: *tú eres, vos sos.*

**3**. En el presente de **subjuntivo** alternan las formas: *hables/hablés*, *corras/corrás*, *vengas/vengás*, alternancia que depende de la actitud del hablante. Si se quiere enfatizar la orden o consejo parece más frecuente el empleo de las formas con acento agudo, por eso conviven expresiones como: *No quiero que hables/hablés tan fuerte. No es necesario que corras/corrás sola los muebles. Te prohíbo que vengas/vengás con historias de ese tipo.*
◊ Observación: la variante grave (*hables, corras, vengas*) se considera más cuidada.
**4**. Existen también diferencias con respecto a las formas verbales que responden al tuteo en el **imperativo**, en donde el voseo presenta las siguientes variantes de conjugación: *hablá* (vos), *comé* (vos), *viví* (vos). Estas formas verbales son siempre regulares.
**5**. La forma propia del **imperativo** de *ir* (ve) se suple con la correspondiente de *andar: andá vos.*
♦ Pese a que hay quienes estiman correcta, aduciendo razones etimológicas, la terminación *-s* de la segunda persona del pretérito indefinido en las formas voseantes (*vos hablastes, vos vistes*), es un vulgarismo que debe evitarse. En este punto, la norma del voseo rioplatense coincide con la general del tuteo, que considera incorrecto este fenómeno originado por la analogía con la terminación en *-s* de las segundas personas de otros tiempos.
**6**. Conserva la forma átona del pronombre correspondiente al paradigma del tuteo, *te*, forma que puede desempeñar las funciones de objeto directo, indirecto o ser signo de cuasi reflejo. *Vos te sentís muy sola. Los chicos te dieron una agradable sorpresa. Te saludo en nombre de todos tus amigos.*
**7**. El pronombre posesivo correspondiente, *tuyo*, también pertenece al paradigma del tuteo. *Vos considerás con razón que todas estas cosas son tuyas.*
◊ Lo dicho en este punto concierne al modelo de voseo bonaerense, el que es admitido como regular en la norma culta de la Argentina. Seguramente muchas de estas modalidades son compartidas con otras regiones de América.

**voseo**. El uso del pronombre **vos** en distintas regiones de América se denomina *voseo*, fenómeno que tiene su origen entre los siglos XII y XIV, al conservarse en romance el valor de pronombre plural que **vos** tenía ya en latín. Así aparece por ejemplo en el Cid (v. 1893): *Si vos lo queredes*, como dice el rey a los Infantes de Carrión. Este uso convive con el empleo de **vos** para la misma persona, aunque en singular y como tratamiento de respeto (v. 47): *Cid, en el nuestro mal vos no ganades nada*. Durante el siglo XVI, que es cuando se produce la llegada del conquistador a América, en España se trataba de *tú* a la gente de condición social inferior o se lo empleaba entre iguales, en caso de existir una gran familiaridad.
Pero la forma antigua perduró, con variada suerte en América. De allí el empleo del *vos* predominante en la Argentina, Paraguay y parte de América Central. En otros países como Bolivia, Panamá, Colombia, Venezuela, Ecuador, Chile, Perú (en zonas del norte y el sur) existe alternancia entre ambos pronombres: **vos**, **tú**.
En algunas regiones de la Argentina se combinan las formas pronominales voseantes con formas verbales de tuteo. Es lo que ocurre, por ejemplo, en el habla de Santiago del Estero: *vos comes, vos piensas.*

En Venezuela hay dos zonas dialectales de voseo al mismo tiempo pronominal y verbal: las zonas zuliana y andina. En ambas regiones el voseo pronominal se traduce en el empleo de *vos*. En cuanto al voseo verbal, se distingue una forma más conservadora (*vos compráis, vos tenéis*) en el Zulia, en tanto que en Los Andes se emplean las formas más generalizadas en el continente (*vos comprás, vos tenés*).

En el caso del Uruguay, alternan el voseo pronominal y verbal. Pueden aparecer formas pronominales voseantes acompañadas de formas verbales de tuteo: *vos tienes*; y formas pronominales de tuteo con formas verbales voseantes: *tú tenés*.

Luego de muchos años de censura en toda América, el voseo comienza a ser reconocido como un uso propio de la norma culta.

**vosotros**. Pronombre personal masculino de segunda persona del plural. La forma femenina es *vosotras* y la forma singular es *tú*.

Cumple las siguientes funciones:

**1**. Sujeto. *Vosotras no sois las que tienen que pedir perdón.*

**2**. Predicativo. *Los mejores actores sois vosotros.*

**3**. Cuando es precedido por preposición desempeña la función de complemento de diferentes clases. *Como no quieren viajar con vosotros, tendrán que volver solos.*

**4**. La forma átona *os* corresponde a las funciones de objeto directo e indirecto. *Os vieron cuando salíais. Os mienten siempre que tienen la ocasión de hacerlo.*

**Uso americano**. En América el uso de este pronombre ha sido reemplazado casi totalmente por el del pronombre **ustedes** que concuerda con el verbo en tercera persona del plural. **Vosotros** subsistió y aparece en algunas piezas oratorias de tono elevado. Permanece también en un estilo relativamente convencional de discurso. *Vosotros, hermanos, recibiréis el perdón de Dios.*

**voucher** (/**bau**-čer/). Voz inglesa que significa 'comprobante'. Como sustantivo masculino se emplea particularmente en el lenguaje de la actividad turística.

Su plural corriente es *vouchers.*

**vox pópuli**. Locución latina que significa literalmente 'voz del pueblo'. Se emplea para expresar la idea de que algo es de conocimiento público. *Hoy su opinión es vox pópuli.*

**voz**. → **vos**.

**vuestro**. Adjetivo posesivo de segunda persona plural que se emplea cuando los poseedores son varios. Corresponde al pronombre personal **vosotros** y por eso su uso se restringe a los ámbitos geográficos donde esta forma pronominal se emplea regularmente, como ocurre en España. *Recibiréis vuestra paga a la brevedad.*

Tiene variante de género y número, por lo que existen cuatro formas: *vuestro, vuestra, vuestros, vuestras*.

La variante de número sirve para indicar si la persona o cosa poseída es una o más de una.

Se emplea delante del sustantivo (*vuestro pueblo es belicoso*) o pospuesto al verbo, en función predicativa (*esas opiniones solo podían ser vuestras*). Cuando el sustantivo queda sobreentendido y aparece inmediatamente después del artículo, adquiere función sustantiva. *El vuestro fue el proyecto más interesante. Es la vuestra.*

♦ Es incorrecto el uso de *vuestro* como posesivo correspondiente al pronombre

**ustedes** o **usted**. **Les mando a ustedes un gran saludo y pronto estaré en vuestra casa. *Le envío esta nota para agradecerle vuestra hospitalidad.* Las formas correctas son *suyo, su. Les mando a ustedes un gran saludo y pronto estaré en su casa. Le envío esta nota para agradecerle su hospitalidad.* Este error, propio del estilo epistolar de corte administrativo y comercial, es relativamente común en América donde, por no existir en la práctica el uso del *vosotros* en tono familiar y emplearse *ustedes* indistintamente en situaciones formales y familiares, se torna más difícil reconocer el registro apropiado.

**W** (**w**). Nombre: *uve doble, ve doble* o *doble ve.*

**Descripción**. Vigésima sexta letra del abecedario español. Representa dos sonidos diferentes:

**a)** El labial sonoro, correspondiente a *b,* en palabras provenientes del alemán y algunos otros idiomas: *wagneriano, Wamba* y *Witiza* (nombres propios de origen visigodo).

**b)** El correspondiente a *u,* en palabras tomadas del inglés: *washingtoniano.*

**Web**. Sustantivo femenino con el que corrientemente se denomina la *Word Wide Web,* estructura formada por nodos o sitios a los que se puede acceder por medio de Internet en busca de información. Cada sitio está identificado de manera única, es decir, posee una identificación particular y el usuario puede pasar de uno a otro para obtener mayor o más adecuada información, o por simple entretenimiento.

**whisky**. Sustantivo masculino con el que se designa un licor alcohólico elaborado con granos de cereales fermentados.

Normalmente su plural es *whiskys* y, ocasionalmente, *whiskies.*

**wizar(d)**. Anglicismo innecesario por → **asistente**. *Lo que estamos comenzando a hacer es utilizar un wizar que nos guiará sobre cómo configurar nuestro acceso telefónico a redes.*

**X** (**x**). Nombre: *equis*.

**Descripción**. Vigésima séptima letra del abecedario español que representa sonidos diferentes según la posición que tenga en la palabra:

**a)** En posición intervocálica o en final de palabra representa el grupo consonántico *ks* o *gs*: *examen, exhibir, relax*.

**b)** En posición inicial de palabra la pronunciación más frecuente es la de *s*: *xilofón*.

**c)** En posición final de sílaba representa, en distintas regiones y según las consonantes que sigan, *s, ks* o *gs*: *excelencia, excavar, experto, exterior, exfoliante*.

**xero-**. Elemento compositivo de origen griego que, colocado al comienzo de palabra, entra en la formación de diversos cultismos españoles con el significado de 'seco': *xerófilo, xeroftalmia, xerografía*.

**xilo-**. Elemento compositivo de origen griego que, colocado al comienzo de palabra, entra en la formación de cultismos españoles con el significado de 'madera': *xilografía, xiloprotector, xilórgano*.

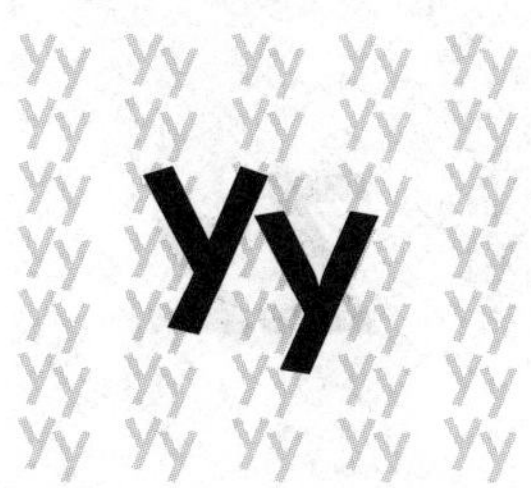

**Y** (**y**). Nombre: *i griega* o *ye*.

**Descripción**. Vigésima octava letra del abecedario español. Representa dos sonidos diferentes:

**a)** Un sonido consonántico ante vocal, por lo común pronunciado como palatal, africado, sonoro o sordo: *bueyes, rayado, apoyo,* que en algunas áreas importantes, como el Río de la Plata, se articula generalmente con rehilamiento.

**b)** Un fonema vocálico, equivalente al representado por la letra *i*.

**yac – yak**. Sustantivo masculino con el que se designa un bóvido propio de las altas montañas del Tíbet.

Ambas grafías son usuales, aunque es preferible la primera, más acorde con el español. El plural corriente es *yacs* o *yaks*.

**yacer**.

(➤ Cdo. 66.)

**yerro**. → **hierro**.

**yo**. Pronombre personal de primera persona, masculino y femenino singular. Su correspondiente plural es → **nosotros** (nosotras).

La forma yo cumple la función de:

**1**. Sujeto. *Yo no estoy de acuerdo con lo que dices.*

**2**. Predicativo. *La persona que usted busca soy yo.*

**3**. En función de término de complemento preposicional se emplea la forma *mí*. *Por mí, hagan lo que quieran. Para mí, él no quiere contarlo.*

Se exceptúa la preposición *con*, que obliga al reemplazo de ambos términos por la forma compuesta *conmigo*. *No se metan conmigo. Decidió venir conmigo.*

◊ La forma *mí* correspondiente a la primera persona del pronombre personal siempre se escribe con tilde.

**4**. La forma átona *me* se emplea cuando el pronombre cumple la función de objeto directo e indirecto, o cuando es signo de cuasi reflejo. *Me dieron un libro* (objeto indirecto); *Me llamaron por teléfono* (objeto directo); *Me voy para no volver; Me quedé en casa toda la tarde* (signo de cuasi reflejo).

**yuxtaponer** (se conjuga como **poner**). Participio irregular: *yuxtapuesto*.

# Zz

**Z** (**z**). Nombre: *zeda* o *zeta*.

**Descripción**. Vigésima novena letra del abecedario español. Representa un fonema (/θ/) fricativo (por el modo de articulación), interdental (por el punto de articulación, en la mayoría de las regiones de España) y sordo. En casi toda Andalucía, como en Canarias y América su pronunciación se asimila a la de la *s*.

**zaga**. → **saga**.

**zaherir** (se conjuga como **sentir**).

**zamba**. 'Danza y canto popular del noroeste argentino'.

♦ No confundir con → **samba**.

**zambullir** (se conjuga como **mullir**).

**zoo-** o **-zoo**. Elemento compositivo de origen griego que, colocado al comienzo y al final de palabra, entra en la formación de numerosos cultismos españoles con el significado de 'animal': *zoófito, zoología, zoológico, espermatozoo*.

**zumo**. → **sumo**.

# Apéndice 1. Acento diacrítico

| Palabra | Función | Ejemplo |
|---|---|---|
| adonde<br>adónde | Adverbio relativo<br>Adverbio interrogativo | *Va adonde lo llaman.*<br>*¿Adónde iban?* |
| aun<br>aún | Adverbio. 'incluso'<br>Adverbio. 'todavía' | *Lo criticaron todos, aun sus amigos.*<br>*Aún no llegó nadie.* |
| como<br>cómo | Adverbio relativo<br>Adverbio interrogativo | *Lo hizo como se esperaba.*<br>*¿Cómo te fue hoy?* |
| cual<br>cuál | Pronombre relativo<br>Pronombre interrogativo | *Lo cual no le gustó nada.*<br>*¿Cuál es su nombre?* |
| cuando<br>cuándo | Adverbio relativo<br>Adverbio interrogativo | *Viene cuando termina su trabajo.*<br>*¿Cuándo pueden venir?* |
| cuanto<br><br>cuánto | Adjetivo, adverbio y pronombre relativos<br>Adjetivo, adverbio y pronombre interrogativos | *Miraba a cuantas personas pasaban. Hizo cuanto pudo. Miraba a cuantas pasaban.*<br>*¿Cuántos libros? ¿Cuánto cuesta? ¿Cuántos leíste?* |
| de<br>dé | Preposición<br>Voz del verbo *dar* | *El vestido era de seda.*<br>*Quiero que me dé una información.* |
| donde<br>dónde | Adverbio relativo<br>Adverbio interrogativo | *Esta es la casa donde nací.*<br>*¿Dónde están todos?* |
| el<br>él | Artículo<br>Pronombre personal | *El escritorio nunca está ordenado.*<br>*Él no quiere venir.* |
| mas<br>más | Conjunción adversativa<br>Adverbio de cantidad | *Pensaba ir, mas no puedo.*<br>*No quiero más.* |
| mí<br>mi | Pronombre personal<br>Adjetivo posesivo<br>Sustantivo 'nota musical' | *Trajo los libros para mí.*<br>*Este es mi libro.*<br>*'Mi' es la tercera nota de la escala musical.* |
| que<br><br>qué | Pronombre relativo y conjunción<br>Adjetivo interrogativo<br>Pronombre interrogativo | *Tiene los zapatos que le regalé.*<br>*Dijo que vendría mañana.*<br>*¿Qué día es hoy?*<br>*¿Qué vas a hacer?* |
| quien<br>quién | Pronombre relativo<br>Pronombre interrogativo | *Quien sepa la verdad, que la diga.*<br>*¿Quién es esa persona?* |
| si<br>sí | Conjunción<br>Adverbio de afirmación<br>Pronombre personal | *Voy si me invitan.*<br>*Sí, estoy de acuerdo.*<br>*Volvió en sí rápidamente.* |
| te<br>té | Pronombre personal<br>Sustantivo | *¿No te lo dije?*<br>*Podemos tomar un té en mi casa.* |
| tu<br>tú | Adjetivo posesivo<br>Pronombre personal | *Tu deseo se va a cumplir.*<br>*Tú podrías hablar con él.* |

# Apéndice 2. Numerales y numeración romana

| Numerales | Cardinales | Ordinales | Partitivos |
|---|---|---|---|
| 1 | un, uno/-a | primer, primero/-a | |
| 2 | dos | segundo/-a | medio/-a |
| 3 | tres | tercer, tercero/-a | tercio/-a |
| 4 | cuatro | cuarto/-a | cuarto/-a |
| 5 | cinco | quinto/-a | quinto/-a |
| 6 | seis | sexto/-a | sexto/-a |
| 7 | siete | séptimo/-a | séptimo/-a |
| 8 | ocho | octavo/-a | octavo/-a |
| 9 | nueve | noveno/-a, nono/-a | noveno/-a |
| 10 | diez | décimo/-a | décimo/-a |
| 11 | once | undécimo/-a | onceavo/-a, onzavo/-a |
| 12 | doce | duodécimo/-a | doceavo/-a, dozavo/-a |
| 13 | trece | decimotercero/-a | treceavo/-a, trezavo/-a |
| 14 | catorce | decimocuarto/-a | catorceavo/-a |
| 15 | quince | decimoquinto/-a | quinceavo/-a |
| 16 | dieciséis | decimosexto/-a | dieciseisavo/-a |
| 20 | veinte | vigésimo/-a | veinteavo/-a, veintavo/-a |
| 21 | veintiuno/-a | vigésimo/-a primero/-a | veintiunavo/-a |
| 30 | treinta | trigésimo/-a | treintavo/-a |
| 31 | treinta y uno/-a | trigésimo/-a primero/-a | treintaiunavo/-a |
| 40 | cuarenta | cuadragésimo/-a | cuarentavo/-a |
| 50 | cincuenta | quincuagésimo/-a | cincuentavo/-a |
| 60 | sesenta | sexagésimo/-a | sesentavo/-a |
| 70 | setenta | septuagésimo/-a | setentavo/-a |
| 80 | ochenta | octogésimo/-a | ochentavo/-a |
| 90 | noventa | nonagésimo/-a | noventavo/-a |
| 100 | ciento, cien | centésimo/-a | centésimo/-a, centavo |
| 101 | ciento uno/-a | centésimo/-a primero/-a | cientounavo/-a |
| 190 | ciento noventa | centésimo/-a nonagésimo/-a | cientonoventavo/-a |
| 200 | doscientos/-as | ducentécimo/-a | doscientosavo/-a |
| 400 | cuatrocientos/-as | cuadringentésimo/-a | cuatrocientosavo/-a |
| 500 | quinientos/-as | quingentésimo/-a | quinientosavo/-a |
| 600 | seiscientos/-as | sexcentésimo/-a | seiscientosavo/-a |
| 700 | setecientos/-as | septingentésimo/-a | setecientosavo/-a |
| 800 | ochocientos/-as | octingentésimo/-a | ochocientosavo/-a |
| 900 | novecientos/-as | noningentésimo/-a | novecientosavo/-a |
| 1000 | mil | milésimo/-a | milésimo/-a |
| 1001 | mil un, mil uno/-a | milésimo/-a primero/-a | milunavo/-a |
| 1100 | mil ciento, mil cien | milcienmilésimo/-a | milcienmilésimo/-a |
| 2000 | dos mil | dosmilésimo/-a | dosmilésimo/-a |

| Numerales | Cardinales | Ordinales | Partitivos |
|---|---|---|---|
| 500 000 | quinientos mil | quinientosmilésimo | quinientosmilavo/-a |
| 1 000 000 | un millón | millonésimo/-a | millonésimo/-a |
| 1 000 000 000 | un millardo | millardésimo/-a | millardésimo/-a |
| 1 000 000 000 000 | un billón | billonésimo/-a | billonésimo/-a |

## Numeración romana

Se basa en un sistema numeral de 7 símbolos que designan entidades reales. Carece de representación para la ausencia de entidad (el 0). Los símbolos empleados son:

| | | |
|---|---|---|
| I | representa el | 1 |
| V | representa el | 5 |
| X | representa el | 10 |
| L | representa el | 50 |
| C | representa el | 100 |
| D | representa el | 500 |
| M | representa el | 1 000 |

Los números romanos se leen de izquierda a derecha. Básicamente, las cantidades se ordenan siguiendo este sentido de mayor a menor. Los valores representados por las letras se organizan fundamentalmente según el principio de adición, pero un mismo símbolo solo puede repetirse hasta un máximo de tres veces. En caso de que una cifra requiriera la inclusión del símbolo por cuarta vez, esta expresión es sustituida por la colocación de un símbolo delante de otro de mayor valor, del cual resta la cantidad que representa. Así, por ejemplo, 15 se representa XV, 18, XVIII, pero 14 o 19 se representan respectivamente XIV y XIX.

Una pequeña raya horizontal colocada sobre un símbolo multiplica su valor por mil:

1 000 000 se representa entonces $\overline{\text{M}}$.

En la actualidad, este tipo de numeración se utiliza principalmente para indicar los siglos, y sobre todo en monumentos históricos.

## Equivalencias entre la numeración arábiga y la numeración romana

| Romana | Arábiga | Romana | Arábiga | Romana | Arábiga | Romana | Arábiga |
|---|---|---|---|---|---|---|---|
| I | 1 | XII | 12 | XXX | 30 | CD | 400 |
| II | 2 | XIII | 13 | XL | 40 | D | 500 |
| III | 3 | XIV | 14 | L | 50 | DC | 600 |
| IV | 4 | XV | 15 | LX | 60 | CM | 900 |
| V | 5 | XVI | 16 | LXX | 70 | M | 1000 |
| VI | 6 | XVII | 17 | LXXX | 80 | MC | 1100 |
| VII | 7 | XVIII | 18 | XC | 90 | MCI | 1101 |
| VIII | 8 | XIX | 19 | C | 100 | MM | 2000 |
| IX | 9 | XX | 20 | CI | 101 | $\overline{\text{V}}$ | 5000 |
| X | 10 | XXI | 21 | CXCIX | 199 | $\overline{\text{C}}$ | 100000 |
| XI | 11 | | | CC | 200 | | |

# Apéndice 3. Abreviaturas, siglas y símbolos

Recuérdese que a diferencia de las abreviaturas, que son relativamente arbitrarias, los símbolos, como los de las unidades de medida o los de los elementos químicos, no llevan ni punto ni marca de plural en la escritura.

**(a)** alias.
**A** amperio (unidad de intensidad de la corriente eléctrica).
**a** área.
**a. C., a. de C., a. de J. C., a. J. C.** antes de Cristo.
**A., A.A.** Alteza, Altezas.
**a.m.** ante merídiem (antes del mediodía).
**A.T.** Antiguo Testamento.
**a/c** a cuenta.
**a/f** a favor.
**AA.** Alcoholics Anonymous (Alcohólicos Anónimos).
**AA. VV.** autores varios (en referencias bibliográficas).
**AC.** Alternating Current (corriente alterna).
**ACNUR.** Alto Comisionado de las Naciones Unidas para los Refugiados.
**adm.**or.**, admr.** administrador.
**admón.** administración.
**ADN.** Ácido desoxirribonucleico.
**AI.** Amnistía Internacional.
**AIDS.** Acquired Immunodeficiency Syndrome (Síndrome de Inmunodeficiencia Adquirida).
**ALADI.** Asociación Latinoamericana de Integración.
**Alfz.** alférez.
**Almte.** almirante.
**AM.** Amplitud modulada.
**ANSI.** American National Standards Institute (Instituto Nacional Estadounidense de Estandarización).
**apdo.** apartado.
**ARN.** Ácido ribonucleico.
**Arq., Arq.ª** arquitecto, arquitecta.
**art.** artículo.
**Arz.** arzobispo.
**ASCII.** American Standard Code for Information Interchange (Código Estándar Americano para el Intercambio de Información).
**atm** atmósfera normal.
**atte.** atentamente.
**atto., atta.** atento, atenta.
**av., avd., avda.** avenida.
**AWACS.** Airborne Warnings And Control Systems (Sistema de Defensa, de Control y Alerta Temprana Embarcado en Avión).
**B** belio o bel (unidad de medida empleada en mediciones sensoriales).
**B.º, Bo.** barrio.
**bar** unidad de presión.
**BASIC.** Beginners All purpose Symbolic Instruction Code (Código Simbólico de Instrucciones para Principiantes).
**Bco.** banco (entidad financiera).
**BEI.** Banco Europeo de Inversiones.
**BID.** Banco Interamericano de Desarrollo.
**BIOS.** Basic Input/Output System (Sistema Básico de Entrada/Salida).
**BIRD.** Banco Internacional para la Reconstrucción y el Desarrollo.
**BM.** Banco Mundial.
**Brig.** brigada.
**bs** bolívar (moneda oficial de Venezuela).
**bs, Bs** boliviano (moneda oficial de Bolivia).
**Bs. As.** Buenos Aires (capital argentina).
**c** centi- (centésima parte de la unidad).
**c** circa (en torno a la fecha que se indica).
**C. C.** casilla de correo.
**c. e.** correo electrónico.
**CFA.** Comunidad Financiera Africana.
**c. f. s.** coste, flete y seguro.
**c., c/, cl.** calle.
**c., cap., cap.º** capítulo.
**c., cent., ctv., ctvo.** centavo.
**C.ª, Cía., Comp.** compañía.
**c/, cgo.** cargo.
**c/, cta.** cuenta.
**c/c, cta. cte.** cuenta corriente.
**c/u** cada uno.
**°C** grado de la escala Celsius.
**cal** caloría.
**Cap.** capital.
**Cap., Cap.ª** capitán, capitana.
**Caricom.** Comunidad del Caribe.
**Cdad.** ciudad.
**cent.** centésimo.
**cg** centigramo.
**Ci** curie (unidad de radiactividad).
**CIOSL.** Confederación Internacional de Organizaciones Sindicales Libres.
**cl** centilitro.
**cm** centímetro.
**cm²** centímetro cuadrado.

**cm³** centímetro cúbico.
**Cmdt.**, **Cmte.**, **Comte.**, **Cte.** comandante.
**Cnel.**, **Cnel.ª**, **Col.**, **Col.ª** coronel, coronela.
**Cód.**, **cód.** código.
**Col.** colegio.
**col.** colonia, barrio (México).
**Comod.** comodoro.
**cp.** compárese.
**cta.** cuenta.
**cte.** corriente.
**cts.** centavos.
**CV** caballo de vapor.
**d** deci- (décima parte de la unidad).
**d. C.**, **d. de C.**, **d. de J. C.**, **d. J. C.** después de Cristo.
**d.** día.
**D.**, **D.ª** don, doña.
**d/f** días fecha.
**da** deca- (diez veces la unidad).
**dag** decagramo.
**dal** decalitro.
**dam** decámetro.
**dB** decibelio o decibel.
**dcho.**, **dcha.** derecho, derecha.
**DEA.** Drug Enforcement Administration (Departamento Estadounidense Antidrogas).
**del.** delegación.
**depto.** departamento.
**desct.º**, **dto.** descuento.
**dg** decigramo.
**Diag.** diagonal (calle en Argentina).
**DIN.** Deutsche Industrie Normen (Normas industriales alemanas).
**Dir.** dirección.
**Dir.**, **Dir.ª** director, directora.
**dl** decilitro.
**dm** decímetro.
**dm²** decímetro cuadrado.
**dm³** decímetro cúbico.
**DNA.** Deoxyribonucleic acid (Ácido desoxirribonucleico).
**DNS.** Domain Name System (Sistema de Nombres de Dominio).
**doc.** documento.
**DOS.** Disk Operating System (Sistema Operativo de Disco).
**dpto.** departamento.
**Dr.**, **Dra.**, **Dr.ª** doctor, doctora.
**dupdo.** duplicado.
**dyn** dina (unidad de fuerza).
**E** Este (punto cardinal).
**E** exa- (trillón de veces la unidad).
**e. p. d.** en paz descanse.
**e. p. m.** en propia mano.
**ed.** edición.
**ed.** editor.
**Ed.**, **Edit.** editorial.
**Edo.** Estado (México).
**EFTA.** European Free Trade Association (Asociación Europea de Libre Comercio).
**ej.** ejemplo, ejemplar.
**Em.ª** Eminencia.
**e-mail** electronic mail.
**Emmo.** Eminentísimo.
**erg** ergio (unidad de energía).
**ESC** escudo (moneda oficial de Portugal).
**et al.** et alii (y otros).
**etc.** etcétera.
**ETD.** Estimated Time of Departure (Hora Estimada de Partida, en los transportes internacionales).
**Exc.ª** Excelencia.
**Excmo.**, **Excma.**, **Exmo.**, **Exma.** Excelentísimo, Excelentísima.
**F** faradio (unidad de capacidad eléctrica).
**f** femto- (mil billonésima parte de una unidad).
**f.**, **f.º**, **fol.** folio.
**f.ª**, **fra.** factura.
**°F** grado de la escala Fahrenheit.
**FAO.** Organización de las Naciones Unidas para la Agricultura y la Alimentación.
**fasc.** fascículo.
**fca.** fábrica.
**Fdo.** firmado.
**FF** franco francés, francos franceses.
**FIFA.** Federación Internacional del Fútbol Asociado.
**FL** florín, florines.
**FM.** Frecuencia modulada.
**Fr.** fray.
**FTP.** File Transfer Protocol (Protocolo de Transferencia de Archivos).
**G** giga- (mil millones de veces la unidad).
**g** gramo.
**G.** guaraní (moneda oficial del Paraguay).
**g. p.**, **g/p** giro postal.
**g/** giro.
**GATT.** General Agreement of Tarifs and Trade (Acuerdo General de Aranceles y Comercio).
**Gdor.**, **Gdor.ª** gobernador, gobernadora.
**Gral.** general.
**Gs** gauss (unidad de inducción magnética).
**h** hecto- (cien veces la unidad).
**h** height (altura, en geometría).
**H** henrio (unidad de inductancia).
**h** hora.
**H.**, **hno.**, **hna.** hermano, hermana (en una orden religiosa).

ha hectárea.
HDL. High Density Lipoprotein (Lipoproteína de Alta Densidad).
hg hectogramo.
hl hectolitro.
hm hectómetro.
hp horsepower (caballo de vapor o de fuerza).
HTML. Hypertext Markup Language (Lenguaje que Señala Hipertexto).
HTTP. Hypertext Transfer Protocol (Protocolo de Transferencia de Hipertexto).
Hz hercio (unidad de frecuencia).
i.e. id est (esto es).
ib., ibíd. ibídem (en el mismo lugar).
íd. ídem (el mismo, lo mismo).
igl.ª iglesia.
Ing., Ing.ª ingeniero, ingeniera.
Inst. instituto.
IP. Internet Protocol (Protocolo de Internet).
ISBN. International Standard Book Number (Registro Internacional de Libros Editados).
ISO. International Standard Organization (Organización Internacional de Estandarización).
ISSN. International Standard Series Number (Registro Internacional de Publicaciones Periódicas).
izdo., izda., izq., izqdo., izqda. izquierdo, izquierda.
J julio (unidad de energía).
J. C. Jesucristo.
Jhs., JHS Jesús (referido a Cristo).
k kilo- (mil veces la unidad).
k.o. knock-out (fuera de combate).
kc kilociclo.
kg kilogramo.
kl kilolitro.
km kilómetro.
km² kilómetro cuadrado.
kp kilopondio (unidad de fuerza empleada en Ingeniería).
kw kilovatio.
l litro.
l. c., loc. cit. loco citato (en el lugar antes citado).
L/ letra (de cambio).
LAN. Local Area Network (Red de Área Local).
lb libra (unidad de peso).
Ldo., Lda., Lic., Licdo., Licda. licenciado, licenciada.
lm lumen (unidad de flujo luminoso).
Lps. lempira (moneda oficial de Honduras).
Ltda. limitada.
lx lux (unidad de iluminancia).
M mega- (millón de veces la unidad).
m metro.
m mili- (milésima parte de la unidad).
m. n. moneda nacional.
m² metro cuadrado.
m³ metro cúbico.
máx. máximo.
mb milibar.
Mc megaciclo.
MCCA. Mercado Común Centroamericano.
Mercosur Mercado Común del Sur.
mg miligramo.
min minuto (de tiempo).
mín. mínimo.
ml mililitro.
mm milímetro.
mm² milímetro cuadrado.
mm³ milímetro cúbico.
Mons. monseñor.
mr. mártir.
ms. manuscrito.
Mx maxwell (unidad de flujo magnético).
n nano- (milmillonésima parte de una unidad).
N newton (unidad de fuerza).
N Norte.
N. del T. nota del traductor.
n. nota.
N. T. Nuevo Testamento.
N.B. nota bene (nótese).
n.º, nro., núm. número.
NAFTA. North America Free Trade Agreement (Tratado de Libre Comercio de América del Norte). → **TLCAN.**
NASA. National Aeronautics and Space Administration (Administración Nacional de Aeronáutica y del Espacio de los Estados Unidos).
NO Noroeste.
Ntra. Sra., N.ª S.ª Nuestra Señora (la Virgen María).
O Oeste.
O. F. M. Orden de frailes menores (franciscanos).
O. P. Orden de predicadores (dominicos).
O. S. A. Orden de San Agustín.
OACI. Organización de la Aviación Civil Internacional.
ob. cit. obra citada.
Ob. obispo.
OCDE. Organización para la Cooperación y el Desarrollo Económico.
OCI. Organización de la Conferencia Islámica.
OEA. Organización de Estados Americanos.
OEI. Organización de Estados Iberoamericanos (para la Educación, la Ciencia y la Cultura).
OIT. Organización Internacional del Trabajo.

**OLADE.** Organización Latinoamericana de Energía.
**OMC.** Organización Mundial del Comercio.
**OMS.** Organización Mundial de la Salud.
**ONG.** Organización No Gubernamental.
**ONU.** Organización de las Naciones Unidas.
**op. cit.** ópere citato (en la obra citada).
**OPEP.** Organización de Países Exportadores de Petróleo.
**OTAN.** Organización del Tratado del Atlántico Norte.
**OTI.** Organización de Televisiones Iberoamericanas.
**OUA.** Organización para la Unidad Africana.
**oz** onza.
**oz.** onza(s).
**P** peta- (mil billones de veces la unidad).
**p** pico- (billonésima parte de la unidad).
**p. a.** por ausencia.
**p. a.** por autorización.
**P. D.** posdata.
**p. ej.** por ejemplo.
**p. p.** por poder.
**P.** papa.
**P.** pregunta.
**P.**, **P.P.** padre, padres (en orden religiosa).
**p.**, **pág.**, **pg.** página.
**P.M.** policía militar.
**p.m.** post merídiem (después del mediodía).
**P.S.** post scriptum (posdata).
**P.V.P.** precio de venta al público.
**Pa** pascal (unidad de presión).
**párr.** párrafo.
**Pbro.**, **Presb.** presbítero.
**pc** parsec (unidad de distancia empleada en Astronomía).
**PC.** Personal Computer (Computadora Personal).
**pdo.** pasado.
**Pdte.**, **Pdta.** presidente, presidenta.
**PIB.** Producto Interior (o Interno) Bruto.
**pl.**, **plza.**, **pza.** plaza.
**Pnt.** pontífice.
**POP.** Post Office Protocol (Protocolo de Oficina de Correos).
**ppal.**, **pral.** principal.
**PPP.** Point-to-Point Protocol (Protocolo Punto a Punto).
**Prof.**, **Prof.ª** profesor, profesora.
**pról.** prólogo.
**prov.** provincia.
**pta.**, **pts.** peseta, pesetas.
**PYME.** Pequeña y Mediana Empresa.
**R** roentgen (unidad de radiación ionizante).
**R. I. P.** Requiescat In Pace (descanse en paz).
**r. p. m.** revoluciones por minuto.
**R.** respuesta.
**R.**, **Rev.**, **Rev.ª**, **Rvdo.**, **Rvda.** reverendo, reverenda.
**rad** radián (unidad de ángulo plano).
**reg.** registro.
**Rep.** república.
**Rh** rhesus (factor sanguíneo).
**Rte.** remitente.
**s** segundo (de tiempo).
**S** Sur.
**s. a.**, **s/a** sin año.
**s. e. u. o.** salvo error u omisión.
**s. e.**, **s/e** sin indicación de editorial.
**s. f.**, **s/f** sin fecha.
**s. l.**, **s/l** sin (indicación de) lugar de edición.
**s. n.**, **s/n** sin número (en una vía pública).
**s.** siglo.
**S. v.**, **s/v.** sub voce (bajo la palabra, en diccionarios y enciclopedias).
**s.**, **sig.** siguiente.
**S.**, **Sto.**, **Sta.** San, Santo, Santa.
**S.ª**, **Sra.** señora.
**S.I.**, **S. J.** Societatis Iesu (Compañía de Jesús).
**s.s.s.** su seguro servidor.
**Sdad.**, **Soc.** sociedad.
**SE** Sudeste o sureste.
**SEATO.** Organización del Tratado del Sureste Asiático.
**Sgto.**, **Sgta.** sargento, sargenta.
**SIDA.** Síndrome de Inmunodeficiencia Adquirida.
**SME.** Sistema Monetario Europeo.
**SMTP.** Simple Mail Transfer Protocol (Protocolo de Transferencia de Correo Simple).
**SO** Sudoeste o suroeste.
**Soc.** sociedad.
**Sr.**, **Sra.**, **Sr.ª** señor, señora.
**Srta.** señorita.
**ss.** siglos.
**ss.** siguientes.
**Sto.**, **Sta.** Santo, Santa.
**T** tera- (un billón de veces la unidad).
**T.** tara.
**t.** tomo.
**TAC.** Tomografía Axial Computada.
**TCP/IP.** Transmission Control Protocol/Internet Protocol (Protocolo de Control de Transmisión/ Protocolo Internet).
**tel.**, **teléf.**, **tfno.** teléfono.
**tít.** título.
**TLCAN.** Tratado de Libre Comercio de América del Norte.
**TM.** Trademark (Marca Comercial Registrada).
**TNT.** trinitotolueno.
**trad.** traducción.

**Tte.** teniente.
**TV** televisión.
**u** unidad(es) de masa atómica.
**U.**, **Ud.** usted.
**UA** unidad astronómica.
**Uds.** ustedes.
**UE.** Unión Europea.
**UNESCO.** United Nations Educational, Scientific, and Cultural Organization (Organización para la Educación, la Ciencia y la Cultura de las Naciones Unidas).
**UNICEF.** United Nations International Children's Emergency Fund (Fondo Internacional de las Naciones Unidas para la Ayuda a la Infancia).
**Univ.** universidad.
**URL.** Uniform Resource Locator (Localizador Uniforme de Recursos).
**UV.**, **UVA.** ultravioleta.
**V** voltio (unidad de potencial eléctrico).
**V.A.** Vuestra Alteza.
**v. g.**, **v. gr.** verbigracia (por ejemplo).
**v.** véase.
**v.** verso.
**V.**, **Vd.** usted.
**V.º B.º** visto bueno.
**v/** visto.
**Valmte.** vicealmirante.
**Vdo.**, **Vda.** viudo, viuda.
**VHS.** Video Home System (Sistema de Video Doméstico).
**vid.** vide (véase).
**VIH.** virus de inmunodeficiencia humana.
**vol.** volumen.
**VV. AA.** varios autores.
**W** vatio (unidad de potencia eléctrica).
**W. C.** water closet (inodoro).
**Wb** weber (unidad de flujo de inducción magnética).
**WWW.** World Wide Web (Amplia Red Mundial).
**Xto.** Cristo.

## Símbolos no alfabetizables

| | |
|---|---|
| @ | arroba (para direcciones de correo electrónico). |
| Å | angstrom. |
| © | *copyright* (derechos de autor). |
| ¢ | centavos (México). |
| ¢ | colón (El Salvador). |
| B | balboa (Panamá). |
| C$ | córdoba (Nicaragua). |
| L$ | lempira (Honduras). |
| NS/ | nuevo sol (Perú). |
| & | y. |
| µ | micro-. |
| ° | grado de ángulo (sexagesimal). |
| ′ | minuto de ángulo (Matemáticas). |
| ″ | segundo de ángulo. |
| % | por ciento. |
| ‰ | por mil. |
| # | número. |
| ® | registered trademark (marca registrada). |
| $ | peso (Argentina, Chile, México, Puerto Rico, Uruguay). |
| $ | dólar (Estados Unidos). |
| $ | peso (Colombia, Cuba). |
| € | euro (Unión Europea). |
| £ | libra esterlina (Reino Unido). |
| ¥ | yen (Japón). |
| § | párrafo. |
| < | menor que (Matemáticas); procede de (Filología). |
| ≤ | menor o igual que (Matemáticas). |
| > | mayor que (Matemáticas); pasa a (Filología). |
| ≥ | mayor o igual que (Matemáticas). |
| √‾ | raíz (Matemáticas). |
| Ω | ohmio. |
| * | forma hipotética o incorrecta (Filología). |
| + | más (Matemáticas). |
| – | menos (Matemáticas). |
| × | multiplicación (Matemáticas). |
| ÷ | división (Matemáticas). |

# Anexo de cuadros

*Observación.* Las formas marcadas con llave ({) corresponden a las de la 2ª persona (singular y plural) junto con el uso pronominal más corriente.

**Cuadro 1.** Verbo **amar**.

**Indicativo**

| **presente**<br>**Bello: presente** | **pretérito perfecto compuesto**<br>**Bello: antepresente** |
|---|---|
| yo amo | yo he amado |
| { tú amas | { tú has amado |
| vos amás | vos has amado |
| usted ama } | usted ha amado } |
| él ama | él ha amado |
| nosotros amamos | nosotros hemos amado |
| { ustedes aman | { ustedes han amado |
| vosotros amáis } | vosotros habéis amado } |
| ellos aman | ellos han amado |

| **pretérito imperfecto**<br>**Bello: copretérito** | **pretérito pluscuamperfecto**<br>**Bello: antecopretérito** |
|---|---|
| yo amaba | yo había amado |
| { tú amabas | { tú habías amado |
| vos amabas | vos habías amado |
| usted amaba } | usted había amado } |
| él amaba | él había amado |
| nosotros amábamos | nosotros habíamos amado |
| { ustedes amaban | { ustedes habían amado |
| vosotros amabais } | vosotros habíais amado } |
| ellos amaban | ellos habían amado |

| **pretérito perfecto simple (indefinido)**<br>**Bello: pretérito** | **pretérito anterior**<br>**Bello: antepretérito** |
|---|---|
| yo amé | yo hube amado |
| { tú amaste | { tú hubiste amado |
| vos amaste | vos hubiste amado |
| usted amó } | usted hubo amado } |
| él amó | él hubo amado |
| nosotros amamos | nosotros hubimos amado |
| { ustedes amaron | { ustedes hubieron amado |
| vosotros amasteis } | vosotros hubisteis amado } |
| ellos amaron | ellos hubieron amado |

| **futuro imperfecto**<br>**Bello: futuro** | **futuro perfecto**<br>**Bello: antefuturo** |
|---|---|
| yo amaré | yo habré amado |
| { tú amarás | { tú habrás amado |
| vos amarás | vos habrás amado |
| usted amará } | usted habrá amado } |
| él amará | él habrá amado |
| nosotros amaremos | nosotros habremos amado |
| { ustedes amarán | { ustedes habrán amado |
| vosotros amaréis } | vosotros habréis amado } |
| ellos amarán | ellos habrán amado |

| **condicional simple**<br>**Bello: pospretérito** | **condicional compuesto**<br>**Bello: antepospretérito** |
|---|---|
| yo amaría | yo habría amado |
| { tú amarías | { tú habrías amado |
| vos amarías | vos habrías amado |
| usted amaría } | usted habría amado } |
| él amaría | él habría amado |
| nosotros amaríamos | nosotros habríamos amado |
| { ustedes amarían | { ustedes habrían amado |
| vosotros amaríais } | vosotros habríais amado } |
| ellos amarían | ellos habrían amado |

**Cuadro 1.** Verbo **amar**. (*Cont.*)

**Subjuntivo**

| **presente**<br>**Bello: presente** | **pretérito perfecto**<br>**Bello: antepresente** |
|---|---|
| yo ame | yo haya amado |
| tú ames | tú hayas amado |
| vos ames / amés* | vos hayas amado |
| usted ame | usted haya amado |
| él ame | él haya amado |
| nosotros amemos | nosotros hayamos amado |
| ustedes amen | ustedes hayan amado |
| vosotros améis | vosotros hayáis amado |
| ellos amen | ellos hayan amado |

| **pretérito imperfecto**<br>**Bello: pretérito** | **pretérito pluscuamperfecto**<br>**Bello: antepretérito** |
|---|---|
| yo amara / amase | yo hubiera / hubiese amado |
| tú amaras / amases | tú hubieras / hubieses amado |
| vos amaras / amases | vos hubieras / hubieses amado |
| usted amara / amase | usted hubiera / hubiese amado |
| él amara / amase | él hubiera / hubiese amado |
| nosotros amáramos / amásemos | nosotros hubiéramos / hubiésemos amado |
| ustedes amaran / amasen | ustedes hubieran / hubiesen amado |
| vosotros amarais / amaseis | vosotros hubierais / hubieseis amado |
| ellos amaran / amasen | ellos hubieran / hubiesen amado |

| **futuro imperfecto**<br>**Bello: futuro** | **futuro perfecto**<br>**Bello: antefuturo** |
|---|---|
| yo amare | yo hubiere amado |
| tú amares | tú hubieres amado |
| vos amares | vos hubieres amado |
| usted amare | usted hubiere amado |
| él amare | él hubiere amado |
| nosotros amáremos | nosotros hubiéremos amado |
| ustedes amaren | ustedes hubieren amado |
| vosotros amareis | vosotros hubiereis amado |
| ellos amaren | ellos hubieren amado |

**Imperativo**

| **afirmativo** | **negativo** |
|---|---|
| ama (tú) | no ames (tú) |
| amá (vos) | no ames /amés* (vos) |
| ame (usted) | no ame (usted) |
| amen (ustedes) | no amen (ustedes) |
| amad (vosotros) | no améis (vosotros) |

**Formas no personales**

| | |
|---|---|
| **Infinitivo simple:** amar | **Infinitivo compuesto:** haber amado |
| **Gerundio simple:** amando | **Gerundio compuesto:** habiendo amado |
| **Participio:** amado | |

*Estas formas acentuadas se estiman propias de un modo de habla descuidada o de un tono enfático.

**Cuadro 2.** Verbo **temer**.

## Indicativo

| presente<br>Bello: presente | pretérito perfecto compuesto<br>Bello: antepresente |
|---|---|
| yo temo | yo he temido |
| tú temes | tú has temido |
| vos temés | vos has temido |
| usted teme | usted ha temido |
| él teme | él ha temido |
| nosotros tememos | nosotros hemos temido |
| ustedes temen | ustedes han temido |
| vosotros teméis | vosotros habéis temido |
| ellos temen | ellos han temido |

| pretérito imperfecto<br>Bello: copretérito | pretérito pluscuamperfecto<br>Bello: antecopretérito |
|---|---|
| yo temía | yo había temido |
| tú temías | tú habías temido |
| vos temías | vos habías temido |
| usted temía | usted había temido |
| él temía | él había temido |
| nosotros temíamos | nosotros habíamos temido |
| ustedes temían | ustedes habían temido |
| vosotros temíais | vosotros habíais temido |
| ellos temían | ellos habían temido |

| pretérito perfecto simple (indefinido)<br>Bello: pretérito | pretérito anterior<br>Bello: antepretérito |
|---|---|
| yo temí | yo hube temido |
| tú temiste | tú hubiste temido |
| vos temiste | vos hubiste temido |
| usted temió | usted hubo temido |
| él temió | él hubo temido |
| nosotros temimos | nosotros hubimos temido |
| ustedes temieron | ustedes hubieron temido |
| vosotros temisteis | vosotros hubisteis temido |
| ellos temieron | ellos hubieron temido |

| futuro imperfecto<br>Bello: futuro | futuro perfecto<br>Bello: antefuturo |
|---|---|
| yo temeré | yo habré temido |
| tú temerás | tú habrás temido |
| vos temerás | vos habrás temido |
| usted temerá | usted habrá temido |
| él temerá | él habrá temido |
| nosotros temeremos | nosotros habremos temido |
| ustedes temerán | ustedes habrán temido |
| vosotros temeréis | vosotros habréis temido |
| ellos temerán | ellos habrán temido |

| condicional simple<br>Bello: pospretérito | condicional compuesto<br>Bello: antepospretérito |
|---|---|
| yo temería | yo habría temido |
| tú temerías | tú habrías temido |
| vos temerías | vos habrías temido |
| usted temería | usted habría temido |
| él temería | él habría temido |
| nosotros temeríamos | nosotros habríamos temido |
| ustedes temerían | ustedes habrían temido |
| vosotros temeríais | vosotros habríais temido |
| ellos temerían | ellos habrían temido |

**Cuadro 2.** Verbo **temer**. (*Cont.*)

**Subjuntivo**

| **presente**<br>**Bello: presente** | **pretérito perfecto**<br>**Bello: antepresente** |
|---|---|
| yo tema | yo haya temido |
| tú temas | tú hayas temido |
| vos temas / temás* | vos hayas temido |
| usted tema | usted haya temido |
| él tema | él haya temido |
| nosotros temamos | nosotros hayamos temido |
| ustedes temáis | ustedes hayan temido |
| vosotros teman | vosotros hayáis temido |
| ellos teman | ellos hayan temido |

| **pretérito imperfecto**<br>**Bello: pretérito** | **pretérito pluscuamperfecto**<br>**Bello: antepretérito** |
|---|---|
| yo temiera / temiese | yo hubiera / hubiese temido |
| tú temieras / temieses | tú hubieras / hubieses temido |
| vos temieras / temieses | vos hubieras / hubieses temido |
| usted temiera / temiese | usted hubiera / hubiese temido |
| él temiera / temiese | él hubiera / hubiese temido |
| nosotros temiéramos / temiésemos | nosotros hubiéramos / hubiésemos temido |
| ustedes temieran / temiesen | ustedes hubieran / hubiesen temido |
| vosotros temierais / temieseis | vosotros hubierais / hubieseis temido |
| ellos temieran / temiesen | ellos hubieran / hubiesen temido |

| **futuro imperfecto**<br>**Bello: futuro** | **futuro perfecto**<br>**Bello: antefuturo** |
|---|---|
| yo temiere | yo hubiere temido |
| tú temieres | tú hubieres temido |
| vos temieres | vos hubieres temido |
| usted temiere | usted hubiere temido |
| él temiere | él hubiere temido |
| nosotros temiéremos | nosotros hubiéremos temido |
| ustedes temieren | ustedes hubieren temido |
| vosotros temiereis | vosotros hubiereis temido |
| ellos temieren | ellos hubieren temido |

**Imperativo**

| **afirmativo** | **negativo** |
|---|---|
| teme (tú) | no temas |
| temé (vos) | no temas / temás* |
| tema (usted) | no tema |
| teman (ustedes) | no teman |
| temed (vosotros) | no temáis |

**Formas no personales**

| | |
|---|---|
| **Infinitivo simple:** temer | **Infinitivo compuesto:** haber temido |
| **Gerundio simple:** temiendo | **Gerundio compuesto:** habiendo temido |
| **Participio:** temido | |

*Estas formas acentuadas se estiman propias de un modo de habla descuidada o de un tono enfático.

**Cuadro 3.** Verbo **partir**.

**Indicativo**

| presente<br>Bello: presente | pretérito perfecto compuesto<br>Bello: antepresente |
|---|---|
| yo parto | yo he partido |
| tú partes | tú has partido |
| vos partís | vos has partido |
| usted parte | usted ha partido |
| él parte | él ha partido |
| nosotros partimos | nosotros hemos partido |
| ustedes parten | ustedes han partido |
| vosotros partís | vosotros habéis partido |
| ellos parten | ellos han partido |

| pretérito imperfecto<br>Bello: copretérito | pretérito pluscuamperfecto<br>Bello: antecopretérito |
|---|---|
| yo partía | yo había partido |
| tú partías | tú habías partido |
| vos partías | vos habías partido |
| usted partía | usted había partido |
| él partía | él había partido |
| nosotros partíamos | nosotros habíamos partido |
| ustedes partían | ustedes habían partido |
| vosotros partíais | vosotros habíais partido |
| ellos partían | ellos habían partido |

| pretérito perfecto simple (indefinido)<br>Bello: pretérito | pretérito anterior<br>Bello: antepretérito |
|---|---|
| yo partí | yo hube partido |
| tú partiste | tú hubiste partido |
| vos partiste | vos hubiste partido |
| usted partió | usted hubo partido |
| él partió | él hubo partido |
| nosotros partimos | nosotros hubimos partido |
| ustedes partieron | ustedes hubieron partido |
| vosotros partisteis | vosotros hubisteis partido |
| ellos partieron | ellos hubieron partido |

| futuro imperfecto<br>Bello: futuro | futuro perfecto<br>Bello: antefuturo |
|---|---|
| yo partiré | yo habré partido |
| tú partirás | tú habrás partido |
| vos partirás | vos habrás partido |
| usted partirá | usted habrá partido |
| él partirá | él habrá partido |
| nosotros partiremos | nosotros habremos partido |
| ustedes partirán | ustedes habrán partido |
| vosotros partiréis | vosotros habréis partido |
| ellos partirán | ellos habrán partido |

| condicional simple<br>Bello: pospretérito | condicional compuesto<br>Bello: antepospretérito |
|---|---|
| yo partiría | yo habría partido |
| tú partirías | tú habrías partido |
| vos partirías | vos habrías partido |
| usted partiría | usted habría partido |
| él partiría | él habría partido |
| nosotros partiríamos | nosotros habríamos partido |
| ustedes partirían | ustedes habrían partido |
| vosotros partiríais | vosotros habríais partido |
| ellos partirían | ellos habrían partido |

**Cuadro 3.** Verbo **partir**. (*Cont.*)

## Subjuntivo

| **presente**<br>**Bello: presente** | **pretérito perfecto**<br>**Bello: antepresente** |
|---|---|
| yo parta | yo haya partido |
| tú partas | tú hayas partido |
| vos partas / partás* | vos hayas partido |
| usted parta | usted haya partido |
| él parta | él haya partido |
| nosotros partamos | nosotros hayamos partido |
| ustedes partan | ustedes hayan partido |
| vosotros partáis | vosotros hayáis partido |
| ellos partan | ellos hayan partido |

| **pretérito imperfecto**<br>**Bello: pretérito** | **pretérito pluscuamperfecto**<br>**Bello: antepretérito** |
|---|---|
| yo partiera / partiese | yo hubiera / hubiese partido |
| tú partieras / partieses | tú hubieras / hubieses partido |
| vos partieras / partieses | vos hubieras / hubieses partido |
| usted partiera / partiese | usted hubiera / hubiese partido |
| él partiera / partiese | él hubiera / hubiese partido |
| nosotros partiéramos /partiésemos | nosotros hubiéramos / hubiésemos partido |
| ustedes partieran / partiesen | ustedes hubieran / hubiesen partido |
| vosotros partierais / partieseis | vosotros hubierais / hubieseis partido |
| ellos partieran / partiesen | ellos hubieran / hubiesen partido |

| **futuro imperfecto**<br>**Bello: futuro** | **futuro perfecto**<br>**Bello: antefuturo** |
|---|---|
| yo partiere | yo hubiere partido |
| tú partieres | tú hubieres partido |
| vos partieres | vos hubieres partido |
| usted partiere | usted hubiere partido |
| él partiere | él hubiere partido |
| nosotros partiéremos | nosotros hubiéremos partido |
| ustedes partieren | ustedes hubieren partido |
| vosotros partiereis | vosotros hubiereis partido |
| ellos partieren | ellos hubieren partido |

## Imperativo

| **afirmativo** | **negativo** |
|---|---|
| parte (tú) | no partas |
| partí (vos) | no partas / partás* |
| parta (usted) | no parta |
| partan (ustedes) | no partan |
| partid (vosotros) | no partáis |

## Formas no personales

| | |
|---|---|
| **Infinitivo simple:** partir | **Infinitivo compuesto:** haber partido |
| **Gerundio simple:** partiendo | **Gerundio compuesto:** habiendo partido |
| **Participio:** partido | |

*Estas formas acentuadas se estiman propias de un modo de habla descuidada o de un tono enfático.

Cuadro 4. Verbo **HABER**.

**Indicativo y subjuntivo**

| **presente indicativo**<br>**Bello: presente** | **presente subjuntivo**<br>**Bello: presente** |
|---|---|
| yo he<br>tú has<br>vos has<br>usted ha<br>él ha<br>nosotros hemos<br>ustedes han<br>vosotros habéis<br>ellos han | yo haya<br>tú hayas<br>vos hayas / hayás*<br>usted haya<br>él haya<br>nosotros hayamos<br>ustedes hayan<br>vosotros hayáis<br>ellos hayan |

| **pretérito perfecto simple (indefinido) indicativo. Bello: pretérito** | **pretérito imperfecto subjuntivo**<br>**Bello: pretérito** |
|---|---|
| yo hube<br>tú hubiste<br>vos hubiste<br>usted hubo<br>él hubo<br>nosotros hubimos<br>ustedes hubieron<br>vosotros hubisteis<br>ellos hubieron | yo hubiera / hubiese<br>tú hubieras / hubieses<br>vos hubieras / hubieses<br>usted hubiera / hubiese<br>él hubiera / hubiese<br>nosotros hubiéramos/ hubiésemos<br>ustedes hubieran / hubiesen<br>vosotros hubierais / hubieseis<br>ellos hubieran / hubiesen |

| **futuro imperfecto subjuntivo**<br>**Bello: futuro** |
|---|
| yo hubiere<br>tú hubieres<br>vos hubieres<br>usted hubiere<br>él hubiere<br>nosotros hubiéremos<br>ustedes hubieren<br>vosotros hubiereis<br>ellos hubieren |

| **futuro imperfecto indicativo**<br>**Bello: futuro** | **condicional simple**<br>**Bello: pospretérito** |
|---|---|
| yo habré<br>tú habrás<br>vos habrás<br>usted habrá<br>él habrá<br>nosotros habremos<br>ustedes habrán<br>vosotros habréis<br>ellos habrán | yo habría<br>tú habrías<br>vos habrías<br>usted habría<br>él habría<br>nosotros habríamos<br>ustedes habrían<br>vosotros habríais<br>ellos habrían |

| **pretérito imperfecto indicativo**<br>**Bello: copretérito** | **Formas no personales** |
|---|---|
| yo había<br>tú habías<br>vos habías<br>usted había<br>él había<br>nosotros habíamos<br>ustedes habían<br>vosotros habíais<br>ellos habían | **Infinitivo simple:** haber<br>**Infinitivo compuesto:** haber habido<br>**Gerundio simple:** habiendo<br>**Gerundio compuesto:** habiendo habido<br>**Participio:** habido |

*Estas formas acentuadas se estiman propias de un modo de habla descuidada.

Cuadro 5. Verbo **SER**.

## Indicativo

| presente<br>Bello: presente | pretérito perfecto<br>Bello: antepresente |
|---|---|
| yo soy<br>tú eres<br>vos sos<br>usted es<br>él es<br>nosotros somos<br>ustedes son<br>vosotros sois<br>ellos son | yo he sido<br>tú has sido<br>vos has sido<br>usted ha sido<br>él ha sido<br>nosotros hemos sido<br>ustedes han sido<br>vosotros habéis sido<br>ellos han sido |

| pretérito imperfecto<br>Bello: copretérito | pretérito pluscuamperfecto<br>Bello: antecopretérito |
|---|---|
| yo era<br>tú eras<br>vos eras<br>usted era<br>él era<br>nosotros éramos<br>ustedes eran<br>vosotros erais<br>ellos eran | yo había sido<br>tú habías sido<br>vos habías sido<br>usted había sido<br>él había sido<br>nosotros habíamos sido<br>ustedes habían sido<br>vosotros habíais sido<br>ellos habían sido |

| pretérito perfecto simple<br>(indefinido). Bello: pretérito | pretérito anterior<br>Bello: antepretérito |
|---|---|
| yo fui<br>tú fuiste<br>vos fuiste<br>usted fue<br>él fue<br>nosotros fuimos<br>ustedes fueron<br>vosotros fuisteis<br>ellos fueron | yo hube sido<br>tú hubiste sido<br>vos hubiste sido<br>usted hubo sido<br>él hubo sido<br>nosotros hubimos sido<br>ustedes hubieron sido<br>vosotros hubisteis sido<br>ellos hubieron sido |

| futuro imperfecto<br>Bello: futuro | futuro perfecto<br>Bello: antefuturo |
|---|---|
| yo seré<br>tú serás<br>vos serás<br>usted será<br>él será<br>nosotros seremos<br>ustedes serán<br>vosotros seréis<br>ellos serán | yo habré sido<br>tú habrás sido<br>vos habrás sido<br>usted habrá sido<br>él habrá sido<br>nosotros habremos sido<br>ustedes habrán sido<br>vosotros habréis sido<br>ellos habrán sido |

| condicional simple<br>Bello: pospretérito | condicional compuesto<br>Bello: antepospretérito |
|---|---|
| yo sería<br>tú serías<br>vos serías<br>usted sería<br>él sería<br>nosotros seríamos<br>ustedes serían<br>vosotros seríais<br>ellos serían | yo habría sido<br>tú habrías sido<br>vos habrías sido<br>usted habría sido<br>él habría sido<br>nosotros habríamos sido<br>ustedes habrían sido<br>vosotros habríais sido<br>ellos habrían sido |

Cuadro 5. Verbo **SER**. (*Cont.*)

## Subjuntivo

| presente<br>Bello: presente | pretérito perfecto<br>Bello: antepresente |
|---|---|
| yo sea | yo haya sido |
| tú seas | tú hayas sido |
| vos seas / seás* | vos hayas sido |
| usted sea | usted haya sido |
| él sea | él haya sido |
| nosotros seamos | nosotros hayamos sido |
| ustedes sean | ustedes hayan sido |
| vosotros seáis | vosotros hayáis sido |
| ellos sean | ellos hayan sido |

| pretérito imperfecto<br>Bello: pretérito | pretérito pluscuamperfecto<br>Bello: antepretérito |
|---|---|
| yo fuera / fuese | yo hubiera / hubiese sido |
| tú fueras / fueses | tú hubieras / hubieses sido |
| vos fueras / fueses | vos hubieras / hubieses sido |
| usted fuera / fuese | usted hubiera / hubiese sido |
| él fuera / fuese | él hubiera / hubiese sido |
| nosotros fuéramos / fuésemos | nosotros hubiéramos / hubiésemos sido |
| ustedes fueran / fuesen | ustedes hubieran / hubiesen sido |
| vosotros fuerais / fueseis | vosotros hubierais / hubieseis sido |
| ellos fueran / fuesen | ellos hubieran / hubiesen sido |

| futuro imperfecto<br>Bello: futuro | futuro perfecto<br>Bello: antefuturo |
|---|---|
| yo fuere | yo hubiere sido |
| tú fueres | tú hubieres sido |
| vos fueres | vos hubieres sido |
| usted fuere | usted hubiere sido |
| él fuere | él hubiere sido |
| nosotros fuéremos | nosotros hubiéremos sido |
| ustedes fueren | ustedes hubieren sido |
| vosotros fuereis | vosotros hubiereis sido |
| ellos fueren | ellos hubieren sido |

## Imperativo

| afirmativo | negativo |
|---|---|
| sé (tú) | no seas |
| sé (vos) | no seas / seás* |
| sea (usted) | no sea |
| sean (ustedes) | no sean |
| sed (vosotros) | no seáis |

## Formas no personales

| | |
|---|---|
| **Infinitivo simple:** ser | **Infinitivo compuesto:** haber sido |
| **Gerundio simple:** siendo | **Gerundio compuesto:** habiendo sido |
| **Participio:** sido | |

*Estas formas acentuadas se estiman propias de un modo de habla descuidada.

Cuadro 6. Verbo **ABOLIR**.

| **presente indicativo**<br>**Bello: presente** | **Imperativo**<br>**afirmativo** |
|---|---|
| nosotros abolimos<br>vosotros abolís | abolí (vos)<br>abolid (vosotros) |

| **pretérito perfecto simple (indefinido) indicativo**<br>**Bello: pretérito** | **pretérito imperfecto subjuntivo**<br>**Bello: pretérito** |
|---|---|
| yo abolí<br>tú aboliste<br>vos aboliste<br>usted abolió<br>él abolió<br>nosotros abolimos<br>ustedes abolieron<br>vosotros abolisteis<br>ellos abolieron | yo aboliera / aboliese<br>tú abolieras / abolieses<br>vos abolieras / abolieses<br>usted aboliera / aboliese<br>él aboliera / aboliese<br>nosotros aboliéramos / aboliésemos<br>ustedes abolieran / aboliesen<br>vosotros abolierais / abolieseis<br>ellos abolieran / aboliesen |

| **futuro imperfecto subjuntivo**<br>**Bello: futuro** | **pretérito imperfecto indicativo**<br>**Bello: copretérito** |
|---|---|
| yo aboliere<br>tú abolieres<br>vos abolieres<br>usted aboliere<br>él aboliere<br>nosotros aboliéremos<br>ustedes abolieren<br>vosotros aboliereis<br>ellos abolieren | yo abolía<br>tú abolías<br>vos abolías<br>usted abolía<br>él abolía<br>nosotros abolíamos<br>ustedes abolían<br>vosotros abolíais<br>ellos abolían |

| **futuro imperfecto indicativo**<br>**Bello: futuro** | **condicional simple**<br>**Bello: pospretérito** |
|---|---|
| yo aboliré<br>tú abolirás<br>vos abolirás<br>usted abolirá<br>él abolirá<br>nosotros aboliremos<br>ustedes abolirán<br>vosotros aboliréis<br>ellos abolirán | yo aboliría<br>tú abolirías<br>vos abolirías<br>usted aboliría<br>él aboliría<br>nosotros aboliríamos<br>ustedes abolirían<br>vosotros aboliríais<br>ellos abolirían |

**Formas no personales**

| | |
|---|---|
| **Infinitivo simple:** abolir<br>**Gerundio simple:** aboliendo<br>**Participio:** abolido | **Infinitivo compuesto:** haber abolido<br>**Gerundio compuesto:** habiendo abolido |

**Cuadro 7.** Verbo **acaecer**.

c > zc delante de *a* y de *o*

| **presente indicativo**<br>**Bello: presente** | **presente subjuntivo**<br>**Bello: presente** |
|---|---|
| ello acaece<br>ellos acaecen | ello acaezca<br>ellos acaezcan |

| **pretérito imperfecto indicativo**<br>**Bello: copretérito** |
|---|
| ello acaecía<br>ellos acaecían |

| **pretérito perfecto simple (indefinido) indicativo**<br>**Bello: pretérito** | **pretérito imperfecto subjuntivo**<br>**Bello: pretérito** |
|---|---|
| ello acaeció<br>ellos acaecieron | ello acaeciera / acaeciese<br>ellos acaecieran / acaeciesen |

| **futuro imperfecto subjuntivo**<br>**Bello: futuro** |
|---|
| ello acaeciere<br>ellos acaecieren |

| **futuro imperfecto indicativo**<br>**Bello: futuro** | **condicional simple**<br>**Bello: pospretérito** |
|---|---|
| ello acaecerá<br>ellos acaecerán | ello acaecería<br>ellos acaecerían |

**Formas no personales**

| | |
|---|---|
| **Infinitivo simple:** acaecer | **Infinitivo compuesto:** haber acaecido |
| **Gerundio simple:** acaeciendo | **Gerundio compuesto:** habiendo acaecido |
| **Participio:** acaecido | |

Cuadro 8. Verbo **actuar**.

u > ú

| presente indicativo<br>Bello: presente | presente subjuntivo<br>Bello: presente |
|---|---|
| yo actúo | yo actúe |
| tú actúas | tú actúes |
| vos actuás | vos actúes / actués* |
| usted actúa | usted actúe |
| él actúa | él actúe |
| nosotros actuamos | nosotros actuemos |
| ustedes actúan | ustedes actúen |
| vosotros actuáis | vosotros actuéis |
| ellos actúan | ellos actúen |

Imperativo

| afirmativo | negativo |
|---|---|
| actúa (tú) | no actúes |
| actuá (vos) | no actúes / actués* |
| actúe (usted) | no actúe |
| actúen (ustedes) | no actúen |
| actuad (vosotros) | no actuéis |

*Estas formas acentuadas se estiman propias de un modo de habla descuidada o de un tono enfático.

Cuadro 9. Verbo **adquirir**.

i > ie

| presente indicativo<br>Bello: presente | presente subjuntivo<br>Bello: presente |
|---|---|
| yo adquiero | yo adquiera |
| tú adquieres | tú adquieras |
| vos adquirís | vos adquieras |
| usted adquiere | usted adquiera |
| él adquiere | él adquiera |
| nosotros adquirimos | nosotros adquiramos |
| ustedes adquieren | ustedes adquieran |
| vosotros adquirís | vosotros adquiráis |
| ellos adquieren | ellos adquieran |

Imperativo

| afirmativo | negativo |
|---|---|
| adquiere (tú) | no adquieras |
| adquirí (vos) | no adquieras |
| adquiera (usted) | no adquiera |
| adquieran (ustedes) | no adquieran |
| adquirid (vosotros) | no adquiráis |

**Cuadro 10.** Verbo **agradecer**.

c > zc delante de *a* y de *o*

| presente indicativo<br>Bello: presente | presente subjuntivo<br>Bello: presente |
|---|---|
| yo agradezco | yo agradezca |
| tú agradeces | tú agradezcas |
| vos agradecés | vos agradezcas / agradezcás* |
| usted agradece | usted agradezca |
| él agradece | él agradezca |
| nosotros agradecemos | nosotros agradezcamos |
| ustedes agradecen | ustedes agradezcan |
| vosotros agradecéis | vosotros agradezcáis |
| ellos agradecen | ellos agradezcan |

**Imperativo**

| afirmativo | negativo |
|---|---|
| agradece (tú) | no agradezcas |
| agradecé (vos) | no agradezcas / agradezcás* |
| agradezca (usted) | no agradezca |
| agradezcan (ustedes) | no agradezcan |
| agradeced (vosotros) | no agradezcáis |

*Estas formas acentuadas se estiman propias de un modo de habla descuidada o de un tono enfático.

**Cuadro 11.** Verbo **aislar**.

i > í

| presente indicativo<br>Bello: presente | presente subjuntivo<br>Bello: presente |
|---|---|
| yo aíslo | yo aísle |
| tú aíslas | tú aísles |
| vos aislás | vos aísles / aislés* |
| usted aísla | usted aísle |
| él aísla | él aísle |
| nosotros aislamos | nosotros aislemos |
| ustedes aíslan | ustedes aíslen |
| vosotros aisláis | vosotros aisléis |
| ellos aíslan | ellos aíslen |

**Imperativo**

| afirmativo | negativo |
|---|---|
| aísla (tú) | no aísles |
| aislá (vos) | no aísles /aislés* |
| aísle (usted) | no aísle |
| aíslen (ustedes) | no aíslen |
| aislad (vosotros) | no aisléis |

*Estas formas acentuadas se estiman propias de un modo de habla descuidada o de un tono enfático.

**Cuadro 12.** Verbo **andar**.

and + uv
desinencias de verbos *-er*, *-ir*

| **pretérito perfecto simple (indefinido) indicativo**<br>**Bello: pretérito** | **pretérito imperfecto subjuntivo**<br>**Bello: pretérito** |
|---|---|
| yo anduve | yo anduviera / anduviese |
| tú anduviste | tú anduvieras / anduvieses |
| vos anduviste | vos anduvieras / anduvieses |
| usted anduvo | usted anduviera / anduviese |
| él anduvo | él anduviera / anduviese |
| nosotros anduvimos | nosotros anduviéramos / anduviésemos |
| ustedes anduvieron | ustedes anduvieran / anduviesen |
| vosotros anduvisteis | vosotros anduvierais / anduvieseis |
| ellos anduvieron | ellos anduvieran / anduviesen |

| **futuro imperfecto subjuntivo**<br>**Bello: futuro** |
|---|
| yo anduviere |
| tú anduvieres |
| vos anduvieres |
| usted anduviere |
| él anduviere |
| nosotros anduviéremos |
| ustedes anduvieren |
| vosotros anduviereis |
| ellos anduvieren |

**Cuadro 13.** Verbo **ansiar**.

i > í

| **presente indicativo**<br>**Bello: presente** | **presente subjuntivo**<br>**Bello: presente** |
|---|---|
| yo ansío | yo ansíe |
| tú ansías | tú ansíes |
| vos ansiás | vos ansíes / ansiés* |
| usted ansía | usted ansíe |
| él ansía | él ansíe |
| nosotros ansiamos | nosotros ansiemos |
| ustedes ansían | ustedes ansíen |
| vosotros ansiáis | vosotros ansiéis |
| ellos ansían | ellos ansíen |

**Imperativo**

| **afirmativo** | **negativo** |
|---|---|
| ansía (tú) | no ansíes |
| ansiá (vos) | no ansíes / ansiés* |
| ansíe (usted) | no ansíe |
| ansíen (ustedes) | no ansíen |
| ansiad (vosotros) | no ansiéis |

*Estas formas acentuadas se estiman propias de un modo de habla descuidada o de un tono enfático.

**Cuadro 14.** Verbo **asir**.

as + g

| presente indicativo<br>Bello: presente | presente subjuntivo<br>Bello: presente |
|---|---|
| yo asgo | yo asga |
| tú ases | tú asgas |
| vos asís | vos asgas |
| usted ase | usted asga |
| él ase | él asga |
| nosotros asimos | nosotros asgamos |
| ustedes asen | ustedes asgan |
| vosotros asís | vosotros asgáis |
| ellos asen | ellos asgan |

**Cuadro 15.** Verbo **atañer**.

| presente indicativo<br>Bello: presente | presente subjuntivo<br>Bello: presente |
|---|---|
| ello atañe | ello ataña |
| ellos atañen | ellos atañan |

| pretérito imperfecto indicativo<br>Bello: copretérito |
|---|
| ello atañía |
| ellos atañían |

| pretérito perfecto simple (indefinido) indicativo<br>Bello: pretérito | pretérito imperfecto subjuntivo<br>Bello: pretérito |
|---|---|
| ello atañó | ello atañera /atañese |
| ellos atañeron | ellos atañeran / atañesen |

| futuro imperfecto subjuntivo<br>Bello: futuro |
|---|
| ello atañere |
| ellos atañeren |

| futuro imperfecto indicativo<br>Bello: futuro | condicional simple indicativo<br>Bello: pospretérito |
|---|---|
| ello atañerá | ello atañería |
| ellos atañerán | ellos atañerían |

| Formas no personales | |
|---|---|
| **Infinitivo simple:** atañer | **Infinitivo compuesto:** haber atañido |
| **Gerundio simple:** atañendo | **Gerundio compuesto:** habiendo atañido |
| **Participio:** atañido | |

**Cuadro 16.** Verbo **aunar**.

u > ú

| presente indicativo<br>Bello: presente | presente subjuntivo<br>Bello: presente |
|---|---|
| yo aúno | yo aúne |
| tú aúnas | tú aúnes |
| vos aunás | vos aúnes / aunés* |
| usted aúna | usted aúne |
| él aúna | él aúne |
| nosotros aunamos | nosotros aunemos |
| ustedes aúnan | ustedes aúnen |
| vosotros aunáis | vosotros aunéis |
| ellos aúnan | ellos aúnen |

**Imperativo**

| afirmativo | negativo |
|---|---|
| aúna (tú) | no aúnes |
| auná (vos) | no aúnes / aunés* |
| aúne (usted) | no aúne |
| aúnen (ustedes) | no aúnen |
| aunad (vosotros) | no aunéis |

*Estas formas acentuadas se estiman propias de un modo de habla descuidada o de un tono enfático.

**Cuadro 17.** Verbo **averiguar**.

gu > güe

| presente subjuntivo. Bello: presente |
|---|
| yo averigüe |
| tú averigües |
| vos averigües / averigüés* |
| usted averigüe |
| él averigüe |
| nosotros averigüemos |
| ustedes averigüen |
| vosotros averigüéis |
| ellos averigüen |

**Imperativo**

| afirmativo | negativo |
|---|---|
| averigua (tú) | no averigües |
| averiguá (vos) | no averigües / averigüés* |
| averigüe (usted) | no averigüe |
| averigüen (ustedes) | no averigüen |
| averiguad (vosotros) | no averigüéis |

| pretérito perfecto simple (indefinido) indicativo<br>Bello: pretérito |
|---|
| yo averigüé |
| tú averiguaste |
| vos averiguaste |
| usted averiguó |
| él averiguó |
| nosotros averiguamos |
| ustedes averiguaron |
| vosotros averiguasteis |
| ellos averiguaron |

*Estas formas acentuadas se estiman propias de un modo de habla descuidada o de un tono enfático.

**Cuadro 18.** Verbo **balbucir**.

| **presente indicativo**<br>**Bello: presente** |
|---|
| yo ∅*<br>tú balbuces<br>vos balbucís<br>usted balbuce<br>él balbuce<br>nosotros balbucimos<br>ustedes balbucen<br>vosotros balbucís<br>ellos balbucen |

| **pretérito imperfecto indicativo**<br>**Bello: copretérito** | **pretérito perfecto simple (indefinido) indicativo**<br>**Bello: pretérito** |
|---|---|
| yo balbucía<br>tú balbucías<br>vos balbucías<br>usted balbucía<br>él balbucía<br>nosotros balbucíamos<br>ustedes balbucían<br>vosotros balbucíais<br>ellos balbucían | yo balbucí<br>tú balbuciste<br>vos balbuciste<br>usted balbució<br>él balbució<br>nosotros balbucimos<br>ustedes balbucieron<br>vosotros balbucisteis<br>ellos balbucieron |

| **futuro imperfecto indicativo**<br>**Bello: futuro** | **condicional simple indicativo**<br>**Bello: pospretérito** |
|---|---|
| yo balbuciré<br>tú balbucirás<br>vos balbucirás<br>usted balbucirá<br>él balbucirá<br>nosotros balbuciremos<br>ustedes balbucirán<br>vosotros balbuciréis<br>ellos balbucirán | yo balbuciría<br>tú balbucirías<br>vos balbucirías<br>usted balbuciría<br>él balbuciría<br>nosotros balbuciríamos<br>ustedes balbucirían<br>vosotros balbuciríais<br>ellos balbucirían |

*Tampoco tiene forma propia en presente de subjuntivo. Todas ellas se suplen con las correspondientes de balbucear.

**Cuadro 19.** Verbo **bendecir**.

bendec > bendig

| **presente indicativo**<br>**Bello: presente** | **presente subjuntivo**<br>**Bello: presente** |
|---|---|
| yo bendigo | yo bendiga |
| tú bendices | tú bendigas |
| vos bendecís | vos bendigas / bendigás* |
| usted bendice | usted bendiga |
| él bendice | él bendiga |
| nosotros bendecimos | nosotros bendigamos |
| ustedes bendicen | ustedes bendigan |
| vosotros bendecís | vosotros bendigáis |
| ellos bendicen | ellos bendigan |

**Imperativo**

| **afirmativo** | **negativo** |
|---|---|
| bendice (tú) | no bendigas |
| bendecí (vos) | no bendigas / bendigás* |
| bendiga (usted) | no bendiga |
| bendigan (ustedes) | no bendigan |
| bendecid (vosotros) | no bendigáis |

*Estas formas acentuadas se estiman propias de un modo de habla descuidada o de un tono enfático.

bendec > bendij; sin *i* en la desinencia

| **pretérito perfecto simple (indefinido) indicativo**<br>**Bello: pretérito** | **pretérito imperfecto subjuntivo**<br>**Bello: pretérito** |
|---|---|
| yo bendije | yo bendijera / bendijese |
| tú bendijiste | tú bendijeras / bendijeses |
| vos bendijiste | vos bendijeras / bendijeses |
| usted bendijo | usted bendijera / bendijese |
| él bendijo | él bendijera / bendijese |
| nosotros bendijimos | nosotros bendijéramos / bendijésemos |
| ustedes bendijeron | ustedes bendijeran / bendijesen |
| vosotros bendijisteis | vosotros bendijerais / bendijeseis |
| ellos bendijeron | ellos bendijeran / bendijesen |

**futuro imperfecto subjuntivo. Bello: futuro**

| | |
|---|---|
| yo bendijere | nosotros bendijéremos |
| tú bendijeres | ustedes bendijeren |
| vos bendijeres | vosotros bendijereis |
| usted bendijere | ellos bendijeren |
| él bendijere | |

| **futuro imperfecto indicativo**<br>**Bello: futuro** | **condicional simple**<br>**Bello: pospretérito** |
|---|---|
| yo bendeciré | yo bendeciría |
| tú bendecirás | tú bendecirías |
| vos bendecirás | vos bendecirías |
| usted bendecirá | usted bendeciría |
| él bendecirá | él bendeciría |
| nosotros bendeciremos | nosotros bendeciríamos |
| ustedes bendecirán | ustedes bendecirían |
| vosotros bendeciréis | vosotros bendeciríais |
| ellos bendecirán | ellos bendecirían |

**Formas no personales**

| | |
|---|---|
| **Infinitivo simple:** bendecir | **Infinitivo compuesto:** haber bendecido |
| **Gerundio simple:** bendiciendo | **Gerundio compuesto:** habiendo bendecido |
| **Participio:** bendecido / bendito | |

**Cuadro 20.** Verbo **caber**.

cab > quep

| **presente indicativo**<br>**Bello: presente** | **presente subjuntivo**<br>**Bello: presente** |
|---|---|
| yo quepo | yo quepa |
| tú cabes | tú quepas |
| vos cabés | vos quepas / quepás* |
| usted cabe | usted quepa |
| él cabe | él quepa |
| nosotros cabemos | nosotros quepamos |
| ustedes caben | ustedes quepan |
| vosotros cabéis | vosotros quepáis |
| ellos caben | ellos quepan |

**Imperativo**

| **afirmativo** | **negativo** |
|---|---|
| cabe (tú) | no quepas |
| cabé (vos) | no quepáis / quepás* |
| quepa (usted) | no quepa |
| quepan (ustedes) | no quepan |
| cabed (vosotros) | no quepáis |

cab > cup

| **pretérito perfecto simple**<br>**(indefinido) indicativo**<br>**Bello: pretérito** | **pretérito imperfecto**<br>**subjuntivo**<br>**Bello: pretérito** |
|---|---|
| yo cupe | yo cupiera / cupiese |
| tú cupiste | tú cupieras / cupieses |
| vos cupiste | vos cupieras / cupieses |
| usted cupo | usted cupiera / cupiese |
| él cupo | él cupiera / cupiese |
| nosotros cupimos | nosotros cupiéramos / cupiésemos |
| ustedes cupieron | ustedes cupieran / cupiesen |
| vosotros cupisteis | vosotros cupierais / cupieseis |
| ellos cupieron | ellos cupieran / cupiesen |

| **futuro imperfecto subjuntivo. Bello: futuro** |
|---|
| yo cupiere |
| tú cupieres |
| vos cupieres |
| usted cupiere |
| él cupiere |
| nosotros cupiéremos |
| ustedes cupieren |
| vosotros cupiereis |
| ellos cupieren |

cab > cabr

| **futuro imperfecto indicativo**<br>**Bello: futuro** | **condicional simple**<br>**Bello: pospretérito** |
|---|---|
| yo cabré | yo cabría |
| tú cabrás | tú cabrías |
| vos cabrás | vos cabrías |
| usted cabrá | usted cabría |
| él cabrá | él cabría |
| nosotros cabremos | nosotros cabríamos |
| ustedes cabrán | ustedes cabrían |
| vosotros cabréis | vosotros cabríais |
| ellos cabrán | ellos cabrían |

*Esta forma acentuada se estima propia de un modo de habla descuidada o de un tono enfático.

**Cuadro 21.** Verbo **caer**

ca + ig

| presente indicativo<br>Bello: presente | presente subjuntivo<br>Bello: presente |
|---|---|
| yo caigo | yo caiga |
| tú caes | tú caigas |
| vos caés | vos caigas / caigás* |
| usted cae | usted caiga |
| él cae | él caiga |
| nosotros caemos | nosotros caigamos |
| ustedes caen | ustedes caigan |
| vosotros caéis | vosotros caigáis |
| ellos caen | ellos caigan |

**Imperativo**

| afirmativo | negativo |
|---|---|
| cae (tú) | no caigas |
| caé (vos) | no caigas / caigás* |
| caiga (usted) | no caiga |
| caigan (ustedes) | no caigan |
| caed (vosotros) | no caigáis |

i > y

| pretérito perfecto simple<br>(indefinido) indicativo<br>Bello: pretérito | pretérito imperfecto<br>subjuntivo<br>Bello: pretérito |
|---|---|
| yo caí | yo cayera / cayese |
| tú caíste | tú cayeras / cayeses |
| vos caíste | vos cayeras / cayeses |
| usted cayó | usted cayera / cayese |
| él cayó | él cayera / cayese |
| nosotros caímos | nosotros cayéramos / cayésemos |
| ustedes cayeron | ustedes cayeran / cayesen |
| vosotros caísteis | vosotros cayerais / cayeseis |
| ellos cayeron | ellos cayeran / cayesen |

| futuro imperfecto subjuntivo. Bello: futuro |
|---|
| yo cayere |
| tú cayeres |
| vos cayeres |
| usted cayere |
| él cayere |
| nosotros cayéremos |
| ustedes cayeren |
| vosotros cayereis |
| ellos cayeren |

**Formas no personales**

| Gerundio simple: cayendo |
|---|

*Estas formas acentuadas se estiman propias de un modo de habla descuidada o de un tono enfático.

Cuadro 22. Verbo **cocer**.

o > ue
c > z delante de *a* y de *o*

| presente indicativo<br>Bello: presente | presente subjuntivo<br>Bello: presente |
|---|---|
| yo cuezo | yo cueza |
| tú cueces | tú cuezas |
| vos cocés | vos cuezas |
| usted cuece | usted cueza |
| él cuece | él cueza |
| nosotros cocemos | nosotros cozamos |
| ustedes cuecen | ustedes cuezan |
| vosotros cocéis | vosotros cozáis |
| ellos cuecen | ellos cuezan |

**Imperativo**

| afirmativo | negativo |
|---|---|
| cuece (tú) | no cuezas |
| cocé (vos) | no cuezas |
| cueza (usted) | no cueza |
| cuezan (ustedes) | no cuezan |
| coced (vosotros) | no cozáis |

Cuadro 23. Verbo **concernir**.

e > ie

| presente indicativo<br>Bello: presente | presente subjuntivo<br>Bello: presente |
|---|---|
| ello concierne | ello concierna |
| ellos conciernen | ellos conciernan |

| pretérito imperfecto indicativo<br>Bello: copretérito |
|---|
| ello concernía |
| ellos concernían |

| pretérito perfecto simple (indefinido) indicativo<br>Bello: pretérito | pretérito imperfecto subjuntivo<br>Bello: pretérito |
|---|---|
| ello concernió | ello concerniera / concerniese |
| ellos concernieron | ellos concernieran / concerniesen |

| futuro imperfecto subjuntivo<br>Bello: futuro |
|---|
| ello concerniere |
| ellos concernieren |

| futuro imperfecto indicativo<br>Bello: futuro | condicional simple<br>Bello: pospretérito |
|---|---|
| ello concernirá | ello concerniría |
| ellos concernirán | ellos concernirían |

**Formas no personales**

| | |
|---|---|
| **Infinitivo simple:** concernir | **Infinitivo compuesto:** haber concernido |
| **Gerundio simple:** concerniendo | **Gerundio compuesto:** habiendo concernido |
| **Participio:** concernido | |

**Cuadro 24.** Verbo **conducir**.

c > zc delante de *a* y de *o*

| **presente indicativo**<br>**Bello: presente** | **presente subjuntivo**<br>**Bello: presente** |
|---|---|
| yo conduzco | yo conduzca |
| tú conduces | tú conduzcas |
| vos conducís | vos conduzcas / conduzcás* |
| usted conduce | usted conduzca |
| él conduce | él conduzca |
| nosotros conducimos | nosotros conduzcamos |
| ustedes conducen | ustedes conduzcan |
| vosotros conducís | vosotros conduzcáis |
| ellos conducen | ellos conduzcan |

**Imperativo**

| **afirmativo** | **negativo** |
|---|---|
| conduce (tú) | no conduzcas |
| conducí (vos) | no conduzcas / conduzcás* |
| conduzca (usted) | no conduzca |
| conduzcan (ustedes) | no conduzcan |
| conducid (vosotros) | no conduzcáis |

c > j en la raíz
pérdida de *i* en la desinencia

| **pretérito perfecto simple**<br>**(indefinido) indicativo**<br>**Bello: pretérito** | **pretérito imperfecto**<br>**subjuntivo**<br>**Bello: pretérito** |
|---|---|
| yo conduje | yo condujera / condujese |
| tú condujiste | tú condujeras / condujeses |
| vos condujiste | vos condujeras / condujeses |
| usted condujo | usted condujera / condujese |
| él condujo | él condujera / condujese |
| nosotros condujimos | nosotros condujéramos / condujésemos |
| ustedes condujeron | ustedes condujeran / condujesen |
| vosotros condujisteis | vosotros condujerais / condujeseis |
| ellos condujeron | ellos condujeran / condujesen |

**futuro imperfecto subjuntivo**
**Bello: futuro**

| | |
|---|---|
| yo condujere | nosotros condujéremos |
| tú condujeres | ustedes condujeren |
| vos condujeres | vosotros condujereis |
| usted condujere | ellos condujeren |
| él condujere | |

*Estas formas acentuadas se estiman propias de un modo de habla descuidada.

**Cuadro 25.** Verbo **contar**.

o > ue

| presente indicativo<br>Bello: presente | presente subjuntivo<br>Bello: presente |
|---|---|
| yo cuento | yo cuente |
| tú cuentas | tú cuentes |
| vos contás | vos cuentes / contés* |
| usted cuenta | usted cuente |
| él cuenta | él cuente |
| nosotros contamos | nosotros contemos |
| ustedes cuentan | ustedes cuenten |
| vosotros contáis | vosotros contéis |
| ellos cuentan | ellos cuenten |

**Imperativo**

| afirmativo | negativo |
|---|---|
| cuenta (tú) | no cuentes |
| contá (vos) | no cuentes / contés* |
| cuente (usted) | no cuente |
| cuenten (ustedes) | no cuenten |
| contad (vosotros) | no contéis |

*Estas formas acentuadas se estiman propias de un modo de habla descuidada o de un tono enfático.

**Cuadro 26.** Verbo **dar**.

agrega *y* en primera persona
dé (con tilde diacrítica)

| presente indicativo<br>Bello: presente | presente subjuntivo<br>Bello: presente |
|---|---|
| yo doy | yo dé |
| tú das | tú des |
| vos das | vos des |
| usted da | usted dé |
| él da | él dé |
| nosotros damos | nosotros demos |
| ustedes dan | ustedes den |
| vosotros dais | vosotros deis |
| ellos dan | ellos den |

**Imperativo**

| afirmativo | negativo |
|---|---|
| da (tú) | no des |
| da (vos) | no des |
| dé (usted) | no dé |
| den (ustedes) | no den |
| dad (vosotros) | no deis |

desinencias de verbos *-er*, *-ir*

| pretérito perfecto simple (indefinido) indicativo<br>Bello: pretérito | pretérito imperfecto subjuntivo<br>Bello: pretérito |
|---|---|
| yo di | yo diera / diese |
| tú diste | tú dieras / dieses |
| vos diste | vos dieras / dieses |
| usted dio | usted diera / diese |
| él dio | él diera / diese |
| nosotros dimos | nosotros diéramos / diésemos |
| ustedes dieron | ustedes dieran / diesen |
| vosotros disteis | vosotros dierais / dieseis |
| ellos dieron | ellos dieran / diesen |

| futuro imperfecto subjuntivo<br>Bello: futuro |
|---|
| yo diere |
| tú dieres |
| vos dieres |
| usted diere |
| él diere |
| nosotros diéremos |
| ustedes dieren |
| vosotros diereis |
| ellos dieren |

**Cuadro 27.** Verbo **decir**.

dec > dig

| presente indicativo<br>Bello: presente | presente subjuntivo<br>Bello: presente |
|---|---|
| yo digo | yo diga |
| tú dices | tú digas |
| vos decís | vos digas / digás* |
| usted dice | usted diga |
| él dice | él diga |
| nosotros decimos | nosotros digamos |
| ustedes dicen | ustedes digan |
| vosotros decís | vosotros digáis |
| ellos dicen | ellos digan |

**Imperativo**

| afirmativo | negativo |
|---|---|
| di (tú) | no digas |
| decí (vos) | no digas / digás* |
| diga (usted) | no diga |
| digan (ustedes) | no digan |
| decid (vosotros) | no digáis |

dec > dij
pérdida de *i* en la desinencia

| pretérito perfecto simple (indefinido) indicativo<br>Bello: pretérito | pretérito imperfecto subjuntivo<br>Bello: pretérito |
|---|---|
| yo dije | yo dijera / dijese |
| tú dijiste | tú dijeras / dijeses |
| vos dijiste | vos dijeras / dijeses |
| usted dijo | usted dijera / dijese |
| él dijo | él dijera / dijese |
| nosotros dijimos | nosotros dijéramos / dijésemos |
| ustedes dijeron | ustedes dijeran / dijesen |
| vosotros dijisteis | vosotros dijerais / dijeseis |
| ellos dijeron | ellos dijeran / dijesen |

| futuro imperfecto subjuntivo<br>Bello: futuro |
|---|
| yo dijere |
| tú dijeres |
| vos dijeres |
| usted dijere |
| él dijere |
| nosotros dijéremos |
| ustedes dijeren |
| vosotros dijereis |
| ellos dijeren |

decir > dir

| futuro imperfecto indicativo<br>Bello: futuro | condicional simple<br>Bello: pospretérito |
|---|---|
| yo diré | yo diría |
| tú dirás | tú dirías |
| vos dirás | vos dirías |
| usted dirá | usted diría |
| él dirá | él diría |
| nosotros diremos | nosotros diríamos |
| ustedes dirán | ustedes dirían |
| vosotros diréis | vosotros diríais |
| ellos dirán | ellos dirían |

**Cuadro 27.** Verbo **decir**. (*Cont.*)

**Formas no personales**

| | |
|---|---|
| **Infinitivo simple:** decir | **Infinitivo compuesto:** haber dicho |
| **Gerundio simple:** diciendo | **Gerundio compuesto:** habiendo dicho |
| **Participio:** dicho | |

*Estas formas acentuadas se estiman propias de un modo de habla descuidada o de un tono enfático.

**Cuadro 28.** Verbo **discernir**.

e > ie

| **presente indicativo** **Bello: presente** | **presente subjuntivo** **Bello: presente** |
|---|---|
| yo discierno | yo discierna |
| { tú disciernes | { tú disciernas |
| { vos discernís | { vos disciernas |
| { usted discierne | { usted discierna |
| él discierne | él discierna |
| nosotros discernimos | nosotros discernamos |
| { ustedes disciernen | { ustedes disciernan |
| { vosotros discernís | { vosotros discernáis |
| ellos disciernen | ellos disciernan |

**Imperativo**

| **afirmativo** | **negativo** |
|---|---|
| discierne (tú) | no disciernas |
| discerní (vos) | no disciernas |
| discierna (usted) | no discierna |
| disciernan (ustedes) | no disciernan |
| discernid (vosotros) | no discernáis |

**Cuadro 29.** Verbo **dormir**.

o > ue; o > u

| presente indicativo<br>Bello: presente | presente subjuntivo<br>Bello: presente |
|---|---|
| yo duermo | yo duerma |
| tú duermes | tú duermas |
| vos dormís | vos duermas |
| usted duerme | usted duerma |
| él duerme | él duerma |
| nosotros dormimos | nosotros durmamos |
| ustedes duermen | ustedes duerman |
| vosotros dormís | vosotros durmáis |
| ellos duermen | ellos duerman |

**Imperativo**

| afirmativo | negativo |
|---|---|
| duerme (tú) | no duermas |
| dormí (vos) | no duermas |
| duerma (usted) | no duerma |
| duerman (ustedes) | no duerman |
| dormid (vosotros) | no durmáis |

| pretérito perfecto simple<br>(indefinido) indicativo<br>Bello: pretérito | pretérito imperfecto<br>subjuntivo<br>Bello: pretérito |
|---|---|
| yo dormí | yo durmiera / durmiese |
| tú dormiste | tú durmieras / durmieses |
| vos dormiste | vos durmieras / durmieses |
| usted durmió | usted durmiera / durmiese |
| él durmió | él durmiera / durmiese |
| nosotros dormimos | nosotros durmiéramos / durmiésemos |
| ustedes durmieron | ustedes durmieran / durmiesen |
| vosotros dormisteis | vosotros durmierais / durmieseis |
| ellos durmieron | ellos durmieran / durmiesen |

| futuro imperfecto subjuntivo<br>Bello: futuro |
|---|
| yo durmiere |
| tú durmieres |
| vos durmieres |
| usted durmiere |
| él durmiere |
| nosotros durmiéremos |
| ustedes durmieren |
| vosotros durmiereis |
| ellos durmieren |

**Formas no personales**

| **Gerundio simple:** durmiendo |
|---|

**Cuadro 30.** Verbo **erguir**.

e > i *o* e > ye
gu > g delante de *a* y de *o*

| presente indicativo<br>Bello: presente | presente subjuntivo<br>Bello: presente |
|---|---|
| yo irgo o yergo | yo irga o yerga |
| tú irgues o yergues | tú irgas o yergas |
| vos erguís | vos irgas o yergas |
| usted irgue o yergue | usted irga o yerga |
| él irgue o yergue | él irga o yerga |
| nosotros erguimos | nosotros irgamos o yergamos |
| ustedes irguen o yerguen | ustedes irgan o yergan |
| vosotros erguís | vosotros irgáis o yergáis |
| ellos irguen o yerguen | ellos irgan o yergan |

**Imperativo**

| afirmativo | negativo |
|---|---|
| irgue o yergue (tú) | no irgas o yergas |
| erguí (vos) | no irgas o yergas |
| irga o yerga (usted) | no irga o yerga |
| irgan o yergan (ustedes) | no irgan o yergan |
| erguid (vosotros) | no irgáis o yergáis |

| pretérito perfecto simple (indefinido) indicativo<br>Bello: pretérito | pretérito imperfecto subjuntivo<br>Bello: pretérito |
|---|---|
| yo erguí | yo irguiera / irguiese |
| tú erguiste | tú irguieras / irguieses |
| vos erguiste | vos irguieras / irguieses |
| usted irguió | usted irguiera / irguiese |
| él irguió | él irguiera / irguiese |
| nosotros erguimos | nosotros irguiéramos /irguiésemos |
| ustedes irguieron | ustedes irguieran / irguiesen |
| vosotros erguisteis | vosotros irguierais / irguieseis |
| ellos irguieron | ellos irguieran / irguiesen |

| futuro imperfecto subjuntivo<br>Bello: futuro |
|---|
| yo irguiere |
| tú irguieres |
| vos irguieres |
| usted irguiere |
| él irguiere |
| nosotros irguiéremos |
| ustedes irguieren |
| vosotros irguiereis |
| ellos irguieren |

**Formas no personales**

| Gerundio simple: irguiendo |
|---|

**Cuadro 31.** Verbo **errar**.

e > ye

| presente indicativo<br>Bello: presente | presente subjuntivo<br>Bello: presente |
|---|---|
| yo yerro<br>tú yerras<br>vos errás<br>usted yerra<br>él yerra<br>nosotros erramos<br>ustedes yerran<br>vosotros erráis<br>ellos yerran | yo yerre<br>tú yerres<br>vos yerres / errés*<br>usted yerre<br>él yerre<br>nosotros erremos<br>ustedes yerren<br>vosotros erréis<br>ellos yerren |

**Imperativo**

| afirmativo | negativo |
|---|---|
| yerra (tú)<br>errá (vos)<br>yerre (usted) | no yerres<br>no yerres / errés*<br>no yerre |
| yerren (ustedes)<br>errad (vosotros) | no yerren<br>no erréis |

*Estas formas acentuadas no se estiman tanto propias de un modo de habla descuidada o de un tono enfático, por la marcada tendencia a conjugar este verbo como regular.

**Cuadro 32.** Verbo **estar**.

Agrega *y* en primera persona

| **presente indicativo**<br>**Bello: presente** | **presente subjuntivo**<br>**Bello: presente** |
|---|---|
| yo estoy<br>tú estás<br>vos estás<br>usted está<br>él está<br>nosotros estamos<br>ustedes están<br>vosotros estáis<br>ellos están | yo esté<br>tú estés<br>vos estés<br>usted esté<br>él esté<br>nosotros estemos<br>ustedes estén<br>vosotros estéis<br>ellos estén |

**Imperativo**

-á, -é, -én, -és finales (con tilde)

| **afirmativo** | **negativo** |
|---|---|
| está (tú)<br>está (vos)<br>esté (usted) | no estés<br>no estés<br>no esté |
| estén (ustedes)<br>estad (vosotros) | no estén<br>no estéis |

est + uv; desinencias de verbos *-er*, *-ir*

| **pretérito perfecto simple (indefinido) indicativo**<br>**Bello: pretérito** | **pretérito imperfecto subjuntivo**<br>**Bello: pretérito** |
|---|---|
| yo estuve<br>tú estuviste<br>vos estuviste<br>usted estuvo<br>él estuvo<br>nosotros estuvimos<br>ustedes estuvieron<br>vosotros estuvisteis<br>ellos estuvieron | yo estuviera / estuviese<br>tú estuvieras / estuvieses<br>vos estuvieras / estuvieses<br>usted estuviera / estuviese<br>él estuviera / estuviese<br>nosotros estuviéramos / estuviésemos<br>ustedes estuvieran / estuviesen<br>vosotros estuvierais / estuvieseis<br>ellos estuvieran / estuviesen |

| **futuro imperfecto subjuntivo**<br>**Bello: futuro** |
|---|
| yo estuviere<br>tú estuvieres<br>vos estuvieres<br>usted estuviere<br>él estuviere<br>nosotros estuviéremos<br>ustedes estuvieren<br>vosotros estuviereis<br>ellos estuvieren |

**Cuadro 33.** Verbo **hacer**.

hac > hag

| **presente indicativo**<br>**Bello: presente** | **presente subjuntivo**<br>**Bello: presente** |
|---|---|
| yo hago | yo haga |
| tú haces | tú hagas |
| vos haces / hacés | vos hagas / hagás* |
| usted hace | usted haga |
| él hace | él haga |
| nosotros hacemos | nosotros hagamos |
| ustedes hacen | ustedes hagan |
| vosotros hacéis | vosotros hagáis |
| ellos hacen | ellos hagan |

**Imperativo**
hace > haz

| **afirmativo** | **negativo** |
|---|---|
| haz (tú) | no hagas |
| hacé (vos) | no hagas / hagás* |
| haga (usted) | no haga |
| hagan (ustedes) | no hagan |
| haced (vosotros) | no hagáis |

hac > hic
c > z delante de *o*

| **pretérito perfecto simple (indefinido) indicativo**<br>**Bello: pretérito** | **pretérito imperfecto subjuntivo**<br>**Bello: pretérito** |
|---|---|
| yo hice | yo hiciera / hiciese |
| tú hiciste | tú hicieras / hicieses |
| vos hiciste | vos hicieras / hicieses |
| usted hizo | usted hiciera / hiciese |
| él hizo | él hiciera / hiciese |
| nosotros hicimos | nosotros hiciéramos / hiciésemos |
| ustedes hicieron | ustedes hicieran / hiciesen |
| vosotros hicisteis | vosotros hicierais / hicieseis |
| ellos hicieron | ellos hicieran / hiciesen |

| **futuro imperfecto subjuntivo. Bello: futuro** |
|---|
| yo hiciere |
| tú hicieres |
| vos hicieres |
| usted hiciere |
| él hiciere |
| nosotros hiciéremos |
| ustedes hicieren |
| vosotros hiciereis |
| ellos hicieren |

hacer > har

| **futuro imperfecto indicativo**<br>**Bello: futuro** | **condicional simple**<br>**Bello: pospretérito** |
|---|---|
| yo haré | yo haría |
| tú harás | tú harías |
| vos harás | vos harías |
| usted hará | usted haría |
| él hará | él haría |
| nosotros haremos | nosotros haríamos |
| ustedes harán | ustedes harían |
| vosotros haréis | vosotros haríais |
| ellos harán | ellos harían |

**Cuadro 33.** Verbo **hacer**. (*Cont.*)

**Formas no personales**

| | |
|---|---|
| **Infinitivo simple:** hacer | **Infinitivo compuesto:** haber hecho |
| **Gerundio simple:** haciendo | **Gerundio compuesto:** habiendo hecho |
| **Participio:** hecho | |

*Estas formas acentuadas se estiman propias de un modo de habla descuidada o de un tono enfático.

**Cuadro 34.** Verbo **huir**.

hu + y

| **presente indicativo**<br>**Bello: presente** | **presente subjuntivo**<br>**Bello: presente** |
|---|---|
| yo huyo | yo huya |
| tú huyes | tú huyas |
| vos huís | vos huyas / huyás* |
| usted huye | usted huya |
| él huye | él huya |
| nosotros huimos | nosotros huyamos |
| ustedes huyen | ustedes huyan |
| vosotros huís | vosotros huyáis |
| ellos huyen | ellos huyan |

**Imperativo**

| **afirmativo** | **negativo** |
|---|---|
| huye (tú) | no huyas |
| huí (vos) | no huyas / huyás* |
| huya (usted) | no huya |
| huyan (ustedes) | no huyan |
| huid (vosotros) | no huyáis |

**Formas no personales**

| |
|---|
| **Gerundio simple:** huyendo |

*Estas formas acentuadas se estiman propias de un modo de habla descuidada o de un tono enfático.

Cuadro 35. Verbo **ir**.

| presente indicativo<br>Bello: presente | presente subjuntivo<br>Bello: presente |
|---|---|
| yo voy | yo vaya |
| tú vas | tú vayas |
| vos vas | vos vayas / vayás* |
| usted va | usted vaya |
| él va | él vaya |
| nosotros vamos | nosotros vayamos |
| ustedes van | ustedes vayan |
| vosotros vais | vosotros vayáis |
| ellos van | ellos vayan |

**Imperativo**

| afirmativo | negativo |
|---|---|
| ve (tú) | no vayas |
| andá** (vos) | no vayas / vayás* |
| vaya (usted) | no vaya |
| vayan (ustedes) | no vayan |
| id (vosotros) | no vayáis |

| pretérito imperfecto indicativo<br>Bello: copretérito | pretérito imperfecto subjuntivo<br>Bello: pretérito |
|---|---|
| yo iba | yo fuera / fuese |
| tú ibas | tú fueras / fueses |
| vos ibas | vos fueras / fueses |
| usted iba | usted fuera / fuese |
| él iba | él fuera / fuese |
| nosotros íbamos | nosotros fuéramos / fuésemos |
| ustedes iban | ustedes fueran / fuesen |
| vosotros ibais | vosotros fuerais / fueseis |
| ellos iban | ellos fueran / fuesen |

| futuro imperfecto subjuntivo<br>Bello: futuro |
|---|
| yo fuere |
| tú fueres |
| vos fueres |
| usted fuere |
| él fuere |
| nosotros fuéremos |
| ustedes fueren |
| vosotros fuereis |
| ellos fueren |

**Formas no personales**

| Gerundio simple: yendo |
|---|

*Estas formas acentuadas se estiman propias de un modo de habla descuidada o de un tono enfático.

**En el sentido de 'desplazarse', 'salir', regularmente se suple con la forma del imperativo del verbo *andar* (*andá*).

**Cuadro 36.** Verbo **jugar**.

u > ue
g > gu delante de *e*

| **presente indicativo**<br>**Bello: presente** | **presente subjuntivo**<br>**Bello: presente** |
|---|---|
| yo juego | yo juegue |
| tú juegas | tú juegues |
| vos jugás | vos juegues / jugués* |
| usted juega | usted juegue |
| él juega | él juegue |
| nosotros jugamos | nosotros juguemos |
| ustedes juegan | ustedes jueguen |
| vosotros jugáis | vosotros juguéis |
| ellos juegan | ellos jueguen |

**Imperativo**

| **afirmativo** | **negativo** |
|---|---|
| juega (tú) | no juegues |
| jugá (vos) | no juegues / jugués* |
| juegue (usted) | no juegue |
| jueguen (ustedes) | no jueguen |
| jugad (vosotros) | no juguéis |

*Estas formas acentuadas se estiman propias de un modo de habla descuidada o de un tono enfático.

**Cuadro 37.** Verbo **leer**.

i > y

| **pretérito perfecto simple (indefinido) indicativo**<br>**Bello: pretérito** | **pretérito imperfecto subjuntivo**<br>**Bello: pretérito** |
|---|---|
| yo leí | yo leyera / leyese |
| tú leíste | tú leyeras / leyeses |
| vos leíste | vos leyeras / leyeses |
| usted leyó | usted leyera / leyese |
| él leyó | él leyera / leyese |
| nosotros leímos | nosotros leyéramos / leyésemos |
| ustedes leyeron | ustedes leyeran / leyesen |
| vosotros leísteis | vosotros leyerais / leyeseis |
| ellos leyeron | ellos leyeran / leyesen |

| **futuro imperfecto subjuntivo. Bello: futuro** |
|---|
| yo leyere |
| tú leyeres |
| vos leyeres |
| usted leyere |
| él leyere |
| nosotros leyéremos |
| ustedes leyeren |
| vosotros leyereis |
| ellos leyeren |

| **Formas no personales** |
|---|
| **Gerundio simple:** leyendo |

**Cuadro 38.** Verbo **lucir**.

c > zc delante de *a* y de *o*

| presente indicativo<br>Bello: presente | presente subjuntivo<br>Bello: presente |
|---|---|
| yo luzco | yo luzca |
| tú luces | tú luzcas |
| vos lucís | vos luzcas / luzcás* |
| usted luce | usted luzca |
| él luce | él luzca |
| nosotros lucimos | nosotros luzcamos |
| ustedes lucen | ustedes luzcan |
| vosotros lucís | vosotros luzcáis |
| ellos lucen | ellos luzcan |

**Imperativo**

| afirmativo | negativo |
|---|---|
| luce (tú) | no luzcas |
| lucí (vos) | no luzcas / luzcás* |
| luzca (usted) | no luzca |
| luzcan (ustedes) | no luzcan |
| lucid (vosotros) | no luzcáis |

*Estas formas acentuadas se estiman propias de un modo de habla descuidada o de un tono enfático.

**Cuadro 39.** Verbo **mover**.

o > ue

| presente indicativo<br>Bello: presente | presente subjuntivo<br>Bello: presente |
|---|---|
| yo muevo | yo mueva |
| tú mueves | tú muevas |
| vos movés | vos muevas / movás* |
| usted mueve | usted mueva |
| él mueve | él mueva |
| nosotros movemos | nosotros movamos |
| ustedes mueven | ustedes muevan |
| vosotros movéis | vosotros mováis |
| ellos mueven | ellos muevan |

**Imperativo**

| afirmativo | negativo |
|---|---|
| mueve (tú) | no muevas |
| mové (vos) | no muevas / movás* |
| mueva (usted) | no mueva |
| muevan (ustedes) | no muevan |
| moved (vosotros) | no mováis |

*Estas formas acentuadas se estiman propias de un modo de habla descuidada o de un tono enfático.

**Cuadro 40.** Verbo **mullir**.

pérdida de *i* en la desinencia

| pretérito perfecto simple (indefinido) indicativo<br>Bello: pretérito | pretérito imperfecto subjuntivo<br>Bello: pretérito |
|---|---|
| yo mullí | yo mullera / mullese |
| tú mulliste | tú mulleras / mulleses |
| vos mulliste | vos mulleras / mulleses |
| usted mulló | usted mullera / mullese |
| él mulló | él mullera / mullese |
| nosotros mullimos | nosotros mulléramos / mullésemos |
| ustedes mulleron | ustedes mulleran / mullesen |
| vosotros mullisteis | vosotros mullerais / mulleseis |
| ellos mulleron | ellos mulleran / mullesen |

**futuro imperfecto subjuntivo. Bello: futuro**

yo mullere
tú mulleres
vos mulleres
usted mullere
él mullere
nosotros mulléremos
ustedes mulleren
vosotros mullereis
ellos mulleren

**Formas no personales**

**Gerundio simple:** mullendo

**Cuadro 41.** Verbo **oír**.

o + ig; o + y

| presente indicativo<br>Bello: presente | presente subjuntivo<br>Bello: presente |
| --- | --- |
| yo oigo | yo oiga |
| tú oyes | tú oigas |
| vos oís | vos oigas / oigás* |
| usted oye | usted oiga |
| él oye | él oiga |
| nosotros oímos | nosotros oigamos |
| ustedes oyen | ustedes oigan |
| vosotros oís | vosotros oigáis |
| ellos oyen | ellos oigan |

**Imperativo**

| afirmativo | negativo |
| --- | --- |
| oye (tú) | no oigas |
| oí (vos) | no oigas / oigás* |
| oiga (usted) | no oiga |
| oigan (ustedes) | no oigan |
| oíd (vosotros) | no oigáis |

| pretérito perfecto simple (indefinido) indicativo<br>Bello: pretérito | pretérito imperfecto subjuntivo<br>Bello: pretérito |
| --- | --- |
| yo oí | yo oyera / oyese |
| tú oíste | tú oyeras / oyeses |
| vos oíste | vos oyeras / oyeses |
| usted oyó | usted oyera / oyese |
| él oyó | él oyera / oyese |
| nosotros oímos | nosotros oyéramos / oyésemos |
| ustedes oyeron | ustedes oyeran / oyesen |
| vosotros oísteis | vosotros oyerais / oyeseis |
| ellos oyeron | ellos oyeran / oyesen |

| futuro imperfecto subjuntivo<br>Bello: futuro |
| --- |
| yo oyere |
| tú oyeres |
| vos oyeres |
| usted oyere |
| él oyere |
| nosotros oyéremos |
| ustedes oyeren |
| vosotros oyereis |
| ellos oyeren |

**Formas no personales**

| | |
| --- | --- |
| **Infinitivo simple:** oír | **Infinitivo compuesto:** haber oído |
| **Gerundio simple:** oyendo | **Gerundio compuesto:** habiendo oído |
| **Participio:** oído | |

*Estas formas acentuadas se estiman propias de un modo de habla descuidada o de un tono enfático.

**Cuadro 42.** Verbo **oler**.

o > hue

| presente indicativo<br>Bello: presente | presente subjuntivo<br>Bello: presente |
|---|---|
| yo huelo | yo huela |
| tú hueles | tú huelas |
| vos olés | vos huelas |
| usted huele | usted huela |
| él huele | él huela |
| nosotros olemos | nosotros olamos |
| ustedes huelen | ustedes huelan |
| vosotros oléis | vosotros oláis |
| ellos huelen | ellos huelan |

**Imperativo**

| afirmativo | negativo |
|---|---|
| huele (tú) | no huelas |
| olé (vos) | no huelas |
| huela (usted) | no huela |
| huelan (ustedes) | no huelan |
| oled (vosotros) | no oláis |

**Cuadro 43.** Verbo **pedir**.

e > i

| **presente indicativo**<br>**Bello: presente** | **presente subjuntivo**<br>**Bello: presente** |
|---|---|
| yo pido | yo pida |
| tú pides | tú pidas |
| vos pedís | vos pidas / pidás* |
| usted pide | usted pida |
| él pide | él pida |
| nosotros pedimos | nosotros pidamos |
| ustedes piden | ustedes pidan |
| vosotros pedís | vosotros pidáis |
| ellos piden | ellos pidan |

**Imperativo**

| **afirmativo** | **negativo** |
|---|---|
| pide (tú) | no pidas |
| pedí (vos) | no pidas / pidás* |
| pida (usted) | no pida |
| pidan (ustedes) | no pidan |
| pedid (vosotros) | no pidáis |

| **pretérito perfecto simple**<br>**(indefinido) indicativo**<br>**Bello: pretérito** | **pretérito imperfecto**<br>**subjuntivo**<br>**Bello: pretérito** |
|---|---|
| yo pedí | yo pidiera / pidiese |
| tú pediste | tú pidieras / pidieses |
| vos pediste | vos pidieras / pidieses |
| usted pidió | usted pidiera / pidiese |
| él pidió | él pidiera / pidiese |
| nosotros pedimos | nosotros pidiéramos / pidiésemos |
| ustedes pidieron | ustedes pidieran / pidiesen |
| vosotros pedisteis | vosotros pidierais / pidieseis |
| ellos pidieron | ellos pidieran / pidiesen |

| **futuro imperfecto subjuntivo**<br>**Bello: futuro** |
|---|
| yo pidiere |
| tú pidieres |
| vos pidieres |
| usted pidiere |
| él pidiere |
| nosotros pidiéremos |
| ustedes pidieren |
| vosotros pidiereis |
| ellos pidieren |

*Estas formas acentuadas se estiman propias de un modo de habla descuidada o de un tono enfático.

**Cuadro 44.** Verbo **pensar**.

e > ie

| presente indicativo<br>Bello: presente | presente subjuntivo<br>Bello: presente |
|---|---|
| yo pienso | yo piense |
| tú piensas | tú pienses |
| vos pensás | vos pienses / pensés* |
| usted piensa | usted piense |
| él piensa | él piense |
| nosotros pensamos | nosotros pensemos |
| ustedes piensan | ustedes piensen |
| vosotros pensáis | vosotros penséis |
| ellos piensan | ellos piensen |

Imperativo

| afirmativo | negativo |
|---|---|
| piensa (tú) | no pienses |
| pensá (vos) | no pienses / pensés* |
| piense (usted) | no piense |
| piensen (ustedes) | no piensen |
| pensad (vosotros) | no penséis |

*Estas formas acentuadas se estiman propias de un modo de habla descuidada o de un tono enfático.

**Cuadro 45.** Verbo **placer**.

c > zc delante de *a* y de *o*; plac > pleg(u)

**presente indicativo**
**Bello: presente**

yo plazco
tú places
vos placés
usted place
él place
nosotros placemos
ustedes placen
vosotros placéis
ellos placen

**presente subjuntivo**
**Bello: presente**

yo plazca
tú plazcas
vos plazcas
usted plazca / plegue
él plazca / plegue
nosotros plazcamos
ustedes plazcan
vosotros plazcáis
ellos plazcan

El cambio de plac a plug(u) es anticuado y se encuentra
en textos arcaizantes

**pretérito perfecto simple**
**(indefinido) indicativo**
**Bello: pretérito**

yo plací
tú placiste
vos placiste
usted plació / plugo
él plació / plugo
nosotros placimos
ustedes placieron / pluguieron
vosotros placisteis
ellos placieron / pluguieron

**pretérito imperfecto**
**subjuntivo**
**Bello: pretérito**

yo placiera / placiese
tú placieras / placieses
vos placieras / placieses
usted placiera / placiese / pluguiera / pluguiese
él placiera / placiese / pluguiera / pluguiese
nosotros placiéramos / placiésemos
ustedes placieran / placiesen
vosotros placierais / placieseis
ellos placieran / placiesen

**futuro imperfecto subjuntivo**
**Bello: futuro**

yo placiere
tú placieres
vos placieres
usted placiere / pluguiere
él placiere / pluguiere
nosotros placiéremos
ustedes placieren
vosotros placiereis
ellos placieren

**Cuadro 46.** Verbo **poder**.

o > ue

| presente indicativo<br>Bello: presente | presente subjuntivo<br>Bello: presente |
|---|---|
| yo puedo | yo pueda |
| tú puedes | tú puedas |
| vos podés | vos puedas / podás* |
| usted puede | usted pueda |
| él puede | él pueda |
| nosotros podemos | nosotros podamos |
| ustedes pueden | ustedes puedan |
| vosotros podéis | vosotros podáis |
| ellos pueden | ellos puedan |

**Imperativo**

| afirmativo | negativo |
|---|---|
| puede (tú) | no puedas |
| podé (vos) | no puedas / podás* |
| pueda (usted) | no pueda |
| puedan (ustedes) | no podamos |
| poded (vosotros) | no podáis |

o > u

| pretérito perfecto simple (indefinido) indicativo<br>Bello: pretérito | pretérito imperfecto subjuntivo<br>Bello: pretérito |
|---|---|
| yo pude | yo pudiera / pudiese |
| tú pudiste | tú pudieras / pudieses |
| vos pudiste | vos pudieras / pudieses |
| usted pudo | usted pudiera / pudiese |
| él pudo | él pudiera / pudiese |
| nosotros pudimos | nosotros pudiéramos / pudiésemos |
| ustedes pudieron | ustedes pudieran / pudiesen |
| vosotros pudisteis | vosotros pudierais / pudieseis |
| ellos pudieron | ellos pudieran / pudiesen |

**futuro imperfecto subjuntivo. Bello: futuro**

| | |
|---|---|
| yo pudiere | nosotros pudiéremos |
| tú pudieres | ustedes pudieren |
| vos pudieres | vosotros pudiereis |
| usted pudiere | ellos pudieren |
| él pudiere | |

poder > podr

| futuro imperfecto indicativo<br>Bello: futuro | condicional simple<br>Bello: pospretérito |
|---|---|
| yo podré | yo podría |
| tú podrás | tú podrías |
| vos podrás | vos podrías |
| usted podrá | usted podría |
| él podrá | él podría |
| nosotros podremos | nosotros podríamos |
| ustedes podrán | ustedes podrían |
| vosotros podréis | vosotros podríais |
| ellos podrán | ellos podrían |

**Formas no personales**

| | |
|---|---|
| **Infinitivo simple:** poder | **Infinitivo compuesto:** haber podido |
| **Gerundio simple:** pudiendo | **Gerundio compuesto:** habiendo podido |
| **Participio:** podido | |

*Estas formas acentuadas se estiman propias de un modo de habla descuidada o de un tono enfático.

Cuadro 47. Verbo **poner**.

pon + g delante de *a* y de *o*

| **presente indicativo**<br>**Bello: presente** | **presente subjuntivo**<br>**Bello: presente** |
|---|---|
| yo pongo | yo ponga |
| tú pones | tú pongas |
| vos ponés | vos pongas / pongás* |
| usted pone | usted ponga |
| él pone | él ponga |
| nosotros ponemos | nosotros pongamos |
| ustedes ponen | ustedes pongan |
| vosotros ponéis | vosotros pongáis |
| ellos ponen | ellos pongan |

**Imperativo**

| **afirmativo** | **negativo** |
|---|---|
| pon (tú) | no pongas |
| poné (vos) | no pongas / pongás* |
| ponga (usted) | no ponga |
| pongan (ustedes) | no pongan |
| poned (vosotros) | no pongáis |

pon > pus

| **pretérito perfecto simple (indefinido) indicativo**<br>**Bello: pretérito** | **pretérito imperfecto subjuntivo**<br>**Bello: pretérito** |
|---|---|
| yo puse | yo pusiera / pusiese |
| tú pusiste | tú pusieras / pusieses |
| vos pusiste | vos pusieras / pusieses |
| usted puso | usted pusiera / pusiese |
| él puso | él pusiera / pusiese |
| nosotros pusimos | nosotros pusiéramos / pusiésemos |
| ustedes pusieron | ustedes pusieran / pusiesen |
| vosotros pusisteis | vosotros pusierais / pusieseis |
| ellos pusieron | ellos pusieran / pusiesen |

| **futuro imperfecto subjuntivo**<br>**Bello: futuro** |
|---|
| yo pusiere |
| tú pusieres |
| vos pusieres |
| usted pusiere |
| él pusiere |
| nosotros pusiéremos |
| ustedes pusieren |
| vosotros pusiereis |
| ellos pusieren |

poner > pondr

| **futuro imperfecto indicativo**<br>**Bello: futuro** | **condicional simple**<br>**Bello: pospretérito** |
|---|---|
| yo pondré | yo pondría |
| tú pondrás | tú pondrías |
| vos pondrás | vos pondrías |
| usted pondrá | usted pondría |
| él pondrá | él pondría |
| nosotros pondremos | nosotros pondríamos |
| ustedes pondrán | ustedes pondrían |
| vosotros pondréis | vosotros pondríais |
| ellos pondrán | ellos pondrían |

**Cuadro 47.** Verbo **poner**. (*Cont.*)

**Formas no personales**

| | |
|---|---|
| Infinitivo simple: poner | Infinitivo compuesto: haber puesto |
| Gerundio simple: poniendo | Gerundio compuesto: habiendo puesto |
| Participio: puesto | |

*Estas formas acentuadas se estiman propias de un modo de habla descuidada o de un tono enfático.

**Cuadro 48.** Verbo **prohibir**.

i > í

| presente indicativo<br>Bello: presente | presente subjuntivo<br>Bello: presente |
|---|---|
| yo prohíbo | yo prohíba |
| tú prohíbes | tú prohíbas |
| vos prohibís | vos prohíbas / prohibás* |
| usted prohíbe | usted prohíba |
| él prohíbe | él prohíba |
| nosotros prohibimos | nosotros prohibamos |
| ustedes prohíben | ustedes prohíban |
| vosotros prohibís | vosotros prohibáis |
| ellos prohíben | ellos prohíban |

**Imperativo**

| afirmativo | negativo |
|---|---|
| prohíbe (tú) | no prohíbas |
| prohibí (vos) | no prohíbas / prohibás* |
| prohíba (usted) | no prohíba |
| prohíban (ustedes) | no prohíban |
| prohibid (vosotros) | no prohibáis |

*Estas formas acentuadas se estiman propias de un modo de habla descuidada o de un tono enfático.

Cuadro 49. Verbo **pudrir**.

| presente indicativo<br>Bello: presente | presente subjuntivo<br>Bello: presente |
|---|---|
| yo pudro | yo pudra |
| tú pudres | tú pudras |
| vos pudrís | vos pudras / pudrás* |
| usted pudre | usted pudra |
| él pudre | él pudra |
| nosotros pudrimos | nosotros pudramos |
| ustedes pudren | ustedes pudran |
| vosotros pudrís | vosotros pudráis |
| ellos pudren | ellos pudran |

**Imperativo**

| afirmativo | negativo |
|---|---|
| pudre (tú) | no pudras |
| pudrí (vos) | no pudras / pudrás* |
| pudra (usted) | no pudra |
| pudran (ustedes) | no pudran |
| pudrid (vosotros) | no pudráis |

| pretérito perfecto simple (indefinido) indicativo<br>Bello: pretérito | pretérito imperfecto subjuntivo<br>Bello: pretérito |
|---|---|
| yo pudrí | yo pudriera / pudriese |
| tú pudriste | tú pudrieras / pudrieses |
| vos pudriste | vos pudrieras / pudrieses |
| usted pudrió | usted pudriera / pudriese |
| él pudrió | él pudriera / pudriese |
| nosotros pudrimos | nosotros pudriéramos / pudriésemos |
| ustedes pudrieron | ustedes pudrieran / pudriesen |
| vosotros pudristeis | vosotros pudrierais / pudrieseis |
| ellos pudrieron | ellos pudrieran / pudriesen |

| futuro imperfecto subjuntivo<br>Bello: futuro |
|---|
| yo pudriere |
| tú pudrieres |
| vos pudrieres |
| usted pudriere |
| él pudriere |
| nosotros pudriéremos |
| ustedes pudrieren |
| vosotros pudriereis |
| ellos pudrieren |

| futuro imperfecto indicativo<br>Bello: futuro | condicional simple<br>Bello: pospretérito |
|---|---|
| yo pudriré | yo pudriría |
| tú pudrirás | tú pudrirías |
| vos pudrirás | vos pudrirías |
| usted pudrirá | usted pudriría |
| él pudrirá | él pudriría |
| nosotros pudriremos | nosotros pudriríamos |
| ustedes pudrirán | ustedes pudrirían |
| vosotros pudriréis | vosotros pudriríais |
| ellos pudrirán | ellos pudrirían |

**Formas no personales**

| Gerundio simple: pudriendo | Participio: podrido |
|---|---|

*Estas formas acentuadas se estiman propias de un modo de habla descuidada o de un tono enfático.

**Cuadro 50.** Verbo **querer**.

e > ie

| presente indicativo<br>Bello: presente | presente subjuntivo<br>Bello: presente |
|---|---|
| yo quiero | yo quiera |
| tú quieres | tú quieras |
| vos querés | vos quieras / querás* |
| usted quiere | usted quiera |
| él quiere | él quiera |
| nosotros queremos | nosotros queramos |
| ustedes quieren | ustedes quieran |
| vosotros queréis | vosotros queráis |
| ellos quieren | ellos quieran |

Imperativo

| afirmativo | negativo |
|---|---|
| quiere (tú) | no quieras |
| queré (vos) | no quieras / querás* |
| quiera (usted) | no quiera |
| quieran (ustedes) | no quieran |
| quered (vosotros) | no queráis |

quer > quis

| pretérito perfecto simple (indefinido) indicativo<br>Bello: pretérito | pretérito imperfecto subjuntivo<br>Bello: pretérito |
|---|---|
| yo quise | yo quisiera / quisiese |
| tú quisiste | tú quisieras / quisieses |
| vos quisiste | vos quisieras / quisieses |
| usted quiso | usted quisiera / quisiese |
| él quiso | él quisiera / quisiese |
| nosotros quisimos | nosotros quisiéramos / quisiésemos |
| ustedes quisieron | ustedes quisieran / quisiesen |
| vosotros quisisteis | vosotros quisierais / quisieseis |
| ellos quisieron | ellos quisieran / quisiesen |

| futuro imperfecto subjuntivo<br>Bello: futuro |
|---|
| yo quisiere |
| tú quisieres |
| vos quisieres |
| usted quisiere |
| él quisiere |
| nosotros quisiéremos |
| ustedes quisieren |
| vosotros quisiereis |
| ellos quisieren |

querer > querr

| futuro imperfecto indicativo<br>Bello: futuro | condicional simple<br>Bello: pospretérito |
|---|---|
| yo querré | yo querría |
| tú querrás | tú querrías |
| vos querrás | vos querrías |
| usted querrá | usted querría |
| él querrá | él querría |
| nosotros querremos | nosotros querríamos |
| ustedes querrán | ustedes querrían |
| vosotros querréis | vosotros querríais |
| ellos querrán | ellos querrían |

*Estas formas acentuadas se estiman propias de un modo de habla descuidada.

**Cuadro 51.** Verbo **raer**.

ra + ig o y

| **presente indicativo**<br>**Bello: presente** | **presente subjuntivo**<br>**Bello: presente** |
|---|---|
| yo rao / raigo / rayo | yo raiga / raya |
| tú raes | tú raigas / rayas |
| vos raés | vos raigas / raigás* |
| usted rae | usted raiga / raya |
| él rae | él raiga / raya |
| nosotros raemos | nosotros raigamos / rayamos |
| ustedes raen | ustedes raigan / rayan |
| vosotros raéis | vosotros raigáis / rayáis |
| ellos raen | ellos raigan / rayan |

**Imperativo**

| **afirmativo** | **negativo** |
|---|---|
| rae (tú) | no raigas |
| raé (vos) | no raigas / raigás* |
| raiga (usted) | no raiga |
| raigan (ustedes) | no raigan |
| raed (vosotros) | no raigáis |

i > y

| **pretérito perfecto simple (indefinido) indicativo**<br>**Bello: pretérito** | **pretérito imperfecto subjuntivo**<br>**Bello: pretérito** |
|---|---|
| yo raí | yo rayera / rayese |
| tú raíste | tú rayeras / rayeses |
| vos raíste | vos rayeras / rayeses |
| usted rayó | usted rayera / rayese |
| él rayó | él rayera / rayese |
| nosotros raímos | nosotros rayéramos / rayésemos |
| ustedes rayeron | ustedes rayeran / rayesen |
| vosotros raísteis | vosotros rayerais / rayeseis |
| ellos rayeron | ellos rayeran / rayesen |

| **futuro imperfecto subjuntivo**<br>**Bello: futuro** |
|---|
| yo rayere |
| tú rayeres |
| vos rayeres |
| usted rayere |
| él rayere |
| nosotros rayéremos |
| ustedes rayeren |
| vosotros rayereis |
| ellos rayeren |

**Formas no personales**

| **Gerundio simple**: rayendo |
|---|

*Estas formas acentuadas se estiman propias de un modo de habla descuidada o de un tono enfático.

**Cuadro 52.** Verbo **reír**.

| presente indicativo<br>Bello: presente | presente subjuntivo<br>Bello: presente |
|---|---|
| yo río | yo ría |
| { tú ríes | { tú rías |
| { vos reís | { vos rías / riás* |
| { usted ríe | { usted ría |
| él ríe | él ría |
| nosotros reímos | nosotros riamos |
| { ustedes ríen | { ustedes rían |
| { vosotros reís | { vosotros riáis |
| ellos ríen | ellos rían |

**Imperativo**

| afirmativo | negativo |
|---|---|
| ríe (tú) | no rías |
| reí (vos) | no rías / riás* |
| ría (usted) | no ría |
| rían (ustedes) | no rían |
| reíd (vosotros) | no riáis |

| pretérito imperfecto subjuntivo<br>Bello: pretérito | futuro imperfecto subjuntivo<br>Bello: futuro |
|---|---|
| yo riera / riese | yo riere |
| { tú rieras / rieses | { tú rieres |
| { vos rieras / rieses | { vos rieres |
| { usted riera / riese | { usted riere |
| él riera / riese | él riere |
| nosotros riéramos / riésemos | nosotros riéremos |
| { ustedes rieran / riesen | { ustedes rieren |
| { vosotros rierais / rieseis | { vosotros riereis |
| ellos rieran / riesen | ellos rieren |

**Formas no personales**

| **Gerundio simple:** riendo |
|---|

*Estas formas acentuadas se estiman propias de un modo de habla descuidada o de un tono enfático.

**Cuadro 53.** Verbo **reunir**.

| presente indicativo<br>Bello: presente | presente subjuntivo<br>Bello: presente |
|---|---|
| yo reúno | yo reúna |
| tú reúnes | tú reúnas |
| vos reunís | vos reúnas / reunás* |
| usted reúne | usted reúna |
| él reúne | él reúna |
| nosotros reunimos | nosotros reunamos |
| ustedes reúnen | ustedes reúnan |
| vosotros reunís | vosotros reunáis |
| ellos reúnen | ellos reúnan |

**Imperativo**

| afirmativo | negativo |
|---|---|
| reúne (tú) | no reúnas |
| reuní (vos) | no reúnas / reunás* |
| reúna (usted) | no reúna |
| reúnan (ustedes) | no reúnan |
| reunid (vosotros) | no reunáis |

*Estas formas acentuadas se estiman propias de un modo de habla descuidada o de un tono enfático.

**Cuadro 54**. Verbo **roer**.

ro + ig *o* y

| presente indicativo<br>Bello: presente | presente subjuntivo<br>Bello: presente |
|---|---|
| yo roo (roigo - royo) | yo roa (roiga - roya) |
| tú roes | tú roas (roigas - royas) |
| vos roés | vos roas / roás* (roigas - royas) |
| usted roe | usted roa (roiga - roya) |
| él roe | él roa (roiga - roya) |
| nosotros roemos | nosotros roamos (roigamos - royamos) |
| ustedes roen | ustedes roan (roigan - royan) |
| vosotros roéis | vosotros roáis (roigáis - royáis) |
| ellos roen | ellos roan (roigan - royan) |

**Imperativo**

| afirmativo | negativo |
|---|---|
| roe (tú) | no roigas |
| roé (vos) | no roigas /roigás* |
| roiga (usted) | no roiga |
| roigan (ustedes) | no roigan |
| roed (vosotros) | no roigáis |

| pretérito perfecto simple<br>(indefinido) indicativo<br>Bello: pretérito | pretérito imperfecto<br>subjuntivo<br>Bello: pretérito |
|---|---|
| yo roí | yo royera / royese |
| tú roíste | tú royeras / royeses |
| vos roíste | vos royeras / royeses |
| usted royó | usted royera / royese |
| él royó | él royera / royese |
| nosotros roímos | nosotros royéramos / royésemos |
| ustedes royeron | ustedes royeran / royesen |
| vosotros roísteis | vosotros royerais / royeseis |
| ellos royeron | ellos royeran / royesen |

| futuro imperfecto subjuntivo. Bello: futuro |
|---|
| yo royere |
| tú royeres |
| vos royeres |
| usted royere |
| él royere |
| nosotros royéremos |
| ustedes royeren |
| vosotros royereis |
| ellos royeren |

| Formas no personales |
|---|
| **Gerundio simple**: royendo |

*Estas formas acentuadas se estiman propias de un modo de habla descuidada.

**Cuadro 55.** Verbo **saber**.

| presente indicativo<br>Bello: presente | presente subjuntivo<br>Bello: presente |
|---|---|
| yo sé | yo sepa |
| tú sabes | tú sepas |
| vos sabés | vos sepas / sepás* |
| usted sabe | usted sepa |
| él sabe | él sepa |
| nosotros sabemos | nosotros sepamos |
| ustedes saben | ustedes sepan |
| vosotros sabéis | vosotros sepáis |
| ellos saben | ellos sepan |

sab > sup

| pretérito perfecto simple (indefinido) indicativo<br>Bello: pretérito | pretérito imperfecto subjuntivo<br>Bello: pretérito |
|---|---|
| yo supe | yo supiera / supiese |
| tú supiste | tú supieras / supieses |
| vos supiste | vos supieras / supieses |
| usted supo | usted supiera / supiese |
| él supo | él supiera / supiese |
| nosotros supimos | nosotros supiéramos / supiésemos |
| ustedes supieron | ustedes supieran / supiesen |
| vosotros supisteis | vosotros supierais / supieseis |
| ellos supieron | ellos supieran / supiesen |

| futuro imperfecto subjuntivo. Bello: futuro |
|---|
| yo supiere |
| tú supieres |
| vos supieres |
| usted supiere |
| él supiere |
| nosotros supiéremos |
| ustedes supieren |
| vosotros supiereis |
| ellos supieren |

| futuro imperfecto indicativo<br>Bello: futuro | condicional simple<br>Bello: pospretérito |
|---|---|
| yo sabré | yo sabría |
| tú sabrás | tú sabrías |
| vos sabrás | vos sabrías |
| usted sabrá | usted sabría |
| él sabrá | él sabría |
| nosotros sabremos | nosotros sabríamos |
| ustedes sabrán | ustedes sabrían |
| vosotros sabréis | vosotros sabríais |
| ellos sabrán | ellos sabrían |

*Esta forma acentuada se estima propia de un modo de habla descuidada o de un tono enfático.

**Cuadro 56.** Verbo **salir**.

sal + g

| presente indicativo<br>Bello: presente | presente subjuntivo<br>Bello: presente |
| --- | --- |
| yo salgo | yo salga |
| tú sales | tú salgas |
| vos salís | vos salgas / salgás* |
| usted sale | usted salga |
| él sale | él salga |
| nosotros salimos | nosotros salgamos |
| ustedes salen | ustedes salgan |
| vosotros salís | vosotros salgáis |
| ellos salen | ellos salgan |

Imperativo

| afirmativo | negativo |
| --- | --- |
| sal (tú) | no salgas |
| salí (vos) | no salgas / salgás* |
| salga (usted) | no salga |
| salgan (ustedes) | no salgan |
| salid (vosotros) | no salgáis |

salir > saldr

| futuro imperfecto indicativo<br>Bello: futuro | condicional simple<br>Bello: pospretérito |
| --- | --- |
| yo saldré | yo saldría |
| tú saldrás | tú saldrías |
| vos saldrás | vos saldrías |
| usted saldrá | usted saldría |
| él saldrá | él saldría |
| nosotros saldremos | nosotros saldríamos |
| ustedes saldrán | ustedes saldrían |
| vosotros saldréis | vosotros saldríais |
| ellos saldrán | ellos saldrían |

*Estas formas acentuadas se estiman propias de un modo de habla descuidada o de un tono enfático.

**Cuadro 57.** Verbo **satisfacer**.

| **presente indicativo**<br>**Bello: presente** | **presente subjuntivo**<br>**Bello: presente** |
|---|---|
| yo satisfago<br>tú satisfaces<br>vos satisfacés<br>usted satisface<br>él satisface<br>nosotros satisfacemos<br>ustedes satisfacen<br>vosotros satisfacéis<br>ellos satisfacen | yo satisfaga<br>tú satisfagas<br>vos satisfagas / satisfagás*<br>usted satisfaga<br>él satisfaga<br>nosotros satisfagamos<br>ustedes satisfagan<br>vosotros satisfagáis<br>ellos satisfagan |
| **pretérito imperfecto indicativo**<br>**Bello: copretérito** | **pretérito perfecto simple (indefinido) indicativo**<br>**Bello: pretérito** |
| yo satisfacía<br>tú satisfacías<br>vos satisfacías<br>usted satisfacía<br>él satisfacía<br>nosotros satisfacíamos<br>ustedes satisfacían<br>vosotros satisfacíais<br>ellos satisfacían | yo satisfice<br>tú satisficiste<br>vos satisficiste<br>usted satisfizo<br>él satisfizo<br>nosotros satisficimos<br>ustedes satisficieron<br>vosotros satisficisteis<br>ellos satisficieron |
| **futuro imperfecto indicativo**<br>**Bello: futuro** | **condicional simple**<br>**Bello: pospretérito** |
| yo satisfaré<br>tú satisfarás<br>vos satisfarás<br>usted satisfará<br>él satisfará<br>nosotros satisfaremos<br>ustedes satisfarán<br>vosotros satisfaréis<br>ellos satisfarán | yo satisfaría<br>tú satisfarías<br>vos satisfarías<br>usted satisfaría<br>él satisfaría<br>nosotros satisfaríamos<br>ustedes satisfarían<br>vosotros satisfaríais<br>ellos satisfarían |
| **futuro imperfecto subjuntivo**<br>**Bello: futuro** | **pretérito imperfecto subjuntivo**<br>**Bello: pretérito** |
| yo satisficiere<br>tú satisficieres<br>vos satisficieres<br>usted satisficiere<br>él satisficiere<br>nosotros satisficiéremos<br>ustedes satisficieren<br>vosotros satisficiereis<br>ellos satisficieren | yo satisficiera / satisficiese<br>tú satisficieras / satisficieses<br>vos satisficieras / satisficieses<br>usted satisficiera / satisficiese<br>él satisficiera / satisficiese<br>nosotros satisficiéramos / satisficiésemos<br>ustedes satisficieran / satisficiesen<br>vosotros satisficierais / satisficieseis<br>ellos satisficieran / satisficiesen |

**Imperativo**

| **afirmativo** | **negativo** |
|---|---|
| satisfaz / satisface (tú)<br>satisfacé (vos)<br>satisfaga (usted) | no satisfagas<br>no satisfagas / satisfagás*<br>no satisfaga |
| satisfagan (ustedes)<br>satisfaced (vosotros) | no satisfagan<br>no satisfagáis |

**Formas no personales**

| | |
|---|---|
| **Infinitivo simple:** satisfacer | **Gerundio simple:** satisfaciendo |
| **Participio:** satisfecho | |

*Estas formas acentuadas se estiman propias de un modo de habla descuidada.

**Cuadro 58.** Verbo **sentir**.

e > i; e > ie

| **presente indicativo**<br>**Bello: presente** | **presente subjuntivo**<br>**Bello: presente** |
|---|---|
| yo siento | yo sienta |
| tú sientes | tú sientas |
| vos sentís | vos sientas / sintás* |
| usted siente | usted sienta |
| él siente | él sienta |
| nosotros sentimos | nosotros sintamos |
| ustedes sienten | ustedes sientan |
| vosotros sentís | vosotros sintáis |
| ellos sienten | ellos sientan |

**pretérito perfecto simple (indefinido) indicativo**
**Bello: pretérito**

yo sentí
tú sentiste
vos sentiste
usted sintió
él sintió
nosotros sentimos
ustedes sintieron
vosotros sentisteis
ellos sintieron

| **futuro imperfecto subjuntivo**<br>**Bello: futuro** | **pretérito imperfecto subjuntivo**<br>**Bello: pretérito** |
|---|---|
| yo sintiere | yo sintiera / sintiese |
| tú sintieres | tú sintieras / sintieses |
| vos sintieres | vos sintieras / sintieses |
| usted sintiere | usted sintiera / sintiese |
| él sintiere | él sintiera / sintiese |
| nosotros sintiéremos | nosotros sintiéramos / sintiésemos |
| ustedes sintieren | ustedes sintieran / sintiesen |
| vosotros sintiereis | vosotros sintierais / sintieseis |
| ellos sintieren | ellos sintieran / sintiesen |

**Imperativo**

| **afirmativo** | **negativo** |
|---|---|
| siente (tú) | no sientas |
| sentí (vos) | no sientas / sintás* |
| sienta (usted) | no sienta |
| sientan (ustedes) | no sientan |
| sentid (vosotros) | no sintáis |

**Formas no personales**

**Infinitivo simple:** sentir
**Gerundio simple:** sintiendo
**Participio:** sentido

*Estas formas acentuadas se estiman propias de un modo de habla descuidada.

**Cuadro 59.** Verbo **tañer**.

**pretérito perfecto simple (indefinido) indicativo**
**Bello: pretérito**

| |
|---|
| yo tañí<br>tú tañiste<br>vos tañiste<br>usted tañó<br>él tañó<br>nosotros tañimos<br>ustedes tañeron<br>vosotros tañisteis<br>ellos tañeron |

| futuro imperfecto subjuntivo<br>Bello: futuro | pretérito imperfecto subjuntivo<br>Bello: pretérito |
|---|---|
| yo tañere<br>tú tañeres<br>vos tañeres<br>usted tañere<br>él tañere<br>nosotros tañéremos<br>ustedes tañeren<br>vosotros tañereis<br>ellos tañeren | yo tañera / tañese<br>tú tañeras / tañeses<br>vos tañeras / tañeses<br>usted tañera / tañese<br>él tañera / tañese<br>nosotros tañéramos / tañésemos<br>ustedes tañeran / tañesen<br>vosotros tañerais / tañeseis<br>ellos tañeran / tañesen |

**Formas no personales**

| |
|---|
| **Gerundio simple:** tañendo |

**Cuadro 60.** Verbo **tender**.

e > ie

| presente indicativo<br>Bello: presente | presente subjuntivo<br>Bello: presente |
|---|---|
| yo tiendo<br>tú tiendes<br>vos tendés<br>usted tiende<br>él tiende<br>nosotros tendemos<br>ustedes tienden<br>vosotros tendéis<br>ellos tienden | yo tienda<br>tú tiendas<br>vos tiendas / tendás*<br>usted tienda<br>él tienda<br>nosotros tendamos<br>ustedes tiendan<br>vosotros tendáis<br>ellos tiendan |

**Imperativo**

| afirmativo | negativo |
|---|---|
| tiende (tú)<br>tendé (vos)<br>tienda (usted) | no tiendas<br>no tiendas / tendás*<br>no tienda |
| tiendan (ustedes)<br>tended (vosotros) | no tiendan<br>no tendáis |

*Estas formas acentuadas se estiman propias de un modo de habla descuidada o de un tono enfático.

**Cuadro 61.** Verbo **tener**.

ten + g
e > ie

| presente indicativo<br>Bello: presente | presente subjuntivo<br>Bello: presente |
|---|---|
| yo tengo | yo tenga |
| tú tienes | tú tengas |
| vos tenés | vos tengas / tengás* |
| usted tiene | usted tenga |
| él tiene | él tenga |
| nosotros tenemos | nosotros tengamos |
| ustedes tienen | ustedes tengan |
| vosotros tenéis | vosotros tengáis |
| ellos tienen | ellos tengan |

**Imperativo**

| afirmativo | negativo |
|---|---|
| ten (tú) | no tengas |
| tené (vos) | no tengas / tengás* |
| tenga (usted) | no tenga |
| tengan (ustedes) | no tengan |
| tened (vosotros) | no tengáis |

ten > tuv

| pretérito perfecto simple (indefinido) indicativo<br>Bello: pretérito | pretérito imperfecto subjuntivo<br>Bello: pretérito |
|---|---|
| yo tuve | yo tuviera / tuviese |
| tú tuviste | tú tuvieras / tuvieses |
| vos tuviste | vos tuvieras / tuvieses |
| usted tuvo | usted tuviera / tuviese |
| él tuvo | él tuviera / tuviese |
| nosotros tuvimos | nosotros tuviéramos / tuviésemos |
| ustedes tuvieron | ustedes tuvieran / tuviesen |
| vosotros tuvisteis | vosotros tuvierais / tuvieseis |
| ellos tuvieron | ellos tuvieran / tuviesen |

| futuro imperfecto subjuntivo. Bello: futuro |
|---|
| yo tuviere |
| tú tuvieres |
| vos tuvieres |
| usted tuviere |
| él tuviere |
| nosotros tuviéremos |
| ustedes tuvieren |
| vosotros tuviereis |
| ellos tuvieren |

tener > tendr

| futuro imperfecto indicativo<br>Bello: futuro | condicional simple<br>Bello: pospretérito |
|---|---|
| yo tendré | yo tendría |
| tú tendrás | tú tendrías |
| vos tendrás | vos tendrías |
| usted tendrá | usted tendría |
| él tendrá | él tendría |
| nosotros tendremos | nosotros tendríamos |
| ustedes tendrán | ustedes tendrían |
| vosotros tendréis | vosotros tendríais |
| ellos tendrán | ellos tendrían |

*Estas formas acentuadas se estiman propias de un modo de habla descuidada o de un tono enfático.

**Cuadro 62.** Verbo **traer**.

tra + ig

| presente indicativo<br>Bello: presente | presente subjuntivo<br>Bello: presente |
|---|---|
| yo traigo | yo traiga |
| tú traes | tú traigas |
| vos traés | vos traigas / traigás* |
| usted trae | usted traiga |
| él trae | él traiga |
| nosotros traemos | nosotros traigamos |
| ustedes traen | ustedes traigan |
| vosotros traéis | vosotros traigáis |
| ellos traen | ellos traigan |

**Imperativo**

| afirmativo | negativo |
|---|---|
| trae (tú) | no traigas |
| traé (vos) | no traigas / traigás* |
| traiga (usted) | no traiga |
| traigan (ustedes) | no traigan |
| traed (vosotros) | no traigáis |

tra + j; pérdida de *i* en la desinencia

| pretérito perfecto simple (indefinido) indicativo<br>Bello: pretérito | pretérito imperfecto subjuntivo<br>Bello: pretérito |
|---|---|
| yo traje | yo trajera / trajese |
| tú trajiste | tú trajeras / trajeses |
| vos trajiste | vos trajeras / trajeses |
| usted trajo | usted trajera / trajese |
| él trajo | él trajera / trajese |
| nosotros trajimos | nosotros trajéramos / trajésemos |
| ustedes trajeron | ustedes trajeran / trajesen |
| vosotros trajisteis | vosotros trajerais / trajeseis |
| ellos trajeron | ellos trajeran / trajesen |

| futuro imperfecto subjuntivo. Bello: futuro |
|---|
| yo trajere |
| tú trajeres |
| vos trajeres |
| usted trajere |
| él trajere |
| nosotros trajéremos |
| ustedes trajeren |
| vosotros trajereis |
| ellos trajeren |

**Formas no personales**

| Gerundio simple: trayendo |
|---|

*Estas formas acentuadas se estiman propias de un modo de habla descuidada o de un tono enfático.

**Cuadro 63.** Verbo **valer**.

val + g

| **presente indicativo**<br>**Bello: presente** | **presente subjuntivo**<br>**Bello: presente** |
|---|---|
| yo valgo | yo valga |
| tú vales | tú valgas |
| vos valés | vos valgas / valgás* |
| usted vale | usted valga |
| él vale | él valga |
| nosotros valemos | nosotros valgamos |
| ustedes valen | ustedes valgan |
| vosotros valéis | vosotros valgáis |
| ellos valen | ellos valgan |

**Imperativo**

| **afirmativo** | **negativo** |
|---|---|
| vale (tú) | no valgas |
| valé (vos) | no valgas / valgás* |
| valga (usted) | no valga |
| valgan (ustedes) | no valgan |
| valed (vosotros) | no valgáis |

valer > valdr

| **futuro imperfecto indicativo**<br>**Bello: futuro** | **condicional simple**<br>**Bello: pospretérito** |
|---|---|
| yo valdré | yo valdría |
| tú valdrás | tú valdrías |
| vos valdrás | vos valdrías |
| usted valdrá | usted valdría |
| él valdrá | él valdría |
| nosotros valdremos | nosotros valdríamos |
| ustedes valdrán | ustedes valdrían |
| vosotros valdréis | vosotros valdríais |
| ellos valdrán | ellos valdrían |

*Estas formas acentuadas se estiman propias de un modo de habla descuidada.

**Cuadro 64.** Verbo **venir**.

ven + g
e > ie

| presente indicativo<br>Bello: presente | presente subjuntivo<br>Bello: presente |
|---|---|
| yo vengo | yo venga |
| tú vienes | tú vengas |
| vos venís | vos vengas / vengás* |
| usted viene | usted venga |
| él viene | él venga |
| nosotros venimos | nosotros vengamos |
| ustedes vienen | ustedes vengan |
| vosotros venís | vosotros vengáis |
| ellos vienen | ellos vengan |

**Imperativo**

| afirmativo | negativo |
|---|---|
| ven (tú) | no vengas |
| vení (vos) | no vengas / vengás* |
| venga (usted) | no venga |
| vengan (ustedes) | no vengan |
| venid (vosotros) | no vengáis |

e > i

| pretérito perfecto simple (indefinido) indicativo<br>Bello: pretérito | pretérito imperfecto subjuntivo<br>Bello: pretérito |
|---|---|
| yo vine | yo viniera / viniese |
| tú viniste | tú vinieras / vinieses |
| vos viniste | vos vinieras / vinieses |
| usted vino | usted viniera / viniese |
| él vino | él viniera / viniese |
| nosotros vinimos | nosotros viniéramos / viniésemos |
| ustedes vinieron | ustedes vinieran / viniesen |
| vosotros vinisteis | vosotros vinierais / vinieseis |
| ellos vinieron | ellos vinieran / viniesen |

**futuro imperfecto subjuntivo**
**Bello: futuro**

| | |
|---|---|
| yo viniere | nosotros viniéremos |
| tú vinieres | ustedes vinieren |
| vos vinieres | vosotros viniereis |
| usted viniere | ellos vinieren |
| él viniere | |

venir > vendr

| futuro imperfecto indicativo. Bello: futuro | condicional simple. Bello: pospretérito |
|---|---|
| yo vendré | yo vendría |
| tú vendrás | tú vendrías |
| vos vendrás | vos vendrías |
| usted vendrá | usted vendría |
| él vendrá | él vendría |
| nosotros vendremos | nosotros vendríamos |
| ustedes vendrán | ustedes vendrían |
| vosotros vendréis | vosotros vendríais |
| ellos vendrán | ellos vendrían |

**Formas no personales**

| Gerundio simple: viniendo |
|---|

*Estas formas acentuadas se estiman propias de un modo de habla descuidada o de un tono enfático.

**Cuadro 65.** Verbo **ver**

conserva la e

| presente indicativo<br>Bello: presente | presente subjuntivo<br>Bello: presente |
|---|---|
| yo veo | yo vea |
| tú ves | tú veas |
| vos ves | vos veas / veás* |
| usted ve | usted vea |
| él ve | él vea |
| nosotros vemos | nosotros veamos |
| ustedes ven | ustedes vean |
| vosotros veis | vosotros veáis |
| ellos ven | ellos vean |

**Imperativo**

| afirmativo | negativo |
|---|---|
| ve (tú) | no veas |
| ve (vos) | no veas / veás* |
| vea (usted) | no vea |
| vean (ustedes) | no vean |
| ved (vosotros) | no veáis |

**pretérito imperfecto indicativo**
**Bello: copretérito**

yo veía
tú veías
vos veías
usted veía
él veía
nosotros veíamos
ustedes veían
vosotros veíais
ellos veían

**Formas no personales**

**Participio:** visto
**Infinitivo compuesto:** haber visto
**Gerundio compuesto:** habiendo visto

*Estas formas acentuadas se estiman propias de un modo de habla descuidada o de un tono enfático.

**Cuadro 66.** Verbo **yacer**.

ya + zc, zg *o* g

| presente indicativo<br>Bello: presente | presente subjuntivo<br>Bello: presente |
|---|---|
| yo yazco, yazgo o yago | yo yazca, yazga o yaga |
| tú yaces | tú yazcas, yazgas o yagas |
| vos yacés | vos yazcas, yazgas o yagas |
| usted yace | usted yazca, yazga o yaga |
| él yace | él yazca, yazga o yaga |
| nosotros yacemos | nosotros yazcamos, yazgamos o yagamos |
| ustedes yacen | ustedes yazcan, yazgan o yagan |
| vosotros yacéis | vosotros yazcáis, yazgáis o yagáis |
| ellos yacen | ellos yazcan, yazgan o yagan |

**Imperativo**

| afirmativo | negativo |
|---|---|
| yace o yaz (tú) | no yazcas, yazgas o yagas |
| yacé (vos) | no yazcas, yazgas o yagas |
| yazca, yazga o yaga (usted) | no yazca, yazga o yaga |
| yazcan, yazgan o yagan (ustedes) | no yazcan, yazgan o yagan |
| yaced (vosotros) | no yazcáis, yazgáis o yagáis |

Esta obra se terminó de
imprimir Marzo del 2008 en
Programas Educativos S.A. de C.V.
Calz. Chabacano No. 65-A
Col. Asturias C.P. 06850 Méx. D.F.
Empresa certificada por el instituto Mexicano
de Normalización y Certificación A.C. Bajo la
Norma ISO-9002, 1994/NMX-CC-004 1995 con
el num. de registro RSC-048 y bajo la norma
ISO-14001:1996/SAA-1998, con el num.
de Registro RSGA-003